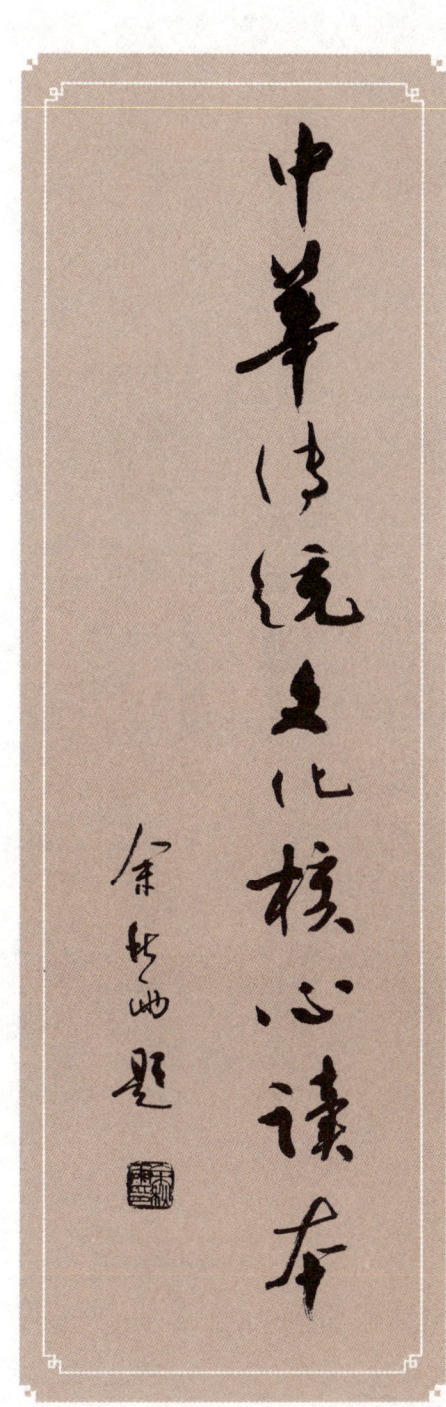

传承中华文化精髓

建构国人精神家园

孟子

全集

原著 【战国】孟 子
注译 杨广恩
主编 唐 品

天地出版社 | TIANDI PRESS

图书在版编目（CIP）数据

孟子全集/唐品主编.—成都：天地出版社，2017.4（2019年重印）
（中华传统文化核心读本）
ISBN 978-7-5455-2396-6

Ⅰ.①孟… Ⅱ.①唐… Ⅲ.①儒家②《孟子》—通俗读物 Ⅳ.①B222.5-49

中国版本图书馆CIP数据核字（2016）第283089号

孟子全集

出 品 人	杨 政
主　　编	唐 品
责任编辑	陈文龙　孟令爽
封面设计	思想工社
电脑制作	思想工社
责任印制	葛红梅

出版发行	天地出版社
	（成都市槐树街2号　邮政编码：610014）
网　　址	http://www.tiandiph.com
	http://www.天地出版社.com
电子邮箱	tiandicbs@vip.163.com
经　　销	新华文轩出版传媒股份有限公司

印　　刷	河北鹏润印刷有限公司
版　　次	2017年4月第1版
印　　次	2019年10月第6次印刷
成品尺寸	170mm×230mm　1/16
印　　张	32.75
字　　数	553千字
定　　价	39.80元
书　　号	ISBN 978-7-5455-2396-6

版权所有◆违者必究

咨询电话：（028）87734639（总编室）
购书热线：（010）67693207（市场部）

本版图书凡印刷、装订错误，可及时向我社发行部调换

序言

　　上下五千年悠久而漫长的历史，积淀了中华民族独具魅力且博大精深的文化。中华传统文化是中华民族无数古圣先贤、风流人物、仁人志士对自然、人生、社会的思索、探求与总结，而且一路下来，薪火相传，因时损益。它不仅是中华民族智慧的凝结，更是我们道德规范、价值取向、行为准则的集中再现。千百年来，中华传统文化融入每一个炎黄子孙的血液，铸成了我们民族的品格，书写了辉煌灿烂的历史。

　　中华传统文化与西方世界的文明并峙鼎立，成为人类文明的一个不可或缺的组成部分。中华民族之所以历经磨难而不衰，其重要一点是，源于由中华传统文化而产生的民族向心力和人文精神。可以说，中华民族之所以是中华民族，主要原因之一乃是因为其有异于其他民族的传统文化！

　　概而言之，中华传统文化包括经史子集、十家九流。它以先秦经典及诸子之学为根基，涵盖两汉经学、魏晋玄学、隋唐佛学、宋明理学和同时期的汉赋、六朝骈文、唐诗宋词、元曲与明清小说并历代史学等一套特有而完整的文化、学术体系。观其构成，足见中华传统文化之广博与深厚。可以这么说，中华传统文化是华夏文明之根，炎黄儿女之魂。

　　从大的方面来讲，一个没有自己文化的国家，可能会成为一个大国甚至富国，但绝对不会成为一个强国；也许它会强盛一时,但绝不能永远屹立于世界强国之林!而一个国家若想健康持续地发展,则必然有其凝聚民众的国民精神,且这种国民精神也必然是在自身漫长的历史发展中由本国人民创造形成的。中华民族的伟大复兴,中华巨龙的跃起腾飞,离不开中华传统文化的滋养。从小处而言,继承与发扬中华传统文化对每一个炎黄子孙来说同样举足轻重,迫在眉睫。中华传统文化之用,在于"无用"之"大用"。一个人的成败很大程度上取决于他的思维方式,而一个人的思维能力的成熟亦绝非先天注定,它是在一定的文化氛围中形成的。中华传统文化作为涵盖经史子集的庞大思想知识体系,恰好能为我们提供一种氛围、一个平台。潜心于中华传统文化的学习,人们就会发现其蕴含的无穷尽的智慧,并从中领略到恒久的治世之道与管理之智,也可以体悟到超脱的人生哲学与立身之术。在现今社会,崇尚中华传统文化,学习中华传统文化,更是提高个人道德水准和构建正确价值观念的重要途径。

近年来,学习中华传统文化的热潮正在我们身边悄然兴起,令人欣慰。欣喜之余,我们同时也对中国现今的文化断层现象充满了担忧。我们注意到,现今的青少年对好莱坞大片趋之若鹜时却不知道屈原、司马迁为何许人;新世纪的大学生能考出令人咋舌的托福高分,但却看不懂简单的文言文……这些现象一再折射出一个信号:我们现代人的中华传统文化知识十分匮乏。在西方大搞强势文化和学术壁垒的同时,国人偏离自己的民族文化越来越远。弘扬中华传统文化教育,重拾中华传统文化经典,已迫在眉睫。

本套"中华传统文化核心读本"的问世,也正是为弘扬中华传统文化而添砖加瓦并略尽绵薄之力。为了完成此丛书,我们从搜集整理到评点注译，历时数载，花费了一定的心血。这套丛书涵盖了读者应知必知的中华传统文化经典，尽量把艰难晦涩的传统文化予以通俗化、现实化的解读和点评，并以大量精彩案例解析深刻的文化内核，力图使中华传统文化的现实意义更易彰显，使读者阅读起来能轻松愉悦并饶有趣味，能古今结合并学以致用。虽然整套书尚存瑕疵，但仍可以负责任地说，我们是怀着对中华传统文化的深情厚谊和治学者应有的严谨态度来完成该丛书的。希望读者能感受到我们的良苦用心。

前言

　　孔子所创的儒家学说，在他去世一百多年后，由于孟子的继承和发展而变得更丰富，更系统了，在中国传统文化的苑囿里，终于长成了一棵根深叶茂的大树。《孟子》作为中国儒家思想最重要的经典之一，对后世影响极其深远。

　　孟子继承了孔子"仁"的学说而又有较大发展。他的"仁"主要体现在政治上，主张通过施行"仁政"去统一天下。孟子认为"仁政"的核心是"保民"，只有施行"仁政"才能无敌于天下。这种主张在当时未能行得通，但却为后世有为的统治者提供了治国的基本方略，因此具有超越时代的价值。孟子提出"民为贵，社稷次之，君为轻"，要统治者多为人民的生存条件着想，对残害百姓的君王，他痛加指斥，认为可废可弑。这旷古未有的议论，更鲜明地反映了他的民本思想，是闪现于中国社会思想史上的一道强光。孟子不但讲"仁"，也强调"义"。"义"的本意是行为合理适宜。孟子把"义"作为人的行为选择的最高标准。利义相比，应轻利取义；生死关头，也要舍生取义。"义"的内涵各时代当然有所不同，但义利选择问题，永远存在。因此孟子的义利观影响深远，对我们民族价值观念的形成具有重大作用。

　　"性善"、"性恶"论，是中国哲学史上的重要命题。孟子是"性善"论者。他说："人性之善也，人皆有之；人无有不善,水无有不下。"他把"性善"具体阐述为恻隐、羞恶、恭敬、是非这"四心",认为对应这"四心"的仁义礼智不是外加的,而是"我固有之"的,但他又说"求则得之,舍则失之",即要自觉地向自身内心去追求,才能得到。这就是"反求诸己",是宋明心性之学的先导。其实,人之初无所谓性善性恶,在长大的过程中,由于环境和教育的影响作用,才有了向善向恶的变化。性善虽是孟子的理论预设,但他在分析人的实际道德状况时也很重视环境对人的影响。

孟子的"人格"论影响深远。他所推崇的理想人格是"富贵不能淫,贫贱不能移,威武不能屈"。他认为人格的重要远远高于财富、权力、地位。主张做人要做有"浩然之气"的"大丈夫"。怎样蓄积"浩然之气"？那就是:一要持志养气,坚持崇高的志向追求,二要"动心忍性",有意识地在逆境中磨砺意志；三要"存心养性",就是要清心寡欲。孟子的这些主张和理论是对中国传统文化的重要贡献。做有浩然之气的"大丈夫",自古以来激励了无数的仁人志士,诚如冯友兰先生所说:"懂得了这个词汇,才可以懂得中国文化和中华民族的精神。"

从以上对孟子及其主要思想和影响的论述中,我们可以深切地感受到孟子在中国传统文化中重要的历史地位。孟子阐述的一些关于人类社会、关于人自身的带有普遍性的道理,即使在今天也仍然富有积极的启发意义。对于《孟子》的解读,历来就具有鲜明的时代特征,为读者所处时代的社会需要服务。在建设社会主义新文化的今天,我们需要学习了解传统文化；而要了解传统文化,必须了解儒家思想,了解孟子的思想。为此，我们精心编著了《孟子全集》一书，力求以全新的解读方式和通俗易懂的语言去接近《孟子》，感受《孟子》，使孟子的思想精神与现实生活相结合，从而让每个读者都能沐浴到两千多年前圣贤先哲的深邃智慧。

在编著本书的过程中，我们参考了大量权威注译版本，在编撰体例上不惮繁琐，对《孟子》七篇凡260章逐一从原文、注释、译文、历代论引、评析、史例解读等六个方面进行了全集式的解读。原文以杨伯峻版《孟子译注》为主，参以上海古籍出版社《四书章句集注》。译文部分以直译为主，为了行文的顺畅我们还兼用了意译，但力求不背离《孟子》的思想精神。注释部分主要是针对一些较为难懂和有争议的字词进行重点阐释，广搜博采各种注译本，汇同比较，在深刻理解的基础上力求做出最合理的解释，在前人误释或难解之处，我们不因袭旧注含混而过，而是重新考证，作出新的解释。书中所设的"历代论引"，意即引用历代名人经史典籍中的相关篇章对《孟子》进行进一步阐释，以期起到经史互为佐证，帮助理解的作用。评析部分，以简短有力的文字，或对原文内容及背景知识进行介绍或提要，或就其思想内容进行阐释，或结合当下现实生活加以发挥，力求在清晰隽永的话语中还原先哲的博大和深刻，给其心灵注入鲜活的生命力，从而指导人们如何更好地生活。"史例解读"是以经典的实例故事对《孟子》语句或篇章意旨进行阐解与再认识，是一种延展、联想阅读，故事的趣味性、生动性以及强烈的现实感，能够激发读者的发散思维，进一步加深人们对先贤孟子思想的理解，以期收到曲径通幽、触类旁通之效。本书版式新颖，设计精美，配以许多古朴生动的图片，一改以往古典著作的沉闷风格，读来有古雅、轻松、蕴藉的感觉。

在本书的编写过程中，编著者注入了些许认识和感悟，但更多的还是参考了他人的一些著作，在这里，向这些著作的作者和编著者表示衷心的感谢。由于学识水平所限，可能存在这样或那样的缺点和不足，敬请广大读者批评指正。

目录

卷 一 / 梁惠王上 …………001
卷 二 / 梁惠王下 …………034
卷 三 / 公孙丑上 …………076
卷 四 / 公孙丑下 …………106
卷 五 / 滕文公上 …………140
卷 六 / 滕文公下 …………162
卷 七 / 离娄上 ……………190
卷 八 / 离娄下 ……………235
卷 九 / 万章上 ……………279
卷 十 / 万章下 ……………308
卷十一 / 告子上 ……………334
卷十二 / 告子下 ……………370
卷十三 / 尽心上 ……………403
卷十四 / 尽心下 ……………457

卷一　梁惠王上

【题解】

　　本篇共七章，除第六章对梁襄王，第七章对齐宣王外，其他各章都是孟子与梁惠王的对话。本篇中心内容在于阐述王道和仁政学说。孟子认为，王道和仁政是立国的根本。为政者应该施行王道，反对霸道，实行仁政，反对暴政。

　　首章提出"义利之辨"，主张在政治上把仁义放在第一位，把功利放在第二位。一切施政措施都要符合仁义的准则。无论是国君，还是卿、大夫、士以及庶民，都要按照仁义的准则行事，使上下有序，决不因为一己私利而危害仁义。能够做到这一点，就能够得到民众的爱戴和拥护，自然就能够拥有天下。

　　以下各章所记对话，大抵不离"仁政"的话题。仁政的主要内容还包括反对攻伐，发展生产，减轻刑罚赋敛，使老百姓过上丰衣足食的生活，在此基础上以孝悌之义教导百姓。如此便可以抵御外侮，并使天下归服。孟子又指出君王施行仁政的基础，是天性中固有的"不忍人之心"，因此，在思想上，要树立起"不忍人之心"，要树立起仁爱的观念。有了"不忍人之心"，才能有"不忍人之政"，亦即仁政。

　　从上述各章的阐发，可见孟子虽把"义"放在"利"之上，但他所谓"义"，主要的内容却是人民的"利"。凡政策由此出发，做法与此相合，便是"义"，否则反是。因此既热情赞扬"与民同乐"的古圣，又尖锐批评"率兽食人"的今王。

一

【原文】

孟子见梁惠王①。王曰:"叟②,不远千里而来,亦将有以利吾国乎?"

孟子对曰:"王,何必曰利?亦有仁义而已矣③。王曰:'何以利吾国?'大夫曰:'何以利吾家?'士庶人曰④:'何以利吾身?'上下交征利,而国危矣⑤。万乘之国⑥,弑⑦其君者必千乘之家;千乘之国,弑其君者必百乘之家。万取千焉,千取百焉,不为不多矣。苟为后义而先利,不夺不餍⑧。未有仁而遗其亲者也,未有义而后其君者也。王亦曰仁义而已矣,何必曰利?"

【注释】

①梁惠王:即魏惠王。他是魏武侯之子,公元前370年即位,即位后九年由旧都安邑(今山西夏县北)迁往大梁(今河南开封西北),所以又叫梁惠王。②叟:对老年人的尊称。③亦:这里是"只"的意思。④士庶人:士人和庶人。庶人:老百姓。⑤交征:互相争夺。征:取。⑥万乘(shèng)之国:拥有一万辆兵车的国家。乘:兵车一辆称一乘,古代以拥有兵车的多少来衡量国家大小,万乘之国在战国时是大国。⑦弑:古代称杀父杀君叫作"弑"。⑧餍(yàn):满足。

【译文】

孟子见到了梁惠王。梁惠王说:"老先生,您不远千里而来,将给我国带来一些有利的事情吧?"

孟子回答说:"大王何必讲利呢?只要有仁义就可以了。大王说:'怎样对我国有利?'大夫说:'怎样对我的封地有利?'士人和老百姓说:'怎样对我自己有利?'上下争相求利,那国家就危险了。拥有一万辆兵车的国家,杀掉它的君王的,一定是拥有一千辆兵车的大夫;拥有一千辆兵车的国家,杀掉它的君王的,一定是拥有一百辆兵车的大夫。就大夫来说,在一万辆兵车的国家里,拥有一千辆兵车,在一千辆兵车的国家里,拥有一百辆兵车,不算不富有了。但如果把义放在后头而把利放在前头,那他不争夺是不会满足的。从没有讲仁却遗弃自己父母的,也没有讲义却轻慢自己君王的。大王只要讲仁义就可以了，何必讲利呢？"

【历代论引】

太史公曰："余读孟子书至梁惠王问何以利吾国，未尝不废书而叹也。曰嗟乎！利诚乱之始也。夫子罕言利，常防其源也。故曰'放于利而行，多怨'。自天子以至于庶人，好利之弊，何以异哉？"

程子曰："君子未尝不欲利，但专以利为心则有害。惟仁义则不求利而未尝不利也。当是之时，天下之人惟利是求，而不复知有仁义。故孟子言仁义而不言利，所以拔本塞源而救其弊，此圣贤之心也。"

朱子曰："仁者必爱其亲，义者必急其君。故人君躬行仁义而无求利之心，则其下化之，自亲戴于己也。"

又曰："此章言仁义根于人心之固有，天理之公也。利心生于物我之相形，人欲之私也。循天理，则不求利而自无不利；殉人欲，则求利未得而害已随之。所谓毫厘之差，千里之缪。此孟子之书所以造端托始之深意，学者所宜精察而明辨也。"

【评析】

国家财富有限，如果大家都只讲"利"而不讲"义"，国家就很危险了。孟子告诉梁惠王只讲"义"而不讲"利"，是告诉他统治国家的方法。孟子分析说，万乘之国，大夫取车千乘；千乘之国，大夫取车百乘，大夫所得不可谓不多，但他们仍然弑君弑父，是因为他们只讲"利"而不讲"仁义"。相反，没有哪个讲"仁义"的人遗弃他的父母、怠慢他的君主的，更不用说弑君弑父了。所以孟子告诉梁惠王，你只说"仁义"就行了，何必说"利"呢？君子不言利，这的确是儒学传统。孟子认为，片面强调私利，人人都将站在自己的立场上考虑问题。只有提倡仁义，才能涵盖众人的共同利益，使社会得到安定。

当今社会人们的思想充满了实利主义，但是如果失去仁义，所说的"利"将不会长久，就像造假卖假的人只能获利一时一样。

当然，的确也不可能只说仁义而不说利，这已不合乎我们今天的现实。应该是既说利也说义，或者，还是用圣人孔子的那句话来调节，叫作"见得思义"。

【史例解读】

重义轻利

鲁肃为吴中富户,乐善好施,重义轻利。周瑜任居巢长时,闻鲁肃之名,向其借粮,鲁肃将家里一大粮仓相赠,两人由此结交,后来由周瑜介绍,鲁肃出事东吴。周瑜死后,鲁肃就接替周瑜做了吴国的大都督。

《三国志·吴书·鲁肃传》中记载:"后备诣京见权,求都督荆州,惟肃劝权借之,共拒曹公。"这一"借"让曹操出了一身冷汗,它打碎了曹操统一天下的大梦,奠定了三国格局的基础。《三国志·吴书·鲁肃传》载:"曹公闻权以土地业备,方作书,落笔於地。"

试想当时如果不借,那么凭东吴一方的力量,根本不足以与势力强大的曹操相抗衡,借荆州给刘备,给曹操设立了一个对手,是轻小利而重大义之举,这样最终保障了三国鼎立局面的形成。

二

【原文】

孟子见梁惠王。王立于沼上①,顾鸿雁麋鹿,曰:"贤者亦乐此乎?"

孟子对曰:"贤者而后乐此,不贤者虽有此,不乐也。《诗》②云:'经始灵台③,经之营之,庶民攻之,不日成之④。经始勿亟,庶民子来⑤。王在灵囿,麀鹿攸伏⑥,麀鹿濯濯,白鸟鹤鹤⑦。王在灵沼,于牣鱼跃⑧。'文王以民力为台为沼,而民欢乐之,谓其台曰灵台,谓其沼曰灵沼,乐其有麋鹿鱼鳖。古之人与民偕乐,故能乐也。《汤誓》⑨曰:'时日害丧,予及女偕亡⑩。'民欲与之皆亡,虽有台池鸟兽,岂能独乐哉?"

【注释】

①沼:水池。②《诗》:即《诗经》。下面所引的是《诗经·大雅·灵台》,写周文王兴建灵台、灵囿、灵沼而庶民相助的盛况。③经始:开始规划营造。经:测量。灵台:台名,故址在今陕西西安西北。④攻:建造。不日:不几天。⑤亟:急。子来:像儿子为父母效劳那样来帮忙。⑥囿:古代帝王畜养禽兽的园林。麀(yōu):母鹿。鹿:指公鹿。攸:同"所"。⑦濯濯(zhuó zhuó):

肥硕而有光泽的样子。鹤鹤：羽毛洁白的样子。⑧牣（rèn）：盈满。⑨《汤誓》：《尚书》中的一篇，记载商汤讨伐夏桀时的誓师词。⑩时日：这个太阳，指夏桀。时：这。害（hé）：何，何时。丧：毁灭。予及女：我和你。女（rǔ）：通"汝"，你。

【译文】

　　孟子进见梁惠王，梁惠王站在池塘边，回头看着鸿雁和麋鹿，问道："贤能的人也有这种乐趣吗？"

　　孟子答道："贤能的人并不把这种快乐当成首要的追求，不贤的人纵有这些条件，也不会感到快乐。《诗经·大雅·灵台》篇唱道：'开始规划造灵台，仔细经营巧安排；黎民百姓都来干，灵台建造进度快；建台本来不着急，百姓起劲自动来。文王游览灵台中，群鹿伏在深草丛，群鹿肥硕毛色润，白鸟洁净羽毛丰。文王游览到灵沼，啊！满池鱼儿跳动欢。'文王用民众的劳力建高台挖深池，然而民众乐意去做，称这个台叫灵台，称这个池叫灵沼，还欣喜园囿中有这么多的麋鹿鱼鳖。古时君王能与民同乐，所以能感受到这种快乐。《尚书·汤誓》篇有这样的话：'日头啊日头，你何时陨落，我宁愿与你一起去死！'民众想跟他拼命，夏桀纵然有高台美池，奇禽异兽，怎么能独自享受这种快乐呢？"

【历代论引】

　　朱子曰："孟子言文王虽用民力，而民反欢乐之，既加以美名，而又乐其所有。盖由文王能爱其民，故民乐其乐，而文王亦得以享其乐也。"

　　又曰："桀尝自言，吾有天下，如天之有日，日亡吾乃亡耳。民怨其虐，故因其自言而目之曰，此日何时亡乎？若亡则我宁与之俱亡，盖欲其亡之甚也。孟子引此，以明君独乐而不恤其民，则民怨之而不能保其乐也。"

【评析】

　　周文王与民同乐，所以他虽用百姓之力，为自己修筑灵台，百姓仍然很高兴。夏桀是个独夫民贼，鱼肉百姓，老百姓恨不得他马上死掉。孟子指出，君主只有体恤下民，与民忧乐相通，才能享受到真正的快乐，否则，纵然物质条件优越，也无快乐可言。当政者应"与民同乐"的思想对后世有深远的影响，宋代的范仲淹主张"先天下之忧而忧，后天下之乐而乐"，就是对这一思想的最好总结。

其实，对于我们每个人，只需要把"与民同乐"的"民"字稍加替换，改成"与人同乐"，对于我们立身处世也具有非常积极的意义。我们看到，有的人通过千辛万苦的拼搏和奋斗，钱倒是挣了不少，可是晚景凄凉，并没有亲人乃至知心的人与自己分享，难言快乐。相反，穷家小户，虽然清贫，但"人亲喝口水也甜"，一家人和和美美，其乐融融。

【史例解读】

太守之乐

欧阳修，北宋时期政治家、文学家、散文家、史学家和诗人，唐宋八大家之一。他为政随和，多采用宽怀政策，在政期间非常爱民，在滁州任太守时，留下了千古名篇《醉翁亭记》，其中与民同乐的描写，看出了民众对他的喜爱，愿意同其乐，"太守乐其乐也"，"太守归而宾客从也"。

历史上醉翁亭也不知翻建多少次，为了纪念欧阳修，醉翁亭每遭破坏总会重建。这其中包含了人们对欧阳修深厚的感情。

三

【原文】

梁惠王曰："寡人之于国也，尽心焉耳矣。河内凶，则移其民于河东①，移其粟于河内。河东凶亦然。察邻国之政，无如寡人之用心者。邻国之民不加少，寡人之民不加多②，何也？"

孟子对曰："王好战，请以战喻。填然鼓之，兵刃既接，弃甲曳兵而走③。或百步而后止，或五十步而后止。以五十步笑百步，则何如？"

曰："不可。直不百步耳④，是亦走也。"

曰："王如知此，则无望民之多于邻国也。"

"不违农时，谷不可胜食也；数罟不入洿池⑤，鱼鳖不可胜食也；斧斤以时入山林，材木不可胜用也。谷与鱼鳖不可胜食，林木不可胜用，是使民养生丧死无憾也。养生丧死无憾，王道之始也。

"五亩之宅，树之以桑，五十者可以衣帛矣。鸡豚狗彘之畜，无失其时，七十者可以食肉矣。百亩之田，勿夺其时，数口之家可以无饥矣。谨庠序之教⑥，申之以孝悌之义，颁白者不负戴于道路矣。七十者衣帛食肉，黎民不饥不寒，然而不王者⑦，未之有也。

"狗彘食人食而不知检，涂有饿莩而不知发⑧；人死，则曰：'非我也，岁也。'是何异于刺人而杀之，曰：'非我也，兵也。'王无罪岁，斯天下之民至焉。"

【注释】

①河内、河东：魏地名。河内：在今山西安邑一带。河东：在今河南济源一带。凶：灾荒。②加：更。③填（zhèn）然：咚咚地响。曳（yè）：拖。④直：只，仅。⑤数罟（cù gǔ）：细密的渔网。数：细密。洿（wū）池：大池。⑥庠（xiáng）序：学校。⑦王（wàng）：以仁政统一天下。⑧涂：同"途"，道路。莩（piǎo）：通"殍"，饿死的人。

【译文】

梁惠王对孟子说："我治理国家，够尽心的了。河内遇到灾荒，我便将灾民移到河东，并调河东的粮食救济河内；河东遭灾，我也这样处理。看看邻国的治理，没有像我这样尽心尽力的。可是他们的民众并未减少，而我的民众也不见增多，为什么呢？"

孟子回答道："大王喜好战争，那就让我用战争来作比喻吧。战鼓咚咚响，兵刃相交锋，这时候有人丢盔弃甲，拖着刀枪掉转头就跑。有的士兵跑了一百步停下来，有的跑了五十步停下来。跑了五十步的讥笑那些跑了一百步的，您以为怎样呢？"

梁惠王说："不行。他们只不过没有跑到一百步罢了，同样也是临阵脱逃啊！"

孟子说："大王既然懂得这个道理，那就别指望您的民众会比邻国多了。"

"不违背农时，粮食就会多得吃不完；细密的渔网不到大的池沼里去捕鱼，鱼鳖就会多得吃不完；在一定的时候才进山林伐木，木材就会多得用不完。粮食和鱼鳖多得吃不完，木材也多得用不完，这就让老百姓养生送死都没有什么遗憾了。养生送死没有什么遗憾，就是王道的开端。

"五亩大的宅院，在里面种植桑树，五十岁的人就能穿上丝绸了。鸡狗猪等家畜不失时机地畜养起来，七十岁的人就能吃上肉了。百亩大的农田，不去妨碍农夫适时耕种，几口人的家庭就可以免于饥饿了，认认真真地办学校，反复用孝悌的道理来教导子弟，须发斑白的老人就不必背着或顶着重物在路上行走了。七十岁的人都有绸缎穿，有肉吃，老百姓饿不着，冻不着，这样还不能使天下归服的，是从没有过的事。

"狗和猪吃着人的粮食，却不懂得去制止，路上有人饿死，却不懂得发放仓库里的粮食；人死了，便说：'不是我的缘故，是收成不好的缘故。'这与刺死了人，却说，'不是我杀的，是兵器杀的'，有什么区别？大王如果不把罪过加到年景上，这样，天下的老百姓就都到这里来了。"

【历代论引】

程子曰："孔子之时，周室虽微，天下犹知尊周之为义，故春秋以尊周为本。至孟子时，七国争雄，天下不复知有周，而生民之涂炭已极。当是时，诸侯能行王道，则可以王矣。此孟子所以劝齐梁之君也。盖王者，天下之义主也。圣贤亦何心哉？视天命之改与未改耳。"

杨氏曰："移民移粟，荒政之所不废也。然不能行先王之道，而徒以是为尽心焉，则末矣。"

朱子曰："古者网罟必用四寸之目，鱼不满尺，市不得粥，人不得食。山林川泽，与民共之，而有厉禁。草木零落，然后斧斤入焉。此皆为治之初，法制未备，且因天地自然之利，而撙节爱养之事也。然饮食宫室所以养生，祭祀棺椁所以送死，皆民所急而不可无者。今皆有以资之，则人无所恨矣。王道以得民心为本，故以此为王道之始。"

又曰："夫民衣食不足，则不暇治礼义；而饱暖无教，则又近于禽兽。故既富而教以孝悌，则人知爱亲敬长而代其劳，不使之负戴于道路矣。衣帛食肉但言七十，举重以见轻也。"

【评析】

在孟子看来，梁惠王的这点小恩小惠，还不是治国的根本大计，和邻国相比，只不过是"五十步"与"一百步"之差，并无本质上的差别。

老百姓的日子好不好过，固然与年景的好坏有关，也与政治是否清明有关。如果官家的狗吃老百姓的粮食而不加以检查制止，路上有饿死的人而不知道打开国家的粮仓加以赈救。老百姓饿死了，国君就怪罪年景不好，老百姓怎么会不逃走呢？对人民生死的冷漠，是古今很多官员的通病。孟子的话，对我们很有启发。

用类比的方法讲抽象的道理，是晚周诸子普遍的习惯。孟子"以战喻"，就用了这种方法。

【史例解读】

"五十步"与"一百步"

东汉末年的蔡邕博学多才，是当时著名的学者，编纂汉史，作灵帝纪以及个人列传四十二篇。他同时还是个大书法家。

据唐代张彦远《法书要录·笔法传授人名》中记载：蔡邕受艺于神人，而传与崔瑗及女文姬，文姬传之钟繇，钟繇传之卫夫人，卫夫人传之王羲之，王羲之传之王献之。

董卓听说蔡邕有才，于是给了他两个选择：要么来朝里当官，要么等着被灭族！蔡邕只得入朝为官，很受董卓器重。虽然蔡邕并不认同董卓的专权与暴虐，但是到了董卓被杀时，他想起董卓待他不错，轻轻叹息了一声，结果立即触怒了踌躇满志的王允，被关进了监狱。

蔡邕入狱后，朝廷里有许多大臣都来替他求情，请求王允网开一面，使得蔡邕能够继续编汉史。而王允的回答却证明了他指责董卓残暴不仁，不过是五十步笑百步。王允说："当年汉武帝没杀司马迁，结果世上多了一部谤书。如今要是留下蔡邕，不是又要多一部谤书来迷惑天子，诽谤你我吗！"

蔡邕就这样死在了狱中。大家一看，走了个跋扈的董太师，又来了个骄横的王司徒，也开始心怀不满，牢骚满腹。王允诬杀蔡邕两个月后，董卓部将攻陷长安，捉拿王允，连同他的妻子儿女一齐处死，并把王允的尸首拖到闹市任人参观，没有人为他收尸。

四

【原文】

梁惠王曰："寡人愿安承教①。"

孟子对曰："杀人以梃与刃②，有以异乎？"

曰："无以异也。"

"以刃与政，有以异乎？"

曰："无以异也。"

曰："庖有肥肉③，厩有肥马，民有饥色，野有饿莩，此率兽而食人也④。兽相食，且人恶之⑤，为民父母，行政不免于率兽而食人，恶在其为民父母也⑥？仲尼曰⑦：'始作俑者，其无后乎？'为其象人而用之也⑧。如之何其使斯民饥而死也！"

【注释】

①安：乐意。②梃（tǐng）：木棍。刃：刀。③庖（páo）：厨房。④率：放任。⑤且人恶（wù）之：按现在的词序，应是"人且恶之"。且：尚且。⑥恶（wū）：疑问副词，何。⑦仲尼：孔子名丘，字仲尼。⑧俑（yǒng）：古代陪葬用的土偶、木偶。始作俑者：指最初来用土偶、木偶陪葬的人。后来这句话成为成语，指首开恶例的人。象：同"像"。

【译文】

梁惠王对孟子说："我很乐意听到您的指教。"

孟子答道："用木棍打死人跟用刀杀死人，有什么不同吗？"

惠王说："没有不同。"

孟子又问："用刀杀死人跟用苛政害死人，有什么不同吗？"

惠王回答："没有不同。"

孟子说："现在您的厨房里有肥美的肉食，马棚里有健壮的马匹，民众却面黄肌瘦，野地里到处躺着饿死的人，这就等于放纵野兽吃人。野兽互相吞食，人们尚且憎恶，身为民众父母，施政时却免不了放纵野兽吃人的结局，为民父母的身份又体现在哪里呢？孔夫子说过：'第一个制作土偶木偶来殉葬的人，该让他断子绝孙！'遭这种咒骂，是因为他用像人形的器物作殉葬品。对于使老百姓活活饿死的，又该怎么对待他呢？"

【历代论引】

李氏曰："为人君者，固未尝有率兽食人之心。然殉一己之欲，而不恤其民，则其流必至于此。故以为民父母告之。夫父母之于子，为之就利避害，未尝顷刻而忘于怀，何至视之不如犬马乎？"

朱子曰："厚敛于民以养禽兽，而使民饥以死，则无异于驱兽以食人矣。"

又曰："俑，从葬木偶人也。古之葬者，束草为人以为从卫，谓之刍灵，略似人形而已。中古易之以俑，则有面目机发，而大似人矣。故孔子恶其不仁，而言其必无后也。孟子言此作俑者，但用象人以葬，孔子犹恶之，况实使民饥而死乎？"

【评析】

孟子认为，用木棒杀人和用刀刃杀人没什么不同，用刀刃杀人和用政治杀人也一样。执政者作为老百姓的父母官，让人民生活幸福是其基本的职责。如果自己过着丰衣足食的生活，而人民群众却在挨饿受冻，那简直就像是率领野兽吃人一样，是极大的犯罪。

孟子的言论并不深奥，道理也是大家都懂得的，不外乎是一种民本主义的思想。问题还是出在实施上。梁惠王固然是实施得不好，不然怎么会出现"庖有肥肉，厩有肥马"而"民有饥色，野有饿莩"的现象呢？但是，无论是与梁惠王同时代的其他国家统治者，还是后世若干年的当权执政者，又有多少"父母官"实施得很好呢？

【史例解读】

始作俑者

清雍正六年（公元1728年），朝廷掀起了一场大规模的"文字狱"。

湖南秀才曾静在一个偶然机会读到已故学者吕留良的反清诗文，十分敬佩他的学问，并开始与他的弟子交往。后来，曾静听说汉族大臣岳钟琪平定边境叛乱立了大功，受到雍正帝重用，担任川陕总督，手握重兵，竟然充满幻想地去游说他起来造反，结果被岳钟琪出卖。

雍正亲自处理此案，一方面"御笔"亲拟了批驳吕留良反清观点的《大义觉迷录》，另一方面大开杀戒：判处已经死去了的吕留良和其子吕葆中、学生严鸿逵开棺戮尸枭首示众；判处吕留良的另一个活着的儿子吕毅中立即斩首；吕、严两家的孙子辈一律发往宁古塔充军为奴；其余如曾和吕、严交往的，曾为吕留良刻过书的，甚至收藏过吕留良诗文的东鼎臣、东鼎贲、孙克用、周敬舆等人一律判处死刑。因此案而受到牵连的有上千人。

虽然这一事件的始作俑者是雍正皇帝，但是无知而盲动的曾静也有不可推卸的责任。不过曾静出人意料地被雍正饶过一命。雍正让他悔过自新，并让官府带他到江南一带现身说法，宣传《大义觉迷录》，以示皇权的宽容和坚固。但是曾静在悔罪并充当清朝的走狗以后，最终仍然被继任皇帝乾隆下令处决。

五

【原文】

梁惠王曰："晋国①，天下莫强焉，叟之所知也。及寡人之身，东败于齐，长子死焉②；西丧地于秦七百里③；南辱于楚④。寡人耻之，愿比死者壹洒之⑤。如之何则可？"

孟子对曰："地方百里而可以王⑥。王如施仁政于民，省刑罚，薄税敛，深耕易耨⑦；壮者以暇日修其孝弟忠信，入以事其父兄，出以事其长上，可使制梃以挞秦、楚之坚甲利兵矣⑧。彼夺其民时，使不得耕耨以养其父母，父母冻饿，兄弟妻子离散。彼陷溺其民，王往而征之，夫谁与王敌？故曰：'仁者无敌。'王请勿疑！"

【注释】

①晋国：韩、赵、魏三家分晋，列为诸侯，战国时还被称为三晋，所以惠王也称自己魏国为晋国。②东败于齐，长子死焉：公元前341年，魏与齐战，败于马陵，齐虏魏太子申，杀魏将军庞涓。③西丧地于秦七百里：惠王时，魏国曾屡败于秦国，被迫多次割地。④南辱于楚：惠王时，围赵都邯郸，楚救赵，取魏睢、秽之间七邑。⑤比：代替。壹：专一地，集中全力地。洒：与"洗刷"的"洗"同，报仇雪耻的意思。⑥地方百里：方圆百里的土地。⑦省：减省。税敛：税

收。易：治理得很好。耨（nòu）：除草。易耨：干净地彻底地拔掉田草，以免影响禾苗生长。⑧挞（tà）：用鞭子或者棍子打。

【译文】

梁惠王说："我们晋国，是天下最强大的，这是先生您所知道的。到了我即位执政，在东方败给了齐国，我的大儿子战死了；在西面被秦国夺去七百里土地；在南面又受辱于楚国。我深以为耻，很想替死在战场上的将士报仇雪恨。应该怎样做才好呢？"

孟子回答说："只要有方圆百里的地盘就可以称王于天下。大王如果对老百姓施行仁政，减轻残酷的刑罚，对百姓轻徭薄赋，让他们努力耕田，赶快锄草。对于青壮年，在农闲时要对他们加强道德修养，强调对父母孝顺，听从兄长，对国君尽忠，对朋友讲信用，在家侍奉父兄，走出家门侍奉长官和君王，便可以让他们拿起木棍对付秦国、楚国坚固的铠甲和锋利的武器了。秦楚之国侵占老百姓种田的时间，使人民不能深耕锄草从而供养他们的父母，父母又冷又饿，弄得妻离子散。他们让民众处于水深火热之中，大王去讨伐他们，谁能是大王您的对手呢？所以说施行仁政的人是无敌于天下的，大王您千万不要怀疑这一点！"

【历代论引】

孔氏曰："惠王之志在于报怨，孟子以论在于救民。所谓惟天吏则可以伐之，盖孟子之本意。"

朱子曰："百里，小国也。然能行仁政，则天下之民归之矣。"

又曰："省刑罚，薄税敛，此二者仁政之大目也。易，治也。耨，耘也。尽己之谓忠，以实之谓信。君行仁政，则民得尽力于农亩，而又有暇日以修礼义，是以尊君亲上而乐于效死也。"

又曰："以彼暴虐其民，而率吾尊君亲上之民往正其罪。彼民方怨其上而乐归于我，则谁与我为敌哉？"

又曰："'仁者无敌'，盖古语也。百里可王，以此而已。恐王疑其迂阔，故勉使勿疑也。"

【评析】

　　从一般的请教到倾诉苦衷，寻求雪耻图强的良方。梁惠王已经对孟子信任有加了。孟子因此也不再卖关子，而是直截了当地提出了他的仁政主张。孟子告诉他，只有在国内施行仁政，政治清明，人民才能富裕，国家才能强盛。而秦国、楚国都在施行暴政，人民贫穷，国家衰弱。在这种情况下，魏国必然会天下无敌。这就是"仁者无敌"的意思。

　　孟子多次讲"仁者无敌"，都有一个假设的前提：仁德之君使国富民强，老百姓全都乐于为国君效命；暴君国穷民弱，连他的亲人都背叛他。所以"仁者"要么不战，战则必胜。只有满足了这一前提条件，"仁者"才能"无敌"。可见"仁者无敌"并非普遍真理。

　　当然，孟子要求诸侯施行仁政，减轻赋税，让老百姓都过上富足的日子，这个观点至今仍然是正确的。

【史例解读】

仁者无敌，郭子仪只身退敌

　　唐代宗广德二年十月，仆固怀恩引吐蕃、回纥、党项数十万兵马南下，郭子仪受命，率军抵御。转年九月，叛军已相继进抵长安附近，京城人人自危，不知所从。关键时刻，唐代宗急召郭子仪从河中返长安。

　　当时，郭子仪随从军卒仅一万人左右，在泾阳屯军。四周叛军、回纥、吐蕃等军队有近三十万，已经把郭子仪军围得里三层、外三层。郭子仪急忙下令属下四将分阵迎敌，自己亲率两千铠甲军出于阵前。回纥军队首领很奇怪，惊问唐兵："主帅为谁？"唐军回报："郭令公。"回纥首领大惊："郭令公还活着吗？仆固怀恩讲天可汗（唐代宗）已崩，郭令公也病死，中国无主，我们才跟随他来到这里。既然郭令公还活着，天可汗也活着吗？"唐军答称："天子安好！"这下子回纥首领有些慌乱，面面相觑："难道仆固怀恩欺骗我们？"

　　见此，郭子仪忙派使者去回纥营中晓谕："几年前回纥大军跋涉万里，帮助我大唐收复两京，双方休戚与共，关系甚洽。现在，你们为什么要捐弃旧谊，帮助仆固怀恩这个叛臣，如此下去，对回纥一点好处也没有呵。"回纥人将信将疑："都说郭令公死了，否则，我们怎敢至此。如果郭令公真活着，就让我们亲眼见一见。"

使者回报。郭子仪马上跨马欲出。左右将帅都劝："戎狄狼子野心，怎能相信！"郭子仪说："敌众数十倍于我军，力战肯定不能胜。我现在出去与他们相见，示之以诚。"左右将领要派五百骑兵护卫，郭子仪摇手拒绝，只带十几骑轻装而出。唐军大呼："令公来！"

回纥人如临大敌，不知唐军真假，前面数排弓箭手皆引弓搭箭，持满欲射。

郭子仪骑马至阵前，摘去头盔，对带头的回纥首领亲切问候道："君与我前些年同生死、共患难，怎么现在一点也不念昔日情分啊？"见到果真是郭子仪本人，回纥大将们都扔掉手中兵器下马行礼："果吾父也。"（真是我亲郭大爷呵）

于是，郭子仪邀请回纥众首领欢饮，大赠金帛，誓好如初。酒席宴上，酒酣耳熟，郭子仪乘机劝说回纥首领："吐蕃与我大唐本来是舅甥之国，现在背信弃义进攻我们。他们已劫抢牛马无数，诸位如果能倒戈奋击吐蕃，既能逐戎得利，又与我大唐重修友好关系，一举两得，多么好啊。"当时，仆固怀恩已经暴病而死，"群房无所统一"，回纥人就答应了郭子仪。

吐蕃军队已经得知唐军与回纥军"联欢"的消息，惊疑双方有诈，乘夜就引军退走。郭子仪先派白元光等率一部分唐兵与回纥军相合，追击吐蕃，自引大军继后，于灵台西原大败吐蕃，斩首五万，生俘一万，得牛羊马驼不可胜计，并追回被俘掠的唐朝士女。

一颗仁爱之心，能够让一个人成为真正的赢家。

六

【原文】

孟子见梁襄王[①]。出，语人曰[②]："望之不似人君，就之而不见所畏焉。卒然问曰[③]：'天下恶乎定？'"

"吾对曰：'定于一[④]。'"

"'孰能一之？'"

"对曰：'不嗜杀人者能一之。'

"'孰能与之⑤？'

"对曰：'天下莫不与也。王知夫苗乎⑥？七八月之间旱，则苗槁矣⑦。天油然作云，沛然下雨，则苗浡然兴之矣⑧。其如是，孰能御之？今夫天下之人牧⑨，未有不嗜杀人者也。如有不嗜杀人者，则天下之民皆引领而望之矣⑩！诚如是也，民归之，由水之就下⑪，沛然谁能御之？'"

【注释】

①梁襄王：梁惠王的儿子，名嗣（一说名赫）。②语（yù）：告诉。③卒（cù）然：突然。④定于一：安定以统一为前提。⑤与：跟，从。⑥夫：彼。⑦七八月：指周历七八月，相当于夏历五六月。槁：草木枯干。⑧油然：盛多的样子。沛然：大雨滂沱的样子。浡（bó）然：蓬蓬勃勃地。⑨今夫：调换话头的连词。人牧：人君，指统治者。⑩引领：伸起颈项。⑪由：与"犹"通用。

【译文】

孟子见到了梁襄王。出来之后对别人说："梁襄王远远地望去不像人君的样子，靠近些也不见有什么威严。他突然问我：'天下怎么样才能安定呢？'"

"我对他说：'统一了就能安定。'

"'那么谁能统一天下呢？'

"我说：'不喜欢杀人的人能统一天下。'

"'什么人能归顺呢？'

"我说：'天下百姓都会归顺。大王知道那禾苗么？七、八月之间天气大旱无雨，苗就枯黄了。天空突然起了很厚的云，下了很大的雨，苗就重新旺盛起来。能够像这样，谁又能抵挡得了呢？现在天下做人君的人，没有不爱好杀人的。如果有不好杀人的人出现，那么天下的老百姓就会伸长脖子盼望了！如果能做到这样，老百姓归顺他就像水向下流动一样，气势宏大，谁又能阻挡得了呢！'"

【历代论引】

苏氏曰："孟子之言，非苟为大而已。然不深原其意而详究其实，未有不以为迂者矣。予观孟子以来，自汉高祖及光武及唐太宗及我太祖皇帝，能一天下者四君，皆以不嗜杀人致之。其余杀人愈多而天下愈乱。秦晋及隋，力能合之，而好杀不已，故或合而复分，或遂以亡国。孟子之言，岂偶然而已哉？"

朱子曰："不似人君，不见所畏，言其无威仪也。卒然，急遽之貌。盖容貌辞气，乃德之符。其外如此，则其中之所存者可知。王问列国分争，天下当何所定。孟子对以必合于一，然后定也。"

又曰："盖好生恶死，人心所同。故人君不嗜杀人，则天下悦而归之。"

【评析】

孟子对梁襄王谈的其实是两个层次的内容：第一层，天下统一才能够安定。这个道理是非常简单的。天下不统一，四分五裂，战争不断，怎么可能安定呢？用以后各代的历史事实（如三国、六朝等）来验证，也可以看到孟子论断的正确性。第二层，谁能统一天下？孟子说得非常简单：不喜欢杀人的人能够统一天下。首先，孟子所说的"不嗜杀人者"是指执掌人的生死大权的国君。其次，在当时的时代，七雄纷争，战争不断。战争就要互相残杀。所以，孟子所说的"不嗜杀人者"实际上是指不喜欢战争的人，也就是和平的维护者，而"嗜杀人者"则是指那些战争贩子。

综合起来看，孟子认为，国君只有实行仁政，善待人民，就像雨水滋润禾苗一样，人民才会归顺他，他才能统一天下，而使天下安定下来。这段话，表达了孟子反对暴政、主张仁政、"仁者无敌"的思想。

从我们今天的研究来看，孟子的政治学说和治国方略在理论上说都非常有道理，使人听了后不得不信服。但从实践来看，则不一定适用于战国时代的特殊历史。在战争年代，军事和政治密不可分，要谋求天下统一也的确离不开军事，离不开战争本身。所以，一般国君都会认为孟子的思想过于迂阔而不实用，不如纵横家或兵家的计策来得实在。梁襄王显然也是这种看法。事实上，就在孟子走后不久，苏秦到了魏国，并没有费太多的口舌就说动了梁襄王参加六国合纵抗秦的计划。

【史例解读】

引领而望

　　商王武丁的宰相傅说从政以前，曾在傅岩（今山西平陆东）地方从事版筑，故以傅为姓。傅岩是虞、虢两地交界之处，又是交通要道，由于山涧的流水常常冲决道路，奴隶们就在这里版筑护路。傅说身为奴隶，就靠从事版筑为生。商王武丁即位以后，三年没有理政，国事全由家宰管理。

　　有一天，武丁告诉群臣，他梦见上天赐予他一位贤人，这个人穿着奴隶穿的衣服，说自己姓傅名说，正在做苦役。武丁说："傅者，相也。说者，悦也。天下当有相我而悦民者哉！这是个好兆头，我一定能得到一位治理天下的好帮手。"武丁就让人把梦中人的形象画出来，在全国寻找，果然在傅岩找到傅说。

　　经过一番交谈，武丁发现傅说果然就是自己和百官引领而望的治国之才，于是就让他担任宰相。但是这一来，出身宗族的大臣们却很不服气，认为他身为一个奴隶做宰相是对朝廷的侮辱。

　　过了一段时间，傅说发挥自己的才能，出台了一系列励精图治的政策，终于使得贵族和平民都心甘情愿地服从于他的领导。武丁一朝也因而成为商代后期的极盛时期，史称"武丁中兴"。

七（一）

【原文】

　　齐宣王问曰①："齐桓、晋文之事，可得闻乎②？"

　　孟子对曰："仲尼之徒，无道桓、文之事者，是以后世无传焉，臣未之闻也③。无以，则王乎④？"

　　曰："德何如，则可以王矣？"

　　曰："保民而王，莫之能御也。"

　　曰："若寡人者，可以保民乎哉？"

　　曰："可。"

　　曰："何由知吾可也？"

曰："臣闻之胡龁曰⑤，王坐于堂上，有牵牛而过堂下者，王见之，曰：'牛何之？'对曰：'将以衅钟⑥。'王曰：'舍之！吾不忍其觳觫⑦，若无罪而就死地。'对曰：'然则废衅钟与？'曰：'何可废也？以羊易之！'不识有诸？"

曰："有之。"

曰："是心足以王矣。百姓皆以王为爱也⑧。臣固知王之不忍也。"

王曰："然。诚有百姓者。齐国虽褊小⑨，吾何爱一牛？即不忍其觳觫，若无罪而就死地，故以羊易之也。"

曰："王无异于百姓之以王为爱也⑩。以小易大，彼恶知之⑪？王若隐其无罪而就死地，则牛羊何择焉⑫？"

王笑曰："是诚何心哉？我非爱其财而易之以羊也。宜乎百姓之谓我爱也。"

曰："无伤也⑬。是乃仁术也，见牛未见羊也。君子之于禽兽也，见其生，不忍见其死；闻其声，不忍食其肉。是以君子远庖厨也⑭。"

【注释】

①齐宣王：姓田，名辟疆，齐威王的儿子，是齐田政权的第四代诸侯。其祖先本是春秋时姜姓齐国的大夫，到了田和，乃放逐齐之末君康公于海上，建立了齐田氏的封建政权。②齐桓：姓姜名小白。晋文：姓姬名重耳。皆春秋五霸之一。③未之闻：即"未闻之"。④以：同"已"。无以：不得已。⑤胡龁（hé）：宣王左右近臣。⑥衅（xìn）钟：新钟铸成，杀牲取血，涂抹钟的缝隙，用来祭祀。⑦觳（hú）觫（sù）：恐惧发抖的样子。⑧爱：吝啬。⑨褊（biǎn）：狭小。⑩无异：莫怪。⑪恶（wū）：何。⑫隐：痛，不忍。何择：有何区别。⑬无伤：不要紧。⑭仁术：仁者的心术。庖（páo）厨：厨房。

【译文】

齐宣王问道："齐桓公、晋文公的事迹，可以讲给我听一听吗？"

孟子回答说："孔子的弟子没有讲齐桓公、晋文公的事情的，所以后世没有流传，我也没有听说过。如果大王非让我讲不可，那就讲讲王道吧？"

齐宣王问："有怎样的德行才可以称王于天下呢？"

孟子说："安抚老百姓就能称王于天下，没人能挡得住。"

齐宣王问："像我这样的，可以安抚老百姓吗？"

孟子说："当然可以。"

齐宣王问："怎么知道我可以呢？"

孟子说："我听胡龁说：大王坐在朝堂上，有人牵牛从堂下经过，大王见到了，问：'牵牛到哪里去呀？'那人说：'将用来祭钟。'大王说：'放掉它吧！我不忍心看着它发抖，好像没罪的人马上赴刑场一样。'那人说：'是不是废除祭钟了呢？'您说：'怎么能废除呢？用羊代替它。'不知有没有这回事？"

齐宣王说："有这回事。"

孟子说："这种心就可称王于天下。老百姓都认为大王您很吝啬；我却知道大王您是不忍心呀。"

齐宣王说："您说得对。确实有这样的老百姓。齐国虽然不大，我也不至于吝啬一头牛。我就是不忍心看着它恐惧、发抖，像是无罪的人上刑场，所以用羊代替它。"

孟子说："大王不要责怪老百姓认为您吝啬，用小的换大的，他们怎能知道您的真实想法呢？大王若是可怜它没罪而赴死，那么牛和羊又有什么区别呢？"

齐宣王笑着说："我这是一种什么心理呢？我不是因为吝惜财物才用羊替换牛的。怪不得老百姓会说我吝啬。"

孟子说："这没有妨碍呀。这是仁爱之道呀，是看见牛而没有看见羊啊。君子对于禽兽，看到它活的时候，就不忍心看到它死去；听到它的叫声，就不忍心吃它的肉。所以君子离厨房远远的。"

【历代论引】

董子曰："仲尼之门，五尺童子羞称五霸。为其先诈力而后仁义也，亦此意也。"

朱子曰："王见牛之觳觫而不忍杀，即所谓恻隐之心，仁之端也。扩而充之，则可以保四海矣。故孟子指而言之，欲王察识于此而扩充之也。"

又曰："牛羊皆无罪而死，何所分别而以羊易牛乎？孟子故设此难，欲王反求而得其本心。王不能然，故卒无以自解于百姓之言也。"

又曰："术，谓法之巧者。盖杀牛既所不忍，衅钟又不可废。于此无以处之，则此心虽发而终不得施矣。然见牛则此心已发而不可遏，未见羊则其理未形而无所妨。故以羊易牛，则二者得以两全而无害，此所以为仁之术也。"

声，谓将死而哀鸣也。盖人之于禽兽，同生而异类。故用之以礼，而不忍之心施于见闻之所及。其所以必远庖厨者，亦以预养是心，而广为仁之术也。"

【评析】

在这一节里，齐宣王很委婉含蓄地向孟子请教历史问题："齐桓、晋文之事可得闻乎？"但实际上，他所关心是如何称霸天下的问题。因为齐桓公和晋文公在春秋时代都是靠"霸道"而称雄天下的。殊不知孟子所奉行的是反对霸权主义的儒学，不讲"霸道"而讲"王道"。也就是不讲武力，不依靠军事力量、战争称霸天下，而讲用道德，靠教化的力量，靠仁政统一天下，使天下人心归服。好在齐宣王也还通泰随和，管他霸道、王道，只要是能称雄天下就行，也就与孟子一问一答地探讨起来了。

孟子依然用的是他一贯的手法，就是开心理诊所，从心理分析入手去抓住对方，自己掌握主动，剥茧抽丝，层层推进，迫使对方落入自己观点的彀中。这一段"君子远庖厨"的心理分析，是典型的孟子手法，精彩绝伦，切中要害。所谓"君子远庖厨"，不过说的是一种不忍杀生的心理状态罢了。也就是齐宣王"以羊易牛"的心理，因为他亲眼看到了牛即将被杀的样子而没有亲眼看到羊即将被杀的样子。"眼不见为净"，所以君子远离宰鸡杀鸭的厨房。它所起的作用，就是唤醒齐宣王内心"不忍"的仁慈之心。只要这种仁心被唤醒，下面的事情，什么王道啊，仁政啊，就统统有了接受的心理基础，是顺理成章的事情了。

孟子认为，齐宣王不忍心杀死牛去祭钟，说明他有"不忍之心"，而这是"仁"的开端，十分宝贵。

以羊代牛，如果不以仁爱之心作为出发点就没有什么区别了，就像有人吃牛羊，有人好吃飞禽，还有人什么肉都不吃，就吃素，但是，能凭你吃什么不吃什么就比别人更具有道德优越感吗？只要稍具人类客观理性，就不能以食物选择来判断人种或者道德的优劣，吃面包三明治、烤牛排的，并不比吃米饭、馒头、辣子炒鸡丁的更具有良知，反之亦然。

【史例解读】

君子远庖厨

清代钱泳《履园丛话》中曾经记载了这样一段故事：

山西太原城南晋祠有个酒馆烹炒的驴肉最美味，远近闻名，每天来饮酒品鲜者有上千人，人们因此把这酒馆称为"驴香馆"。

这家酒馆烹调驴肉的方法相当残忍。先是在地上钉四根木桩，把一头养肥的驴的四条腿牢牢地绑在木桩上，又用横木固定驴头和驴尾，使驴不能动。这时用滚开水浇驴的身体，把毛刮净，然后用快刀割驴身上的肉。用餐的顾客想吃驴身上的哪一块肉，可以提出来，主人当场割下进行烹调。客人们吃得心满意足、挺胸腆肚走出酒馆时，那驴还没有断气。

虽然有人认为"君子远庖厨"，不过是儒家道德的一种过分要求，但是像如此虐牲，则肯定是有悖于人类文明的行为。宋代苏东坡买到鲤鱼以后，一定要等到它死去才烹食，这种在某种程度上体现出仁厚的做法，颇受后人称赞。这个驴香馆开了十几年，至乾隆四十六年（1781年）终于由地方官吏下令禁止，业主也终于受到应得的惩罚，有的被斩首示众，有的被充军流放，此后"驴香馆"便无人再开了。

七（二）

【原文】

王说曰①："《诗》云：'他人有心，予忖度之②。'夫子之谓也。夫我乃行之，反而求之，不得吾心。夫子言之，于我心有戚戚焉③。此心之所以合于王者，何也？"

曰："有复于王者，曰：'吾力足以举百钧④，而不足以举一羽；明足以察秋毫之末，而不见舆薪⑤。'则王许之乎？"

曰："否。"

"今恩足以及禽兽，而功不至于百姓者，独何与？然则一羽之不举，为不用力焉；舆薪之不见，为不用明焉；百姓之不见保，为不用恩焉。故王之不王⑥，不为也，非不能也。"

曰:"不为者与不能者之形何以异⑦?"

曰:"挟太山以超北海⑧,语人曰:'我不能。'是诚不能也。为长者折枝,语人曰:'我不能。'是不为也,非不能也。故王之不王,非挟太山以超北海之类也;王之不王,是折枝之类也。"

"老吾老,以及人之老;幼吾幼,以及人之幼⑨,天下可运于掌。《诗》云:'刑于寡妻,至于兄弟,以御于家邦⑩。'言举斯心加诸彼而已。故推恩足以保四海,不推恩无以保妻子。古之人所以大过人者无他焉,善推其所为而已矣。今恩足以及禽兽,而功不至于百姓者,独何与?

"权,然后知轻重;度,然后知长短⑪。物皆然,心为甚。王请度之。

"抑王兴甲兵⑫,危士臣,构怨于诸侯⑬,然后快于心与?"

王曰:"否。吾何快于是⑭?将以求吾所大欲也。"

【注释】

①说(yuè):同"悦",得到理解而喜悦。②"他人"两句:引自《诗经·小雅·巧言》篇第四章。忖度(duó):有分寸地恰如其分地了解到。③戚戚:心有所动的感觉。④钧:古代重量单位,三十斤为一钧。⑤秋毫之末:毫毛的末端到秋天就更尖细,故小而难见。舆薪:以车载薪,大而易见。舆:车。⑥不王(wàng):指未能实行王道。⑦形:情况,状况。何以异:怎样区别。⑧挟:用腋挟持。太(tài)山:即"泰山"。超:跳过。北海:渤海。⑨老吾老、幼吾幼:第一个"老"和"幼"字都是动词。老:尊敬。幼:爱护。第二个"老"和"幼"字都是名词。⑩"刑于"三句:这三句诗引自《诗经·大雅·思齐》篇。刑:典型,法则,此作动词用。寡妻:正妻。"寡"有独特的意义。御:治。推进:国家。诗意歌颂周文王的美德,由近及远地为妻子所取法,推及到兄弟,更推进于全国。⑪权:秤锤。度:丈尺。这里都作动词用。⑫抑:犹"或",表示揣测未定的连词。⑬构怨:结怨,挑衅。⑭是:指这样做。

【译文】

齐宣王很高兴地说:"《诗经》上说:'他人的心思,我能揣摩到。'这说的就是您老先生呀。我做完之后,又回过头剖析我的心理,自己都搞不清楚。先生您的话,让我很有同感。这种心理就合于王道,这是为什么呢?"

孟子说:"有人跟大王说:'我的力量能举起三千斤,但我不能举起一根羽毛;我的眼睛可以明察秋毫的末梢,但却不能看到一车薪柴。'那么大王同意他吗？"

齐宣王说："不同意。"

孟子说："现在您的恩惠能到达禽兽，却不能到老百姓那里，这是为什么呢？一根羽毛举不起来，是不用劲呀；一车薪柴看不见，是不用视力呀；老百姓没受到爱护，是不用恩惠呀。所以大王您没能称王于天下，是没去做，并不是不能。"

齐宣王问："不去做与不能做的表现有什么不同吗？"

孟子说："胳肢窝里挟着泰山去跳过渤海，告诉人说：'我不能。'这确实是不能。替年纪大的人折取树枝，告诉人说：'我不能。'这就是不去做，而不是做不到。所以大王您没能称王于天下，是像替老年人折取树枝一样，而不是挟着泰山跳过渤海。"

"尊敬自己的长辈，就把这种尊敬推及到别人的长辈；爱护自己的孩子，也把这种爱护推及到别人的孩子；天下就像手掌中翻转小东西一样容易治理。《诗经》上说：'为我的正妻做出表率，兄弟们也跟着学，进而能治理国家。'这说的是推己及人的方法罢了。所以说推广恩惠能保有四海，不推广恩惠不能保护自己的老婆孩子。古代圣王之所以远远超过别人，没有别的原因，也只是善于推广他的善心罢了。现在大王您的恩惠可以到达禽兽，而老百姓却享受不到，究竟是为什么呢？"

"称一称，才能知道东西的轻重；量一量，才能知道东西的长短。所有的事物都是这样，而心尤其如此。请大王您好好想想吧！"

"大王您是想兴兵打仗，让士臣处于危险境地，与诸侯结下仇怨，然后心中才能快活吗？"

齐宣王说："不是的。我怎能以此为乐呢？我将要追求我的高远的目标。"

【历代论引】

朱子曰："王因孟子之言，而前日之心复萌，乃知此心不从外得，然犹未知所以反其本而推之也。"

又曰："盖天地之性，人为贵。故人之与人，又为同类而相亲。是以恻隐之发，则于民切而于物缓；推广仁术，则仁民易而爱物难。今王此心能及物矣，则其保民而王，非不能也，但自不肯为耳。"

又曰："不能推恩，则众叛亲离，故无以保妻子。盖骨肉之亲，本同一气,又非但若人之同类而已。故古人必由亲亲推之,然后及于仁民;又推其余,然后及于爱物,皆由近以及远,自易以及难。今王反之,则必有故矣。故复推本而再问之。"

又曰:"今王恩及禽兽,而功不至于百姓。是其爱物之心重且长,而仁民之心轻且短,失其当然之序而不自知也。故上文既发其端,而于此请王度之也。"

【评析】

上段孟子关于"君子远庖厨"的一番心理分析说得齐宣王心服口服,就像我们去看医生而被诊断准确了病症一样,于我心有戚戚焉,对医生油然而生亲切之感,并希望得到进一步的诊断治疗。

这一节,孟子用的是逻辑上的归谬法,先假定了两种荒唐的说法:"力足以举千钧,而不足以举一羽;明足以察秋毫之末,而不见舆薪。"齐宣王亲口对此加以否定,然后把宣王自己的做法加上去:"恩足以及禽兽,而功不至于百姓。"这样便轻而易举地使齐宣王认识到了自己存在的问题:不是不能,而是不为。也就是说,不是做不到,而是不愿做。

当宣王对这两个概念的区别还有些不清楚时,孟子又做了生动的举例说明,这就是"挟太山以超北海"与"为长者折枝"的区别。"挟太山以超北海"是不能,是做不到,而"为长者折枝"则是愿不愿意做的问题了。说到底,关键是看你有没有朝这方面想,有没有这样一种精神。

在讲清楚了"不为"与"不能"的问题后,他又一次施展出心理学方面的本事,对齐宣王来了一番政治行为心理学的开导,这就是著名的"老吾老,以及人之老;幼吾幼,以及人之幼"理论,"推己及人",首先从自己做起,然后推及自己的夫人、兄弟,再到整个家族和国家。说到底,这一方面合于孔子"己欲立而立人,己欲达而达人"和"己所不欲,勿施于人"的忠恕之道;另一方面也合于《大学》里修身、齐家、治国、平天下的人生进修阶梯。一旦做到了这一点,"天下可运于掌",还有什么不能统一的呢?

说完正题以后,孟子引用格言说:"权,然后知轻重;度,然后知长短;物皆然,心为甚。"希望齐宣王好好考虑,好好反省自己的所作所为。

【史例解读】

明察秋毫

孙亮是三国时东吴的第二个皇帝，九岁时被立为太子，孙权去世后便继承了皇位。一次，孙亮到花园里随手摘了一个梅子。当时梅子还没有长熟，咬上一口，酸涩难当。孙亮便打发侍卫官黄门郎到仓库中去取蜂蜜，打算在梅子上渍蜜。

黄门郎很快便将蜜取来了，孙亮一下发现了里面有几颗老鼠屎，便立刻派人把看仓库的藏吏叫来，问他："以前黄门郎是不是也向你要过蜂蜜呢？"

藏吏回答："他的确向我要过，但我没有敢给他。"

可黄门郎却否认藏吏的话，说藏吏在诬陷他。两个人各执一词，难辨真假。在一旁的侍中刁玄和张邠建议把二人一同交给司法单位审讯。但孙亮沉思了一下说："不必了，此事很容易查明的。"

他命人把老鼠屎掰开。孙亮看到破开的老鼠屎里面是干燥的，便对着黄门郎说："一定是你为报私仇放进去的，想嫁祸于人。"

刁玄和张邠忙问："大王，你怎么会知道？"

孙亮说："如果是藏吏管理不当，让老鼠把屎拉在蜜里，时间久了老鼠屎肯定里外都是湿的了。现在老鼠屎外湿里燥，肯定是刚放进去的。"

黄门郎听后立即认罪，并且跪下磕头求饶。在场的人都为这个小皇帝的明察秋毫而惊叹不已。

非不能也，是不为也

唐朝的娄师德是世家公子，几代都位列三公。到他自己时，也在朝廷担任要职。后来他的弟弟到代州去当太守，上任以前，向他辞行。娄师德说："娄家世代受到朝廷的恩惠，我们俩现在都出来做官，批评世家公子飞扬跋扈的人会涉及你我的，你出去做官，千万要认清这一点，多多忍耐，不要让别人抓到把柄，辱没娄家。"

他弟弟说："这一点我知道，就是有人向我脸上吐口水，我就自己擦掉算了。"娄师德摇摇头说："这样做并不好啊！并不是不能擦，而是不要擦。你把它擦掉，还是违其怨，给人家难堪哪！有人朝你吐口水，你就让它在脸上自己干好了。非不能也，是不为也。"

权，然后知轻重

春秋时，郑国（今河南新郑县一带）和息国（今河南息县）发生了争执，息国贸然派兵出击郑国。郑国被迫应战，最后将入侵者打败了。

当时人们评论这件事说："息国犯了五个大错误，明知不对，还要硬干，是自己心甘情愿犯错误，犯了天下最大的错误。犯了这样五条不是，还要去攻打别国，由此可以判断息国恐怕不久就要灭亡了。"

当时所说的五大错误，根据《左传》记载，就是："不估计自己的威德是否比对方高；不衡量自己的力量是否比对方强；两国国君出于同姓，本是亲属而不亲爱；对双方争执的言辞不分辨是非曲直；不认识自己的错误。"这里的五条错误，归结起来实际上就是不知道权衡轻重。果然没过几年，息国就被楚国消灭了。

七（三）

【原文】

曰："王之所大欲，可得闻与？"

王笑而不言。

曰："为肥甘不足于口与？轻暖不足于体与[1]？抑为采色不足视于目与[2]？声音不足听于耳与？便嬖不足使令于前与[3]？王之诸臣，皆足以供之，而王岂为是哉？"

曰："否。吾不为是也。"

曰："然则王之所大欲可知已。欲辟土地，朝秦、楚，莅中国而抚四夷也[4]。以若所为，求若所欲[5]，犹缘木而求鱼也。"

王曰："若是其甚与？"

曰："殆有甚焉[6]。缘木求鱼，虽不得鱼，无后灾。以若所为，求若所欲，尽心力而为之，后必有灾。"

曰："可得闻与？"

曰："邹人与楚人战[7]，则王以为孰胜？"

曰:"楚人胜。"

曰:"然则小固不可以敌大,寡固不可以敌众,弱固不可以敌强。海内之地,方千里者九,齐集有其一。以一服八,何以异于邹敌楚哉?盖亦反其本矣⑧。"

"今王发政施仁⑨,使天下仕者皆欲立于王之朝,耕者皆欲耕于王之野,商贾皆欲藏于王之市,行旅皆欲出于王之涂,天下之欲疾其君者皆欲赴愬于王⑩,其若是,孰能御之?"

【注释】

①为(wèi):因为。与下文"抑为""岂为""不为"的"为"字音义同。肥甘:指食物。轻暖:指衣裳。俱作名词用。②采邑:即彩色。③便嬖(pián bì):左右被宠爱的人。④辟:开辟。朝(cháo)秦、楚:接受秦楚两国来朝。莅:临,至。中国:指中原。⑤若:人称代词,你。⑥殆:大概,可能。⑦邹:国名。国土很小,都城在今山东邹县东南。⑧盖(hé):与"盍"同,何不。反其本:返回到根本上以求得解决。⑨发政:开展王政。⑩疾:仇恨。赴愬(sù):前往申诉。愬:同"诉"。

【译文】

孟子说:"大王所要达到的高远目标,能够说给我听一听吗?"

齐宣王笑了,却没有回答。

孟子说:"是好吃的东西不能满足您口舌的需要吗?是又轻又暖的高级服装不能满足您身体的需要吗?还是各种色彩不能满足您眼睛的需要?音乐不能满足您耳朵的需要?眼前使唤的人不够吗?大王的臣下,完全能满足您上述的需要,您为什么还要追求这些呢?"

齐宣王说:"不,我不追求这个。"

孟子说:"既然大王不图感官的享受,那么大王的高远目标就很清楚了。想拓展国土,让秦、楚等大国向您称臣,君临中原而安定边境的蛮夷。但用您的办法,想达到您的目的,就好像爬到树上捉鱼一样。"

齐宣王说:"有这么严重吗?"

孟子说:"可能比我说的还要严重。爬到树上去捉鱼,纵使捉不到鱼,可也不会有什么后患。但用您的办法,去追求您的目标,下很大的功夫去做,将来一定会招致灾祸。"

齐宣王问："能听您说说原因吗？"

孟子说："如果邹国与楚国打仗，大王以为哪国会取胜？"

齐宣王说："楚国胜。"

孟子说："小国本来就不是大国的对手，少也不可敌多，弱国也不能对抗强敌。天下像齐国这样方圆千里的共有九个国家，齐国的土地加在一起才占九分之一。靠一个国家去降服另外八个，与邹国对抗楚国又有什么区别呢？您为什么不从根本处着手呢？"

"现在大王若能施行仁政，让天下做官的人都想在您的朝廷有立足之地，种田的人都想在您的土地上耕种，商人都想在您的城市做生意，旅行的人都想走在齐国的大道上，天下痛恨他的国君的人都想跑来向您申诉。如果做到这一步，还有谁能抵御得了呢？"

【历代论引】

朱子曰："所为，指兴兵结怨之事。缘木求鱼，言必不可得。"

又曰："齐集有其一，言集合齐地，其方千里，是有天下九分之一也。以一服八，必不能胜，所谓后灾也。"

又曰："发政施仁，所以王天下之本也。近者悦，远者来，则大小强弱非所论矣。盖力求所欲，则所欲者反不可得；能反其本，则所欲者不求而至。"

【评析】

这一节孟子首先不失时机地抓住了宣王的心理，问他最大愿望到底是什么。宣王已领教了孟子的厉害，所以笑而不答，不好意思说出自己的想法了。孟子果然厉害，你不说，他照样分析不误，而且是欲擒故纵，先虚设幌子，一连串问了五个不是问题的问题。孟子显然是在虚晃一枪。所以，当宣王否定说自己不是为了这些时，孟子马上就收回花枪，切入正题，一下子和盘托出了宣王心中最大的愿望、最大的秘密。然后不等宣王承认与否就直杀本质，指出宣王已犯了一个最大的错误——缘木求鱼，即爬到树上去捉鱼。

缘木求鱼的荒唐性谁人不知呢？所以宣王说："我难道有如此荒唐，错得如此严重吗？"心想，你莫不是在危言耸听吧。殊不知孟子告诉他说，不仅有如此荒唐，如此严重，而且问题还远远超过了缘木求鱼。这就是孟子的本事，铺张扬厉，逐步升级，让你听他说话连坐也坐不安稳。我们完全可以想象，那宣王一听这话，真是吃惊不小，一下子跳了起来，也不顾国王的矜持和威严了，马上脱口而出："可得闻与？"可以说给我听听吗？这下还有什么问题呢？孟子已完全掌握了说话的主动权，于是便把宣王原本所想的靠战争来解决问题的"霸道"做法与自己要向他灌输的靠仁政来解决问题的"王道"做法作对比，并指出两种做法的两种不同结局。

这一节的最精彩和最深刻处是缘木求鱼的比喻。它不仅警醒了宣王，而且成了后世千百年来大家常常引用的成语。就是到我们今天，也仍然有启发而"唤醒"的意义。

【史例解读】

寡不敌众

李广是众所周知的西汉名将，他有勇有谋。

一次，匈奴攻打上郡，景帝派了一名亲随到李广军中，这名亲随带了几十骑卫士出游，路上遭遇三名匈奴骑士。结果，卫士们全被射死，亲随本人也负箭逃回。李广听闻后，即率百名骑兵追击，亲自射杀其中两人，生擒一人。刚把俘虏缚上了马，匈奴数千骑兵赶来，见到李广等人，以为是汉军诱敌之兵，连忙抢占了一座高地。

李广所带的百骑兵士慌忙上马欲逃。李广大声道："我们远离大军数十里，如果逃跑就会被追击包围，我们寡不敌众必然被消灭！可是我们如果不逃跑，匈奴反而会以为有大军在附近，不敢攻击我们。"说完，李广带率先向匈奴骑兵迎去，在离匈奴阵前二里远的地方，李广命令士兵下马解鞍，匈奴弄不清他们的意图，遂引兵而去。

此后，李广在匈奴军中赢得了"汉之飞将军"的称号。几年后，匈奴杀辽西太守，击败了韩安国。武帝起用李广为右北平太守。匈奴听说李广镇守右北平，数年都不敢来犯。

缘木求鱼

王莽末年，四方绿林起兵反莽。刘玄参加绿林军，于公元23年被推为天子，在淯水之滨（今南阳城南）登坛称帝，年号更始。第二年，刘玄迁都长安，入居长乐宫。

刘玄娶赵萌女儿当夫人，把政事都给交赵萌去管。赵萌专擅大权，不仅随意杀人，而且把与自己要好的一些商人和厨子都授予官爵。有人说赵萌胡乱封官，刘玄却拔剑杀了那个人。长安有人把这件事编成歌谣："灶下养，中郎将。烂羊胃，骑都尉。烂羊头，关内侯。"

军师将军李涉上书规劝说："陛下创业，虽然是利用下江兵、平林兵的势力，但这是临时措施，不可把它施用于已经安定的时期。只有名分与车服仪制，是圣人所看重的，现在给了不应该给的小人，您希望他们能够辅佐您成就大业，这无异于是缘木求鱼，登山采珠。"

刘玄听了以后却勃然大怒，把李涉投进了监狱，从此没有人敢再说赵萌的不是。但是从此政权内部矛盾激化，只过了一年，赤眉军趁机攻占长安，把刘玄贬为长沙王，后又把他绞死。

七（四）

【原文】

王曰："吾惛，不能进于是矣①。愿夫子辅吾志，明以教我。我虽不敏，请尝试之。"

曰："无恒产而有恒心者②，惟士为能。若民，则无恒产，因无恒心。苟无恒心，放辟邪侈，无不为已③。及陷于罪，然后从而刑之，是罔民也④。焉有仁人在位，罔民而可为也？是故明君制民之产⑤，必使仰足以事父母，俯足以畜妻子⑥，乐岁终身饱，凶年免于死亡⑦。然后驱而之善，故民之从之也轻⑧。"

"今之制民之产，仰不足以事父母，俯不足以畜妻子，乐岁终身苦，凶年不免于死亡。此惟救死而恐不赡，奚暇治礼义哉⑨？

"王欲行之，则盍反其本矣⑩。五亩之宅，树之以桑，五十者可以衣帛矣。鸡豚狗彘之畜，无失其时，七十者可以食肉矣。百亩之田，勿夺其时，八口之家可以无饥矣。谨庠序之教，申之以孝悌之义，颁白者不负戴于道路矣。老者衣帛食肉，黎民不饥不寒，然而不王者，未之有也。"

【注释】

①惛：神志不清，思想混乱。是：这。②恒：常，坚定的。③放：放荡。辟：同"僻"，与"邪"同义。侈：不依制度，胡行乱为。④刑：作动词用，加以刑罚。罔：同"网"，作动词用，陷害。⑤制：规定，订立制度、政策。⑥仰：上。俯：下。畜：养。⑦乐岁：丰年。凶年：荒年。⑧驱：驱使。"之善"的"之"：往，向。轻：易。⑨惟：仅只。不赡（shàn）：不足，不及。奚暇：怎么顾得上。⑩盍：何不。

【译文】

齐宣王说："我糊涂，不能达到这种境地啊。希望先生帮助我，明明白白地教导我。我虽然不聪明，请让我试一试。"

孟子说："没有固定的财产却有坚定的心志，只有士阶层能做到。至于老百姓，要是没有固定财产，也就不会有坚定的心志了。一旦没有坚定的心志，就会胡作非为，什么都干。等到犯了罪去惩罚他，这就等于张网捕捉老百姓。哪能有仁德的君王在位，却陷害百姓的呢？所以贤能的君主要给老百姓制定产业，一定让他们向上可赡养父母，向下可养活老婆孩子。收成好时能一年到头吃饱饭，收成不好的年头不至于饿死。这之后再引导他们追求善，老百姓也就容易听从了。现在管理国家，弄得老百姓上不能赡养父母，下不能养活老婆孩子，收成好了受苦，收成不好难免饿死。活命都还来不及，哪有闲工夫讲求礼义呢？"

"大王如要试一试，何不从根本处入手呢。五亩大的宅院，房前屋后种植桑树，五十岁的人就能穿上丝绸了。鸡狗猪等家畜不失时机地畜养起来，七十岁的人就能吃上肉了。百亩大的农田，不去妨碍农夫适时耕种，八口人的家庭就可以免于饥饿了，认认真真地办学校，反复用孝悌的道理来教导子弟，须发斑白的老人就不必背着或顶着重物在路上行走了。老年人都有绸缎穿，有肉吃，老百姓饿不着，冻不着，这样还不能使天下归服的，是从没有过的事。"

【历代论引】

赵氏曰："八口之家，次上农夫也。此王政之本，常生之道，故孟子为齐梁之君各陈之也。"

杨氏曰："为天下者，举斯心加诸彼而已。然虽有仁心仁闻，而民不被其泽者，不行先王之道故也。故以制民之产告之。"

朱子曰："产，生业也。恒产，可常生之业也。恒心，人所常有之善心也。士尝学问，知义理，故虽无常产而有常心。民则不能然矣。"

又曰："使民有常产者，又发政施仁之本也。"

又曰："此章言人君当黜霸功，行王道。而王道之要，不过推其不忍之心，以行不忍之政而已。齐王非无此心，而夺于功利之私，不能扩充以行仁政。虽以孟子反复晓告，精切如此，而蔽固已深，终不能悟，是可叹也。"

【评析】

从齐宣王问齐桓、晋文之事开始，以上四节在《孟子》原书中属于一章，是《孟子》中最长的一章。我们为了阅读的方便把它相对分开。这一章长文，是孟子政治学说的重要篇章，在这一章中，孟子对仁政思想的阐述也最透彻。

在本节，齐宣王已经完全被孟子的言语所打动，所以态度诚恳地请孟子"明以教我"，不要绕弯子了。直到这时孟子才完全正面地展开了他的治国方略和施政纲要。归结起来，也不过就是两层意思：

第一层，有恒产才有恒心，所以要先足衣食后治礼仪。这就是《管子·牧民》所谓"仓廪实则知礼节，衣食足则知荣辱"的道理。让每一个老百姓都有土地，这样老百姓才能过上富足的日子，才能"有恒产"。有了"恒产"，才会有"恒心"即仁爱之心；没有"恒产"，老百姓就会变成强盗，就会逃到别的国家去。因此孟子认为在治理国家时，一定要从富民的角度出发。考虑到让老百姓过上丰衣足食、安居乐业的生活，让他们不仅能够养家糊口，而且还有一定的产业。在这个前提条件下，再对老百姓进行仁义礼智的教育，把仁政推广开去。

第二层，即较为具体地展示他的富民兴教的蓝图。我们不难发现，他在这里所展示的富民兴教的蓝图，几乎与他在梁惠王那里所展示的一模一样。

卷二　梁惠王下

【题解】

　　本篇共十六章。中心内容在进一步阐述和发挥仁政的思想和学说。孟子认为，仁义的准则应该是为政者处理国家政事的根本立脚点，仁义的思想应该贯彻在国家政治生活的各个方面。

　　首先，在选用人才方面，施行仁政就应该任用"贤人"。选用"贤人"不仅是施行仁政的体现，同时也是施行仁政的有力保证。孟子主张在选用"贤人"的时候，应该进行多方面的深入细致的考察。不能只听左右近臣的话，也不能只听大夫的话，而且要听"国人"的反映，还要就实际的政绩进行考察。经过全面的考察，确认是"贤者"以后，才能加以任用。

　　其次，孟子主张施行仁政应该体察老百姓的疾苦，为政者应该和老百姓休戚与共，做到忧则与民同忧，乐则与民同乐。为政者只有关心老百姓的疾苦，和老百姓休戚与共，做到忧则同忧，乐则同乐，才能得到老百姓的爱戴和拥护。国家有事，老百姓才能"亲其上，死其长"。在处理和邻国的关系上，仁政的原则就是体察邻国的国情，顺应邻国的民心。凡是符合邻国老百姓的利益，受到邻国老百姓欢迎的事就做；凡是不符合邻国老百姓的利益，不受邻国老百姓欢迎的事就不做。这些都反映了孟子的民本思想。

　　第三，在孟子看来，一时的存亡兴废是不足为怀的，勉力行善，便是尽了人的本分，至于成功与否，却不是人可以指望的，所以也不必计较。所以，在孟子与邹和滕两个小国君主的对话中，在严峻的军事和外交形势下，孟子仍坚决主张实行仁政，毫不为现实功利而妥协。这是对道德具有绝对价值的肯定，也是对人的自由和尊严的肯定。

一

【原文】

庄暴见孟子①，曰："暴见于王②，王语暴以好乐，暴未有以对也。"曰："好乐何如？"

孟子曰："王之好乐甚，则齐国其庶几乎③？"

他日见于王，曰："王尝语庄子以好乐，有诸？"

王变乎色，曰："寡人非能好先王之乐也，直好世俗之乐耳④。"

曰："王之好乐甚，则国其庶几乎！今之乐由古之乐也。"

曰："可得闻与？"

曰："独乐乐，与人乐乐，孰乐？"

曰："不若与人。"

曰："与少乐乐，与众乐乐，孰乐？"

曰："不若与众。"

"臣请为王言乐。今王鼓乐于此，百姓闻王钟鼓之声，管籥之音⑤，举疾首蹙頞而相告曰⑥：'吾王之好鼓乐，夫何使我至于此极也？父子不相见，兄弟妻子离散。'今王田猎于此⑦，百姓闻王车马之音，见羽旄之美⑧，举疾首蹙頞而相告曰：'吾王之好田猎，夫何使我至于此极也？父子不相见，兄弟妻子离散。'此无他，不与民同乐也。"

"今王鼓乐于此，百姓闻王钟鼓之声，管籥之音，举欣欣然有喜色而相告曰：'吾王庶几无疾病与？何以能鼓乐也？'今王田猎于此，百姓闻王车马之音，见羽旄之美，举欣欣然有喜色而相告曰：'吾王庶几无疾病与，何以能田猎也？'此无他，与民同乐也。今王与百姓同乐，则王矣。"

【注释】

①庄暴：齐臣。②王：指齐宣王。见于王：进见于王前。③庶几：接近，差不多。④直：不过。⑤鼓乐：击鼓奏乐。管：笙。籥（yuè）：箫。⑥举：皆。疾首：本意是头痛，引申为十分怨恨。蹙頞（cù è）：皱眉头，表现忧愁的情状。⑦田：与"畋"同，打猎。⑧羽旄（máo）：指装饰着羽（鸟羽毛）旄（旄牛尾）的旌旗。

【译文】

齐国的庄暴来见孟子，说："大王接见我，告诉我他喜爱音乐，我不知该怎样回答他。"接着又问："喜欢音乐好不好呢？"

孟子说："齐王如此喜爱音乐，那么齐国也应该治理得差不多了吧？"

过了几天，孟子见到齐宣王，问："大王曾经告诉庄暴喜爱音乐，有这回事吗？"

齐宣王的脸色一下子变了，说："我并非喜好先王的音乐，只是喜好现在社会上流行的音乐罢了。"

孟子说："大王如此喜好音乐，那么齐国该治理得差不多了吧！流行的音乐与先王的音乐也是相通的呀。"

齐宣王说："能听您解释一下原因吗？"

孟子问："一个人独自欣赏音乐的快乐，和与大家一起欣赏音乐的快乐相比，哪一种更快乐呢？"

齐宣王说："不如与众人一起欣赏。"

孟子又问："与很少的人一起欣赏音乐的快乐，和与很多人一起欣赏音乐的快乐相比，哪一种更为快乐呀？"

齐宣王说："不如与很多人一起欣赏。"

孟子说："就让我为您谈谈什么是真正的快乐吧。现在大王如果演奏音乐，老百姓听到大王的钟、鼓、管、籥等各种乐器发出的声音，都头疼地皱着眉头互相议论说：'我们大王喜欢演奏音乐，为什么让我们到了走投无路的境地？父子不能相见，兄弟分别，也不能与老婆孩子在一起。'现在大王如果在这里打猎，百姓听到大王车马的声音，看到飘扬的旗帜威武雄壮，都头疼地皱着眉头互相议论说：'我们大王喜欢打猎，怎么能让我们到了这样无奈的境地呢？父子不能相见，兄弟分别，连老婆孩子也看不到。'这没有别的原因，就在于不能跟老百姓一起快乐。"

"如果大王在这里演奏音乐，老百姓听到钟、鼓、管、籥的声音，都高高兴兴喜气洋洋地互相转告说：'我们大王大概没什么疾病吧？不然怎么能演奏音乐呢？'如果大王在这里打猎，老百姓听到大王车马的声音，看到美丽的旗帜飘扬在空中，都高高兴兴喜气洋洋地相互转告说：'我们大王大概没有疾病吧？不然怎么能出来打猎呢？'这也没别的原因，也就是能与老百姓一起快乐呀。现在大王能与百姓一起快乐，就能称王于天下了。"

【历代论引】

范氏曰："战国之时，民穷财尽，人君独以南面之乐自奉其身。孟子切于救民，故因齐王之好乐，开导其善心，深劝其与民同乐，而谓今乐犹古乐。其实今乐古乐，何可同也？但与民同乐之意，则无古今之异耳。若必欲以礼乐治天下，当如孔子之言，必用《韶》《舞》，必放郑声。盖孔子之言，为邦之正道；孟子之言，救时之急务，所以不同。"

杨氏曰："乐以和为主，使人闻钟鼓管弦之音而疾首蹙頞，则虽奏以《咸》《英》《韶》《濩》，无补于治也。故孟子告齐王以此，姑正其本而已。"

朱子曰："与民同乐者，推好乐之心以行仁政，使民各得其所也。"

又曰："好乐而能与百姓同之，则天下之民归之矣，所谓齐其庶几者如此。"

【评析】

齐国臣子庄暴告诉孟子，齐王曾对庄暴说，他很喜欢音乐。不知这样好不好。后来孟子拜见齐王时告诉齐王，国王喜欢音乐，喜欢打猎，这是件好事，关键是要"与民同乐"。如果齐王听音乐、打猎时，百姓都感到头疼，说明齐王没有"与民同乐"。反之，如果齐王听音乐、打猎时，百姓都很高兴，说明齐王"与民同乐"，这也可以看作是君主是否施行仁政的试金石。

老百姓富足安宁，才会想到乐一乐。统治者应该施行仁政，让老百姓丰衣足食，这才是孟子"与民同乐"的意思。

【史例解读】

疾首蹙頞

春秋时，田单为齐国的名将。

齐襄王五年（公元前279年），田单大破燕军，尽收齐失地七十余城。由莒迎齐襄王入都临淄。田单因战功卓著被任为相，封为安平君。一时间，田单成为齐国声名最大的人物。

但是，却有一个叫貂勃的人却疾首蹙頞，说道："安平君他不过是个小人罢了！"田单知道了以后，特地备酒请他，并问他："我什么地方得罪过你，而惹你生气了？"

貂勃答道："现在假设公孙子好，徐子不好，再假设公孙子和徐子打斗，徐子的狗还扑过去咬公孙子的腿肚。若能离开不好的主人，做好主人的狗，那何止是扑过去咬对方的腿肚而已！为什么呢？盗跖的狗向尧乱咬，并不是由于它尊重盗跖而不喜欢尧，而是因为狗只知道不咬主人而可以咬主人以外的任何人。"

田单听了这话，第二天便请齐襄王任用貂勃，封给他官职。那时，齐襄王跟前有九个得宠的大臣，经常恶意中伤田单，挑拨齐襄王和田单的关系。貂勃于是挺身而出，对齐襄王列数田单的功绩，大大地赞扬了田单一番。

齐襄王觉得貂勃的话很有道理，自觉有些愧对田单，就把中伤田单的九个大臣一并处死，对田单则更加信任了。

二

【原文】

齐宣王问曰："文王之囿方七十里①，有诸？"

孟子对曰："于传有之②。"

曰："若是其大乎？"

曰："民犹以为小也。"

曰："寡人之囿方四十里，民犹以为大，何也？"

曰："文王之囿方七十里，刍荛者往焉③，雉兔者往焉④，与民同之。民以为小，不亦宜乎？臣始至于境，问国之大禁⑤，然后敢入。臣闻郊关之内有囿方四十里⑥，杀其麋鹿者如杀人之罪。则是方四十里为阱于国中⑦，民以为大，不亦宜乎？"

【注释】

①囿：养禽兽的地方。②传：古诗记。③刍荛（chú ráo）：割草打柴。④雉：野鸡。雉兔者：猎取雉兔的人。⑤大禁：重要的禁令。⑥关：境界上的门。郊

关：齐国四境之郊皆有关。⑦阱：用以捕野兽的坑陷。

【译文】

齐宣王问道："听说周文王的园林方圆是七十里，有这回事吗？"

孟子回答说："古书上是有这样的记载。"

齐宣王说："像这样不是太大了吗？"

孟子说："老百姓还认为它小呢。"

齐宣王说："我的园林方圆仅有四十里，老百姓还认为太大了，这是为什么呢？"

孟子说："周文王的园林方圆七十里，砍柴割草的，捉野鸡逮野兔的，都可自由出入。与老百姓共同使用，老百姓以为太小，不是很自然的吗？我刚到齐国的边境，先问清楚有什么禁令，才敢进入齐国。我听说国都近郊有园林方圆四十里，谁要是杀了那里的麋鹿就等于犯了杀人之罪。这就等于在国土上弄了个方圆四十里的大陷阱。老百姓认为它太大，不也是很自然的吗？"

【历代论引】

朱子曰："囿者，蕃育鸟兽之所。古者四时之田，皆于农隙以讲武事，然不欲驰骛于稼穑场圃之中，故度闲旷之地以为囿。然文王七十里之囿，其亦三分天下有其二之后也与？"

又曰："礼：入国而问禁。国外百里为郊，郊外有关。阱，坎地以陷兽者，言陷民于死也。"

【评析】

周文王的狩猎场虽然大，但是，割草打柴的可以去，打鸟捕兽的也可以去，文王与百姓一块享用，所以百姓反而认为文王的狩猎场太小了。齐宣王的狩猎场虽然比文王的小，却被宣王独占，而且百姓如果捕杀了里面的禽兽，就等于犯了杀人之罪，那么，宣王的狩猎场实际成了老百姓巨大的陷阱。所以，老百姓认为宣王的狩猎场太大了。这一大一小的对比，反映了孟子"与民同乐"的仁政思想。

孟子认为，君主占有过多财富，穷奢极欲，民众当然反感，只有与民同乐，才能深得民心。

【史例解读】

民犹以为大

唐朝统一以后，唐太宗李世民励精图治，唐朝的国力大大提升，成为一个繁荣而强盛的帝国。

唐朝长安城是当时唐朝富裕强盛的标志。

唐都长安在隋都大兴城的基础上扩建、修缮形成。城郭呈长方形，东西较长，约九千七百米；南北较短，约八千六百米。周长近三十七公里，面积达八十四平方公里，为我国历史上最为宏大的帝王都城。

唐朝国力强盛，长安城宫苑壮丽。大明宫北有太液池，池中蓬莱山独踞，池周建回廊四百多间。兴庆宫以龙池为中心，围有多组院落。大内三苑以西苑为最优美。苑中有假山，有湖池，渠流连环。长安城东南隅有芙蓉园、曲江池，并在一定时间内向公众开放，实为古代一种公共游乐地。

空前绝后的唐长安城是和国力的强盛分不开的，大唐盛世的时候，世界各地的人来长安参观、居住、做生意等等，长安城的宏大在那个时候是唐朝人的骄傲，所以人们不会"犹以为大"的。

三

【原文】

齐宣王问曰："交邻国有道乎？"

孟子对曰："有。惟仁者为能以大事小，是故汤事葛①，文王事混夷②。惟智者为能以小事大，故太王事獯鬻③，句践事吴④。以大事小者，乐天者也。以小事大者，畏天者也⑤。乐天者保天下，畏天者保其国。《诗》云：'畏天之威，于时保之⑥。'"

王曰："大哉言矣！寡人有疾，寡人好勇。"

对曰："王请无好小勇。夫抚剑疾视，曰：'彼恶敢当我哉！'此匹夫之勇，敌一人者也。王请大之！"

"《诗》云：'王赫斯怒，爰整其旅⑦。以遏徂莒⑧，以笃周祜⑨，以对于天下。'此文王之勇也。文王一怒而安天下之民。

"《书》⑩曰：'天降下民，作之君，作之师。惟曰其助上帝，宠之四方。有罪无罪，惟我在，天下曷敢有越厥志？'一人衡行于天下⑪，武王耻之。此武王之勇也。而武王亦一怒而安天下之民。今王亦一怒而安天下之民，民惟恐王之不好勇也。"

【注释】

①汤事葛：详见《滕文公下》第五章。葛：商的邻国。②昆夷：又作"混夷"，周朝初年的西戎国名。③太王事獯鬻（xūn yù）：详见本篇第十五章。太王：周部族首领古公亶父，文王的祖父。獯鬻：猃狁（xiǎn yǔn），当时北方的少数民族。④勾践事吴：越王勾践败于吴王夫差，向吴国求和，本人为吴王服役，后终于灭吴。⑤天：理，天理，天命。乐天：自然合理。畏天：不敢违理。⑥《诗》：指《诗经·周颂·我将》篇。于时：于是。引诗见《诗经·周颂·我将》，是一篇祭祀上天和周文王的诗。⑦《诗》：指《诗经·大雅·皇矣》篇。王：指周文王。爰：于是。⑧以遏徂莒：遏，阻止。莒（jǔ）：《诗经》作"旅"，指密国入侵来犯的部队。⑨笃：厚，指增添。祜（hù）：福。以上引诗见《诗经·大雅·皇矣》，这首诗主要写文王伐崇、伐密的功绩。⑩《书》：指《尚书》，此段见《尚书·周书·泰誓上》。⑪一人：指商纣王。衡：同"横"。

【译文】

齐宣王问道："与邻国交往有讲究吗？"

孟子答道："有。只有仁爱的人能以大国服侍小国，所以商汤服侍葛伯，周文王服侍昆夷。只有聪明的人能以小国服侍大国，所以周太王古公亶父服侍獯鬻，勾践服侍吴王。以大国服侍小国的，是乐安天命的人，以小国服侍大国的，是敬畏天命的人。乐安天命者保有天下，敬畏天命者保有自己的国家。《诗经》说：'敬畏上天的威严，于是保有这国家。'"

宣王说："你的话真是堂堂正正啊！我有个毛病，我喜爱勇武。"

孟子答道："大王请不要喜爱小勇。按剑瞪眼说道：'他怎敢阻挡我呢！'这是匹夫的勇，只能敌得住一个人。大王请把它扩大。"

"《诗经》说：'周文王勃然大怒，于是整肃部队，阻止不义之师，增添周人福祉，来报答天下仰望之心。'这是文王的勇。文王一发怒而安定天下人民。

"《尚书》说：'上天降生了民众，又为他们降生君王，又为他们降生师傅，他们只是帮助天帝爱护人民。四方之内，有罪的我去征讨，无罪的我来爱护，责任都在我一人，天下有谁敢越过本分为非作歹？'有一个人横行于天下，周武王以为奇耻大辱。这是武王的勇。武王也是一发怒而安定天下人民。假如现在大王也是一发怒而安定天下人民，人民唯恐大王不喜爱勇武呢。"

【历代论引】

张敬夫曰："小勇者，血气之怒也。大勇者，理义之怒也。血气之怒不可有，理义之怒不可无。知此，则可以见性情之正，而识天理人欲之分矣。"

朱子曰："仁人之心，宽洪恻怛，而无较计大小强弱之私。故小国虽或不恭，而吾所以字之之心自不能已。智者明义理，识时势。故大国虽见侵陵，而吾所以事之之礼尤不敢废。"

又曰："天者，理而已矣。大之事小，小之事大，皆理之当然也。自然合理，故曰乐天。不敢违理，故曰畏天。包含遍覆，无不周遍，保天下之气象也。制节谨度，不敢纵逸，保一国之规模也。"

又曰："王者能如文武之为，则天下之民望其一怒以除暴乱，而拯己于水火之中，惟恐王之不好勇耳。此章言人君能惩小忿，则能恤小事大，以交邻国；能养大勇，则能除暴救民，以安天下。"

【评析】

本章涉及两个方面的问题：一是外交策略；二是匹夫之勇与仁者之勇的问题。

关于外交策略，孟子认为，大国要仁，不要搞大国沙文主义和霸权主义，而要和小国友好相处。另一方面，小国要智，不要搞闭关锁国，不要夜郎自大，而要和大国搞好外交关系。

关于论匹夫之勇与仁者之勇的问题，对我们也很有启发。一是匹夫之勇，动不动就斗狠，最棒的只能当西楚霸王项羽，最差的就成了乡间街头的流氓；二是智者之勇，如周太王服侍猃狁，越王勾践服侍吴王夫差，他们其实并不怕猃狁和夫差，只是为了保境安民，暂时这么做罢了；三是仁者之勇，如商汤服侍小国葛，周文王服侍小国昆夷。但只要人民需要，时机成熟，这些仁者就会一怒而安天下之民。很显然，孟子希望齐宣王具有仁者之勇，而不要当一个匹夫，只有匹夫之勇。孟子常讲仁者无敌，这段话也是这个意思。

【史例解读】

匹夫之勇

韩信是秦朝末年的大军事家。他起初在项羽部下,没有被重用,便改投刘邦,经过萧何的竭力推荐,被刘邦拜为大将军。刘邦一心想向东发展,消灭主要的对手项羽,统一全国,于是请韩信分析形势。韩信直截了当地对刘邦说:"目前争夺天下的主要对手,不就是项羽吗?"

刘邦说:"是啊!"

韩信便反问道:"您认为自己在勇猛和仁义两方面与项羽相比如何?"

刘邦沉默不答,好半天才说:"我都不及他。"

韩信拜道:"不错,我也觉得您不如他。不过,我曾做过他的部下,我相当了解他。项羽之勇,一声呼喝,可以压倒几千人,但是他不善于任用贤能的将领,只能算是'匹夫之勇'。说到仁,项羽对人还比较关心,然而也只能略施小恩小惠,不能顾及大体。而且分封地盘不公,诸侯都有意见,军队扰害地方,百姓怨恨在心,人们并没有向着他,不过怕他一时的威势而已。所以他目前虽然强,其实很快就会变弱的。"

刘邦听了非常高兴,就向东进军,终于打败项羽,建立了汉朝。

四

【原文】

齐宣王见孟子于雪宫①。王曰:"贤者亦有此乐乎?"

孟子对曰:"有。人不得,则非其上矣②。不得而非其上者,非也。为民上而不与民同乐者,亦非也。乐民之乐者,民亦乐其乐;忧民之忧者,民亦忧其忧。乐以天下,忧以天下③,然而不王者,未之有也。"

"昔者,齐景公问于晏子曰④:'吾欲观于转附、朝儛⑤,遵海而南,放于琅邪⑥,吾何修而可以比于先王观也⑦?'

"晏子对曰:'善哉问也!天子适诸侯曰巡狩⑧,巡狩者,巡所守也。诸侯朝于天子曰述职⑨,述职者,述所职也。无非事者⑩。春省耕而补不足,秋省敛而助不给⑪。夏谚曰⑫:吾王不游,吾何以休?吾王不豫,吾何以助?一游一豫，为诸侯度⑬。今也不然，师行而粮食⑭，饥者弗食，劳者弗息。睊睊胥谗，民乃作慝⑮。方命虐民，饮食若流⑯。流连荒亡，为诸侯忧。从流下而忘反谓之流，从流上而忘反谓之连，从兽无厌谓之荒，乐酒无厌谓之亡⑰。先王无流连之乐，荒亡之行。惟君所行也⑱。'

"景公说，大戒于国，出舍于郊⑲。于是始兴发补不足。召大师曰⑳：'为我作君臣相说之乐。'盖《徵招》、《角招》是也㉑。其诗曰：'畜君何尤？'畜君者，好君也㉒。"

【注释】

①雪宫：齐宣王的郊外别墅。②非：非议。③以：有连及之意，作介词用。连及天下为乐为忧，即与天下同乐同忧的意思。④晏子：名婴，字平仲，春秋时齐景公的宰相。齐景公：原名姜杵臼，齐庄公的异母弟。⑤转附、朝（cháo）儛（wǔ）：二山名。⑥遵：循，顺。放：至。琅邪（láng yá）：山名。⑦修：方法，办法。观：游览。⑧适：往。巡：出去视察。狩：与"守"通用。⑨朝（cháo）：朝见于天子。述：陈述。⑩无非事者：天子诸侯离开国都是没有空行的，总是有事。⑪省：察看。敛：收获。⑫夏谚：夏朝时人民的歌谣。⑬"游"和"休"，"豫"和"助""度"押韵。度：法度，榜样。夏王这样关心民事，施行恩惠的游览是诸侯的榜样。⑭师行而粮食：兴师动众，聚敛粮食。⑮睊睊（juàn）：眼睛表示出恨人的样子。胥：皆，相。谗：说坏话。慝（tè）：藏在心坎深处的念头。⑯方命：放弃先王的教训。方：放弃。饮食若流：饮食纵情享乐，像水流一样地没有穷尽。⑰从流下：顺水行舟。从流上：逆水行舟。忘反：纵情事乐，没有止境。反：同"返"。连：有用人力勉强拉着走的童思。从兽：跟着禽兽追赶。无厌：没有满足。荒：荒度政事。亡：亡国，亡身。⑱惟君所行：看你走哪条道路。⑲大戒于国：郑重地发布指示于国中——准备"兴发""补不足"的事。出舍于郊：留宿郊外。⑳大（tài）师：即太师，宫廷乐长。㉑盖：大概。《徵（zhǐ）招（sháo）》、《角招》：二乐章名。㉒畜君何尤：乐章中的诗句。畜：限制。尤：过失。

【译文】

齐宣王在他的行宫雪宫接见孟子。齐宣王问道："贤德的人也想有这样的享受吗？"

孟子回答说："是的。但是，人要是得不到这种享受，就会非议他的君长，不能得到享受而非议君长，这是不对的。作为老百姓的君长而不能与民同乐，也是错误的。以百姓的欢乐为欢乐的，老百姓也以他的欢乐为欢乐。以老百姓的忧愁为忧愁的，老百姓也以他的忧愁为忧愁。与百姓同忧同乐还不能称王于天下，这是从来没有过的。"

"过去齐景公曾向晏子请教说：'我想到转附、朝儛山去游览，然后沿着大海向南，一直到琅琊山，我怎样做才能跟先王的出游相比呢？'

"晏子回答说：'问得好啊！天子到诸侯那里叫作巡狩，所谓巡狩，也就是巡视所掌管的领土。诸侯朝觐天子叫作述职，所谓述职，也就是报告自己的任职情况。天子诸侯离开国都都是有许多事务要做的。春天视察耕田播种，救济不能度春荒的人；秋天视察收获，也要帮助生活艰难的人。夏朝时的谣谚说：我们君王不出来游览，我们怎么有机会休息？我们君王不娱乐，我们怎么能得到救助？天子的游玩娱乐，可为诸侯做出表率。"现在可就不同了：国君出发时，带着大量的军队，军队一出动，要消耗大量的粮食，以至于让饥饿者不得食，劳动者不能得到休息。他们侧目而视，埋怨君王。放弃先王的教训，残害百姓，吃喝毫无节制。流连荒亡，成为全国各地官员的心病。沿着河流朝下游去，忘了回来叫作流，溯河而上忘了回来叫作连。无节制地追野兽，叫作荒。大量酗酒而无满足，叫作亡。先王没有流连的快乐，也没有荒亡的行为。关键是看您怎样做了。'

"齐景公非常高兴，在国中宣布禁令，自己离开宫殿，住在郊区。打开仓库，救济贫民，召集乐师，命令道：'替我创作君臣相乐的音乐。'这大概就是《徵招》《角招》之类。其歌词中说：'限制君王还能犯什么错误呢？'限制君王的人是爱护君王啊！"

【历代论引】

朱子曰："人君能与民同乐，则人皆有此乐；不然，则下之不得此乐者，必有非其君上之心。明人君当与民同乐，不可使人有不得者，非但当与贤者共之而已也。"

又曰："乐民之乐而民乐其乐，则乐以天下矣；忧民之忧而民忧其忧，则忧以天下矣。"

又曰："晏子能畜止其君之欲，宜为君之所尤，然其心则何过哉？孟子释之，以为臣能畜止其君之欲，乃是爱其君者也。"

尹氏曰："君之与民，贵贱虽不同，然其心未始有异也。孟子之言，可谓深切矣。齐王不能推而用之，惜哉！"

【评析】

齐宣王住在别墅雪宫里，快乐无比，却不知"乐以天下，忧以天下"。孟子借晏子教训齐景公的话，来教训齐宣王，希望齐宣王能像齐景公那样，认识到荒淫无度的危害，从而关心自己的百姓，当一个好君王。"乐以天下，忧以天下"，显示了孟子政治学说中的民本主义思想。

这也使我们想到，宋人范仲淹《岳阳楼记》中那传诵千古的名句——"先天下之忧而忧，后天下之乐而乐"，不正是从孟子"乐以天下，忧以天下"而生发出来的吗？

【史例解读】

乐以天下，忧以天下

北宋诗人王禹偁，巨野人，字符之，出生在清贫的农家，父亲做过磨工。

王禹偁从小就热爱学习，聪颖过人。有一次替父亲到齐州府去送面粉。齐州府有个小官正在衙前教子弟对课。王禹偁到近前去听，哪知这个小官见他穿着破烂，一副土里土气的样子，便念出了一句上联："鹦鹉能言宁比凤？"

王禹偁一听这小官出言不逊，嘲笑自己出身贱微，于是毫不客气地回敬下联道："蜘蛛虽巧不如蚕！"那小官被他刺得张口结舌，无话可说。三十五岁时，王禹偁被拜为左司谏，担任给皇帝起草诏书的知制诰，并曾任右拾遗、翰林学士等职。由于他为人正直刚毅，在朝堂上勇于直言讽谏，先后被贬放商州和滁州。宋真宗咸平元年（公元998年）还京，复任知制诰。王禹偁修《太祖实录》，因为直书赵匡胤篡周而得天下，得罪了朝廷，第二年又被贬出京城，去了黄州。

但王禹偁是个乐以天下，忧以天下的人，他并没有因为自己被贬官而后悔，反而因为自己直言而欣慰。他在描写自己命运的《三黜赋》里是以这样的语句表明自己的道德志向的："屈身兮不屈道，任百谪而何亏！吾当守正直兮佩仁义，期终身以行之。"

五

【原文】

齐宣王问曰："人皆谓我毁明堂，毁诸？已乎①？"

孟子对曰："夫明堂者，王者之堂也。王欲行王政，则勿毁之矣。"

王曰："王政可得闻与？"

对曰："昔者文王之治岐也，耕者九一②，仕者世禄，关市讥而不征③，泽梁无禁，罪人不孥④。老而无妻曰鳏，老而无夫曰寡，老而无子曰独，幼而无父曰孤。此四者，天下之穷民而无告者。文王发政施仁，必先斯四者⑤。诗云：'哿矣富人，哀此茕独⑥。'"

王曰："善哉言乎！"

曰："王如善之，则何为不行？"

王曰："寡人有疾，寡人好货。"

对曰："昔者公刘好货⑦，《诗》云：'乃积乃仓，乃裹餱粮，于橐于囊⑧。思戢用光⑨。弓矢斯张，干戈戚扬，爰方启行⑩。'故居者有积仓，行者有裹囊也，然后可以爰方启行。王如好货，与百姓同之，于王何有⑪？"

王曰："寡人有疾，寡人好色。"

对曰："昔者太王好色⑫，爱厥妃。《诗》云：'古公亶父，来朝走马。率西水浒，至于岐下。爰及姜女，聿来胥宇⑬。'当是时也，内无怨女，外无旷夫⑭。王如好色，与百姓同之，于王何有？"

【注释】

①谓我：劝我。明堂：周天子出巡，东至泰山，在明堂祭天，朝见诸侯，发布政令，故孟子说为"王者之堂"。那时，这些典礼已经不行，明堂旧址还在。毁诸：毁之。已：止，即不毁。②岐：今陕西岐山。九一：指"井田"制度，其税率九分抽一，是孟子以为最理想的土地制度。③世：即世代承继。讥：查问，干涉。"关"和"市"只检查商贾和行旅的言行，不征税。④泽：筑堤坝把水挡住的大池。梁：指渔梁，拦水为"梁"以捕鱼。无禁：任民捕鱼，不加禁止。不孥：只处分罪人本身，不加罚于其妻和子。⑤先斯四者：首先照顾这四种人。⑥"哿（gě）矣"二句：此二句诗引自《诗经·小雅·正月》。哿：与"可"同。茕（qióng）：孤单。⑦公刘：周朝的始祖后稷的曾孙，"公"是称号，"刘"是名。⑧"乃积乃仓"以下七句诗引自《诗经·大雅·公刘》篇第一章。

乃：助词，无义。积：露天堆积粮谷。仓：库房内堆积粮谷。糇（hóu）：干粮。橐（tuó）、囊：都是装裹粮食的口袋。"橐"无底，结束两端；"囊"有底，结束一端。⑨戢（jí）：安，和睦安定。用：犹"以"。光：大。⑩斯：犹"则"。干、戈、戚、扬：皆古兵器。干用以捍卫（即盾），戈用以刺击，戚和扬都是斧类，扬比戚大。爰：犹"于是"。方：开始。启行（háng）：开辟道路。⑪何有：犹言"没有问题"。⑫太王：即"大王"，公刘九世孙，文王的祖父，本号"古公"，名"亶"，后被尊为"太王"。⑬《诗》云：以下六句诗引自《诗经·大雅·绵》篇第二章。率：沿着。浒（hǔ）：水边。及：偕。姜女：姜氏女，周太王之妃。聿（yù）：助词，无义。胥：视察。宇：居处的地方。胥宇：考察地势，规建宫室。⑭怨女：过时没有结婚的女子。旷夫：过时没有结婚的男子。

【译文】

齐宣王问孟子说："人们都劝我把泰山周天子东巡时的明堂毁掉，是毁掉好呢？还是保留好呢？"

孟子回答说："明堂是王者会见诸侯的地方。大王想要施行王者之政，就不用毁掉它了。"

齐宣王问："关于王政可听您讲一讲吗？"

孟子说："过去周文王治理岐山的时候，种田的人按九中取一的比例纳税；做官的人可世代享受俸禄，关口和市场上货物只盘查有无违禁品，但并不征税，水中的鱼鳖也任百姓去捕捞，犯罪的人只需自己受罚，不涉及他的家小。老来没有妻子的叫鳏夫，老来没有丈夫的叫寡妇，老来没有子女的是孤老，年幼就没有父母的叫孤儿。这四种人，是天下没办法生活而又无处求助的。周文王考虑政治措施时，一定先考虑他们。《诗经》上说：'富人过得真潇洒，可怜的是这样孤单的穷人！'"

齐宣王感叹道："说得好啊！"

孟子说："大王既然认为好，为什么不去施行呢？"

齐宣王说："我有个毛病，我喜爱财物。"

孟子说："过去公刘也喜爱财物。《诗经》上说：'把粮食堆积起来，储存在仓库里，制成干粮，装进袋中，想着安定人民，让国家繁荣富强。拉满弓搭上箭，枪刀斧头一齐上，于是出发向远方。'所以说住下来要有储备的粮食，出行要带干粮，这以后才可以到远方去。大王如果喜爱财物，跟老百姓共同拥有，这又有什么困难呢？"

齐宣王说:"我还有一个毛病,我喜欢美女。"

孟子说:"过去周太王也喜欢美女,爱他的妻子。《诗经》上说:'太王早晨骑着马,顺着水边到岐山下。带着他妻姜氏女,来看新居差不差。'这个时候,家中没有到了婚龄尚未出嫁的姑娘,也没有该娶未娶的小伙。大王如果喜爱美女,和老百姓一起来喜好,这又有什么难的呢?"

【历代论引】

赵氏曰:"明堂,太山明堂。周天子东巡守朝诸侯之处,汉时遗址尚在。人欲毁之者,盖以天子不复巡守,诸侯又不当居之也。王问当毁之乎?且止乎?"

杨氏曰:"孟子与人君言,皆所以扩充其善心而格其非心,不止就事论事。若使为人臣者,论事每如此,岂不能尧舜其君乎?"

朱子曰:"先王养民之政:导其妻子,使之养其老而恤其幼。不幸而有鳏寡孤独之人,无父母妻子之养,则尤宜怜恤,故必以为先也。"

又曰:"愚谓此篇自首章至此,大意皆同。盖钟鼓、苑囿、游观之乐,与夫好勇、好货、好色之心,皆天理之所有,而人情之所不能无者。然天理人欲,同行异情。循理而公于天下者,圣贤之所以尽其性也;纵欲而私于一己者,众人之所以灭其天也。二者之间,不能以发,而其是非得失之归,相去远矣。故孟子因时君之问,而剖析于几微之际,皆所以遏人欲而存天理。其法似疏而实密,其事似易而实难。学者以身体之,则有以识其非曲学阿世之言,而知所以克己复礼之端矣。"

【评析】

这段话写孟子告诉齐宣王什么是"王政"(仁政)。

孟子认为,像周文王治理岐周时那样,赋税很轻,老百姓都能自由生产,过上好日子,处罚罪犯而不株连无辜,无依无靠的鳏寡孤独者得到照顾,这便是施行"王政"了。

孟子认为,齐宣王"好货"(喜欢钱财)、"好色"都不是毛病,而是人的正常需求。但齐王应该认识到,老百姓同样"好货""好色",他们的正当需求也应该得到尊重和满足,因此齐王应"与百姓同之",这才算施行"王政"。

从表面看来，孟子似乎一味退让，纵容齐宣王的种种弱点，其实他采用的是欲擒故纵的手法，使齐宣王没有退路，难以遁出王道政治的"彀中"。其用心良苦，实在值得我们今天的读书人细心体会。

【史例解读】

鳏寡孤独

汉朝庞仲达做汉阳太守的时候，郡里有个叫任棠的人，非常有气节，他隐居在乡下，以教学自乐。庞仲达求贤若渴，酷爱人才，一到任就去拜访任棠。

任棠那天正在堂屋读书，见太守来了，他也不与太守打招呼、交谈，只是拿了一大把薤，并端了一盆水放在门内屏风前面，然后自己抱起孙子蹲在门边和孩子逗趣。跟太守一道来的侍从很生气，对太守说："这个人太傲慢了！"但庞仲达却高兴地说："他并不是傲慢，而只是暗示我做官的道理罢了，他的用意是很好的！"

庞仲达沉思着说："任棠并非无礼，而是在晓谕本太守呀！一盆清水，是要我为官清正；拔出一大棵菜，是要我严惩横行乡里的强势宗室；抱孩子挡住门户，是要我体恤鳏寡孤独呀！"

庞太守感叹不已地回府了，以后在施政过程中根据任棠的暗示，压制豪强，扶持贫弱。后来由于施行仁爱、宽厚的政策，他得到老百姓的爱戴。

内无怨女，外无旷夫

公元134年，春季和夏季连续干旱，汉顺帝下诏大赦天下，并且亲自到德阳殿东厢庭院中，露天而坐，祈求上天降雨。

如同以前发生自然灾害时一样，顺帝要求官员们提出意见。尚书周举才学兼优，顺帝特地就此征询他的意见。周举回答说："陛下废弃文帝、光武帝所建立的朴素节俭传统，而因袭导致秦朝灭亡的骄奢淫逸的做法，使宫廷内增加了许多美女，宫外却有许多娶不到媳妇的男子。自从发生大旱以来，整整过去一年了，而没有听说陛下有改过的做法，现在以至尊之体露坐风尘，祈求缓解干旱，不过是在问题的表面上下工夫，而不去寻找它的实质所在，于事无补。"

顺帝问他应该怎么办，周举回答说："应该诚心诚意地革除弊政，遵守先王制定的规章制度，改变目前奢侈腐化的混乱局面，省去御膳房制作奢侈菜肴的费用。同时放走未曾召幸过的宫女，使内无怨女，外无旷夫。《易传》上说：'天子为善一日，上天立刻以善来回报。'请陛下圣意裁夺！"

六

【原文】

孟子谓齐宣王曰："王之臣有托其妻子于其友而之楚游者①。比其反也，则冻馁其妻子②，则如之何？"

王曰："弃之③。"

曰："士师不能治士④，则如之何？"

王曰："已之⑤。"

曰："四境之内不治⑥，则如之何？"

王顾左右而言他⑦。

【注释】

①之：到，往。②比：及，等到。反：同"返"。馁：饥饿。③弃之：和他绝交。④士师：狱官。治士：管理下属。⑤已：停止，罢免。⑥四境之内：国境以内。不治：政事坏乱。⑦顾：回头看。言他：谈别的事。

【译文】

孟子对齐宣王说："有个君王的臣下把家小托付给朋友，自己到楚国去游历。等他回来的时候，家小又冷又饿，对这样的朋友该怎么办呢？"

齐宣王说："和他绝交。"

孟子接着说："狱官不能管理好他的下属，又该怎么办呢？"

齐宣王说："罢免他。"

孟子又问他："一个国家不能治理好，这样的国君该怎么办呢？"

齐宣王左右张望，转移了话题。

【历代论引】

赵氏曰"言君臣上下各勤其任,无堕其职,乃安其身。"

朱子曰:"孟子将问此而先设上二事以发之,及此而王不能答也。其惮于自责,耻于下问如此,不足与有为可知矣。"

【评析】

齐宣王有一个臣子,把妻子儿女托付给朋友照顾,而他到楚国去了。等到他从楚国回来的时候,却发现自己的妻子儿女在挨冻受饿。对这样的朋友,齐宣王认为应该"弃之",与他绝交。同理,如果管刑罚的长官不能管好下级,齐宣王认为,应该"已之",就是撤他的职。那么,如果一个国家的政治搞不好,又该如何呢?齐宣王"顾左右而言他"。

孟子说理,善用类比法,由近而远,由小而大,由浅而深,因此说理透彻,而且说服力很强。孟子这一次把齐宣王说得"王顾左右",倒不是非要出他的洋相,不过是因为他不肯表态实施仁政,所以激一激他,迫使他作出选择罢了。

孟子一向认为,"民为贵","君为轻"。本章把不称职的国君比作不称职的朋友,不称职的"士师",认为国君没把国家治理好,不能让人民过上好日子,就该另立新君,这是相当先进的思想。

【史例解读】

王顾左右而言他

东方朔是西汉时期的文学家,工于辞赋。汉武帝即位后,征四方士人,东方朔上书自荐,诏拜为郎。后任常侍郎、太中大夫等职。他性格诙谐,言词敏捷,滑稽多智,常在武帝前谈笑取乐,《汉书·东方朔传》中说他"然时观察颜色,直言切谏"。

武帝好奢侈,造上林苑专供他游猎、休憩。东方朔直言进谏,认为这是"取民膏腴之地,上乏国家之用,下夺农桑之业,弃成功,就败事"。他曾言政治得失,陈农战强国之计,但武帝始终把他当俳优看待,不得重用,于是东方朔写《答客难》、《非有先生论》,以陈述志向和抒发自己的不满。

东方朔以言论诙谐著称，但也有深刻、尖锐的地方，更不是一味阿谀颂扬，以顺遂汉武帝的心意为目的。他直陈的见解，常常是公卿大臣所不敢表示的。汉武帝的祖母窦太后寡居而私宠董偃，挥霍财物，不计其数。满朝权贵都以结识董偃为荣，汉武帝也准备"置酒宣言"，以隆重的礼节来接待董偃。东方朔对此极为不满，据理力争，指斥董偃为"国家之大贼，人主之大蜮"，终于使汉武帝不得不改变主意。因为这些事情，后来汉武帝问他："先生你看我是一个什么样的君主呢？"东方朔不肯违心谄事皇帝，就顾左右而言他，不回答武帝的问题。既显示了他的机智，也表现了他傲岸不群的性格。

七

【原文】

孟子谓齐宣王，曰："所谓故国者，非谓有乔木之谓也，有世臣之谓也①。王无亲臣矣，昔者所进，今日不知其亡也②。"

王曰："吾何以识其不才而舍之③？"

曰："国君进贤，如不得已④，将使卑逾尊，疏逾戚⑤，可不慎与？左右皆曰贤，未可也。诸大夫皆曰贤，未可也。国人皆曰贤，然后察之⑥；见贤焉，然后用之。左右皆曰不可，勿听。诸大夫皆曰不可，勿听。国人皆曰不可，然后察之；见不可焉，然后去之⑦。左右皆曰可杀，勿听。诸大夫皆曰可杀，勿听。国人皆曰可杀，然后察之；见可杀焉，然后杀之。故曰国人杀之也。如此，然后可以为民父母。"

【注释】

①故国：有历史的旧国。乔木：久经年代的高大树木。世臣：世世代代和国家有密切关系的大官僚家族。②亲臣：可以亲近信任的臣僚。进：进用。亡：去位，去国，被扔弃。③舍：不用。④不得已：不得不，势在必行。⑤逾：越过。戚：亲近。⑥察：考察。⑦去：弃。

【译文】

孟子见到齐宣王，对他说："人们所说的历史悠久的国家，并不是说国中有高大久远的树木，是说有历代能为国家建立功勋、与国家休戚与共的大臣。大王现在连真正亲近的臣子也没有，过去提拔的，现今不知到什么地方去了。"

齐宣王说："我怎么能知道一个人没有才能而不去重用他呢？"

孟子说："国君选拔贤才，在不得已的情况下，将使地位低的超过地位高的，关系远的超过有血缘的亲戚，能够不慎重吗？左右近臣都说贤能的人，还不能任用。朝中大夫都说他贤能，也不行。全国人都说他贤能，再去考察他是否真的贤能。若真行，就任用他。左右近臣都说某人不行，不要轻易听信。朝中大夫都说他不行，也不要听信。国内的人都说他不行，就考察一下实际情况。见他真的不行，就罢免掉。左右近臣都说这人该杀，不要听信。朝中大夫都说他该杀，也不要听从。国内的人都说他该杀，就去考察实情，发现真的该杀，再把他杀掉。所以说，这是国内的人民杀了他呀。能够这样，就可以成为民众的父母了。"

【历代论引】

朱子曰："世臣，累世勋旧之臣，与国同休戚者也。亲臣，君所亲信之臣，与君同休戚者也。此言乔木世臣，皆故国所宜有。然所以为故国者，则在此而不在彼也。昨日所进用之人，今日有亡去而不知者，则无亲臣矣。况世臣乎？"

又曰："故必自察之，而亲见其贤否之实，然后从而用舍之；则于贤者知之深，任之重，而不才者不得以幸进矣。所谓进贤如不得已者如此。"

【评析】

这段文字反映了孟子的人才观。

孟子认为，累世老臣才是国家的宝贝。而齐宣王把昔日任用的老臣一一贬退了，使这个国家不像个"故国"。那么，怎样选用贤人做臣子呢？孟子认为，全国人都说他贤明，国君还要亲自去考察，确实贤明的，然后才任用他。全国人都说他不行的，国君亲自考察，确实不行的，然后才贬退他。全国人都说可杀的，国君亲自考察他，确实该杀的，然后再杀他。这样做国君，才可以当一个好国君。

孟子特别提醒齐宣王，不要偏听偏信"左右"近臣的话，要以人民之是非为是非，体现了他的民本主义思想，这对我们是有启发的。

【史例解读】

左右皆曰贤，未可也

战国时的齐威王，为了振兴齐国，决心从治吏入手，便向他的左右了解地方官吏的政绩口碑，左右亲近的都说阿大夫的好话，即墨大夫的坏话。

齐威王听了后亲自深入到各地明察暗访、向老百姓调查了解，其结果与左右说的截然相反，事实是即墨大夫管理的即墨地区"田野辟，民人给，官无留事，东方以宁"。而阿大夫管理的阿地却是"田野不辟，民贫苦"。（《史记·田敬仲完世家》）那么，为什么左右瞒报实情，颠倒黑白，把好的说成坏的，把坏的说成好的？

原来，即墨大夫为人很正直，一心为百姓办事，不善结纳朝廷的左右近臣，所以大官们都说即墨大夫不好。而阿大夫善于用贿赂手段买动人情，巴结朝廷左右大臣，因此朝廷大官们都说阿大夫是好官。

当然，兼听则明，偏听则暗，作为领导者还应该有从谏如流的雅量，齐威王为了求谏，下过一道求谏令："群臣和百姓有当面指责寡人之过错的人，授上等奖赏；上书规劝寡人的，授中等奖赏；在公共场合议论我的过失被我听到的人，授下等奖赏。"这一诏令一下，收到了极好的效果，一年以后人们已经无话可说了，其他诸侯国纷纷派使节前来齐国朝拜。齐国也因此在很长一段时间内国泰民安。

八

【原文】

齐宣王问曰："汤放桀[1]，武王伐纣，有诸？"

孟子对曰："于传有之。"

曰："臣弑其君[2]可乎？"

曰："贼仁者谓之贼，贼义者谓之残[3]，残贼之人谓之一夫[4]。闻诛一夫纣矣[5]，未闻弑君也。"

【注释】

①放：流放。②弑：杀，含贬义。古代统治阶级，为了显示君、父神圣不可侵犯的特殊尊严地位，特别制造"弑"字，专用于臣杀君、子杀父。③贼：害。残：伤。贼仁者：凶暴淫虐，绝灭人性。贼义者：颠倒是非，丧失理性。④一夫：失掉人民同情的孤立者。⑤诛：杀，是褒义词。指合乎正义地杀。

【译文】

齐宣王问孟子："商汤流放夏桀，周武王讨伐商纣王，有这回事吗？"

孟子答道："历史记载中有这回事。"

齐宣王说："臣下弑杀他的君王，行吗？"

孟子说："破坏仁的叫作贼，破坏义的叫作残。既害仁又害义的叫作独夫民贼。我只听说周武王诛杀独夫民贼纣，没听说他是弑君。"

【历代论引】

《书》曰："成汤放桀于南巢。"又曰："独夫纣。"

朱子曰："害仁者，凶暴淫虐，灭绝天理，故谓之贼。害义者，颠倒错乱，伤败彝伦，故谓之残。一夫，言众叛亲离，不复以为君也。"

又曰："盖四海归之，则为天子；天下叛之，则为独夫。所以深警齐王，垂戒后世也。"

王勉曰："斯言也，惟在下者有汤武之仁，而在上者有桀纣之暴则可。不然，是未免于篡弑之罪也。"

【评析】

商汤放逐夏桀，武王迫使商纣自杀，这按中国传统都叫"弑君"，叫"犯上作乱"，甚至连孔子也这么看。他在评价称颂舜帝的《韶》乐和歌颂武王的《武》乐时就曾说，《韶》"尽善尽美"，《武》"尽美"未"尽善"。舜帝当天子是受禅，武王当天子是"弑君"的结果，所以孔子才认为《武》乐的内容不好。

在这个问题上，孔孟至少有两大不同：

一、孔孟虽然都讲"仁政"，也都讲君臣父子的伦常关系，即"礼"，但当二者发生矛盾时，孔子常犯糊涂，拘于"礼"而不顾"仁"。孟子思想则更明确，认为"仁"才是"礼"的核心，君臣之"礼"如果违反了"仁"，要他何用呢？所以孟子反复讲，"民贵君轻"，国君不称职，可以废了另立，如果天子是暴君，可以杀，不叫"弑"。显然，孟子的思想比孔子先进。

二、孔孟性格也有不同。孔子较拘谨，孟子有反叛性格。比如孟子说人家国君"望之不似人君"，并说要"藐视"国君，还说如果"我得志"当了国君将如何如何，认为自己肯定比国君们当得好。孔子身上贵族思想家的色彩很浓，孟子身上虽然也有贵族色彩，但也有相当浓厚的平民色彩。

正因为孟子的这些特点，所以很多统治者并不喜欢他。一直到唐代，经过韩愈的大力推崇，孟子才成为"亚圣"。中国封建社会越到晚期越专制，统治者为了维护其统治，也就越依仗"礼"，而进步思想家和平民就越反感"礼"，孟子因此就越受欢迎。明末清初思想家黄宗羲特别推崇孟子，原因应在这里。

【史例解读】

身死国灭为天下笑

后唐庄宗李存瑁，是晋王李克用的儿子，李克用死的时候赐给庄宗三把箭，让他为父报仇，说："梁，吾仇也；燕王，吾所立；契丹，与吾约为兄弟，而皆背晋以归梁。此三者，吾遗恨也。与尔三矢，尔其无忘乃父之志！"庄宗把箭藏在太庙，每次出征都背负在锦囊中前往，励精图治，终于报了父仇。

但后来李存瑁自认为功业已就，开始宠幸伶人和后宫刘皇后，贪图享乐，不思进取。渐渐地，贤臣受到了疏远和排挤，国势日下，民心皆失。突然一天夜里，有一个人大呼造反，应者云集。等到人们出来看时，未见作乱者，而士兵已四处逃散。君臣相顾而黯然泪下，不知道怎么办好。而后唐庄宗宠幸过的一个伶人发动政变，将唐庄宗烧死在了宫中。后唐庄宗就这样走上了穷途末路，"身死国灭而为天下笑"。

九

【原文】

　　孟子见齐宣王，曰："为巨室，则必使工师求大木①。工师得大木则王喜，以为能胜其任也。匠人斫而小之②，则王怒，以为不胜其任矣。夫人幼而学之，壮而欲行之，王曰'姑舍女所学而从我③'，则何如？今有璞玉于此，虽万镒④，必使玉人雕琢之。至于治国家，则曰'姑舍女所学而从我'，则何以异于教玉人雕琢玉哉？"

【注释】

　　①工师：管理工匠的长官。②斫（zhuó）：砍削。③姑：姑且。女：通"汝"，你。④璞玉：未经加工的玉石。镒（yì）：古代重量单位，二十两为一镒。

【译文】

　　孟子见到了齐宣王，说道："大王建造巨大的宫室，就一定要派工师去找大木料。工师找到大木料，大王就高兴，认为他能胜任。工匠把这木料砍小了，大王就动怒，以为他不能胜任。有人从小学习一种本事，长大后便要来实践它，大王却说：'姑且扔掉你所学的，听从我'，这可怎么行呢？假如现在这里有一块璞玉，就算它价值二十万两，您一定会让玉匠雕琢它。至于治理国家，却说：'姑且扔掉你所学的，听从我'，可这同教导玉匠雕琢玉石又有什么区别呢？"

【历代论引】

　　朱子曰："治国家则殉私欲而不任贤，是爱国家不如爱玉也。"

　　范氏曰："古之贤者，常患人君不能行其所学；而世之庸君，亦常患贤者不能从其所好。是以君臣相遇，自古以为难。孔孟终身而不遇，盖以此耳。"

【评析】

　　盖大房子一定要大木头，如果工匠把它砍削得太小，木头就难以胜任了。一些人从小就学了本事，成长为国家的栋梁，长大了想运用实行，为国效力，齐宣王却叫人家"舍女（汝）所学"，这无异于把参天大树砍削成小巧的树木，也无异于把万镒璞玉雕琢成小巧的玩意。

孟子的意思是，国家需要的是栋梁，而不是只会讨国君高兴的宠臣。他委婉地批评了齐宣王不用人才之长、珍爱国家不如珍爱玉石的糊涂思想，强调治国要依靠贤人，君主不宜一任己意，瞎指挥。

【史例解读】

教人用生木造屋

有一位叫高阳应的宋国人，打算盖一座房子。

他请来了很多工人去砍树，将刚砍回来的树木堆在院子里。他就对木匠说："现在要用的木材已经齐了，你可以动工了。"

木匠说："不行啊！这些木材都是刚刚伐回来的，还没有干，如果把泥抹上去，一定会被压弯，房子会垮的。"

高阳应听了工匠话以后说："照你所说，不就是存在一个湿木料承重以后容易弯曲的问题吗？然而你并没有想到湿木料干了会变硬，稀泥巴干了会变轻的道理。等房屋盖好以后，过不了多久，木料和泥土都会变干。那时的房屋是用变硬的木料支撑着变轻的泥土，怎么会被压垮呢？"

工匠们无话可答。只好遵照高阳应的吩咐去做。很快一幢新房就造好了。

高阳应的新屋子刚建造好的那段日子看起来很好，可是没有过多久，高阳应的这幢新屋越来越往一边倾斜。高阳应一家怕出事故，从这幢房屋搬了出去。没几天，这座房子出现裂缝，又过了一段时间就倒塌了。

✦

【原文】

齐人伐燕，胜之。宣王问曰："或谓寡人勿取，或谓寡人取之①。以万乘之国伐万乘之国，五旬而举之②，人力不至于此。不取必有天殃。取之何如？"

孟子对曰："取之而燕民悦，则取之。古之人有行之者，武王是也③。取之而燕民不悦，则勿取，古之人有行之者，文王是也④。以万乘之国伐万乘之国，箪食壶浆，以迎王师⑤，岂有他哉？避水火也⑥。如水益深，如火益热，亦运而已矣⑦。"

【注释】

①取：占领。②举：胜利完成。③武王是也：指周武王占领殷地，诛纣王而享有天下。④文王是也：据说，周文王三分天下有其二，但仍臣服于商。⑤箪（dān）：盛食物的竹器。⑥水火：比喻害民的虐政。⑦运：回转。

【译文】

齐国攻打燕国，取得了胜利。齐宣王问孟子："有人劝我占领燕国，有人劝我不要占领。万乘的大国去打另一万乘的大国，两个月就拿了下来，单靠人力不能取得这样的胜利。不占领的话，天一定会降下祸灾，占领下来会怎样呢？"

孟子回答说："占领之后如果燕国的老百姓高兴，就占领它。古代有人这样做，周武王就是。占领之后如果燕国老百姓不高兴，就别占领。古代也有人这样做，周文王就是这样。万乘的大国去攻打万乘的大国，老百姓提着篮子带着水壶把食物和水放在路边去迎接大王的军队，难道还有别的原因吗？是为了避免水深火热的处境呀。如果水更深了，火更热了，老百姓也就只能指望别人来营救了。"

【历代论引】

朱子曰："按：《史记》，燕王哙让国于其相子之，而国大乱。齐因伐之。燕士卒不战，城门不闭，遂大胜燕。"

又曰："商纣之世，文王三分天下有其二，以服事殷。至武王十三年，乃伐纣而有天下。"

张子曰："此事间不容发。一日之间，天命未绝，则是君臣。当日命绝，则为独夫。然命之绝否，何以知之？人情而已。诸侯不期而会者八百，武王安得而止之哉？"

赵氏曰："征伐之道，当顺民心。民心悦，则天意得矣。"

【评析】

　　齐宣王五年，燕王哙把国君之位让给相国子之，燕人不服，发生内乱，齐宣王趁机派兵打败了燕国。齐国、燕国同为有上万辆战车的大国，而齐仅用短短五十天的时间，便打败了燕国。齐王认为，这是天意。

　　但孟子认为，这不是天意，而是民心。齐国取胜，是因为客观上顺应了燕民之心。孟子进一步分析说，攻占它，老百姓是高兴的，打败纣王的周武王便是这样。攻占它，老百姓不高兴，因此不攻占的服侍殷商的周文王便是。齐燕同为万乘大国，燕国百姓却用酒饭来迎接齐军，只不过是想逃避水深火热的苦日子罢了。如果齐军去了以后燕民处境更加水深火热，燕民就会帮助燕军打败齐国，胜败之机就会转过来了。孟子的意思是，民心就是天意。改朝换代，政权更迭，能否得到民众的拥护，关键在于是否使百姓的生活得到改善。

　　可见，孟子并非一味反对战争，只要是正义的，符合人民利益和愿望的战争，他也是支持的。

【史例解读】

箪食壶浆

　　三国时期，曹操率兵攻打张绣时，恰逢麦熟季节。沿途行军时，老百姓不去割麦纷纷逃避。曹操知晓后便严申军法："大小将校一律不准践踏麦田，违者斩首。"

　　曹军将士不敢违抗军令，皆下马步行。不料，曹操乘马正行，忽然麦田中飞起一只斑鸠，惊动了坐骑，曹操的马蹄到麦田中，践踏坏了一大块麦田。

　　曹操下马后，叫来随军主簿，要求主簿定他践麦之罪："我的马踩坏了麦苗，违反禁令，请按军法议。"

　　主簿说："您是一军的主帅，怎能治罪？"

　　曹操说："制定法令的人，自己违犯了法令，如果不治罪，又怎能带领部下呢？"

　　于是拔剑就要自刎，众人急忙把他拉住。

　　主簿说："法令是针对一般将士的。按照古书《春秋》定的礼规，对尊贵的人是不上刑的，况且将军是因战马受惊而误入麦田，我看就不必议罪了。"曹操说道："既然主簿不肯议罪于我，那让我自己来执行法令吧。"

说完，拔出佩剑，将自己的头发割下一绺扔到地上，"割发代首"。曹军军纪因此更加严明，对百姓秋毫无犯。沿途所过之处，百姓都箪食壶浆在道边相迎。

十一

【原文】

齐人伐燕，取之。诸侯将谋救燕。宣王曰："诸侯将谋伐寡人者，何以待之？"

孟子对曰："臣闻七十里为政于天下者，汤是也。未闻以千里畏人者也[1]。《书》曰：'汤一征，自葛始[2]。'天下信之。东面而征，西夷怨；南面而征，北狄怨，曰[3]：'奚为后我[4]？'民望之，若大旱之望云霓[5]。归市者不止，耕者不变。诛其君而吊其民，若时雨降。民大悦。《书》曰：'徯我后，后来其苏[6]。'今燕虐其民，王往而征之，民以为将拯己于水火之中也，箪食壶浆，以迎王师。若杀其父兄，系累其子弟[7]，毁其宗庙，迁其重器[8]，如之何其可也？天下固畏齐之强也，今又倍地而不行仁政[9]，是动天下之兵也。王速出令，反其旄倪，止其重器[10]，谋于燕众，置君而后去之[11]，则犹可及止也。"

【注释】

[1]千里：齐是地方千里的大国。[2]一征：即"始征"，初次出战。葛：古国名，在今河南宁陵。[3]面：向，作动词用。夷、狄：距王朝较远的部族，包括在所谓"四海"或"天下"之中。[4]奚为后我：为何把我摆在后。[5]霓（ní）：虹的一种。[6]徯（xī）：等待。后：君。苏：更生，重新得到生命。[7]系累：捆绑，拘囚。[8]迁：谓搬迁到齐国。重器：宝器，贵重的器物。[9]固：本来。倍地：齐国如果吞并燕国，就增加了一倍的土地。[10]反：同"返"，遣返。旄（mào）：通"耄"，指老人。倪：幼儿，指小孩。止：停止，不移动。[11]置君：立君。去：离去。

【译文】

齐国攻打燕国并占领了燕国。众诸侯正谋划救助燕国。齐宣王问:"诸侯中不少人正谋划攻打我齐国,怎么办呢?"

孟子回答说:"我听说有以七十里的地盘统一天下的,商汤就是这样,但没听说有上千里的土地还惧怕别的国家的。《尚书》中说:'商汤最初征讨,是从葛国开始的。'天下人都信任他。向东方征讨,西方的部族就埋怨,向南征讨,北方的部族就埋怨,说:'为什么把解放我们摆在后面呢?'老百姓都盼望他来,就像大旱时盼望云彩。商人能继续做生意,耕田者也没被扰动。征讨不义的君王而安抚老百姓,就像及时雨从天而降,老百姓非常喜欢。《尚书》里说:'等待我们的君王,他来了我们才得解放!'而今燕王残害他的老百姓,大王您去征讨他,老百姓认为您将拯救他们出水深火热的困境,所以才准备着食物和水去迎接大王的军队。如果您杀死他们的壮年人,拘禁他们的年轻人,毁坏燕国的宗庙,拉走他们的宝器,怎么能行呢?天下本来就畏惧齐国的强大,现在疆域增加了一倍又不施行仁政,这就等于让天下处于战争状态。大王应该赶快发布命令,送还他们的老人孩子,不要运走他们的宝器,与燕国的民众商量,为他们设立新君然后撤离,那么,还是可以及时扭转形势的。"

【历代论引】

范氏曰:"孟子事齐梁之君,论道德则必称尧舜,论征伐则必称汤武。盖治民不法尧舜,则是为暴;行师不法汤武,则是为乱。岂可谓吾君不能,而舍所学以徇之哉?"

朱子曰:"他国之民,皆以汤为我君,而待其来,使己得苏息也。此言汤之所以七十里而为政于天下也。"

又曰:"齐之取燕,若能如汤之征葛,则燕人悦之,而齐可为政于天下矣。今乃不行仁政而肆为残虐,则无以慰燕民之望,而服诸侯之心,是以不免乎以千里而畏人也。"

【评析】

齐国攻占燕国后,诸侯谋划要救助燕国,齐宣王问计于孟子。

卷二 梁惠王下

·063·

孟子告诉齐宣王，当年商汤开始征讨夏桀时，天下人都相信他。商汤向东边出征，西边的百姓就怨他来晚了；向南边出征，北边的百姓就怨他来晚了。到集市做买卖的、耕田种地的一如其旧，不受影响，商汤只是诛杀暴君而抚慰其百姓而已。

但齐军攻占燕国后，却杀掉他们的父兄，掳掠他们的子弟，毁坏燕王的祖庙，搬走他们的国家宝器，这怎么可以呢？孟子建议齐宣王赶快发令，遣返燕国俘虏，停止搬运燕国宝器，与燕人协商择立燕君，然后齐军从燕国退兵，这样还来得及制止诸侯对齐用兵。真是进也孟子，退也孟子。

不过，不能怪孟子反复无常，而是因为——进也民心，退也民心。民心向背是孟子政治思想的核心，国内问题如此，国际事务也如此。

【史例解读】

毁其宗庙，迁其重器

明末农民起义军领袖李自成进京的时候，人民箪食壶浆以迎王师，可是没过多久，由于官员将士只顾敛财导致腐化，这种"毁其宗庙，迁其重器"的做法怎么能行呢？

后来，吴三桂带领清军进关作战，以前勇不可当的大顺军，却溃不成军。李自成兵败后，撤离京城，向南溃逃，被清朝大军追到湖北九宫山时被地主武装所杀。

如果李自成能够纵观大局，不纵兵抢掠，不贪眼前的财货，严明军纪，顺应民心，那么便可以扭转局势，真的称王于整个天下，而不是亡命于天下。

十二

【原文】

邹与鲁鬨①。穆公问曰②："吾有司死者三十三人③，而民莫之死也。诛之则不可胜诛，不诛则疾视其长上之死而不救④，如之何则可也？"

孟子对曰："凶年饥岁，君之民老弱转乎沟壑，壮者散而之四方者几千人矣⑤。而君之仓廪实，府库充⑥，有司莫以告，是上慢而残下也⑦。曾子曰⑧：

'戒之，戒之！出乎尔者，反乎尔者也⑨。'夫民今而后得反之也。君无尤焉⑩！君行仁政，斯民亲其上，死其长矣⑪。"

【注释】

①邹：国都在今山东邹县。閧：同"哄"，吵闹，这里指交战。②穆公：指邹穆公。③有司：官吏。④疾：恨。长上：官长。⑤转乎沟壑：谓尸体被扔弃于沟壑，不及埋葬，可见死者甚多。壑：坑。几：接近。⑥仓廪：用来储藏粮谷。府库：用来储藏货财。⑦上：指有司和君。慢：高高在上，不关心人民，不理政事。残：伤害。下：指人民。⑧曾子：名参，孔子弟子。⑨戒之：当心啊。出乎尔者，反乎尔者：从你发出的就是回答你的。反：同"返"，回答。⑩尤：责备。⑪上、长：指居上位者，尊者。

【译文】

邹国与鲁国交战。邹穆公问孟子："我国有关部门的官员有三十三人牺牲在战场上，但却没有一个老百姓为之死难的。杀死他们吧，却不能杀那么多；不杀吧，却恨他们眼看着长官赴死而不救，怎么办才好呢？"

孟子回答说："遇到灾荒，收成不好的时候，您的老百姓中老弱病残的大量饿死，尸体填满沟壑，壮年人离开家乡逃荒到远方，差不多有千人之多；但您的仓库里粮食和财物却很多，官员们没把实情上报，这是因居上位者的冷漠而残害了百姓啊。曾子说：'小心呀，小心呀！怎样对待他人，他人将同样回敬你。'老百姓现在可以用同样手段回敬了。大王不要责怪他们。您能施行仁政，那样老百姓就会亲近在上位的人，可以为他们去死。

【历代论引】

朱子曰："君不仁而求富，是以有司知重敛而不知恤民。故君行仁政，则有司皆爱其民，而民亦爱之矣。"

范氏曰："《书》曰：'民惟邦本，本固邦宁。'有仓廪府库，所以为民也。丰年则敛之，凶年则散之，恤其饥寒，救其疾苦。是以民亲爱其上，有危难则赴救之，如子弟之卫父兄，手足之捍头目也。穆公不能反己，犹欲归罪于民，岂不误哉？"

【评析】

孟子在这里谈的是君与民、官与民的关系问题，并道出了邹国现实政治生活中的症结所在。孟子指出，往年发生饥荒，当老百姓饿死或逃荒时，你当官的见死不救，这是为官者因冷漠而残害百姓。在这种情况下，百姓怎么会为他们的长官死难呢？孟子认为，如果国君施行仁政，当官的关心民众的疾苦，那百姓就会亲近他们的长官，就会为长官死难了。

古今都有很多官员为官不仁，用冷漠来杀害百姓，他们把人民的生命完全不当一回事。所以，孟子的思想是很有启发意义的。

【史例解读】

出尔反尔

洪武九年（公元1376年）秋闰九月，五星运行失度，朱元璋下诏令求直言。山西平遥的训导叶伯巨响应皇帝的号召，写了一本著名的奏章，批评朱元璋"分封太侈，用刑太繁，求治太速"，大意主要是批评用刑太重，最后还指出给诸藩的权力太大，恐出现汉之七国、晋之诸王的叛乱。

未曾想到这一下子触到朱元璋的痛处，刘基劝他要轻刑省法，他不高兴地拒绝了，而现在又出来个小小的训导也这样说。朱元璋气得也不顾什么出尔反尔了，大骂："这个叫叶伯巨的是要离间我们父子之间的感情，快去把他抓来，我要亲手射死他。"

最后，叶伯巨被逮捕到诏狱之中，乱棍打死了。自此以后，再没有人敢直言谏诤了。但是朱元璋这一出尔反尔的做法，却无法改变叶伯巨预言的正确性。朱元璋一死，燕王朱棣就在建文元年（公元1399年）七月打起"清君侧"的旗号，消灭了建文帝，自己做了皇帝。

十三

【原文】

滕文公问曰[①]："滕，小国也，间于齐、楚[②]。事齐乎？事楚乎[③]？"

孟子对曰："是谋非吾所能及也。无已，则有一焉[④]：凿斯池也，筑斯城也，与民守之，效死而民弗去⑤，则是可为也。"

【注释】

①滕文公：战国时滕国的国君，滕定公的儿子。滕：姬姓，滕国在今山东滕县。②间：处在中间。③事：侍奉。④一：一种主张或想法。⑤效：致。

【译文】

滕文公问道："我们滕国是个小国，又处在齐、楚两个大国之间。是亲近齐国好呢？还是亲近楚国好呢？"

孟子回答说："谋划这种事情不是我所能够办得到的呀。不得已的情况下，有这样的一种方法：把护城河挖深，把城墙加固，与老百姓共同来防守。百姓愿意为国而死而不逃向他方，这就有希望了。"

【历代论引】

朱子曰："国君死社稷，故致死以守国。至于民亦为之死守而不去，则非有以深得其心者不能也。此章言有国者当守义而爱民，不可侥幸而苟免。"

【评析】

滕国是一个弱小的国家，处在强国齐国、楚国之间，侍奉哪一个国家都会得罪另一个强国，因而招来亡国之祸。

当滕文公为此请教孟子时，孟子说，如果您一定要我出出主意，那就只有一个主意：把护城河挖好，把城墙筑好，与老百姓一起守卫它。如果您的百姓宁可去死也不离开，全国人民同心同德，与国家共存亡，那就有办法了。敌国来攻，并不是要杀滕国的百姓，百姓为什么宁死不走呢？聪明的滕文公一定知道，除非你滕国国君实行仁政，否则，人民凭什么给你卖命？可见，孟子抓住机会诱导滕国国君实行仁政。

【史例解读】

效死而民弗去

项羽兵败后自刎乌江，士兵取其人头献给刘邦，此时全国的诸侯国大都归顺了刘邦。

刘邦携项羽人头北伐鲁国。大兵压境,已来到城门前,当时的鲁国为楚霸王所封,鲁王忠于项羽,拒不投降。刘邦十分生气,遂下令大举攻城。以当时的情景,城破后接着就是屠城,因此情况十分危急,然而恰在此时,城内传来朗朗的读书声,孔子后人及学子正教学诗书礼仪,一副视死如归"效死而民弗去"的景象。有诗云:"鲁人尚自终臣节,闭户弦诵拒汉师。"刘邦及将士不觉为其所感染。这时有大臣进谏刘邦,鲁国乃是礼仪之邦,儒家文化发源地,万不可屠城,其不降更能说明鲁国忠于先主,实乃可敬。

于是刘邦再次派谋士携项羽人头,细述项羽已亡,天下已定,刘邦乃如今天子,其宅心仁厚,愿以仁政安抚四海黎民,于是鲁国开门投降。刘邦以鲁国礼仪将项羽人头葬于东平县,今称项王墓。

十四

【原文】

滕文公问曰:"齐人将筑薛①,吾甚恐,如之何则可?"

孟子对曰:"昔者大王居邠②,狄人侵之。去之岐山之下居焉③。非择而取之,不得已也。苟为善,后世子孙必有王者矣。君子创业垂统④,为可继也。若夫成功,则天也。君如彼何哉?强为善而已矣。"

【注释】

①薛:古国名,任姓诸侯国,邻近滕国,为齐所灭。②大:同"太"。邠(bīn):同"豳",在今陕西旬邑西。③狄人:即獯鬻,又称猃狁。岐山:在今陕西岐山县东北。④垂统:把皇位和基业传给子孙后代。

【译文】

滕文公问道:"齐国人准备修筑薛城,我非常害怕,怎么办才好呢?"

孟子答道:"从前周太王住在邠,狄人侵犯他,他便离开,迁到岐山下去住。这并不是主动选择住在那里,是不得已的。可见如果实行仁政,后代子孙一定有成为天下之王的。君子创立基业,奠定传统,正是为了可以被继承下去。如果取得成功,那也是天意呀。您能拿齐人怎样呢?只有勉力实行仁政而已。"

【历代论引】

朱子曰："言大王非以岐下为善，择取而居之也。"

又曰："言能为善，则如大王虽失其地，而其后世遂有天下，乃天理也。然君子造基业于前，而垂统绪于后，但能不失其正，令后世可继续而行耳。若夫成功，则岂可必乎？彼，齐也。君之力既无如之何，则但强于为善，使其可继而俟命于天耳。此章言人君但当竭力于其所当为，不可徼幸于其所难必。"

【评析】

齐国人将要加高加固薛地的城墙，这让弱小的滕国十分恐慌，滕文公不知如何是好。

孟子告诉他，过去周太王住在邠那个地方时，狁狁来侵犯，他便离开邠地而到岐山之下居住下来，这也是不得已。其实他并不怕狁狁，只是为了保境安民，暂时这么做罢了。周太王虽因弱小而被赶得到处跑，但因他施行仁政，他的子孙周武王终于为王，一统天下。至于将来能否像太王的子孙那样成功，那就靠天意了。

孟子认为，在齐强滕弱的情况下，为子孙计，滕文公只有努力实行仁政。在处理与大国的关系上，孟子认为小国要智，不要搞闭关锁国，不要夜郎自大，而要和大国搞好外交关系。

【史例解读】

强为善而已矣

齐桓公即位以后，为了报鲁庄公扶持公子纠争位之仇，亲率大军伐鲁，鲁军节节败退。齐军长驱直入到了距鲁国国都只有五十里的地方，鲁庄公派使者向齐桓公说，鲁国愿意以齐军驻扎的地方为界，像齐国的大臣一样，臣服齐国。齐桓公非常高兴地答应了鲁庄公的要求，并要他三天后和自己会盟。

会盟前一天，曹刿对鲁庄公说："大王你愿意死而又死了，还是生而又生呢？"鲁庄公不解其意说："先生什么意思呢？"

"您如果听从我的话，国土必然会扩大，您自身也会安乐，您如果不听微臣所言，国家必定灭亡，你个人也将受到耻辱，这就是死而又死。"

鲁庄公听罢说："我愿意生而又生。"

于是曹刿告诉鲁庄公如此这般。

第二天鲁庄公和曹刿都暗藏宝剑来到会盟地点，齐桓公已经到了很久了。

鲁庄公到达后乘其不备，拔出宝剑抓住齐桓公，大声说道："鲁国封地本来就小，这回被你们霸占得只剩下五十里了，没有土地就没有办法生存了，这就如同与人拼命一样，就让我死在你的面前吧！不过在我死之前，我要……"

齐桓公根本没有想到会这样，只盼望管仲和鲍叔牙能够救他。

管仲和鲍叔牙想冲上土坛，这时曹刿拔出剑来拦住了他们说："不许上来，不然我就先把齐桓公杀掉了。"

鲁庄公再次大声说道："汾水封土为界就可以了，不然的话，我就和你鱼死网破，你我都活不了。"

管仲听到此话，马上在坛下说："君主你的安危比所有的领土都重要，你还是答应了吧。"

齐桓公只好答应了，两国在汶水之南封土为界，并签订盟约。

鲁国得到了失去的土地。

其实，按当时的情况来说鲁庄公也是"强为善而已矣"。

十五

【原文】

滕文公问曰："滕，小国也。竭力以事大国，则不得免焉，如之何则可？"

孟子对曰："昔者大王居邠，狄人侵之。事之以皮币①，不得免焉。事之以犬马，不得免焉。事之以珠玉，不得免焉。乃属其耆老而告之曰②：'狄人之所欲者，吾土地也。吾闻之也：君子不以其所以养人者害人。二三子何患乎无君，我将去之。'去邠，逾梁山③，邑于岐山之下居焉。邠人曰：'仁人也，不可失也。'从之者如归市④。

"或曰：'世守也，非身之所能为也。效死勿去。'

"君请择于斯二者。"

【注释】

①币：缯帛。②属：召集。耆（qí）老：指老人。耆：六十岁的人。老：七十岁的人。③梁山：在今陕西干县西北。④归市：拥向集市。

【译文】

滕文公问道："滕，是个小国。竭尽全力来侍奉大国，还躲不过祸患，要怎么办才好呢？"

孟子答道："从前周太王住在邠，狄人侵犯他。太王进献兽皮和丝帛侍奉他，躲不过祸患；进献狗和马侍奉他，躲不过祸患；进献珍珠美玉侍奉他，躲不过祸患。于是召集当地的老人，告诉他们：'狄人想要的，是我们的土地。我听说过：君子不拿那些生养人的东西用来害人。你们何必担心没有君主呢？我准备离开这里。'于是他离开邠地，越过梁山，在歧山下建造城邑住了下来。邠地的老百姓说：'他是有仁德的人啊，不能失去他。'跟随他来的人多得就像赶集一样。"

"也有人说：'这是我们应该世世代代守卫的土地，不是自己可以决定放弃的。宁死也不能离开。'

"请您在这两种情形中选择一种吧。"

【历代论引】

朱子曰："土地本生物以养人，今争地而杀人，是以其所以养人者害人也。"

又曰："或谓土地乃先人所受而世守之者，非己所能专。但当致死守之，不可舍去。此国君死社稷之常法。"

又曰："能如大王则避之，不能则谨守常法。盖迁国以图存者，权也；守正而俟死者，义也。审己量力，择而处之可也。"

杨氏曰："孟子之于文公，始告之以效死而已，礼之正也。至其甚恐，则以大王之事告之，非得已也。然无大王之德而去，则民或不从而遂至于亡，则又不若效死之为愈。故又请择于斯二者。"

又曰："孟子所论，自世俗观之，则可谓无谋矣。然理之可为者，不过如此。舍此则必为仪、秦之为矣。凡事求可，功求成。取必于智谋之末而不循天理之正者，非圣贤之道也。"

【评析】

滕为小国，虽竭力侍奉大国，仍不能免于被侵犯甚至亡国之祸，滕文公不知如何是好。

孟子告诉滕君，当初周太王住在邠地，狄人常来侵犯。当太王明白狄人是想占领邠地后，就迁徙到岐山住下来，邠地的老百姓都跟着他迁到了岐山。为什么？因为太王施行仁政。如果滕君施行仁政，可以效法太王以避齐人。孟子在本篇第三章中曾说，"以小事大者，畏天者也"，就是说像滕国这样的小国，只有顺应天命，方可自保。

或许有人会说，滕国是世代相守的基业，不是我们自己做主所能怎么样的。我们宁可死，也不离去。以上两种办法，滕君可任选其一。孟子这段话虽很委婉，但仍然是有倾向性的，都不外乎要求滕君施行仁政。

【史例解读】

国土不是用来交换的

秦王派使者对安陵君说："我想要用方圆五百里的土地交换安陵，安陵君一定要答应我！"

安陵君说："大王给予恩惠，用大的交换小的，很好；即使如此，但我从先王那里接受了封地，愿意始终守卫它，不敢交换！"秦王不高兴。

于是安陵君派唐雎出使到秦国。

秦王对唐雎说："我用方圆五百里的土地交换安陵，安陵君不听从我，这是为什么呢？况且秦国已经灭了韩国，亡了魏国，而安陵君却凭借方圆五十里的土地幸存下来，是因为我把安陵君当作忠厚的长者，所以才不打他的主意。现在我用十倍于安陵的土地，让安陵君扩大领土，但是他违背我的意愿，难道不是轻视我吗？"

唐雎回答说："不，不是像你说的这样。安陵君从先王那里接受了封地并且保卫它，即使是方圆千里的土地也不敢交换，何况仅仅五百里呢？"

秦王勃然大怒，对唐雎说："您曾听说过天子发怒吗？"唐雎回答说：

"我未曾听说过。"秦王说:"天子发怒,百万具尸体倒下,使血流千里。"唐雎说:"大王曾经听说过普通平民发怒吗?"秦王说:"普通平民发怒,也不过是摘掉帽子赤着脚,用头撞地罢了。"唐雎说:"这是平庸无能的人发怒,不是有才能有胆识的人发怒。那专诸刺杀吴王僚的时候,彗星的尾巴扫过了月亮;聂政刺杀韩傀的时候,一道白光直冲到太阳;要离刺杀庆忌的时候,苍鹰突然扑击到宫殿上。这三个人都是出身平民的有胆识的人,心里的怒气还没发作,上天就降示了征兆。现在,专诸、聂政、要离同我一起将要成为四个人了。如果有才能和胆识的人一定要发怒的话,就要使两具尸体倒下,使血只流五步远,天下百姓都要穿孝服,今天就是这样。"于是拔出宝剑起身做要同归于尽状。

秦王变了脸色,直身而坐向唐雎道歉说:"先生请坐!何必如此呢!我明白了为什么韩国、魏国灭亡,而安陵却凭借五十里的土地幸存下来,只是因为有先生啊!"

十六

【原文】

鲁平公将出①。嬖人臧仓者请曰②:"他日君出,则必命有司所之。今乘舆已驾矣③,有司未知所之,敢请。"

公曰:"将见孟子。"

曰:"何哉,君所为轻身以先于匹夫者?以为贤乎?礼义由贤者出,而孟子之后丧逾前丧。君无见焉!"

公曰:"诺。"

乐正子入见④,曰:"君奚为不见孟轲也?"

曰:"或告寡人曰:'孟子之后丧逾前丧⑤',是以不往见也。"

曰:"何哉,君所谓逾者?前以士,后以大夫;前以三鼎,而后以五鼎与⑥?"

曰:"否。谓棺椁衣衾之美也⑦。"

曰:"非所谓逾也,贫富不同也。"

乐正子见孟子,曰:"克告于君,君为来见也。嬖人有臧仓者沮君⑧,君是以不果来也。"

曰:"行或使之;止或尼之⑨。行、止,非人所能也。吾之不遇鲁侯,天也。臧氏之子,焉能使予不遇哉?"

【注释】

①鲁平公:战国时鲁国国君姬叔,景公的儿子,公元前316年至公元前297年在位。②嬖(bì)人:指受宠的姬妾或侍臣。③乘舆:国君的车子。④乐正子:名克,孟子弟子。⑤后丧、前丧:孟子先丧父,后丧母。后丧指母亲的丧事,前丧指父亲的丧事。⑥三鼎:用三个鼎盛供品。五鼎:用五个鼎盛供品。办丧事时用三鼎是士礼,用五鼎是卿大夫之礼。⑦棺:内棺。椁:外棺。衣衾(qīn):装殓死者的衣被。⑧沮(jǔ):通"阻"。⑨尼(nǐ):阻止。

【译文】

鲁平公准备要外出。他所宠幸的近臣臧仓请示说:"平日您外出,一定是先通知管事的人要去哪里。现在您的乘舆已准备好了,管事的人还不知道要到哪里去,因此来请示。"

鲁平公说:"我要去见孟子。"

臧仓说:"您降低自己的身份先去见一个普通人,为什么呢?您以为他是贤人吗?礼义是由贤人做出表率的,而孟子为母亲办丧事比为父亲办丧事还隆重。请您不要去见他了吧!"

鲁平公说:"好吧。"

乐正子进宫见到鲁平公,说:"您为什么不见孟轲了?"

鲁平公说:"有人告诉我说:'孟子为母亲办丧事的隆重程度超过了父亲的丧事',所以我不去见他了。"

乐正子说:"您所说的'超过'是指什么呢?是因为办父亲的丧事用士礼,办母亲的丧事用大夫之礼吗?是因为办父亲的丧事用三个鼎摆设供品,办母亲的丧事用五个鼎摆设供品吗?"

鲁平公说:"不是。我指的是棺椁衣衾的精美。"

乐正子说:"这不能叫作'超过',只是前后贫富不同罢了。"

乐正子去见孟子,说:"我跟君主讲过了,君主打算来见您。有个受宠的近臣臧仓阻止了他,因此他终于没来。"

孟子说："来，也许是有人促成的；不来，也许是有人阻止他。不过来或不来，并不是人力所能主宰。我与鲁君不能遇合，是天命。姓臧的家伙怎能使我见不到鲁君呢？"

【历代论引】

朱子曰："沮、尼，皆止之之意也。言人之行，必有人使之者。其止，必有人尼之者。然其所以行所以止，则固有天命，而非此人所能使，亦非此人所能尼也。然则我之不遇，岂臧仓之所能为哉？"

又曰："此章言圣贤之出处，关时运之盛衰。乃天命之所为，非人力之可及。"

【评析】

鲁平公准备去拜访孟子，他的宠臣臧仓却劝他说："孟子治母丧超过了治父丧，不是贤者所为，您别去拜访他。"鲁平公没有去见孟子。

后来乐正子知道这事，他对鲁平公说："您说的'逾'是什么意思呢？是孟子前以士的身份办父丧，后以大夫的身份办母丧呢？还是办父丧时用三个鼎摆设供品，办母丧时用五个鼎摆设供品呢？"乐正子这两问是同一个意思，他的含义是，孟子"后丧逾前丧"，是因为他身份变了，他这么做，是完全符合礼仪的。看来孟子为亡母治丧超过了为亡父治丧是真的。

不料鲁平公却说："孟子治母丧时，棺椁衣衾更精美。"乐正子说："那只是因为孟子后来比以前富一些罢了，这也是合乎礼仪的。"

当孟子知道这一切后说："鲁君来不来，我能否遇合鲁君，这是天意，非臧家小子所能为。"

卷三　公孙丑上

【题解】

本篇共九章。本篇在继续倡导仁政学说的同时，着重阐发了"四端说"和"浩然之气说"。孟子认为，仁政的基础在于"仁心"。为政者之所以应该施行仁政，就在于"人皆有不忍人之心"，"先王有不忍人之心，斯有不忍人之政矣"。孟子还进一步地论证了"不忍人之心"的产生和形成，他认为是自然产生的，不是为了某种目的故意做出来的。

本篇从内容上大致可以分为两组。其一、三、四、五章是一组，论述仁政的问题。这部分对于当时各诸侯国的暴政有所揭露，并认为这样的形势正是推行仁政的大好时机，因为必能得到人民的热烈拥护，从而实现统一天下的"王道"；与此相反的"霸道"，则是靠武力征服，那是不能使人心悦诚服的。至于仁政的具体措施，在第五章里提出了五项政策，大意是尊贤使能、减免赋税、实行井田制。

另一组则论及个人修养以及人性论方面的问题，包括其二、六、七、八、九各章。第二章从"不动心"说起，最后涉及对孔子的评价，是《孟子》一书中极重要的篇幅。所谓"不动心"，指的是不因处境、待遇等外部条件的变化而改变心态，达到这种境界的两个环节，一是"知言"，二是培养"浩然之气"。"知言"是思想认识能力的表现，"浩然之气"尽管是一种正大刚毅的道德情感，仍然是道义原则指导下的日积月累的道德实践的成果。知言则不惑，气盛则意志坚定，所以是"不动心"的条件。第六章提出的"四端说"，意谓仁、义、礼、智等品质在人的天性中有其基础，集中概括了孟子在人性问题上的主张。

一

【原文】

公孙丑问曰①："夫子当路于齐②，管仲、晏子之功，可复许乎③？"

孟子曰："子诚齐人也④，知管仲、晏子而已矣。或问乎曾西曰⑤：'吾子与子路孰贤？'曾西蹵然曰⑥：'吾先子之所畏也⑦。'曰：'然则吾子与管仲孰贤？'曾西艴然不悦⑧，曰：'尔何曾比予于管仲？管仲得君如彼其专也，行乎国政如彼其久也，功烈⑨如彼其卑也，尔何曾比予于是！'"曰："管仲，曾西之所不为也，而子为我愿之乎？"

曰："管仲以其君霸，晏子以其君显。管仲、晏子犹不足为与？"

曰："以齐王，由反手也⑩。"

曰："若是，则弟子之惑滋甚。且以文王之德，百年而后崩，犹未洽于天下⑪；武王、周公继之，然后大行⑫。今言王若易然，则文王不足法与？"

曰："文王何可当也！由汤至于武丁⑬，贤圣之君六七作，天下归殷久矣，久则难变也。武丁朝诸侯，有天下，犹运之掌也。纣之去武丁未久也，其故家遗俗，流风善政，犹有存者；又有微子、微仲、王子比干、箕子、胶鬲，皆贤人也⑭，相与辅相之，故久而后失之也。尺地莫非其有也；一民莫非其臣也，然而文王犹方百里起，是以难也。齐人有言曰：'虽有智慧，不如乘势；虽有镃基⑮，不如待时。'今时则易然也。夏后、殷、周之盛，地未有过千里也，而齐有其地矣；鸡鸣狗吠相闻，而达乎四境，而齐有其民矣；地不改辟矣⑯，民不改聚矣，行仁政而王，莫之能御也。且王者之不作，未有疏于此时者也⑰；民之憔悴于虐政⑱，未有甚于此时者也。饥者易为食，渴者易为饮。孔子曰：'德之流行，速于置邮而传命⑲。'当今之时，万乘之国行仁政，民之悦之，犹解倒悬也⑳。故事半古之人，功必倍之，惟此时为然。"

【注释】

①公孙丑：战国时期齐国人，孟子弟子。②当路：指身居要职。③管仲：名夷吾，齐桓公之相。晏子：名婴，齐景公之相。许：期待。④诚：确实，果然。⑤曾西：曾申，字子西，曾参之子。⑥蹵（cù）然：不安的样子。⑦先子：指自己已死的父亲。⑧艴（fú）然：生气的样子。⑨功烈：功业，霸业。⑩由：通"犹"。⑪百年而后崩：古代传说周文王九十七岁死，这里说"百年"，是举

其成数。崩：古代称天子、王后死。洽：达到完满。⑫武王：姓姬，名发，周文王的儿子。周公：名旦，武王的弟弟。大行：指大力推行王道。⑬武丁：即殷高宗，盘庚的弟弟小乙的儿子，曾用兵征伐四方的部族。⑭微子：名启，据《左传》《史记》等书载，为纣的庶兄，《孟子·告子上》则以为是纣的叔父。微仲：微子之弟，名衍。王子比干：纣的叔父，屡次向纣进谏，为纣所杀。箕子：纣的叔父，比干被杀后，佯狂为奴，被纣囚禁。胶鬲（jiāo gé）：纣王之臣。⑮镃（zī）基：锄头。⑯改：更加。⑰疏：疏阔，长久。⑱憔悴：困苦。⑲置邮：置、邮都是名词，相当于后代的驿站。⑳倒悬：倒转吊起，比喻困苦。

【译文】

公孙丑问道："先生如果做了齐国的相，管仲、晏子的功业，有希望再次实现吗？"

孟子说："你果然是齐国人，就知道管仲、晏子。曾有人问曾西说：'您和子路相比，谁更贤能些？'曾西不安地说：'他是先父所敬畏的人呀。'那人又问：'那么您和管仲相比，谁更贤能些？'曾西变了脸色，很不高兴地说：'你怎么能拿我和管仲相比？管仲得到他的君王的信任是那样专一，行使国家的政权是那样长久，功业却是那样卑微，你怎么能拿我和他相比？'"孟子又接着说："管仲是曾西所不屑的，你以为我愿意学他吗？"

公孙丑说："管仲辅佐其君而称霸，晏子辅佐其君而扬名。管仲、晏子还不值得学吗？"

孟子说："以齐国来统一天下，易如反掌。"

公孙丑说："您这么说，我更糊涂了。以文王的贤德，活了将近一百岁，还不能统一天下，武王，周公继承他的事业，然后才大大地推行王道。现在您把统一天下说得这么容易，那么文王也不值得效法吗？"

孟子说："文王，我怎么能比得上呢？从汤到武丁，贤圣的君王有六七个，天下归附于商久了，久了就难以改变。武丁使诸侯来朝贡，统治天下，就像将天下玩弄于手掌之上那么轻而易举。纣离武丁不久，先王时的世家贵族、美好习俗、醇厚民风、仁惠政教，还有所留存，又有微子、微仲、王子比干、箕子、胶鬲，都是些贤人，在共同辅佐他，所以很久才亡国。当时，没有一尺土地不被他所有，没有一个人不是他的臣民，然而文王仅以纵横百里的土地建功立业，所以是很困难的。齐国人有句话说：'即使有智慧，不如乘形势；即使有农具，不如待农时。'以现在的时势，推行王道可就好办了：在夏、商、周最强大的时候，疆土还没有超过纵横千里的，而现在齐国就有这么大的疆土了；那时鸡鸣狗吠的声音互相听得见，一直到四周的边境，现在齐国有了这么多的百姓了。疆土不必再扩张，百姓不必再增加，只需推行仁政就能统一天下，谁也阻挡不住啊。况且仁义的君王没有出现，这是从来不曾像现在这样稀缺的；老百姓被暴政所残害，从来不曾像现在这样严重。饥饿的人，可以很容易地让他吃饱；口渴的人，可以很容易地让他喝足。孔子说：'贤德的推广，比驿站传达命令还要快。'在当今的时代，拥有万辆兵车的国家推行起仁政来，老百姓必然爱戴它，就像倒挂的人被解救一样。所以只要做到古人一半的事情，功业就会比古人多出一倍，只有当今这个时候才能如此。"

【历代论引】

杨氏曰："孔子言子路之才，曰：'千乘之国，可使治其赋也。'使其见于施为，如是而已。其于九合诸侯，一匡天下，固有所不逮也。然则曾西推尊子路如此，而羞比管仲者何哉？譬之御者，子路则范我驰驱而不获者也；管仲之功，诡遇而获禽耳。曾西，仲尼之徒也，故不道管仲之事。"

朱子曰："三代盛时，王畿不过千里。今齐已有之，异于文王之百里。又鸡犬之声相闻，自国都以至于四境，言民居稠密也。"

又曰："自文武至此七百余年，异于商之贤圣继作；民苦虐政之甚，异于纣之犹有善政。易为饮食，言饥渴之甚，不待甘美也。"

【评析】

孟子对包括齐桓公在内的春秋五霸，是颇有微词的，对齐国的两位贤相管子和晏子也有所批评，认为他们不引导齐王实行仁政，而使齐国称霸，这不是圣人的作为。

在孟子看来，周文王仅凭方圆百里的土地，且在殷纣王初期，殷天子尚有前代贤王的流风余韵，周文王虽然难有更大的作为，但仍然通过施行仁政，而使周国日益强大的形势，为日后武王伐纣奠定了基础。因此孟子认为，周文王是真正的圣人，周文王的政治是真正的仁政，而春秋五霸以及管子、晏子都无法与文王相提并论。

孟子认为，管、晏主持齐政时，他们的条件比文王不知强多少倍，土地又广大，人民又众多，国君又信任，但他们却不知施行仁政，因此就不可能统一天下，所以孟子看不起他们。他一直认为，只有真正施行仁政，才能使天下归一，从而使四海之内都归于仁。

孟子指出，处在暴政横行的时代，是推行仁政的最好时机，可取得事半功倍的效果。

【史例解读】

解民倒悬

解民倒悬这个成语，比喻把受苦难的人民解救出来。

617年，隋炀帝派了唐国公李渊到太原去当留守。

李渊有四个儿子。第二个儿子李世民那时候刚十八岁，是个很有胆识的青年，平时喜欢结交有才能的人。人们也觉得他慷慨好客，都喜欢跟他打交道。李世民看到隋朝的统治快灭亡了，心里开始有了起兵的打算。李世民的朋友刘文静对他说："现在皇上远在江都，到处有人造反，李密逼近东都，天下大乱，民不聊生。我可以帮您聚集十万人马，您父亲手下还有几万人。如果用这支力量起兵打进长安，号令天下，不出半年便可夺得天下。"

可是李渊胆小怕事，只想守着自己的太原过一辈子。于是李世民就买了一个漂亮的婢女，派人送给李渊，李渊果然十分宠幸那位漂亮的婢女。

过了一段时间以后，那个婢女得到了李渊的信任，就找一个机会对李渊透露说："当今天子无道，二郎为解民倒悬，正在招兵买马，怕如果事败满门抄斩，就让我来问问大人的意见。"

李渊到这个时候只得硬着头皮竖起反旗，自称大将军，任李建成和李世民分别为左右领军大都督，刘文静为司马，又把兵士都称为"义士"，带领三万人马离开晋阳，向长安进军。

由反手也

由反手也，易如反掌的意思。

白居易是唐代著名诗人，他五六岁就开始学写诗。在他十五六岁时，他父亲白季庚在徐州做官，让他到京城长安去见见世面。

当时，长安有一个文学家顾况，很有点才气，但性格高傲。白居易听到顾况的名气，就带了自己的诗稿，到顾况家去请教。顾况听说白居易是个官家子弟，不好不接待。白居易拜见了顾况，送上名帖和诗卷。顾况瞅了瞅这个小伙子，又看了看名帖，看到"居易"两个字，就打趣说："近来长安米价很贵，只怕要居住下来很不容易呢！"

顾况说的也是实情。当时正是朱泚叛乱之后，关中一带的生产力遭到很大的破坏，到处闹粮荒，长安米价飞涨，百姓的日子很不好过。

白居易被顾况挖苦了几句，但是并不在意，仍恭恭敬敬地站在旁边请求指教。顾况拿起诗卷随手翻着翻着，他的手忽然停了下来，眼睛盯着诗卷，脸上流露出兴奋的神色，马上站起来拉住白居易的手，热情地说："啊！能够写出这样的好诗，在长安住下来也就易如反掌了。刚才跟您开个玩笑，您别见怪。"

从那以后，顾况逢人就说白居易的才华了得，白居易很快就在长安出了名。唐宪宗听说白居易文采出众，便提拔他做翰林学士，后来又派他担任左拾遗。

二

【原文】

公孙丑问曰："夫子加齐之卿相①，得行道焉，虽由此霸王，不异矣。如此，则动心否乎？"

孟子曰："否，我四十不动心。"

曰："若是，则夫子过孟贲远矣②。"

曰："是不难，告子先我不动心③。"

曰："不动心有道乎？"

曰："有。北宫黝之养勇也④，不肤桡，不目逃⑤。思以一豪挫于人，若挞之于市朝，不受于褐宽博⑥，亦不受于万乘之君。视刺万乘之君，若刺褐夫。无严诸侯⑦。恶声至，必反之。孟施舍之所养勇也⑧，曰：'视不胜犹胜也。量敌而后进，虑胜而后会⑨，是畏三军者也。舍岂能为必胜哉？能无惧而已矣。'孟施舍似曾子，北宫黝似子夏⑩。夫二子之勇，未知其孰贤，然而孟施舍守约也。昔者曾子谓子襄曰⑪：'子好勇乎？吾尝闻大勇于夫子矣⑫：自反而不缩⑬，虽褐宽博，吾不惴焉；自反而缩，虽千万人，吾往矣。'孟施舍之守气，又不如曾子之守约也。"

曰："敢问夫子之不动心，与告子之不动心，可得闻与？"

"告子曰：'不得于言，勿求于心。不得于心，勿求于气。'不得于心，勿求于气，可。不得于言，勿求于心，不可。夫志，气之帅也；气，体之充也。夫志，至焉，气，次焉。故曰：'持其志，无暴其气⑭。'"

"既曰'志，至焉；气，次焉'，又曰'持其志，无暴其气'者，何也？"

曰："志壹则动气，气壹则动志也，今夫蹶者趋者⑮，是气也，而反动其心。"

"敢问夫子恶乎长？"

曰："我知言，我善养吾浩然之气⑯。"

"敢问何谓浩然之气？"

曰："难言也。其为气也，至大至刚，以直养而无害，则塞于天地之间。其为气也，配义与道；无是，馁也。是集义所生者，非义袭而取之也⑰。行有不慊于心⑱，则馁矣。我故曰告子未尝知义，以其外之也。必有事焉而勿正⑲，心勿忘，勿助长也。无若宋人然。宋人有闵其苗之不长而揠之者⑳，芒芒然归㉑，谓其人曰：'今日病矣㉒！予助苗长矣。'其子趋而往视之，苗则槁矣。天下之不助苗长者寡矣。以为无益而舍之者，不耘苗者也㉓。助之长者，揠苗者也，非徒无益，而又害之。"

"何谓知言？"

曰："诐辞知其所蔽，淫辞知其所陷㉔，邪辞知其所离，遁辞知其所穷㉕。生于其心，害于其政；发于其政，害于其事。圣人复起，必从吾言矣。"

"宰我、子贡善为说辞㉖，冉牛、闵子、颜渊善言德行㉗。孔子兼之，曰：'我于辞命，则不能也。'然则夫子既圣矣乎？"

曰："恶！是何言也！昔者子贡问于孔子曰：'夫子圣矣乎？'孔子曰：'圣则吾不能，我学不厌而教不倦也。'子贡曰：'学不厌，智也；教不倦，仁也。仁且智，夫子既圣矣。'夫圣，孔子不居，是何言也？"

"昔者窃闻之：子夏、子游、子张皆有圣人之一体㉘，冉牛、闵子、颜渊，则具体而微，敢问所安？"

曰："姑舍是。"

曰："伯夷、伊尹何如㉙？"

曰："不同道。非其君不事，非其民不使；治则进，乱则退，伯夷也。何事非君，何使非民㉚；治亦进，乱亦进，伊尹也。可以仕则仕，可以止则止，可以久则久，可以速则速，孔子也。皆古圣人也。吾未能有行焉，乃所愿，则学孔子也。"

"伯夷、伊尹于孔子，若是班乎㉛？"

曰："否；自有生民以来，未有孔子也。"

曰："然则有同与？"

曰："有。得百里之地而君之，皆能以朝诸侯，有天下。行一不义、杀一不辜而得天下，皆不为也。是则同。"

曰："敢问其所以异？"

曰："宰我、子贡、有若㉜，智足以知圣人；污，不至阿其所好㉝。宰我曰：'以予观于夫子，贤于尧、舜远矣。'子贡曰：'见其礼而知其政，闻其乐而知其德，由百世之后，等百世之王㉞，莫之能违也㉟。自生民以来，未有夫子也。'有若曰：'岂惟民哉！麒麟之于走兽，凤凰之于飞鸟，泰山之于丘垤，河海之于行潦㊱，类也。圣人之于民，亦类也。出于其类，拔乎其萃，自生民以来，未有盛于孔子也。'"

【注释】

①加：任。②孟贲：古代勇士，卫国人。③告子：名不害，与孟子同时而年长于孟子，曾受教于墨子。④北宫黝（yǒu）：姓北宫，名黝，战国时期齐国人。⑤挠（náo）：同"挠"，退却。⑥褐（hè）宽博：指卑贱者。褐：粗布衣服。宽博：宽大的衣服。褐与宽博都是贱者之服。⑦严：畏惧。⑧孟施舍：古代勇士。⑨会：指交战。⑩曾子：即曾参，孔子弟子。子夏：姓卜名商，孔子弟子。⑪子襄：曾子弟子。⑫夫子：指孔子。⑬缩：直。⑭暴：乱。⑮蹶（jué）：跌倒。⑯浩然：形容盛大流行的样子。⑰义袭：指义偶然从外进入内心。袭：偷袭。⑱慊（qiàn）：不满意，怨恨。⑲正：止，中止。⑳揠（yà）：拔。㉑芒芒然：疲倦的样子。㉒病：疲倦。㉓耘：除草。㉔诐（bì）：偏颇。蔽：遮蔽。淫：过分。陷：沉溺。㉕邪：邪僻，不正。离：背离。遁：逃避。㉖宰我：孔子弟子宰予。子贡：孔子弟子端木赐。㉗冉牛：孔子弟子冉耕，字伯牛。闵子：孔子弟子闵损，字子骞。颜渊：孔子弟子。㉘子游：孔子弟子言偃。子张：孔子弟子颛孙师。㉙伊尹：商汤的贤臣。㉚何：同"可"。㉛班：等同。㉜有若：孔子弟子。㉝污：夸大。

阿（ē）：徇私，偏袒。㉞等：指分出等次。㉟违：指违背"见其礼而知其政，闻其乐而知其德"的规律。㊱垤（dié）：小土堆。行潦（lǎo）：路上的积水。潦：雨水。

【译文】

公孙丑问道："先生如果做了齐国的卿相，得以推行自己的主张，即使成就了霸王的事业，也是不奇怪的。如果这样，您会动心吗？"

孟子说："不。我四十岁以后就不再动心了。"

公孙丑说："这么说，先生远远超过孟贲了。"

孟子说："这不难，告子还比我先做到不动心呢。"

公孙丑说："不动心有办法吗？"

孟子说："有。北宫黝培养勇气的办法是，肌肤被刺也不颤动发抖，眼睛被戳也能目不转睛。他认为受到一点点侮辱，就像在集市上被鞭打一样。既不受卑贱者的侮辱，也不受大国之君的侮辱。在他看来，刺杀大国之君，和刺杀卑贱者是一样的。他不畏惧诸侯王。有人骂他，他一定回击。孟施舍培养勇气的方法，是说：'我把不能取胜的形势看成可以取胜。如果先估量敌人的力量才前进，考虑到可以取胜才交战，这是害怕敌人的三军。我孟施舍怎能战无不胜，只是能够无所畏惧而已。'孟施舍像曾子，北宫黝像子夏。这两个人的勇气，不知道谁更强，然而，孟施舍是符合要领的呀。从前曾子对子襄说：'你喜欢勇敢吗？我曾经从先生那里听过什么是大勇：自我反省而发现正义不在我，那么即使是卑贱的人，我也不去恐吓他；自我反省而认为正义在我，即使面对千军万马，我也勇往直前。'孟施舍在保持气这一点上，又不如曾参符合要领了。"

公孙丑说："请问先生的不动心，和告子的不动心，可以说给我听吗？"

孟子说："告子讲过：'言语有过失，不必到内心去寻求原因，心中有所不安，不必求助于意气。'心中有所不安，不必求助于意气，是可以的；言语有过失，不必到内心去寻求原因，却不可以。思想意志呢，是感情意气的统帅，感情意气是充满体内的力量。思想意志到哪里，感情意气就跟着到哪里。所以说：'要坚定自己的思想意志，也不要滥用感情意气。'"

公孙丑说："既然说'思想意志到哪里，感情意气就跟着到哪里'，又说'要坚定自己的思想意志，也不要滥用感情意气'，为什么呢？"

孟子说："思想意志专一，就能调动感情意气跟随它，感情意气专一，也会影响思想意志。比方说跌倒、奔跑，这是下意识的气有所动，但也能反过来扰动心志。"

公孙丑说："请问先生的长处是什么？"

孟子说："我能够判断人们的语言，我善于培养我的浩然之气。"

公孙丑说："请问什么叫作浩然之气？"

孟子说："难以讲清楚啊。它作为一种气，是最强大、最刚健的，用正义来培养它而不加伤害，就能充塞于天地之间。它作为一种气，是合乎义和道的；没有这个，它就疲弱了。它是日积月累的正义所生长出来的，而不是正义偶然从外而入所取得的。所作所为有一件不能让心意满足，它就疲弱了。所以我说，告子不懂得义，就因为他把义当作外在的东西。浩然之气的养成，一定要有所作为而不中止，心里不要忘记它，但也不要有意地帮助它。不要像那个宋国人一样。宋国有个担心禾苗长不快而把它拔高的人，非常疲倦地回去，告诉他的家人说：'今天累坏了，我帮助禾苗长高了。'他的儿子跑过去看，禾苗都枯萎了。天底下不拔苗助长的人少见啊。说到浩然之气，以为培养无益而放弃的，是不为禾苗除草的人；有意帮助它生长的，是拔苗的人。不仅无益，而且有害。"

公孙丑说："怎样才算'能够判断人们的语言'？"

孟子说："偏颇的言辞，知道它在哪一方面被遮蔽而不明事理；过分的言辞，知道它沉溺于什么方面而不能自拔；邪僻的言辞，知道它违背了什么道理而乖张不正；搪塞的言辞，知道它在哪里理屈而终于词穷。言辞的过失产生于思想认识，危害于政治；把它体现于政令措施，就会危害具体工作。如果圣人复生，一定会赞同我的话。"

公孙丑说："宰我、子贡善于说话，冉牛、闵子、颜渊善于阐述德行。孔子兼而有之，但他又说：'我对于辞令是不擅长的。'那么先生您已经是圣人了吧？"

孟子说："呦！这是什么话呀？从前子贡问孔子道：'先生是圣人了吧？'孔子说：'圣人，我做不到，我只是学习而不知满足，教育而不知疲倦。'子贡说：'学习而不知满足，是明智；教育而不知疲倦，是仁爱。明智而且仁爱，先生已经是圣人了！'圣人，连孔子都不愿自居，你说的是什么话呀！

卷三　公孙丑上

公孙丑说："以前我听说：子夏、子游、子张都在某一方面得到孔子真传，冉牛、闵子、颜渊则全面地得到孔子真传，但气象比孔子小些。请问您自居于哪一种人？"

孟子说："暂且不谈这个。"

公孙丑说："伯夷、伊尹怎么样？"

孟子说："与孔子不同。不是他理想的君主，他不侍奉；不是他理想的百姓，他不使唤；天下太平就进取，天下大乱就退隐，这是伯夷。侍奉不理想的君主有什么关系，使唤不理想的百姓有什么关系；天下太平也进取，天下大乱也进取，这是伊尹。可以做官就做官，可以不做就不做，可以长久留任就长久留任，可以迅速离任就迅速离任，这是孔子。这都是古代的圣人，我没有一样能做到；要说愿望的话，我愿学孔子。"

公孙丑说："伯夷、伊尹和孔子不是一样的吗？"

孟子说："不。自从有人类以来，还没有像孔子那样的。"

公孙丑说："那么他们有相同之处吗？"

孟子说："有。如果得到纵横百里的土地而做君王，他们都能使诸侯来朝贡而统一天下。做一件不义的事，杀一个无辜的人，因而得到天下，他们都不干。这就是他们的相同之处。"

公孙丑说："请问他们又有什么不同呢？"

孟子说："宰我、子贡、有若的聪明足以了解孔子。他们的智慧再低下，也不至于偏袒他们所喜爱的人。宰我说：'凭我对先生的观察，他比尧、舜强多了。'子贡说：'看某时某地的礼制，就可以了解它的政治状况；听某时某地的音乐，就可以了解它的道德风气。从百代以后，去评价百代以来的君王，没有人能违背这个规律而有所隐蔽。我认为自从有人类以来，还没有像先生那样的人。'有若说：'难道只是人有高下之分吗？麒麟对于走兽，凤凰对于飞鸟，泰山对于土堆，河海对于积水，都算是同类。圣人对于人，也是同类。突出于所属的类，超拔于所属的群，自从有人类以来，还没有比孔子更伟大的。'"

【历代论引】

谢氏曰："浩然之气，须于心得其正时识取。"又曰："浩然是无亏欠时。"

程子曰："心通乎道，然后能辨是非，如持权衡以较轻重，孟子所谓知言是也。"

又曰："孟子知言，正如人在堂上，方能辨堂下人曲直。若犹未免杂于堂下众人之中，则不能辨决矣。"

又曰："语圣则不异，事功则有异。夫子贤于尧舜，语事功也。盖尧舜治天下，夫子又推其道以垂教万世。尧舜之道，非得孔子，则后世亦何所据哉？"

又曰："孟子此章，扩前圣所未发，学者所宜潜心而玩索也。

朱子曰："告子谓于言有所不达，则当舍置其言，而不必反求其理于心；于心有所不安，则当力制其心，而不必更求其助于气，此所以固守其心而不动之速也。孟子既诵其言而断之曰，彼谓不得于心而勿求诸气者，急于本而缓其末，犹之可也；谓不得于言而不求诸心，则既失于外，而遂遗其内，其不可也必矣。然凡曰可者，亦仅可而有所未尽之辞耳。若论其极，则志固心之所之，而为气之将帅；然气亦人之所以充满于身，而为志之卒徒者也。故志固为至极，而气即次之。人固当敬守其志，然亦不可不致养其气。盖其内外本末，交相培养。此则孟子之心所以未尝必其不动，而自然不动之大略也。"

又曰："知言者，尽心知性，于凡天下之言，无不有以究极其理，而识其是非得失之所以然也。浩然，盛大流行之貌。气，即所谓体之充者。本自浩然，失养故馁，惟孟子为善养之以复其初也。盖惟知言，则有以明夫道义，而于天下之事无所疑；养气，则有以配夫道义，而于天下之事无所惧，此其所以当大任而不动心也。"

又曰："言所行一有不合于义，而自反不直，则不足于心而其体有所不充矣。然则义岂在外哉？告子不知此理，乃曰仁内义外，而不复以义为事，则必不能集义以生浩然之气矣。"

又曰："舍之不耘者，忘其所有事。揠而助之长者，正之不得，而妄有作为者也。然不耘则失养而已，揠则反以害之。无是二者，则气得其养而无所害矣。如告子不能集义，而欲强制其心，则必不能免于正助之病。其于所谓浩然者，盖不惟不善养，而又反害之矣。"

又曰："人之有言，皆本于心。其心明乎正理而无蔽，然后其言平正通达而无病；苟为不然，则必有是四者之病矣。即其言之病，而知其心之失，又知其害于政事之决然而不可易者如此。非心通于道，而无疑于天下之理，其孰能之？彼告子者，不得于言而不肯求之于心；至为义外之说，则自不免于四者之病，其何以知天下之言而无所疑哉？"

又曰："以百里而王天下，德之盛也。行一不义、杀一不辜而得天下有所不为，心之正也。圣人之所以为圣人，其本根节目之大者，惟在于此。于此不同，则亦不足以为圣人矣。"

【评析】

这段话很长，但核心意思是论"善养浩然之气"。在孟子看来，以自己的"浩然之气"，当齐国的卿相，并非难事。他并不欣赏北宫黝、孟施舍的所谓"勇气"，也不欣赏告子关于意志、意气的见解，他只赞同孔子关于大勇的理论——关键是要有正义在手、正气在胸。

孟子暗中把自己比作孔子一类的圣人，他借孔门弟子之口，盛赞孔子，认为孔子是古往今来天下第一大圣人，是具有大勇的人，胸中有"浩然正气"。

孟子所阐释的浩然之气，对培养中华民族的民族正气和民族气节，产生了积极而深远的影响。文天祥在就义前所写的《正气歌》，就是秉承于孟子的这一教诲。

"揠苗助长"的故事告诉我们，任何事情都有自己的发展规律。人们必须按照客观规律办事，才能取得成功。否则，单凭主观愿望，就会像那位宋人一样，弄巧成拙。

【史例解读】

浩然之气

唐代宗时，郭子仪的儿子郭晞率兵协助邠州节度使白孝德，以防外蕃入侵。但是郭晞麾下的兵士大都纪律松弛，大白天成群结队在街上为非作歹，抢掠街上的商铺。邠州节度使白孝德是郭子仪的老部下，不愿去管郭家的人。邠州邻近的泾州刺史段秀实听到后，自愿前来担任都虞侯，管理地方治安。

不久后，郭晞军中的兵士在街上酒馆里酗酒闹事，刺伤主人。段秀实不徇情面，立即把十七名酗酒闹事的人统统就地正法。消息传到郭晞军营，兵士们都穿戴好盔甲，准备去找段秀实算账。段秀实解下佩刀，选了一个跛脚的老兵替他拉着马，一起到了郭晞军营中。郭晞的卫士们杀气腾腾地拦住段秀实，但看到段秀实一身浩然正气，谁也不敢轻举妄动，于是报告郭晞。郭晞连忙请段秀实进来。

段秀实见了郭晞，说："郭令公立了那么大的功劳，大伙都敬仰他。现在您却纵容兵士横行不法。这样不大乱才怪呢！如果国家再发生大乱，你们郭家的功名也就完了。"

郭晞猛然惊醒，回过头对左右兵士说："快去传我的命令，全军兵士一律卸下盔甲，回自己营里休息。再敢胡闹的一律处死！"

具体而微

汉文帝登位后，陈平说："高祖皇上在的时候，我的功劳比周勃大；但是这次消灭诸吕，周勃的功劳比我大，所以请让周勃居第一位吧。"

于是汉文帝就让周勃做右丞相，位居第一，而让陈平做左丞相，在周勃之下。过了一阵子，汉文帝开始了解朝政，问周勃："天下每年处死多少犯人？"周勃谢罪，说："我不知道。"

汉文帝于是又问："天下每年收入多少钱粮？"周勃又谢罪说不知道，顿时汗流浃背。于是汉文帝问陈平，陈平从容答道："各有主管的人。如果问刑罚上的事情，可以问廷尉，如果问钱粮，可以问内吏。"汉文帝有点生气地问："各人有各人主管的事务，那你是管什么的呢？"陈平仍然不慌不忙地回答："主管大臣。丞相的作用不是管理那些具体而微的小事情，而是协助君王主管大臣，让各位大臣各司其职。"汉文帝对这个回答十分满意。

出来以后，周勃愤愤不平地质问陈平："你为什么不把这些事情告诉我？"陈平笑笑说："你在这个位置上，哪能够不知道要做些什么啊？如果陛下问你长安城中的盗贼数目，你是不是也要强作回答呢？"于是周勃知道自己远远比不上陈平，过两天就辞职了，陈平成了唯一的丞相。

出乎其类，拔乎其萃

唐代宰相刘晏的女儿嫁给了礼部侍郎潘炎，生下了儿子潘孟阳。后来，潘孟阳当上了户部侍郎，但是他母亲担心他不能胜任，经常对他说："以你的才干担任侍郎这一级别的官职，我怕你会因管不住下属而出问题啊！"

潘孟阳不以为然。于是他母亲说："明天你把你的同僚都请来，我为你看一看你在朝廷里的发展会怎样。"

于是，潘孟阳就把朝廷里的大小官员请到家里做客。客人到了以后，他母亲在帘子后面仔细地观察这些人。酒宴结束后，他母亲高兴地对他说："这些人的才干与你不相上下，你不必过于担心他们。不过，坐在最外面的那个穿绿色衣服的少年是什么人？"

潘孟阳想了想回答说，那是候补官员杜黄裳。这个人生活上雅澹宽仁，修养极好，但是在政治上态度却十分强硬。母亲郑重地对他说："这个人和你的其他同僚都不一样，一定是个出乎其类、拔乎其萃的人物，将来必然位至三公，你一定要好好与他交往。"

不出潘母所料，杜黄裳后来果然出任宰相。他一反过去朝廷对藩镇的软弱姑息的态度，在短时间内即平定西川和夏绥诸处叛乱，使唐朝出现了著名的元和中兴。

方仲永作诗

宋代时，金溪有户百姓世代以种田为业，生了个儿子，取名方仲永。方仲永五岁的时候，还未曾见过任何笔墨纸砚，有一天忽然哭着向父亲要这些东西。他父亲对此感到非常惊异，就从邻近人家借来给他，他当即写了四句诗，并且题上自己的名字。

这首诗以赡养父母、团结家族为主要内容，文笔流畅，立意不俗。他父亲拿给乡里的秀才观赏，大家都十分惊奇。从此有人指定事物叫方仲永写诗，他都能一挥而就，文采和构思都有值得欣赏的地方。当地的人渐渐地经常请方仲永和他父亲去做客，并给予钱财和礼物求方仲永写诗。方父认为那样有利可图，而且能够炫耀儿子的才能，便每天带着儿子四处拜访同县的人，参加各种应酬。

但是他没有想到，这样做只是对儿子揠苗助长，扼杀了儿子的才华。到了宋明道年间，方仲永已经十二三岁了。人们再叫他写诗，他的诗已经不能和以前相比了。再过了六七年，方仲永的诗文才能完全消失，已经和普通人没有多大区别了。

三

【原文】

孟子曰:"以力假仁者霸,霸必有大国。以德行仁者王,王不待大①,汤以七十里,文王以百里。以力服人者,非心服也,力不赡也②。以德服人者,中心悦而诚服也,如七十子之服孔子也③。《诗》云:'自西自东,自南自北,无思不服④。'此之谓也。"

【注释】

①待:倚仗。②赡:足。③七十子:指孔子弟子。相传孔子有弟子三千人,通六艺者七十二人。④思:语助词。以上引诗出自《诗经·大雅·文王有声》。

【译文】

孟子说:"倚仗实力,打着仁义的旗号而统一天下的就是霸道;推行霸道,一定得有强大的国家作为基础;依靠道德,推行仁义而统一天下的叫作王道;施行王道,不一定要有强大的国家作为基础。商汤凭借的仅是纵横七十里的土地,文王凭借的仅是纵横百里的土地。倚仗实力来使人服从的,并不是真心服从,只不过力量不足以相敌罢了;依靠道德来使人服从的,却是心悦诚服,就像七十个弟子服从孔子一样。《诗经》说:'从西从东,从南从北,无不心悦诚服。'正是说的这一点。"

【历代论引】

邹氏曰:"以力服人者,有意于服人,而人不敢不服;以德服人者,无意于服人,而人不能不服。从古以来,论王霸者多矣,未有若此章之深切而着明也。"

朱子曰:"假仁者,本无是心,而借其事以为功者也。霸,若齐桓晋文是也。以德行仁,则自吾之得于心者推之,无适而非仁也。"

又曰:"王霸之心,诚伪不同。故人所以应之者,其不同亦如此。"

【评析】

这段话论仁政,主张要以德服人,反对以力压人。

孟子认为，凭借实力假借仁义之名而称霸，称霸者必定要有广大的国土。但如果凭借仁德行仁政而称王，称王者不必一定要很大的国土，商汤仅凭纵横七十里的国土，周文王仅凭纵横百里的国土而王天下，便是例子。

孟子认为，以暴力压服人者，人家并非心服，只是实力不足，难以反抗罢了。以仁德服人者，人家才会心悦诚服。在战国纷争的时代，孟子主张用仁政、德治、王道来统一天下，用意是极其良好的，但显得迂阔而不切实际，故未能为诸侯所采纳。

【史例解读】

心悦诚服

三国时期，南中益州郡一带部族的领袖孟获起兵反抗蜀汉。诸葛亮亲自南征。他了解到孟获不但打仗骁勇，而且在南中地区各族群众中威望很高。诸葛亮决心把孟获争取过来。他下了一道命令，只准活捉孟获，不能伤害他。诸葛亮善于用计谋，蜀军和孟获军队交锋的时候，蜀军故意败退下来。孟获仗着人多，一股劲儿追了过去，很快就中了蜀兵的埋伏。南兵被打得四处逃散，孟获本人也被活捉过去。

孟获被押到大营，心里想，这回一定没有活路了。没想到进了大营，诸葛亮立刻叫人给他松了绑，好言好语劝说他归降。但是孟获不服气，说："我自己不小心中了你的计，怎么能叫人心服？"

诸葛亮也不勉强他，陪着他一起骑马在大营外兜了一圈，让他看看蜀军的营垒和阵容。然后让他回去好好准备再打。众将都感到不理解，诸葛亮笑了笑说："我要捉他，就像在口袋中取东西一样容易，但只有使他心悦诚服，南方才会真正归顺平定。"

孟获被释放以后，回到自己部落，重整旗鼓，又一次进攻蜀军。但是他本是一个有勇无谋的人，哪里是诸葛亮的对手，第二次又被活捉了。诸葛亮劝他，见孟获还是不服，又放了他。像这样又放又捉，一次又一次，一直把孟获捉了七次。到了孟获第七次被捉的时候，诸葛亮还要再放。孟获却不愿意走了。他流着眼泪说："丞相七擒七纵，待我可说是仁至义尽了。我打心底里敬服。从今以后，不敢再反了。"

孟获回去以后说服各部落全部投降，南中地区又重新归蜀汉控制了。

四

【原文】

孟子曰："仁则荣，不仁则辱。今恶辱而居不仁，是犹恶湿而居下也。如恶之，莫如贵德而尊士，贤者在位，能者在职；国家闲暇①，及是时，明其政刑虽大国必畏之矣。《诗》云②：'迨天之未阴雨，彻彼桑土，绸缪牖户③。今此下民④，或敢侮予？'孔子曰：'为此诗者，其知道乎！能治其国家，谁敢侮之！'今国家闲暇，及是时般乐怠敖⑤，是自求祸也。祸福无不自己求之者。《诗》云⑥：'永言配命⑦，自求多福。'《太甲》曰⑧：'天作孽，犹可违⑨。自作孽，不可活。'此之谓也。"

【注释】

①国家闲暇：指国家无内忧外患。②《诗》：引诗出《诗经·豳风·鸱鸮》。③迨(dài)：趁着。彻：取。桑土：即桑杜，桑根之皮。绸缪(chóu móu)：缠结。牖(yǒu)户：窗门。这里指巢穴洞口。④下民：指树下的人。⑤般(pán)：乐。怠：怠惰。敖：出游。⑥《诗》：引诗出自《诗经·大雅·文王》。⑦永：长。言：语助词，无义。配命：配合天命。⑧《太甲》：《尚书》篇名。⑨违：避。

【译文】

孟子说："施行仁政的就光荣，不行仁政的就耻辱。现在人们厌恶耻辱却自处于不仁之地，这就像厌恶潮湿而自处于低洼之地一样。如果厌恶耻辱的话，不如崇尚道德而尊重士人，使有德行的人处在合适的官位，使有才能的人担任一定的职务。国家没有内忧外患，趁着这个时候，修明政令刑法。即使是大国，也一定会畏惧它。《诗经》说：'趁着天还没下雨，快取那桑根的皮，结牢巢穴的洞口。从此树下的人们，有谁还敢欺侮我。'孔子说：'写这诗的人，懂得道理呀！能治理好自己的国家，谁还敢欺侮他？'如今国家无内忧外患，趁着这时候，游乐怠惰，这是自己找祸患。祸与福无不是自己找的。《诗经》说：'长久配合天命，自己寻求多福。'《太甲》说：'天降的灾难还可以躲避，自找的灾难那可活不了。'说的就是这个意思。"

【历代论引】

朱子曰："好荣恶辱，人之常情。然徒恶之而不去其得之之道，不能免也。"

又曰："贵德，犹尚德也。士，则指其人而言之。贤，有德者，使之在位，则足以正君而善俗。能，有才者，使之在职，则足以修政而立事。国家闲暇，可以有为之时也。详味及字，则惟曰不足之意可见矣。"

又曰："言我之备患详密如此，今此在下之人，或敢有侮予者乎？周公以鸟之为巢如此，比君之为国，亦当思患而预防之。孔子读而赞之，以为知道也。"

【评析】

本章论一个国家要免除内忧外患，就必须施仁政，尊重人才。尤其要居安思危，防患于未然。国家大治，谁也不敢欺负。

本章很短，引用了不少《诗经》《尚书》里的话，以方便说理，这是春秋战国时代人们的习惯。孔子曾说："不学《诗》，无以言。"《左传》曾说："《诗》《书》，义之府也。"可见当时人说话引用《诗经》《尚书》是十分常见的事。

【史例解读】

自求祸也

南北朝时期，宋国有位大将名叫檀道济，他曾跟随宋武帝刘裕北伐，屡建战功，官至太尉参军。

宋文帝刘义隆即位后，檀道济因为名声太高，左右部将又都骁勇善战，他的几个儿子也都掌管兵权，所以皇帝很不放心。加上朝中一些大臣的挑拨，宋文帝遂起了除掉檀道济的心思。

宋文帝便把他捕捉下狱，罪名是图谋造反。接着他的儿子和部将也全部被杀戮。

檀道济被杀是宋朝皇帝自求祸也，临刑前檀道济又气又恨，说："乃坏汝万里长城。"

后来，北魏人听说檀道济等几位能征善战的名将都被杀，便无所畏惧地进攻宋国，直到宋都建康。

此时宋文帝才后悔杀了檀道济等几位名将，意识到军队确实犹如长城般重要。他登城叹曰："假若檀道济在的话，何至于如此呀！"

五

【原文】

孟子曰："尊贤使能，俊杰在位，则天下之士皆悦而愿立于其朝矣。市，廛而不征①，法而不廛，则天下之商皆悦而愿藏于其市矣。关，讥而不征②，则天下之旅皆悦而愿出于其路矣。耕者助而不税③，则天下之农皆悦而愿耕于其野矣。廛，无夫、里之布④，则天下之民皆悦而愿为之氓矣⑤。信能行此五者，则邻国之民仰之若父母矣。率其子弟，攻其父母，自有生民以来未有能济者也。如此，则无敌于天下。无敌于天下者，天吏也⑥。然而不王者，未之有也。"

【注释】

①廛（chán）：公家所建供商人租用的货仓，这里指抽取货仓税。征：抽取货物税。②关，讥而不征：关口，稽查而不征税。讥：稽查。③助：按古代井田制中央百亩为公田，由八家助耕。④廛（chán）：这里指民居。夫、里之布：指夫布和里布。因故不能服徭役者，需出钱雇役，雇役钱叫作夫布。宅有空地而不种植桑麻，由国家抽取惩罚性的地税，叫作里布。布：货币。⑤氓（méng）：流动人口，侨民。⑥天吏：替天行道的官吏。

【译文】

孟子说："尊重有德行的人，任用有才干的人，优异杰出的人处于官位，那么，天下的士人都会高兴，都乐意在他的朝廷做官了；做生意的，只抽取货仓税而不征货物税，或竟连货仓税也不收，那么，天下的商人都会高兴，都乐意把货物存放在他的市场上了。关卡，只稽查而不征税，那么天下旅行的人都会高兴，都乐意从他的道路经过了。种田的人，只需助耕公田而不征地税，那么天下的农夫都高兴，都乐意在他的田野上耕种了。人们居住的地方，不收雇役钱和惩罚性地税，那么，天下的老百姓都会高兴，都乐意到那里侨居了。一个君王如果能实行这五项措施，那么邻国的老百姓就会仰望他像仰望父母一样了。率领子女，来攻打他们的父母，这种事情自从有人类以来，没有能够成功的。这样，就能无敌于天下。无敌于天下的人，就是天所派遣的官吏。这样还不能统一天下的，从来没有过的呀。"

【历代论引】

张子曰："或赋其市地之廛，而不征其货；或治之以市官之法，而不赋其廛。盖逐末者多则廛以抑之，少则不必廛也。"

周礼："宅不毛者有里布，民无职事者，出夫家之征。"

郑氏谓："宅不种桑麻者，罚之使出一里二十五家之布；民无常业者，罚之使出一夫百亩之税，一家力役之征也。"

吕氏曰："奉行天命，谓之天吏。废兴存亡，惟天所命，不敢不从，若汤武是也。"

朱子曰："此章言能行王政，则寇戎为父子；不行王政，则赤子为仇雠。"

【评析】

这段话，孟子从五个方面详细谈了他的"仁政"构想，合起来看，就是任贤使能，宽厚民生，老百姓就有归属感。如果有人要毁掉这样的政权，破坏老百姓的好日子，老百姓就会拼命。这就是孟子反复讲的"仁者无敌"的意思。

本章可看作是孟子的施政纲领。五个方面，除第一条是讲用人问题外，其余四条全讲赋税问题。而且《孟子》一书中多次讲要减轻农民、商人的赋税，他甚至说，要是谁的税率超过了十分抽一，那他就是夏桀那样的暴君。由此可见，孟子仁政思想的核心，是让老百姓丰衣足食，"有恒产"，使老百姓（包括农民、商人）都变成有产者。这种思想至今仍有十分重要的意义。

【史例解读】

天下之民皆悦，而愿为之氓矣

勾践被吴王夫差所败。

在会稽山上面会群臣后，勾践被迫率领三百多人去服侍夫差。

几年后，勾践被吴国放回，实行了一系列的养民爱民的政策，深得人民的爱戴。于是，国之父兄请战说："昔者夫差耻吾君于诸侯之国，今越国亦节矣，请报之！"

后来发兵出征，国人都互相劝勉。父亲鼓励儿子，兄长鼓励弟弟，妻子鼓励丈夫，可谓天下之民皆悦，而愿为之氓。勾践先在囿地打败吴国，又在没地打败吴国，最后在吴国首都的郊外打败吴国。

后来夫差自杀，吴国灭亡。

六

【原文】

孟子曰："人皆有不忍人之心。先王有不忍人之心，斯有不忍人之政矣。以不忍人之心，行不忍人之政，治天下可运之掌上。所以谓'人皆有不忍人之心'者，今人乍见孺子将入于井，皆有怵惕恻隐之心①。非所以内交于孺子之父母也②，非所以要誉于乡党朋友也③，非恶其声而然也。

"由是观之，无恻隐之心，非人也；无羞恶之心，非人也；无辞让之心，非人也；无是非之心，非人也。恻隐之心，仁之端也④；羞恶之心，义之端也；辞让之心，礼之端也；是非之心，智之端也。人之有是四端也，犹其有四体也⑤。有是四端而自谓不能者，自贼者也。谓其君不能者，贼其君者也。凡有四端于我者，知皆扩而充之矣，若火之始然⑥，泉之始达。苟能充之，足以保四海⑦；苟不充之，不足以事父母。"

【注释】

①孺（rú）子：幼童。怵（chù）惕（tì）：恐惧。恻隐：哀痛。②内交：交结，交好。内：同"纳"。③要：求。④端：开端。⑤四体：四肢。⑥然：

"燃"的本字。⑦保四海：保有天下之民而为君王。

【译文】

　　孟子说："人都有怜恤别人的心理。古代的君王有怜恤别人的心，这才有怜恤别人的政治。用怜恤别人的心去施行怜恤别人的政治，治理天下就像在手掌上玩弄东西那样简单。所以说人们都有怜恤别人的心理，譬如说，现在有人忽然看见小孩子快要掉到井里去，都有惊骇、同情的心情，这并不是为了和小孩子的父母攀交情，不是为了在乡里朋友间博取声誉，也不是因为厌恶那小孩子的哭声才这样做。"

　　"由此看来，没有恻隐之心，不算人；没有羞恶之心，不算人；没有辞让之心，不算人；没有是非之心，不算人。恻隐之心，是仁的萌芽；羞恶之心，是义的萌芽；辞让之心，是礼的萌芽；是非之心，是智的萌芽。人有这四种萌芽，就如同他有四肢。有这四种萌芽而自称不能行善的人，是自己残害自己的人；说他的君王不能行善的人，是残害君王的人。凡是有这四种萌芽在身上的人，就该懂得把它们都扩充起来，就像火开始燃烧，泉水开始流出。如果能够扩充它们，就足以安抚天下；如果不能扩充它们，就连父母都侍奉不了。"

【历代论引】

　　谢氏曰："人须是识其真心。方乍见孺子入井之时，其心怵惕，乃真心也。非思而得，非勉而中，天理之自然也。内交、要誉、恶其声而然，即人欲之私矣。"

　　程子曰："人皆有是心，惟君子为能扩而充之。不能然者，皆自弃也。然其充与不充，亦在我而已矣。"

　　朱子曰："天地以生物为心，而所生之物因各得夫天地生物之心以为心，所以人皆有不忍人之心也。"

　　又曰："言众人虽有不忍人之心，然物欲害之，存焉者寡，故不能察识而推之政事之闲；惟圣人全体此心，随感而应，故其所行无非不忍人之政也。"

　　又曰："恻隐、羞恶、辞让、是非，情也。仁、义、礼、智，性也。心，统性情者也。端，绪也。因其情之发，而性之本然可得而见，犹有物在中而绪见于外也。"

又曰:"此章所论人之性情,心之体用,本然全具,而各有条理如此。学者于此,反求默识而扩充之,则天之所以与我者,可以无不尽矣。"

【评析】

本章的中心意思是"人皆有不忍人之心"。孟子把"人"分为"先王"和一般人,从两个方面进行了论证。论证"先王"有"不忍人之心",用了根据结果推定原因的方法。论证一般人有"不忍人之心",用了假设例证法。

孟子主张性善说,由"人皆有不忍人之心"即"仁",孟子推论每个人都有恻隐之心,羞恶之心,辞让之心,是非之心,这四种道德心理是与生俱来的。人既具有良知,在道德修养中就更具有自觉性,而不至于浑浑噩噩或自暴自弃。并认为,如把它们发扬光大就可以做保有四海的圣王,反之就连服侍父母都不行——连一个人都算不上。

儒家认为,"人之初,性本善",又认为人人都可以做尧舜。孟子这段话,集中地反映了这一思想。"性善"是孟子仁学的重要组成部分,对我们理解其人其书意义重大。

七

【原文】

孟子曰:"矢人岂不仁于函人哉①?矢人唯恐不伤人,函人唯恐伤人。巫、匠亦然②。故术不可不慎也③。孔子曰:'里仁为美。择不处仁,焉得智④?'夫仁,天之尊爵也,人之安宅也。莫之御而不仁⑤,是不智也。不仁不智,无礼无义,人役也⑥。人役而耻为役,由弓人而耻为弓⑦,矢人而耻为矢也。如耻之,莫如为仁。仁者如射,射者正己而后发,发而不中,不怨胜己者,反求诸己而已矣。"

【注释】

①矢人:做箭的人。函人:造铠甲的人。函:铠甲。②巫:指巫医。匠:指制造棺椁的木匠。③术:谋生之术。④引文见《论语·里仁》。⑤莫之御而不仁:没人阻拦你却不仁。⑥人役:受人差使的人。⑦由:通"犹"。

【译文】

孟子说:"造箭的人难道不比造铠甲的人本性残忍吗?造箭的人唯恐不能伤害人,造铠甲的人唯恐伤害人。巫医和木匠也是这样。所以选择职业不可不慎重。孔子说:'和仁人处邻里是最好的。自己选择而不自处于仁,怎能说是明智的?'仁哪,是天设的最尊贵的爵位,是人最安稳的宅居。没有人能阻挡,这样还不仁,这就是不智了。不仁、不智,无礼、无义,是要被他人所奴役的。被人奴役却耻于服役,就好比造弓的人却耻于造弓,造箭的人却耻于造箭。如果确实以为耻辱,不如施行仁。施行仁,就好比射箭,射箭的人先端正自己的姿势然后才发射;发射而没有射中,不埋怨胜过自己的人,只要反过来找自己的问题就行了。"

【历代论引】

朱子曰:"恻隐之心人皆有之,是矢人之心,本非不如函人之仁也。巫者为人祈祝,利人之生。匠者作为棺椁,利人之死。"

又曰:"里有仁厚之俗者,犹以为美。人择所以自处而不于仁,安得为智乎?此孔子之言也。仁、义、礼、智,皆天所与之良贵。而仁者天地生物之心,得之最先,而兼统四者,所谓元者善之长也,故曰尊爵。在人则为本心全体之德,有天理自然之安,无人欲陷溺之危。人当常在其中,而不可须臾离者也,故曰安宅。此又孟子释孔子之意,以为仁道之大如此,而自不为之,岂非不智之甚乎?"

又曰:"因人愧耻之心,而引之使志于仁也。不言智、礼、义者,仁该全体。能为仁,则三者在其中矣。"

【评析】

造箭的"矢人"唯恐箭不伤人,造铠甲的"函人"唯恐刀箭伤人;看病的巫医唯恐病人不好,做棺材的木匠却唯恐病人不死。而当时那些鼓捣合纵连横之术的"纵横家",就像那些造箭的"矢人"和做棺材的木匠一样。孟子这段话应有所指,非仅泛泛而论。

【史例解读】

反求诸己

有一天，在石屋禅师所住的屋子里，闯进了一个小偷。禅师从容地问他："你是谁呢？"

对方老老实实地回答："我是小偷！"

石屋禅师笑了，问他："那么你一共偷了几次？"

小偷回答："不计其数！"

禅师问："每偷一次，你可以快乐多久呢？"

小偷回答："顶多可维持几天而已，因为快乐不久，所以我必须再出去偷。"

禅师说："你为什么不好好地偷一次，以后长久享受快乐？"

小偷十分惊讶地问："难道你也曾经偷过吗？"

禅师沉默了一会儿，回答道："我只偷了一次，就终身受用无穷。"

小偷大喜过望，急切地问道："你能教我吗？"

禅师让小偷走到自己的跟前，然后一把抓住小偷的胸口，大声说："这是宝藏所在，我便是从这里下手的！"

被禅师一抓吓得惊魂未定的小偷，一下子觉悟了，向外索取本来是一种痴妄，最终所获甚少，真正的快乐只能反求诸己。他"扑通"一声跪在了禅师的面前，洗心革面，皈依佛门，跟从石屋禅师开始学禅。

八

【原文】

孟子曰："子路，人告之以有①过，则喜。禹闻善言②，则拜。大舜有大焉：善与人同，舍己从人，乐取于人以为善，自耕稼、陶、渔，以至为帝③，无非取于人者。取诸人以为善，是与人为善者也④。故君子莫大乎与人为善。"

【注释】

①有：通"又"。②禹：传说中古代部落联盟领袖，曾经奉舜命治水。

③自耕稼、陶、渔以至为帝：传说舜为天子之前曾在历山耕种，在河滨做瓦器，在雷泽打鱼。④与：偕同。

【译文】

孟子说："子路，别人指出他的过错，他就高兴。禹，听到好的言论，就向人家行礼。大舜更加了不起，他把善当作人所共享，舍弃自己的不足，学习别人的长处，乐于吸取别人的优点来完善自己。从他种田、做瓦器、打鱼一直到做天子，无时无刻不是从别人那里吸取优点。吸取别人的优点来完善自己，这就是同别人一起行善。所以君子最了不起的就是同别人一起行善。"

【历代论引】

周子曰："仲由喜闻过，令名无穷焉。今人有过，不喜人规，如讳疾而忌医，宁灭其身而无悟也。噫！"程子曰："子路，人告之以有过则喜，亦可谓百世之师矣。"

朱子曰："舜之所为，又有大于禹与子路者。善与人同，公天下之善而不为私也。己未善，则无所而舍以从人；人有善，则不待勉强而取之于己，此善与人同之目也。"

又曰："取彼之善而为之于我，则彼益劝于为善矣，是我助其为善也。能使天下之人皆劝于为善，君子之善，孰大于此。此章言圣贤乐善之诚，初无彼此之闲。故其在人者有以裕于己，在己者有以及于人。"

【评析】

此章论"与人为善"，也是对"仁"的解释。

孟子举了三个例子：孔门弟子子路闻过则喜；大禹听到"善言"就给人家敬礼；伟大的舜帝更了不得，他善于与他人偕同，舍弃自己的短处，接受人家的长处，把众人的长处都吸取过来形成自己的"善"。

孟子认为，君子的境界"莫大乎与人为善"。圣贤之所以成为圣贤，有一点就是虚怀若谷，善于吸取别人的优点，改正自己的缺点。更重要的是，还能带动大家一起做好事。一花独放不是春，万紫千红春满园，这就是圣贤的思想境界。

【史例解读】

闻过则喜

三国时期，蜀汉丞相诸葛亮去世，蒋琬接掌大局。他冷静如昔，既无威容，也无喜色，一切行止和平日无异，逐渐获得群臣的信任。蒋琬个性温和，思考冷静，从不情绪化，协调能力极佳。东曹掾杨戏素性简略，不喜辩论，蒋琬向他问话时，也常静默不答。因此有人向蒋琬表示："公与杨戏问话，杨戏默而不答，这样傲慢，是不是太过分了？"蒋琬却笑着回答道："人心不同，各如其面；表面遵从而背后却有意见，才是古人最不耻的行为。杨戏大概是认为赞成我的意见，可能非其本意，当场反驳我的看法，又显出是我错了，所以他才静默不答，这不正是杨戏的可贵之处吗？"

有一次，督农杨敏曾在背后批评蒋琬道："做事没有把握，一点也比不上前任。"有人以此向蒋琬打小报告，请处治杨敏不敬之罪。但是蒋琬却表现出闻过则喜的君子之风，坦然地承认道："他说得一点没错。我的确不如前人，所以做起事来比较没有把握啊！"

后来，杨敏犯刑事系狱，大家都认为他死定了。但蒋琬反而免其重罪，只处以轻刑。其审慎、温良、谦恭的一面，比诸葛亮有过之而无不及。

九

【原文】

孟子曰："伯夷①，非其君不事，非其友不友，不立于恶人之朝，不与恶人言。立于恶人之朝，与恶人言，如以朝衣朝冠坐于涂炭。推恶恶之心，思与乡人立②，其冠不正，望望然去之，若将浼焉③。是故诸侯虽有善其辞命而至者，不受也。不受也者，是亦不屑就已④。柳下惠，不羞污君⑤，不卑小官，进不隐贤，必以其道，遗佚而不怨，阨穷而不悯⑥。故曰：'尔为尔，我为我，虽袒裼裸裎于我侧⑦，尔焉能浼我哉！'故由由然与之偕而不自失焉⑧，援而止之而止。援而止之而止者，是亦不屑去已。"孟子曰："伯夷隘，柳下惠不恭。隘与不恭，君子不由也⑨。"

【注释】

①伯夷：周时孤竹君的长子，与其弟叔齐因反对武王伐纣，隐居于首阳山，采薇而食，饿死。②思：语助词，无义。③望望然：羞愧的样子。浼（měi）：污，肮脏。④不屑：不以……为洁。屑：洁。⑤柳下惠：春秋时鲁国大夫，姓展名禽，字季。⑥遗佚：指被弃不用。佚：隐遁，不为世用。阸（è）穷：困穷。悯：忧愁。⑦袒（tǎn）裼（xī）裸（luǒ）裎（chéng）：赤身露体之意。⑧由由然：高兴的样子。⑨由：行，做。

【译文】

孟子说："伯夷，不是他敬仰的君主，不去服侍；不是他可交的朋友，不去结交。不在坏人的朝廷做官，不同坏人讲话。在坏人的朝廷做官，同坏人讲话，就像穿着上朝的礼服，戴着上朝的礼帽坐在泥土和炭灰上一样。他把厌恶坏人的心情扩充开来，于是，同乡下人站在一起，假如那人帽子不正，他就羞愧地避开，好像会弄脏了自己似的。因此诸侯王尽管用好言好语来请他做官，他也不接受。他不接受，这是因为他以为接近他们自己就不干净了。柳下惠不以服侍污浊的君主为羞愧，不以当小官为卑微，入朝做官，不隐藏他的贤能，一定依照他的原则办事。被弃不用，他不埋怨；处境困穷，他不发愁。所以他说：'你是你，我是我，即使在我身边赤身露体，你怎么能玷污我呢？'因此他能高高兴兴地与任何人相处而不丧失自己，让他留下他就留下。让他留下他就留下，这是因为他不把避开当作高洁。"孟子又说："伯夷气量小，柳下惠不严肃。气量小和不严肃，君子是不去做的呀。"

【历代论引】

朱子曰："屑，赵氏曰：'洁也。'说文曰：'动作切切也。'不屑就，言不以就之为洁，而切切于是也。"

又曰："不自失，不失其止也。援而止之而止者，言欲去而可留也。"

又曰："夷、惠之行，固皆造乎至极之地。然既有所偏，则不能无弊，故不可由也。"

【评析】

本章中孟子评价了两种人和两种人生态度：伯夷一言一行都讲原则，因此诸侯即使用好言好语来招他做官，他也不接受。柳下惠虽然也讲原则，但并不介意与坏人在一起。

孟子认为，伯夷太褊狭，柳下惠又太随便，真正的君子应该既讲原则性，也讲灵活性，二者不可偏其一。

【史例解读】

伯夷不食周粟

三千年前，秦皇岛一带是孤竹国管辖的区域。到了商朝后期，在这个国家出现了伯夷、叔齐让国的美谈。

当时孤竹国的国王想立儿子叔齐为继承人，可是他还没有立下继承人就死了。伯夷是孤竹国国王的长子，他想遵从国王的愿望，就放弃君位逃到国外去了，弟弟叔齐由于不愿违背礼法，陷兄弟于不义，也逃到国外和伯夷一起流亡。

商朝灭亡以后，他们不接受周朝的俸禄，逃到了首阳山上，不食周粟，后来饿死在首阳山上。

卷四　公孙丑下

【题解】

本篇共14章。主要记述了孟子在齐国的言论和活动，反映了孟子的思想品德和政治主张。

在第一章中，他论述了对战争胜负起决定作用的因素不是天时、地利，而是人和。他指出，"天时不如地利，地利不如人和"，"得道多助，失道寡助"，行仁政，得人心，就多助；不行仁政，不得人心，就寡助，表现出孟子民本思想的一个侧面。

第二章以下，多记述孟子在进退去就方面的言行，以及待人接物的事迹。孟子到齐国活动，不仅是为了宣传自己的学说和主张，同时也是极力想找一个能够重用自己，施展自己抱负的地方。他说："五百年必有王者兴，其间必有名世者。由周而来，七百有余岁矣。以其数则过矣，以其时考之则可矣。夫天，未欲平治天下也，如欲平治天下，当今之世舍我其谁也？吾何为不豫哉？"遗憾的是，齐国的统治者不能礼贤下士，对老百姓横征暴敛，且不断地发动战争，进行兼并和征伐。这一切都是和孟子的学说、主张背道而驰的，于是孟子终于离开了齐国，同时他的行为也显示了其独立不羁的傲骨。

第六章所记对王驩的态度，同样可见孟子的耿介作风。第五章、第十二章所记孟子与蚳鼃、尹士的对话，则透露出孟子行为处事的灵活性，他的解释说明，既然有平治天下的大抱负，就不能以小节自限。既有原则性，又有灵活性，所以孟子在待人接物时既严于义利之辨，又不屑于气量褊狭、自命清高的"小丈夫"。

一

【原文】

孟子曰："天时不如地利，地利不如人和①。三里之城，七里之郭②，环而攻之而不胜。夫环而攻之，必有得天时者矣；然而不胜者，是天时不如地利也。城非不高也，池非不深也，兵革非不坚利也③，米粟非不多也，委而去之④，是地利不如人和也。故曰：域民不以封疆之界⑤，固国不以山豁之险，威天下不以兵革之利。得道者多助，失道者寡助。寡助之至，亲戚畔之⑥，多助之至，天下顺之。以天下之所顺攻亲戚之所畔，故君子有不战⑦，战必胜矣。"

【注释】

①天时：指对于战争发生影响的阴晴寒暑等气候条件。地利：指有利于战争取胜的地理条件。人和：指人心的拥护和团结。②城：内城。郭：外城。③兵：兵器。革：皮革，指甲胄。④委：弃。⑤域：界限，居住，引申为存在。⑥畔：通"叛"。⑦有：或。

【译文】

孟子说："得天时不如得地利，得地利不如得人和。内城每边只有三里长，外城每边只有七里长，围攻它而不能取胜。既然围攻它，一定有得天时的机会；然而不能取胜，这就是天时不如地利了。城墙不是不够高，护城河不是不够深，兵器甲胄不是不够锐利坚实，粮食不是不够多，却弃城而逃，这就是地利不如人和了。所以说：留住人民不靠封疆的国界，保卫国家不靠山川的险阻，威震天下不靠兵器的锐利。占据道义者，帮助他的人就多；失去道义者，帮助他的人就少。帮助的人少到极点，连亲戚都背叛他；帮助的人多到极点，全天下都顺从他。凭着全天下都顺从的力量，来攻打连亲戚都背叛他的人，所以，君子不去打仗就罢了，如果打仗一定会取得胜利的。"

【历代论引】

尹氏曰："言得天下者，凡以得民心而已。"

朱子曰："天时，谓时日支干、孤虚、王相之属也。地利，险阻、城池之固也。人和，得民心之和也。"

又曰："环，围也。言四面攻围，旷日持久，必有值天时之善者。"

【评析】

本章仍论仁者无敌。

"天时不如地利，地利不如人和"的论断，至今仍有不可低估的现实意义。尽管现代文明已远远超越了古代文明，但对现代人来说，要建设国家，保卫国家，人心向背仍是决定性的因素。

"得道多助，失道寡助"，已成为千古名句，对国家、对集团、对个人，都有其永恒的真理性。

【史例解读】

得道多助，失道寡助

春秋初年，郑武公去世后，太子寤生即位，就是郑庄公。但他的地位却受到生母和胞弟的威胁。郑庄公的母亲武姜偏爱郑庄公的胞弟共叔段，要求郑庄公把制邑封给共叔段。制邑是军事要塞，郑庄公没有同意，武姜又替共叔段要求易守难攻的京城，郑庄公答应了。

共叔段一到京城，就加高加宽城墙。郑国大臣们对此议论纷纷，对郑庄公说："各种等级都邑城墙的高度，先王都立有规定。如今共叔段不按规定修城墙，您应及时阻止他，以免后果难以收拾。"

郑庄公说："我母亲希望这样，我又有什么办法呢？"

共叔段看哥哥没有对自己采取限制措施，便更加放肆起来，下令让西部、北部的军队听命于自己，并私自接收了周围的城邑作为自己的封地。公子吕对郑庄公说："应及早下手制止他，否则周围的战略要地都会慢慢被他掌握！"郑庄公还是不紧不慢地说："用不着。得道多助，失道寡助，他对君不义，对兄不亲，这样不仁不义的事做多了，即使占据再多的地方，也会自取灭亡。"

共叔段看到哥哥没有其他动静，更加放手聚集粮草，聚敛钱财，扩充部队，准备攻打郑庄公。共叔段治下的百姓对此都十分不满，纷纷跑到郑庄公的地盘上。

这时，郑庄公说："时机到了！"他派人探听到共叔段起兵的日期后，派公子吕率领两百辆战车攻打共叔段，共叔段只好弃城逃亡。

天时不如地利，地利不如人和

元朝末年，南方各反元势力取得初步胜利后，朱元璋同自立为汉帝的陈友谅的矛盾日益突出。至正二十年（公元1360年）闰五月初一，陈友谅率水军十万越过朱元璋占据的池州，攻占太平，夺取采石，并派人和张士诚联系，企图上下夹击，一举吞灭朱元璋。朱元璋闻讯后于七月初六亲率舟师二十万救援洪都，十六日进至鄱阳湖口。陈友谅移师鄱阳湖迎战，两军在康郎山水域相遇。

陈军虽然占据天时地利，却连连败退，左、右金吾将军见大势已去，相继投降朱元璋，陈军士气更趋低落。朱元璋趁机致书陈友谅进行劝降。陈为泄愤，杀光俘虏。朱元璋则放还全部俘虏，并医治伤残的、悼念死去的，从而大得人心。

八月二十六日，陈军因粮食奇缺，将士饥疲，遂冒险向湖口方向突围，又陷入朱军的包围。朱军趁机四面猛攻，陈军慌乱溃逃，在泾江口复遭朱军伏兵截击，陈友谅中箭身死。平章陈荣于次日率残部五万余人投降，太尉张定边同陈友谅之子陈理逃回武昌，于次年二月投降。

鄱阳湖之战成为中国水战史上以少胜多的著名战例，为朱元璋统一江南，进而建立明王朝奠定了基础。

二

【原文】

孟子将朝王①。王使人来曰："寡人如就见者也②，有寒疾，不可以风③。朝将视朝，不识可使寡人得见乎？"

对曰："不幸而有疾，不能造朝④。"

明日，出吊于东郭氏⑤。公孙丑曰："昔者辞以病，今日吊，或者不可乎？"

曰："昔者疾，今日愈，如之何不吊？"

王使人问疾，医来，孟仲子对曰⑥："昔者有王命，有采薪之忧⑦，不能造朝。今病小愈，趋造于朝，我不识能至否乎？"

使数人要于路⑧，曰："请必无归而造于朝。"

不得已而之景丑氏宿焉⑨。景子曰："内则父子，外则君臣，人之大伦也⑩。父子主恩，君臣主敬。丑见王之敬子也，未见所以敬王也。"

曰："恶⑪！是何言也！齐人无以仁义与王言者，岂以仁义为不美也？其心曰：'是何足与言仁义也'云尔⑫，则不敬莫大乎是。我非尧、舜之道不敢以陈于王前，故齐人莫如我敬王也。"

景子曰："否，非此之谓也。《礼》曰：'父召，无诺⑬。君命召，不俟驾⑭。'固将朝也，闻王命而遂不果，宜与夫礼若不相似然⑮。"

曰："岂谓是与？曾子曰：'晋、楚之富，不可及也。彼以其富，我以吾仁；彼以其爵，我以吾义。吾何慊乎哉⑯？'夫岂不义而曾子言之？是或一道也。天下有达尊三⑰：爵一，齿一⑱，德一。朝廷莫如爵，乡党莫如齿，辅世长民莫如德。恶得有其一以慢其二哉？故将大有为之君，必有所不召之臣⑲；欲有谋焉，则就之。其尊德乐道，不如是不足以有为也。故汤之于伊尹，学焉而后臣之，故不劳而王⑳。桓公之于管仲，学焉而后臣之，故不劳而霸。今天下地丑德齐㉑，莫能相尚，无他，好臣其所教㉒，而不好臣其所受教。汤之于伊尹，桓公之于管仲，则不敢召。管仲且犹不可召，而况不为管仲者乎？"

【注释】

①王：指齐王。②如：应该。③不可以风：不可冒风。④造：往。⑤东郭氏：齐国大夫。⑥孟仲子：孟子的从弟，跟随孟子学习。⑦采薪之忧：生病的代词。⑧要（yāo）：遮拦。⑨景丑氏：齐国大夫。⑩伦：为社会制度所规定的人与人之间的正常关系。儒家以君臣、父子、夫妇、兄弟、朋友五种关系为五伦。⑪恶（wū）：叹词，表惊讶。⑫是：指齐王。⑬父召，无诺：《礼记·曲礼》："父命呼，唯而不诺。"意思是，父亲有招呼，该答"唯"，不答"诺"。按"唯"和"诺"都表示答应，以"唯"为恭敬。⑭君命召，不俟驾：《论语·乡党》："君命召，不俟驾行矣。"又《荀子·大略》："诸侯召其臣，臣不俟驾，颠倒衣裳而走，礼也。"可见礼经上确有这样的规范，即君王召见时，臣下不等车马准备好就应立刻动身。⑮宜：似乎，大概。⑯慊（qiàn）：以为少，不满

足。⑰达尊：公认为尊贵者。达：通。⑱齿：年龄。⑲不召之臣：受特殊礼貌待遇，不被召唤的贤臣。⑳不劳：不费力。㉑丑：相同。㉒好（hào）：喜好。臣：任用为臣僚。

【译文】

孟子正要去朝见齐王，齐王派人来说："我本该来见您，可是着凉了，不能吹风。您如果来朝见，我就临朝办公，不知道可以让我见到您吗？"

孟子答道："我也不幸得了病，不能上朝廷去。"

次日，孟子到东郭家吊丧。公孙丑说："昨天托病拒绝朝见，今天又去吊丧，恐怕不好吧？"

孟子说："昨天病了，今天好了，为什么不去吊丧？"

齐王派人来问病，医生也来了。

孟仲子答道："昨天大王有命令来，正赶上夫子也得了小病，不能上朝廷去。今天病稍好些，他就上朝廷去了，不知到了没有？"

他又打发几个人到孟子归家的路上拦住孟子，说："请一定别回来，直接到朝廷去吧！"

孟子不得已，到景丑家歇宿。景子说："在家有父子，在外有君臣，这都是重要的人际关系。父子以恩爱为主，君臣以恭敬为主。我只见大王尊敬您，却没见您尊敬大王。"

孟子说："嘀！这是什么话！齐国人没有拿仁义向大王进言的，难道认为仁义不好吗？他心里说，'这个人哪里值得和他讲仁义'，如此而已，没有比这更不恭敬的了。我呢，不是尧、舜的道理，不敢在大王的面前说，所以齐国人没有比我更尊敬大王的。"

景子说："不，我不是指这个。《礼经》上说：父亲召唤，答'唯'不答'诺'，君王召唤，不等车马准备好就出发。你本来要去朝见，听到大王的命令反而不去，似乎和礼的规范有些不合。"

孟子说："难道我说的是这个道理？曾子说：'晋王和楚王的财富，我是比不上的。但是他倚仗他的财富，我倚仗我的仁；他倚仗他的爵位，我倚仗我的义，我何必自以为比他少点什么？'不义的话，曾子会说吗？这话也许有一番道理吧。天下公认为尊贵的东西有三个：爵位是一个，年龄是一个，道德是一个。在朝廷上先论爵位，在乡里先论年龄，辅助君王治理天下、统治人民，先论道德。怎么可以占了其中一个，怠慢其他两个？所以想要大有作为的君王，一定有他不能召见的臣子。如果有事要商量，就主动到臣子那里去。他尊重道德喜爱道义，如果达不到这个程度，就不足以和他一道有所作为。所以商汤对于伊尹，首先是向他学习，然后才把他当臣子，因此不操劳就统一了天下；齐桓公对于管仲，首先是向他学习，然后才把他当臣子，因此不操劳就称霸于诸侯。当今天下各国，国土是一样大小，品德是一般高低，没有人能超过别人。没有别的原西，就因为都喜欢把自己所教导的人当臣子，而不喜欢把教导自己的人当臣子。商汤对于伊尹，齐桓公对于管仲，那是不敢召唤的。管仲尚且不可以召唤，何况不屑于做管仲的人呢？"

【历代论引】

程子曰："古之人所以必待人君致敬尽礼而后往者，非欲自为尊大也，为是故耳。"

范氏曰："孟子之于齐，处宾师之位，非当仕有官职者，故其言如此。"

朱子曰："王，齐王也。孟子本将朝王，王不知而托疾以召孟子，故孟子亦以疾辞也。"

又曰："礼曰：'父命呼，唯而不诺。'又曰：'君命召，在官不俟屦，在外不俟车。'言孟子本欲朝王，而闻命中止，似与此礼之意不同也。"

又曰："孟子言我之意，非如景子之所言者。因引曾子之言，而云夫此岂不义，而曾子肯以为言，是或别有一种道理也。达，通也。盖通天下之所尊，有此三者。曾子之说，盖以德言之也。今齐王但有爵耳，安得以此慢于齿德乎？"

又曰："所教，谓听从于己，可役使者也。所受教，谓己之所从学者也。"

又曰："此章见宾师不以趋走承顺为恭，而以责难陈善为敬；人君不以崇高富贵为重，而以贵德尊士为贤，则上下交而德业成矣。"

【评析】

根据《孟子》一书及孟子一生行事推测，本章中的齐王似为齐宣王。在这一章里，我们可以看到一位从骨子里看不起齐王，更看不起管仲的孟子。

齐王想召见孟子，但孟子以为，论年龄我孟轲比你大，论道德我也比你高，你凭什么召见我呢？而且，连孟子一向不大看得起的伊尹和管仲，都是"不召之臣"，何况孟子呢？

从这一章里，我们可以看到孟子很自负，主要的当然不是因为他年龄大，而是因为他有道德——安邦治国平天下的本事，他认为自己可以为王者之师，齐王虽然可以称王，怎能召见老师呢？

【史例解读】

采薪之忧

战国时，楚顷襄王病重，楚太子却正在秦国当人质。陪同太子在咸阳的黄歇，于是请求范雎代向秦王说情，允许太子返回楚国去。范雎转告了秦王，秦王说："让太子的老师先去看看楚王病的情况，回来再做商议。"黄歇与楚太子想出一条计策，太子换上车夫的衣服，趁着来报信的楚国使者离开咸阳的时机，装扮出城。与此同时，黄歇守在馆舍的门口，告诉所有前来探望太子的人说："太子有采薪之忧，谢绝来访。"

他估计太子已经出了秦境后，才去告诉秦王："楚国太子已经归国，走得很远了。我黄歇情愿领受死罪。"

秦王勃然大怒，准备杀了黄歇。范雎劝道："黄歇作为臣下，献身救他的主子，如果楚太子即位，一定会重用黄歇。我们不如赦黄歇无罪放他回去，以与楚国结好。"

秦王听了劝告，放走了黄歇。黄歇回到楚国，三个月后，楚顷襄王去世，太子即位为楚考烈王，任命黄歇为国相，把淮河以北的领地封给他。黄歇就是历史上的春申君。

三

【原文】

陈臻问曰①："前日于齐，王馈兼金一百②而不受；于宋，馈七十镒而受③；于薛，馈五十镒而受。前日之不受是，则今日之受非也；今日之受是，则前日之不受非也。夫子必居一于此矣。"

孟子曰:"皆是也。当在宋也,予将有远行,行者必以赆④,辞曰:'馈赆',予何为不受?当在薛也,予有戒心⑤。辞曰:'闻戒,故为兵馈之。'予何为不受?若于齐,则未有处也⑥。无处而馈之,是货之也⑦。焉有君子而可以货取乎?"

【注释】

①陈臻:孟子弟子。②馈:赠送。③兼金:好金,价值双倍于普通金,故称。一百:指一百镒,一镒为二十两。④赆(jìn):送给别人的财物。这里指盘缠。⑤戒心:警戒、防备的心情。⑥处:用途。⑦货:收买。

【译文】

陈臻问道:"前些日子在齐国,齐王送您上等金一百镒,而您不接受;在宋国,宋君送您七十镒,您接受了;在薛,薛君送您五十镒,您也接受了。如果先前的不接受是对的,那么今天的接受就是错的了;如果今天的接受是对的,那么先前的不接受就是错的了。二者之间,您必有一个是错的。"

孟子说:"都是对的。在宋国的时候,我将要远行,对远行的人照例要送些盘缠,因此他说:'赠送盘缠。'我为什么不接受?在薛的时候,我有戒备之心,因此他说:'听说您有戒备之心,赠送买兵器的钱。'我为什么不接受?至于在齐国,就没什么理由了。没有理由而送钱给我,这是收买我。哪有君子可以被收买的呢?"

【历代论引】

尹氏曰:"言君子之辞受取予,惟当于理而已。"

朱子曰:"时人有欲害孟子者,孟子设兵以戒备之。薛君以金馈孟子,为兵备。辞曰'闻子之有戒心也'。"

又曰:"无远行戒心之事,是未有所处也。取,犹致也。"

【评析】

本章论"君子不可货取"。

孟子的弟子陈臻对老师有疑问:齐王送百金而不受,宋君送七十金、薛君送五十金又受之,是何道理?孟子说,宋君送的是给我远行的路费,薛君送的是置备兵器的钱,当然要接受。齐王送钱给我,那只能是收买,哪有君子可以被金钱收买的呢?

可见孟子做事情有分寸、讲原则。

【史例解读】

列子不受禄

战国时期,思想家列御寇,人们尊称他为列子。

列子家庭贫困,有一次家中缺粮,他已经有好些天没吃过一顿饱饭了。只靠着他的妻子挖野菜充饥,夫妻二人饿得面黄肌瘦。

列子挨饿的事被郑国宰相子阳的一个门客知道了。这个门客对郑相子阳说:"列御寇是个有道术的贤人,居住在相国您执政的郑国都城里,却穷困不得志,饿得面黄肌瘦,相国您就要落个不重视贤才的名声了!"

当时的社会风气,各国的掌权人都千方百计争取笼络有才能的人士。郑相子阳也不甘落后,他听到门客说了列子挨饿的事,虽然并不了解列子的为人如何,也要博取一个重视贤才的美名。于是,郑相子阳就派官吏给列子家送去一车粮食。

列子听到有车马的声音,出来一看是位官吏带着一车粮食停在门口。列子问明官吏的来意,就拜了两拜,谢绝郑相子阳赠送的粮食。官吏只好把粮车带回去,向郑相子阳报告。

官吏走后,列子回到屋里。他的妻子捶胸顿足地埋怨他说:"我听说当了有道术人的妻子,都过得安逸快乐。现在您饿得面黄肌瘦,相国关心您,赠送给您粮食。您却谢绝相国的好意,不接受粮食,难道不是命里注定要受穷挨饿吗?"

列子笑了笑,对妻子说:"郑相并不了解我。因为听了别人的话而赠送给我粮食,到他怪罪我的时候,也会因为听信别人的话而整治我。这就是我不接他馈赠的原因啊!"

妻子并不理解列子的意图,又唠唠叨叨地说:"看你的穷命样,从来也没有发达过。别人想巴结相国还巴结不上呢,你却把相国的一番好意拒绝了!"

列子说:"接受人家的馈赠,当人家有难时,你不以死报效,是不义的人;如以死报效他,是为无道义的人而死,这难道是讲道义吗!"

后来,人民果然起来造反,杀死了郑相子阳,列子因为没有接受郑相子阳的收买,免掉了一场杀身之祸。

四

【原文】

孟子之平陆,谓其大夫曰①:"子之持戟之士,一日而三失伍,则去之否乎②?"

曰:"不待三。"

"然则子之失伍也亦多矣,凶年饥岁,子之民老羸转于沟壑③,壮者散而之四方者几千人矣。"

曰:"此非距心之所得为也④。"

曰:"今有受人之牛羊而为之牧之者,则必为之求牧与刍矣⑤。求牧与刍而不得,则反诸其人乎?抑亦立而视其死与⑥?"

曰:"此则距心之罪也。"

他日,见于王,曰:"王之为都者⑦,臣知五人焉。知其罪者,惟孔距心。"为王诵之⑧。

王曰:"此则寡人之罪也。"

【注释】

①平陆:齐国边境邑名,故城在今山东汶上北。大夫:这里指邑宰,即邑的长官。②持戟之士:指战士。戟:一种兵器。失伍:掉队或擅离岗位。去之:杀之。③羸(léi):瘦弱。④距心:姓孔,即本章对话中平陆邑宰之名。⑤牧:指牧地。刍:草料。⑥反:还。抑:或。与:疑问助词。⑦都:县邑。为都:治理都邑。⑧诵:复述。

【译文】

孟子到平陆去,对当地的邑宰说:"先生的士卒,如果一天失职三次,你会杀了他吗?"

邑宰说："不必等到三次。"

孟子说："那么，您失职的地方可就多了。饥荒年月，您的百姓，年老体弱的辗转死于沟壑，年轻力壮的四散逃荒，几乎有一千人啊。"

邑宰说："这不是我距心力所能及的。"

孟子说："假如现在有个接受别人牛羊而替人放牧的人，他一定会替人去找牧场和草料。找不到牧场和草料的话，是把牛羊还给人家呢？还是站着眼看它们死掉呢？"

邑宰说："这么说是我距心的罪过了。"

过些日子，孟子朝见齐王，说："王的都邑长官中，我认识五个人。明白自己的罪过的，只有孔距心一人。"接着向齐王重述了一遍他与孔距心的对话。

王说："这么说是我的罪过了。"

【历代论引】

陈氏曰："孟子一言而齐之君臣举知其罪，固足以兴邦矣。然而齐卒不得为善国者，岂非说而不绎，从而不改故邪？"

朱子曰："子之失伍，言其失职，犹士之失伍也。距心，大夫名。对言此乃王之失政使然，非我所得专为也。"

又曰："为都，治邑也。邑有先君之庙曰都。孔，大夫姓也。为王诵其语，欲以讽晓王也。"

【评析】

齐国平陆的地方长官孔距心，荒年不知救助饥民，致使老弱抛尸于沟壑，青壮年逃散到四方，差不多有上千人。经过孟子一番启发，他才认识到这是自己的罪过。而大多数地方官却认识不到自己的罪过。

孟子说服孔距心，用类比论证法：一用战士犯错必受处分，类比论证孔距心当受处分。当孔氏不服时，孟子又以放牧为例，说明孔氏这个"牧人"有责任为"牛羊"找到牧场和牧草，没有权力眼睁睁地看着"牛羊"死去。

【史例解读】

西门豹治邺

战国时，魏王派西门豹去当邺城的县令。西门豹到了邺县，看到那里人烟稀少，人民穷苦。经过调查后得知，当地的巫婆和官绅勾结，以每年给河伯娶亲为借口，每年都要找一个百姓家的女孩投到境内的河里，谁家如不把女儿交出来，就要缴纳很多钱，以此欺骗敲诈搜刮老百姓的钱财。很多老百姓被逼得家破人亡，有的走投无路逃到外地去了。

西门豹清楚巫婆和官绅的行为以后，首先惩治了巫婆和几个为首的当地官绅。

西门豹接着就征发老百姓挖了十二条渠道，把黄河水引来灌溉农田，田地都得到了灌溉。

从那以后，邺城老百姓的生活渐渐富裕起来，人口也开始兴旺起来。

西门豹励精图治的治邺故事也流传了下来。西门豹本人也成为后世地方官员的楷模。

五

【原文】

孟子谓蚔鼃曰①："子之辞灵丘而请士师②，似也，为其可以言也。今既数月矣，未可以言与？"

蚔鼃谏于王而不用，致为臣而去③。

齐人曰："所以为蚔鼃则善矣，所以自为，则吾不知也。"

公都子以告④。

曰："吾闻之也：有官守者，不得其职则去。有言责者，不得其言则去。我无官守，我无言责也，则吾进退岂不绰绰然有余裕哉⑤？"

【注释】

①蚔鼃（chí wā）：齐国大夫。②灵丘：齐国边境邑名。③致为臣：犹言"致仕"，交还官职，这里指辞职。致：还。④公都子：孟子弟子。⑤绰绰然：

· 118 ·

宽松的样子。裕：宽。

【译文】

孟子对蚳蛙说："你辞去灵丘邑的邑宰而请求做狱官，似乎有道理，因为可以进言。现在你做狱官已经有几个月了，还不能进言吗？"

蚳蛙向齐王进谏而得不到采纳，就辞职走了。

齐国有人说："孟子为蚳蛙考虑的主意是好的，为自己考虑的主意怎样呢，那我就不知道了。"

公都子把这话告诉孟子。

孟子说："我听说过，有官职在身的人，如果不能尽职，就辞职而去；有进言职责的人，如果进言不被采纳，就辞职而去。我没有官职在身，也没有进言的职责，那么，我的进退，难道不是宽松自如、大有余地吗？"

【历代论引】

尹氏曰："进退久速，当于理而已。"

朱子曰："可以言，谓士师近王，得以谏刑罚之不中者。"

又曰："孟子居宾师之位，未尝受禄。故其进退之际，宽裕如此。"

【评析】

孟子认为，官员无法尽其职责就可以不干，有进言之责的官员，无法按他的进言来做的也可不干。孟子对蚳蛙去职的评论，无疑是正确的，它体现了士人尽忠尽责、清高的思想。他为自己的辩解，显然是苍白无力的。因为作为正直的士人，也应该有道德的责任感与历史的使命感，以"致君尧舜上"才是。

当然，这里孟子奉行的是孔夫子"不在其位，不谋其政"的哲学，那就另当别论。

【史例解读】

绰绰有余

明代时，有一位叫杨云才的工程官员颇有心计，每当他负责设计时，总是要把自己设计的要点告诉施工者。但人们往往不了解他为什么要这么做，总是等到工程结束时，人们才佩服他设计的精妙。

杨云才担任邢州同知时，郡城的城墙要重修，当拨给的钱粮已有定额后，州的主管者又下令将城墙增加二尺多宽。这时监司同上级商议，再增加些钱粮的数额。杨云才进言说："我另有一个计划，用这些钱粮就已经绰绰有余，不需要多费一个钱了。"

第二天，杨云才骑马到了制砖处，命人将砖模子拿上来给他审查。看过以后，他十分生气地说："这砖模不好！"说罢顺手把它摔碎了。接着他拿出了自己制的砖模给负责烧砖者说："一律按这模子烧砖！"

众人一看，同原来的砖模没有区别。实际上，杨云才的砖模已暗暗增宽了二分多，积起来正好达到要求增加的城墙宽度。等到城墙修完了，杨云才说明了原因，监司等很是佩服。

六

【原文】

孟子为卿于齐，出吊于滕。王使盖大夫王驩为辅行①。王驩朝暮见，反齐、滕之路，未尝与之言行事也。

公孙丑曰："齐卿之位，不为小矣②。齐、滕之路，不为近矣。反之而未尝与言行事，何也？"

曰："夫既或治之③，予何言哉？"

【注释】

①盖（gě）大夫：指盖邑的邑宰。盖：齐国邑名，故城在今山东沂水西北。王驩（huān）：齐王宠臣，后为右师，是个谗佞小人。辅行：副使。②"齐卿"句：这里是指孟子而言。公孙丑以为孟子任齐卿，不小于王驩，宜有所指挥，因而有此一问。③夫：他。

【译文】

孟子在齐国做卿，出使滕国去吊丧，齐王派盖邑的长官王驩任副使同行。孟子与王驩朝夕相处。在往返齐国和滕国的路上，孟子没和王驩讲过出使的事。

公孙丑说："齐卿的官位，不算小了。齐国滕国之间的路途，也不算近了。往返一趟而没和他讲过出使的事，这是为什么？"

孟子说："他既然自作主张办事了，我还说什么呢？"

【历代论引】

朱子曰："王驩盖摄卿以行，故曰齐卿。夫既或治之，言有司已治之矣。孟子之待小人，不恶而严如此。"

【评析】

齐王派孟子为正使、盖邑的县长王驩为副使，到滕国去吊丧。两人一路上从早到晚都在一起，却从未谈到公事。

对此，孟子的弟子公孙丑感到很奇怪。孟子说，他既然一个人独断独行了，我有什么可说的呢？看来，孟子对副使颇有意见。

【史例解读】

刘备一意孤行

刘备是东汉末帝汉献帝的族叔，经过群雄逐鹿后，与曹操、孙权三分天下。

后来，刘备的义弟关羽在大意失荆州后送了性命。刘备为了给关羽报私仇，不从众愿，不听从赵云等多位将士及手下重要谋臣诸葛亮的劝告。诸葛亮劝不住刘备后，唯有慨叹一句："若法孝直不死，定能阻。"而后不再劝阻。

于是，刘备一意孤行，兴七十五万人马大举伐吴。结果被吴中陆逊火烧七里连营。最后落得剩下百余名败军逃到了白帝城。此战使蜀国元气大失，国力也大不如前。

七

【原文】

孟子自齐葬于鲁。反于齐，止于嬴①。

充虞请曰②："前日不知虞之不肖，使虞敦匠，事严③，虞不敢请。今愿窃有请也：木若以美然④。"

曰："古者棺椁无度，中古棺七寸⑤，椁称之，自天子达于庶人，非直为观美也，然后尽于人心。不得，不可以为悦；无财，不可以为悦。得之为⑥有财，古之人皆用之，吾何为独不然？且比化者⑦，无使土亲肤，于人心独无恔乎⑧？吾闻之：君子不以天下俭其亲。"

【注释】

①嬴（yíng）：齐国邑名，故城在今山东莱芜西北。②充虞：孟子的弟子。③严：急。④以：太。⑤度：厚薄长短的标准。中古：指周公制礼的时候。⑥为：用。⑦比：为。化者：死者。⑧恔（xiào）：满意。

【译文】

孟子为安葬母亲，从齐国回到了鲁国，然后又返回齐国，在嬴邑停了下来。

充虞请教说："前些日子承蒙您错爱，让我管木匠的事。当时事情急迫，我不敢请教。现在愿有所请教：棺木似乎太好了。"

孟子说："古时候，棺椁没有固定的尺寸，到了中古的时候，规定棺厚七寸，椁与之相称。从天子到老百姓，都讲究棺椁，不只是为了美观，而是因为这样才能尽人的孝心。因礼制限定而不能用，不能算如意；没钱，也不能如意。礼制规定可以用，又有钱，古人都这样用了，为什么就我不行？而且为死者考虑，不使泥土挨着肌肤，对于孝子来说不是可以少点遗憾吗？我听说过，君子不会因为天下的缘故而在父母的身上节俭。"

【历代论引】

朱子曰："度，厚薄尺寸也。中古，周公制礼时也。椁称之，与棺相称也。欲其坚厚久远，非特为人观视之美而已。"

又曰："不得，谓法制所不当得。得之为有财，言得之而又为有财也。或曰：'为当作而。'"

又曰："化者，死者也。恔，快也。言为死者不使土近其肌肤，于人子之心，岂不快然无所恨乎？"

又曰:"送终之礼,所当得为而不自尽,是为天下爱惜此物,而薄于吾亲也。"

【评析】

鲁平公宠臣臧仓曾说孟子"后丧逾前丧",为亡母治丧超过了为亡父治丧,看来是真的。孟子仕齐宣王朝,已年近七十,其间遭母丧,由此可推定孟母大体年龄。

充虞曾为孟子亡母监管制造棺椁。丧事已毕,他便问孟子:"棺木似乎太好了。"孟子说:"上古棺椁怎么做,没一定之规。中古规定棺木厚七寸,椁也差不多。大家都这么做。不仅是为了好看,也是为了尽孝心。但是,如果被礼法限制,不能用好木头,就不称心;没钱买好木头,也不称心。根据礼法,我可以用好木头,又有钱,为什么不用好木头呢?"

孟子治理母丧时,已任大夫之职,且有钱,用好木头做棺椁,似乎有理。但以今日观之,"君子不俭亲",并非要在丧事上铺张。老人在世时,多尽孝心;老人去世了,丧事要从俭。这才是对的。

【史例解读】

李密侍亲

李密是魏晋时代人,以前为蜀汉的大臣,后降魏。他自小父母双亡,经受了无人可亲近的痛苦,而祖母则是唯一照顾他并把他抚养大的人。因此,在晋武帝一再征召他的情况下,他写下了千古名篇《陈情表》。

李密在《陈情表》中陈述了当祖母韶华不再,只能病卧床榻之时,侍奉祖母也就成了他必尽的责任。他不能尽忠尽孝两全,希望皇帝明白他的处境和拳拳之心。并且表明,"陈尽节于陛下之日长,报刘之日短","乌鸟私情,愿乞终养"。既然忠孝不能两全,但是"圣朝以孝治天下",人皆有父母,李密希望皇帝能够以人之常情揣度,并表达了想先尽孝后尽忠的意思。《陈情表》终于感动了皇帝,李密也成了天下孝子的典范。

八

【原文】

沈同以其私问曰①："燕可伐与？"

孟子曰："可。子哙不得与人燕，子之不得受燕于子哙②。有仕于此③，而子悦之，不告于王而私与之吾子之禄爵，夫士也，亦无王命而私受之于子，则可乎？何以异于是？"

齐人伐燕。

或问曰："劝齐伐燕，有诸？"

曰："未也。沈同问：'燕可伐与？'吾应之曰'可'。彼然而伐之也。彼如曰：'孰可以伐之？'则将应之曰：'为天吏，则可以伐之。'今有杀人者，或问之曰：'人可杀与？'则将应之曰'可'。彼如曰：'孰可以杀之？'则将应之曰：'为士师，则可以杀之。'今以燕伐燕④，何为劝之哉？"

【注释】

①沈同：齐大臣。②子哙（kuài）：燕王。子之：燕相。③仕：通"士"，古代四民之一。指以道艺、武勇谋求仕进的人。④以燕伐燕：前一个燕字比喻齐国，犹言以暴制暴。

【译文】

沈同以私人身份问道："可以讨伐燕国吗？"

孟子说："可以。子哙不可以把燕国送给子之，子之也不可以从子哙那里接受燕国。譬如这里有个士人，您喜欢他，不跟王打招呼就私自把您的俸禄和爵位给他。那士人呢，也没有王的任命就私自从您这里接受了，那能行吗？燕国的事和这个有什么不同呢？"

齐国讨伐了燕国。

有人问孟子："您劝齐国讨伐燕国，有这事吗？"

孟子说："没有。沈同问：'燕国可以讨伐吗？'我回答他说'可以'。他便赞同而去讨伐燕国。他如果再问：'谁可以去讨伐？'我就会答道：'作为天吏，就可以去讨伐它。'譬如现在有个杀人的，有人问道：'那人可以杀吗？'我就会回答说'可以'。他如果问：'谁可以杀他？'我就会答道：'作为狱官，就可以杀他。'如今拿一个同燕国一样暴虐的齐国去讨伐燕国，我为什么去劝他呢？"

【历代论引】

杨氏曰："燕固可伐矣，故孟子曰可。使齐王能诛其君，吊其民，何不可之有？乃杀其父兄，虏其子弟，而后燕人畔之。乃以是归咎孟子之言，则误矣。"

朱子曰："诸侯土地人民，受之天子，传之先君。私以与人，则与者受者皆有罪也。"

又曰："言齐无道，与燕无异，如以燕伐燕也。史记亦谓孟子劝齐伐燕，盖传闻此说之误。"

【评析】

燕王子哙把燕君之位让给国相子之，燕人不服，爆发内战，生灵涂炭。齐宣王、沈同君臣欲出兵，并征询过孟子的意见，孟子也赞同。但齐军到燕国后，大肆掳掠，意欲灭亡燕国，各国诸侯谋划伐齐救燕，齐国这才匆匆退兵。

从本章来看，孟子当初同意出兵伐燕，除了救燕民的考虑外，还有维护周礼之意：燕为姬姓，乃周家天下，燕王私授于人，违反了周礼。但齐国出兵后，没有在平定燕乱后即刻扶立新的燕君，然后退兵，那么齐国也成了暴乱之国，是"以燕伐燕"，以暴伐暴，这是孟子没有料到的。所以，此章之中，孟子在为自己当初支持齐国出兵的行为辩解。

齐国伐燕在齐宣王五年。两年后，诸侯谋伐齐救燕，孟子劝齐宣王送回俘虏，归还重器，择立新君而后退兵。齐宣王不听。次年，诸侯伐齐，齐大败。孟子由此知齐宣王不可辅佐，遂辞去他在齐国的大夫之职，回到老家，再未出山。

【史例解读】

不以暴伐暴

曹操在官渡之战中打败袁绍，得到了一份在战前通敌的名册，曹操取出来，封条还没有打开，看都没有看就付之一炬。这虽然是笼络人心，其实也巩固了自己的势力。试想，敌人已经攻破，知道这个名单已经没有了作用。如果因为一时愤怒而把所有通敌的人都抓起来，那会人心惶惶，军士会分崩离析；而曹操这招不以暴制暴的手法，让那些提心吊胆的军士放下心来，踏实下来，他们能不诚心实意地归附曹操，为曹操所用吗？

曹操的这招不但使得魏国一时人才济济，也为日后夺取整个天下打下了基础。

九

【原文】

燕人畔①。王曰："吾甚惭于孟子。"

陈贾曰②："王无患焉。王自以为与周公孰仁且智？"

王曰："恶！是何言也！"

曰："周公使管叔监殷③，管叔以殷畔④。知而使之，是不仁也；不知而使之，是不智也。仁智，周公未之尽也，而况于王乎？贾请见而解之。"

见孟子，问曰："周公何人也？"

曰："古圣人也。"

曰："使管叔监殷，管叔以殷畔也。有诸？"

曰："然。"

曰："周公知其将畔而使之与？"

曰："不知也。"

"然则圣人且有过与？"

曰："周公，弟也；管叔，兄也。周公之过，不亦宜乎！且古之君子，过则改之；今之君子，过则顺之⑤。古之君子，其过也如日月之食，民皆见之；及其更也⑥，民皆仰之。今之君子，岂徒顺之？又从为之辞。"

【注释】

①畔：通"叛"，背叛。齐国吞并燕国后，燕人另立太子平为燕王，不肯归附于齐，这在齐宣王而言便是背叛。②陈贾：齐国大夫。③周公使管叔监殷：武王克商后，立纣的儿子武庚治理商地，派管叔、蔡叔等监督。管叔：名鲜，武王之弟，周公之兄。④管叔以殷畔：武王死后，成王年幼，周公摄政。管叔与武庚发动叛乱，周公前往讨伐，杀武庚、管叔。⑤过则顺之：有了过错就将错就错。⑥更：改正。

【译文】

燕国人背叛齐国。齐王说："我对孟子感到很惭愧。"

陈贾说："大王不必忧虑。大王自以为和周公相比，谁更仁爱而明智？"

王说："哪里！这是什么话呢！"

陈贾说："周公让管叔监督殷国，管叔却凭借殷国发动叛乱，如果知道他要叛乱而让他去，这是不仁，如果不知道他要叛乱而让他去，这是不智。仁和智，周公尚且不能完全做到，何况大王呢？请让我见孟子并向他解释。"

陈贾见了孟子，问道："周公是什么人呢？"

孟子说："古代的圣人。"

陈贾说："他让管叔监督殷国，管叔却凭借殷国发动叛乱，有这事吗？"

孟子说："有。"

陈贾说："周公是知道他要叛乱而让他去的吗？"

孟子说："他不知道。"

陈贾说："那么圣人也会有过错吗？"

孟子说："周公是弟弟，管叔是哥哥。周公犯这个错误，不是很自然吗？况且古时候的君子，犯了错误就改正，现在的君子，犯了错误却将错就错。古时候的君子，他的错误就像日食和月食一般，老百姓都看得见。等他改正了，老百姓都抬头仰望着他们。现在的君子，不但将错就错，还接着编一套说辞文过饰非。"

卷四 公孙丑下

【历代论引】

游氏曰："象之恶已着，而其志不过富贵而已，故舜得以是而全之；若管叔之恶则未着，而其志其才皆非象比也，周公讵忍逆探其兄之恶而弃之耶？周公爱兄，宜无不尽者。管叔之事，圣人之不幸也。舜诚信而喜象，周公诚信而任管叔，此天理人伦之至，其用心一也。"

朱子曰："更之则无损于明，故民仰之。顺而为之辞，则其过愈深矣。责贾不能勉其君以迁善改过，而教之以遂非文过也。"

林氏曰："齐王惭于孟子，盖羞恶之心，有不能自已者。使其臣有能因是心而将顺之，则义不可胜用矣。而陈贾鄙夫，方且为之曲为辩说，而沮其迁善改过之心，长其饰非拒谏之恶，故孟子深责之。然此书记事，散出而无先后之次，故其说必参考而后通。若以第二篇十章十一章，置于前章之后，此章之前。则孟子之意，不待论说而自明矣。"

【评析】

齐宣王派兵伐燕平乱，大概是故意让齐军将帅纵兵掳掠，意在亡燕，使这场正义的战争变成了侵略的战争。燕人反叛，诸侯谋伐齐救燕，并大败齐国。宣王感到很惭愧，后悔未听孟子之言。齐国大臣陈贾劝解宣王说，大圣人周公也犯过类似错误，他派管叔监督殷遗民，管叔却率殷民造反。

孟子指出，古代的君子"过则改之"，犯了过错就改正，因而受到百姓的景仰；而如今的君子不仅"过则顺之"，将错就错，还为过错编造种种借口。

【史例解读】

过则改之

有一次，唐太宗下令，想把洛阳破败了的乾元殿修饰一番，以备作为到外地巡视的行宫。

可是，有一个小官张玄素，却上了一道奏折，痛陈此举不妥。他说："修了阿房宫，秦朝倒了；修了章华台，楚国散了；修了乾元殿，隋朝垮了。这都是历史的教训。现在，我们唐朝百废待兴，国力哪里比得上当年的隋朝？

陛下在国家的破烂摊子上，继续役使饱受战乱之苦的百姓，耗费亿万钱财，大兴土木。陛下没有继承前代帝王的长处，继承的却是百代帝王的弊端。如果从这一点看，陛下的过失远远超过了隋炀帝。"

小小的张玄素，竟敢把英明的君主唐太宗比作昏聩的暴君隋炀帝，冒犯天威。假如不是唐太宗，而是别的皇帝，看到这一大不敬的奏折，当即会雷霆震怒，不仅张玄素人头落地，而且还会株连九族。

但是，唐太宗不仅没有怪罪张玄素，反而下令召见他。此时的唐太宗想进一步地试一试张玄素的胆量，就直问道："卿说我不如隋炀帝，那么，我和夏桀、商纣相比，怎么样呢？"要知道，夏朝的桀王和商朝的纣王，都是历史上臭名昭著的暴君。唐太宗这样问，自有深意。不承想，这个张玄素却直截了当地答道："如果陛下真的修了乾元殿，那就和夏桀、商纣一样昏乱。"听到这句答语，唐太宗不仅没有发怒，反而被深深地感动了。他想，一个小官，敢于冒死直谏，为了什么，还不是为了他的江山社稷？因此，唐太宗收回了他的谕旨，停止重修乾元殿。并且表扬了张玄素，同时赏给他500匹绢。

对此事一直关注的魏征，听到了这个完满的结局，颇为感触地叹道，张公论事，有回天之力。这也充分地说明，唐太宗知错就改，善于虚心纳谏。

十

【原文】

孟子致为臣而归①。王就见孟子，曰："前日愿见而不可得，得侍同朝，甚喜。今又弃寡人而归，不识可以继此而得见乎？"

对曰："不敢请耳，固所愿也。"

他日，王谓时子曰②："我欲中国而授孟子室，养弟子以万钟③，使诸大夫国人皆有所矜式④。子盍为我言之？"

时子因陈子而以告孟子⑤。陈子以时子之言告孟子。

孟子曰："然。夫时子恶知其不可也⑥？如使予欲富，辞十万而受万，是为欲富乎？季孙曰：'异哉！子叔疑！使己为政，不用，则亦已矣，又使其子弟为卿。人亦孰不欲富贵？而独于富贵之中，有私龙断焉⑦。'古之为市也，以其所有，易其所无者，有司者治之耳。有贱丈夫焉，必求龙断而登之，以左右望而罔市利⑧。人皆以为贱，故从而征之。征商自此贱丈夫始矣。"

【注释】

①致为臣：致仕，退休。②时子：齐国的臣。③中国：国都之中。万钟：指万钟粮食。一钟为六石四斗，万钟则为六万四千石，约折合今日之一万三千石。④矜式：敬重效法。矜：敬重。式：效法。⑤陈子：即孟子弟子陈臻。⑥恶：哪里。⑦龙断：即垄断，本意是断面陡峭的冈垄，引申为把持集市，牟取高利。⑧罔：这里是搜集、罗致的意思。

【译文】

孟子辞掉客卿的官职准备回乡。齐王来见孟子，说："从前希望见到您而没有机会，后来得以同朝办事，很高兴。现在您又要抛弃我而回乡，不知道今后还可以见到您吗？"

孟子答道："我只是不敢请求而已，这本来也是我的愿望。"

过些日子，王对时子说："我想在国都之中给孟子一幢房子，用万钟粮食供养他的弟子，使众大夫和平民百姓都有学习的楷模。你何不替我向孟子谈谈！"

时子托陈子把这个意思告诉孟子，陈子把时子的话转告了孟子。

孟子说："原来是这样。时子哪里知道这是不可以的呢？假如我想发财，辞去十万钟的俸禄来接受一万钟的俸禄，这是想发财吗？季孙曾说：'奇怪呀子叔疑！自己要做官，人家不用他，那也就罢了，却又打发自己的子弟来做卿相。谁不想升官发财？而他却在升官发财之中，还想由私人垄断起来'古人做生意，拿自己所拥有的交换自己所没有的，有专门的部门管理这种事。有个卑鄙汉子，一定要站在隆起的高地上，左右张望，以操纵集市的贸易。人人都认为他卑鄙，所以向他抽税。向商人抽税就是从这个卑鄙汉子开始的。"

【历代论引】

程子曰："齐王所以处孟子者，未为不可，孟子亦非不肯为国人矜式者。但齐王实非欲尊孟子，乃欲以利诱之，故孟子拒而不受。"

朱子曰："孟子既以道不行而去，则其义不可以复留；而时子不知，则又有难显言者。故但言设使我欲富，则我前日为卿，尝辞十万之禄，今乃受此万钟之馈。是我虽欲富，亦不为此也。"

又曰："盖子叔疑者尝不用，而使其子弟为卿。季孙讥其既不得于此，而又欲求得于彼，如下文贱丈夫登龙断者之所为也。孟子引此以明道既不行，复受其禄，则无以异此矣。"

【评析】

孟子辞去每年俸禄十万钟的齐卿，准备回老家去。齐宣王想常听到孟子的教诲，便想在国都临淄城中给孟子一栋房子，每年给他万钟的粮食，让他养活弟子，以留下孟子。

孟子知道后说，这事做不得：一，我若贪财，不至于辞去十万钟而求万钟，但要了齐王这万钟，就要落个贪财之名；二，做官不能垄断，就如经商不能搞垄断一样。我孟轲既已辞官，却仍要过官吏那种日子，享受官吏的俸禄，这便是垄断，断然做不得。

龙断一词，本指登上高岗，以窥测商业利益。后来写作"垄断"，演化成为把持与独占之意，但语源乃出于孟子。

【史例解读】

垄断朝纲

公元前74年，汉宣帝刘询即位。因宣帝年幼，一切大权实际上都操纵在大将军霍光手中。霍光凭着迎立宣帝之功，把自己的亲朋一一安置在朝廷担任要职，任意发号施令，几乎垄断了朝纲。

霍光家此时已是一门三侯，显贵至极。但霍光的妻子霍显仍然不满足，她为了使小女儿成为皇后，巩固霍家地位，竟然勾结御医淳于衍毒死了许皇后。身为大将军的霍光不但没有揭发，反而利用权势袒护了淳于衍。

不久，霍光病死，御史大夫魏相建议汉宣帝逐渐削弱霍氏的权力。宣帝采纳了他的建议。这时，霍显毒杀许皇后的事情败露，宣帝断然采取措施，免去了霍氏的爵位，拜魏相为丞相。霍氏一家对魏相恨之入骨，暗地密谋先杀魏相再废掉许后所生的太子。这事不久又被宣帝知道了，于是宣帝大怒，下令诛灭了霍家。

十一

【原文】

孟子去齐，宿于昼①。有欲为王留行者，坐而言。不应，隐几而卧②。

客不悦曰："弟子齐宿而后敢言③，夫子卧而不听，请勿复敢见矣。"

曰："坐④。我明语子。昔者鲁缪公无人乎子思之侧⑤，则不能安子思。泄柳、申详，无人乎缪公之侧⑥，则不能安其身。子为长者虑，而不及子思⑦。子绝长者乎？长者绝子乎？"

【注释】

①昼：齐国邑名，在齐国国都临淄西南，是孟子从齐国回邹国的必经之地。②坐：指危坐，即跪。古人席地而坐，双膝着地，臀部靠在脚后跟上，这是安坐；双膝着地而臀部离开脚后跟，这是危坐，即跪。隐：倚靠。几：坐几，设于座侧以便倚靠的小桌子。③齐（zhāi）宿：前一日斋戒。齐：通"斋"。④坐：这里指的是安坐。⑤鲁缪（mù）公：即鲁穆公。缪：通"穆"。子思：孔子之孙，名伋，字子思。⑥泄柳、申详：都是鲁穆公时的贤人。泄柳即《告子下》第六章中的子柳，申详是孔子学生子张之子，子游之婿。⑦不及子思：不及鲁穆公安排在子思身边的贤人。

【译文】

孟子离开齐国，在昼邑歇宿。有一个想替齐王挽留孟子的人，恭敬地坐着向孟子进言。孟子没答话，靠着坐几睡觉。

客人不高兴，说："学生斋戒一天才敢跟您说话，先生却靠着坐几睡觉而不听我说话，以后我再也不敢和您见面了。"

孟子说："坐下来！我明白地告诉你。从前，鲁穆公如果没有在子思身边及时表达尊贤的诚意，就不能使子思安心；泄柳、申详这些人，如果没有人在鲁穆公身边随时劝王礼贤下士，就不能使他们安心。你为老人考虑，却比不上为子思考虑的那些贤人。是你对老人绝情呢？还是老人对你绝情呢？"

【历代论引】

朱子曰："泄柳，鲁人。申详，子张之子也。缪公尊之不如子思，然二

·132·

子义不苟容，非有贤者在其君之左右维持调护之，则亦不能安其身矣。"

又曰："言齐王不使子来，而子自欲为王留我；是所以为我谋者，不及缪公留子思之事，而先绝我也。我之卧而不应，岂为先绝子乎？"

【评析】

孟子指出，当年鲁穆公如果没有在子思身边及时表达尊贤的诚意，就不能使子思安心；泄柳、申详这些人，如果没有人在鲁穆公身边随时劝王礼贤下士，就不能使自己安心。而面前的齐王的说客并没有泄柳、申详这些人做得那么好，所以孟子从齐王那里得到的敬重比不上当年的子思，所以去意已决。

十二

【原文】

孟子去齐。尹士语人曰①："不识王之不可以为汤、武，则是不明也。识其不可，然且至，则是干泽也②。千里而见王，不遇故去，三宿而后出昼，是何濡滞也③？士则兹不悦。"

高子以告④。

曰："夫尹士恶知予哉？千里而见王，是予所欲也。不遇故去，岂予所欲哉？予不得已也。予三宿而出昼，于予心犹以为速，王庶几改之⑤。王如改诸，则必反予。夫出昼而王不予追也，予然后浩然有归志⑥。予虽然，岂舍王哉？王由足用为善⑦。王如用予，则岂徒齐民安，天下之民举安。王庶几改之，予日望之。予岂若是小丈夫然哉？谏于其君而不受，则怒，悻悻然见于其面⑧，去则穷日之力而后宿哉？"

尹士闻之，曰："士诚小人也。"

【注释】

①尹士：齐国人。②干泽：求爵禄。干：求。泽：恩泽，指俸禄。③濡滞：迟滞，久留。④高子：齐国人，孟子弟子。⑤庶几：或许，表希冀。⑥浩然：水流不止的样子。⑦由：通"犹"。足用：足以。⑧悻悻（xìng xìng）然：不满貌，形容气量狭小的样子。见：现。

【译文】

孟子离开齐国。尹士对人说:"不知道大王不能够做商汤、武王,那是不明智呀;知道他不能,但还是来了,那是来求富贵的吧。千里迢迢来见大王,不能投合而离开,歇了三宿才出昼邑,怎么这样慢腾腾的?我对这种情况不高兴。"

高子把这些话告诉了孟子。

孟子说:"那尹士哪能了解我呢?千里迢迢来见大王,是我所希望的。不能投合而离开,难道是我所希望的?我不得已啊。我歇了三宿才出昼邑,在我心里还认为太快了,我心想,大王也许会改变态度的!大王如果改变了态度,就一定会让我回去。出了昼邑呢,大王还不追我回去,我这才有了断然回乡的念头。我尽管这样,难道舍得大王吗!大王还是足以做正事的,大王假如用我,那何止是齐国的百姓得到太平?天下的百姓都能得到太平。大王也许会改变态度的!我天天盼望!我难道像那种小气的汉子吗?向君王进谏而不被采纳,就发怒,然后气呼呼地表现在脸上,一旦离开,就走上一整天,没力气了才住下来吗?"

尹士听到这些话,说:"我真是个小人呀!"

【历代论引】

杨氏曰:"齐王天资朴实,如好勇、好货、好色、好世俗之乐,皆以直告而不隐于孟子,故足以为善。若乃其心不然,而谬为大言以欺人,是人终不可与入尧舜之道矣,何善之能为?"

李氏曰:"于此见君子忧则违之之情,而荷蒉者所以为果也。"

朱子曰:"见王,欲以行道也。今道不行,故不得已而去,非本欲如此也。"

又曰:"此章见圣贤行道济时,汲汲之本心;爱君泽民,惓惓之余意。"

【评析】

孟子指出,齐王还是足以做正事的,假如齐王用他,不仅是齐国的百姓,天下的百姓都能得到太平。自己不会像那种小气的汉子一样,向君王进谏而不被采纳,就发怒,且气呼呼地表现在脸上,一旦离开,就走上一整天,没力气了才住下来。

【史例解读】

萧何月夜追韩信

秦末，淮阴有位父母双亡的穷青年，他就是后来大名鼎鼎的韩信。

起初韩信只知读书练武，连自己的生活也无法维持。经常穿着破烂，带着一把剑，四处流浪。

实在没办法，他只得到一位当亭长的亲戚家去找饭吃。只住了几个月，就被亲戚指桑骂槐气走了。离开后，有一次竟几天没吃一口饭，饿晕倒在路边。幸得一位洗衣妇女把自己带来充饥的饭，给他吃了，他才得救了。

后来，韩信投奔项梁，当了个军士，有了衣食的基本保证。项梁死后，项羽也只是让他当了个执戟郎中。韩信几次向项羽献计，都没有被采纳。

韩信在项羽那里待了些时间，知道项羽不是成大气候的人，于是他又投奔到刘邦的部下。结果，刘邦也只是给了他一个小官做。

一天，韩信与几位伙伴喝了酒，大发牢骚，消息传给刘邦，刘邦以为他们要叛逃，就命令将他们斩首。韩信说："你刘邦要夺天下，怎能斩壮士呢？"刘邦知道后，将他放了，并与他谈了一次话，还升了他一级官，但还是没有重用他。

萧何深知韩信是位帅才，这时刘邦正想找人担当大将的职位，萧何向刘邦建议由韩信担任，刘邦根本不听。萧何推荐韩信的次数多了，刘邦才答应要重用韩信，却没有一点实际表示。

韩信见刘邦无重用之心，决定离开刘邦，于是一个人离开了部队。萧何知道后，急忙带了几个随从追去，直追到月亮高悬半空，才将韩信追上。后人根据这段材料，专门编了"萧何月下追韩信"的戏剧，十分受欢迎。

萧何追上韩信，东劝西劝，才将他劝回汉营。回来后，萧何又向刘邦推荐韩信，说："你要夺天下，非用韩信不可！"

刘邦终于听信了萧何的劝告，决定拜韩信为大将。拜将那天，跟随刘邦多年、战功显赫的将军，都以为自己会被拜大将，结果拜的是毫无名声、一点战功也没有的韩信，大家都愣住了。

后来，韩信因战功卓著，被封为齐王，刘邦还将齐地作为封地授给他。饱受饥寒交迫的韩信，得到封王的优厚待遇，便死心为刘邦打天下，立下了巨大功劳。

萧何"月下追韩信"的重视人才之举，也成为美谈。

十三

【原文】

孟子去齐，充虞路问曰："夫子若不豫色然①。前日虞闻诸夫子曰：'君子不怨天，不尤人②。'"

曰："彼一时，此一时也。五百年必有王者兴，其间必有名世者③。由周而来，七百有余岁矣。以其数，则过矣；以其时考之，则可矣。夫天未欲平治天下也，如欲平治天下，当今之世，舍我其谁也？吾何为不豫哉？"

【注释】

①不豫：不快。豫：悦，高兴。②不怨天，不尤人：这是孔子的话，见《论语·宪问》。尤：指责，责怪。③名世者：闻名于世的人。这里指德高望重，可以辅佐君王实现王道的人。

【译文】

孟子离开齐国，充虞在路上问道："先生似乎不太高兴。从前我听先生说过：'君子不埋怨天，不责备人。'"

孟子说："那是那个时候，这是这个时候。每过五百年一定有圣王出现，那时一定有闻名于世的贤人。从周代以来，七百多年了。按年数算来，已经超过了五百；按照时势来看，也该出现了。看来上天还不想使天下太平啊，如果想使天下太平，当今世上，除了我还有谁呢？我为什么不高兴呢？"

【历代论引】

朱子曰："自尧舜至汤，自汤至文武，皆五百余年而圣人出。名世，谓其人德业闻望，可名于一世者，为之辅佐。若皋陶、稷、契、伊尹、莱朱、太公望、散宜生之属。"

又曰："周，谓文武之间。数，谓五百年之期。时，谓乱极思治可以有为之日。于是而不得一有所为，此孟子所以不能无不豫也。"

又曰："言当此之时，而使我不遇于齐，是天未欲平治天下也。然天意未可知，而其具又在我，我何为不豫哉？然则孟子虽若有不豫然者，而实未尝不豫也。盖圣贤忧世之志，乐天之诚，有并行而不悖者，于此见矣。"

【评析】

读这段文字，我们才真正知道孟子的抱负，和他所认定的"仁政"的威力。

孟子认为，从周武王以来有七百多年了，论年数超过了五百，论时势则是出圣君贤臣的时候。他说："天未欲平治天下也，如欲平治天下，当今之世，舍我其谁也？"这是何等的伟大抱负，何等的英雄气概！

儒者济世利人，力挽狂澜的抱负与自信，也就是时代的责任感，让人肃然起敬。

【史例解读】

此一时，彼一时

秦朝末年，带领农民起事的陈胜攻占了一些城邑以后，就在陈县自称为王，国号"张楚"。

陈胜做了楚王，过去曾经和他在一起种田的朋友纷纷前往投靠，想沾点故友的光。他们结伴到王宫拜访陈胜，谈论起以前的一些往事。

但是，此一时，彼一时，陈胜已经不是那个与他们亲密无间的朋友了。陈胜身边的侍臣看到大王的脸色越来越难看，于是趁机对他说："这几个乡巴佬在这里胡说八道，有损大王您的威严，一定是秦朝派来的奸细。"陈胜也认为他们丢了自己脸面，下令把他们全部用酷刑处死。陈胜又任命朱防为中正，胡武为司过，专门督察群臣的过失。众将领攻城掠地到达目的地，凡有不听从陈胜命令的，立即被抓起来治罪。陈胜的愚蠢与残暴不下于胡亥。

陈胜的岳父也来拜访，可是陈胜见了自己的岳父，也只是拱一拱手作见面礼，并不下跪行礼。老人生气地说："你依仗着叛乱，逾越本分自封为王，而且对长辈傲慢无礼，必然不能长久！"说完拂袖而去，再也没有找过陈胜。

从此以后，陈胜昔日的亲友都远远地离开他，再也没有亲近他的人了。

十四

【原文】

孟子去齐，居休①。公孙丑问曰："仕而不受禄，古之道乎？"

曰："非也。于崇②，吾得见王。退而有去志，不欲变③，故不受也。继而有师命④，不可以请。久于齐，非我志也。"

【注释】

①居休：地名，距孟子老家不远。②崇：地名。③变：指改变志向。④师命：师旅之命。

【译文】

孟子离开齐国，在休地逗留。公孙丑问道："做官却不接受俸禄，是古人的规矩吗？"

孟子说："不是。在崇，我得以见到齐王。退出来后便有离开的意思，不想改变这种想法，所以不接受俸禄。后来齐国有战事，不好提出请求。长久地待在齐国，不是我的心愿啊。"

【历代论引】

孔氏曰："仕而受禄，礼也；不受齐禄，义也。义之所在，礼有时而变，公孙丑欲以一端裁之，不亦误乎？"

朱子曰："孟子始见齐王，必有所不合，故有去志。变，谓变其去志。"

【评析】

孟子离开齐国后，中途在休地住宿，这里离孟子老家已经不远了。这时弟子问老师："做官而不受俸禄，这是古道吗？"

孟子说："不。在崇地得见齐王时，退下来我便有离开齐国之意，不想改变主意，所以不受俸禄。不久，齐国有战事（指伐燕），不便请求离开。久留齐国，不是我的心愿。"

看来，他一见齐宣王，便知齐宣王并非明主，离开齐国是很早就打定的主意。

【史例解读】

良臣择明主

郭嘉是曹操早期军事智囊团的核心人物之一，具有卓越不凡的战略眼光和入骨三分的识人眼力。在曹操彻底粉碎袁绍、吕布等几个实力强大的军阀，成就北方霸业的过程中，谋功至伟。

郭嘉达于世情，和曹操的相互欣赏也被传为佳话。

曹操见到郭嘉以后高兴地说："使孤成大业者，必此人也。"（《三国志·魏书·郭嘉传》）会见后，郭嘉也非常高兴地说："真吾主也。"

郭嘉最初为袁绍手下的谋士，后来才被曹操求得。据考，郭嘉二十一岁就到了袁绍帐中。袁绍厚待郭嘉奉为上宾。可郭嘉却对辛评、郭图两位同乡说，智谋之士首要在于审择明主，只有那样，才能百举百全而功名可立。如今，袁公只想学周公的礼贤下士，却根本就不懂得用人的道理。他只是招揽人才，却不予以重视，临事又好谋而不能决断。若想和他一道拯救天下的危难，建立霸王之业，实在是难。

只可惜天妒英才，在北征乌丸清剿袁氏余患后，郭嘉笃疾而亡，年仅三十八岁。

卷五　滕文公上

【题解】

本篇共五章。包括四个方面的内容：第一，孟子"道性善"，言必称尧舜。孟子向为政者宣扬儒家的道统，认为为政者应该向尧、舜、禹、汤学习，只有遵循尧、舜、禹、汤、文、武、周公的遗训，才能振兴国家，治理天下。第二，孟子反对墨家倡导的"爱无差等"和薄葬的主张，强调要注重尊卑、亲疏的分别，孝敬父母应该守"三年之丧"。第三，孟子主张，治理国家要注重农事；要发展生产。他说，老百姓"有恒产者，有恒心也"；"无恒产者，无恒心"，因此，为政者要注意"治民之产"。第四，孟子主张，一个社会、一个国家，应该有"劳心者"和"劳力者"的差别，"劳心者治人，劳力者治于人"。

本篇的前三章，记录孟子对滕文公的开导。其中第三章所记，是在滕文公准备实行仁政时，孟子提出的一些政策主张，要点是实行井田制，以及兴办各级学校，对老百姓进行伦理道德教育。孟子之所以推崇井田制，主要是因为它有利于保障老百姓的生活，从而为推行礼义建立基础。他对井田制的实施也作出了大体规划，特别强调划分田界的均匀公正。

本篇的最后两章，分别记录了与农家和墨家的对话。孟子对农家的驳斥，集中于"贤者与民并耕而食"的主张，其主要依据是社会分工的必要性。而孟子对墨家的批评，则集中于其薄葬的主张和"爱无等差"之说，他强调"孝"在各种人伦品德中的优先地位。其中"不葬其亲者"的寓言，可以理解为是在阐发孝与丧礼的关系，即丧礼这种形式，是孝子之心的自然呈现。孟子自称"知言"，别人也说他"好辩"，《孟子》一书所载的论辩，比较多的是与君王或弟子之辩，这两章却是与其他学派的交锋，有特殊的价值。

一

【原文】

　　滕文公为世子①,将之楚,过宋而见孟子。孟子道性善,言必称尧、舜。

　　世子自楚反,复见孟子。孟子曰:"世子疑吾言乎?夫道一而已矣。成覸谓齐景公曰②:'彼丈夫也;我丈夫也,吾何畏彼哉?'颜渊曰:'舜何人也?予何人也?有为者亦若是。'公明仪曰③:'文王我师也,周公岂欺我哉?'今滕,绝长补短将五十里也,犹可以为善国。《书》曰:'若药不瞑眩④,厥疾不瘳⑤。'"

【注释】

　　①世子:太子。②成覸(jiàn):齐国的臣,以勇敢着称。③公明仪:孔子学生曾参的弟子,复姓公明,名仪。④瞑眩(miàn xuàn):头昏。⑤瘳(chōu):痊愈。以上引语见今本《尚书·说命上》。

【译文】

　　滕文公做太子时,要到楚国去,经过宋国,会见了孟子。孟子讲人性本善的道理,言语之间不离尧、舜。

　　太子从楚国回来,又来见孟子。孟子说:"太子怀疑我的话吗?道理啊,只有一个而已。成覸对齐景公说:'他是个男子汉;我也是个男子汉;我为什么害怕他呢?'颜渊说:'舜是什么人呢?我是什么人呢?有所作为的人应该跟他一样。'公明仪说:'文王,是我的老师;周公难道欺骗我吗?'如今,滕国的土地如果截长补短,也接近纵横各五十里了,还可以治理成一个好国家。《尚书》说:'如果药不能吃得人头昏脑胀,那是治不好病的。'"

【历代论引】

　　程子曰:"性即理也。天下之理,原其所自,未有不善。喜、怒、哀、乐未发,何尝不善。发而中节,即无往而不善;发不中节,然后为不善。故凡言善恶,皆先善而后恶;言吉凶,皆先吉而后凶;言是非,皆先是而后非。"

　　朱子曰:"道,言也。性者,人所禀于天以生之理也,浑然至善,未尝有恶。人与尧舜初无少异,但众人汩于私欲而失之,尧舜则无私欲之蔽,而能充其性尔。故孟子与世子言，每道性善，而必称尧舜以实之。欲其知仁义不假外求，圣人可学而至，而不懈于用力也。门人不能悉记其辞，而撮其大旨如此。"

又曰："时人不知性之本善，而以圣贤为不可企及；故世子于孟子之言不能无疑，而复来求见，盖恐别有卑近易行之说也。孟子知之，故但告之如此，以明古今圣愚本同一性，前言已尽，无复有他说也。"

又曰："孟子之言性善，始见于此，而详具于告子之篇。然默识而旁通之，则七篇之中，无非此理。其所以扩前圣之未发，而有功于圣人之门，程子之言信矣。"

【评析】

本章记滕文公尚为太子时向孟子求教之事。滕文公继位后，孟子便到了滕国。

孟子告诉太子，滕虽小国，亦可行仁政。孟子打比方说，成覸就说过，他是个大男人，我也是个大男人，我为什么怕他？意思是，人家可以行仁政，滕虽是小国，也可推行仁政。

孟子还引用颜渊和公明仪的话为证，以说服太子。颜渊认为，舜可以做圣人，他也可以做圣人。公明仪以周文王和周公为师，也要当圣人。孟子的意思是说，你太子怎么就不能做圣人、行仁政呢？

【史例解读】

取长补短

清代书法家钱泳所著的《履园丛话》中，讲述了一个成衣工匠的故事。当时北京城里有个成衣匠，是浙江宁波人，裁缝手艺十分高明，官员富户多愿意请他缝制衣服。他替人裁衣、量尺寸时不但注意穿衣者的身材，而且对于其性格、年龄、相貌特征等，也都注意观察，甚至连何时中举也都要细细打听。

有人觉得奇怪。就问他："你打听这些做什么，难道这些跟衣服的尺寸有什么关系吗？"他说："当然有关！光从衣服的长短来说：少年中举的，难免骄傲一些，走路一定挺胸凸肚，衣服因此要前长后短，穿起来才合身；至于老年中举的，大多意气消沉，弯腰曲背，他们的衣服就要前短后长。胖子的衣服，腰部应宽些，瘦的就不妨窄些。性子急的人，衣服宜短，性子慢的就可以长些……"

这个高明的成衣匠，他不仅能按照身材尺寸来裁制衣服，而且善于掌握穿衣者不同的身份和性格特点，据此对衣服进行取长或者是补短。

二

【原文】

滕定公薨，世子谓然友曰①："昔者孟子尝与我言于宋，于心终不忘。今也不幸至于大故②，吾欲使子问于孟子，然后行事。"

然友之邹问于孟子。

孟子曰："不亦善乎！亲丧固所自尽也③。曾子曰：'生，事之以礼；死，葬之以礼，祭之以礼，可谓孝矣④。'诸侯之礼，吾未之学也，虽然，吾尝闻之矣。三年之丧，齐疏之服，飦粥之食⑤，自天子达于庶人，三代共之⑥。"

然友反命，定为三年之丧。父兄百官皆不欲也⑦，故曰："吾宗国鲁先君莫之行⑧，吾先君亦莫之行也，至于子之身而反之，不可。且《志》曰⑨：'丧祭从先祖。'曰：'吾有所受之也。'"

谓然友曰："吾他日未尝学问，好驰马试剑。今也父兄百官不我足也，恐其不能尽于大事⑩，子为我问孟子！"

然友复之邹问孟子。

孟子曰："然，不可以他求者也。孔子曰：'君薨，听于冢宰⑪，歠粥⑫，面深墨，即位而哭，百官有司莫敢不哀，先之也。'上有好者，下必有甚焉者矣。'君子之德，风也；小人之德，草也。草尚之风⑬，必偃。'是在世子。"

然友反命。

世子曰："然，是诚在我。"

五月居庐⑭，未有命戒。百官族人可，谓曰知⑮。及至葬，四方来观之，颜色之戚，哭泣之哀，吊者大悦。

【注释】

①滕定公：滕文公的父亲。薨：侯王之死称"薨"。然友：滕文公做太子时的师傅。②大故：大事。这里指父丧。③自尽：指主动地尽孝心。④"曾子曰"数语：见《论语·为政》，本来是孔子对弟子樊迟说的话。这里引为曾子所说，大概曾子曾经以此教导弟子。⑤齐（zī）疏之服：粗布所制，缝了衣边的丧服。齐：缝衣边。疏：粗，指粗布。饘（zhān）：同"馆"，稠粥。粥：稀粥。⑥三代：夏商周三代。⑦父兄：指与滕文公同姓的老臣。百官：指与滕文公不同姓的百官。⑧宗国：宗主国。滕国和鲁国的始封祖分别是叔绣、周公，都是文王之子，而周公为长，所以滕国称鲁国为宗国。⑨《志》：史书。⑩其：指自己。⑪冢宰：百官之长，后代称为"宰相"。⑫歠（chuò）：饮，喝。⑬尚：加。⑭庐：专供居丧时所住的房子，形制简陋。⑮知：知礼。

【译文】

滕定公死了。太子对然友说："从前，孟子曾在宋国和我交谈过，我心里始终没有忘记。现在不幸得很，父亲逝世了，我想请先生去问问孟子，然后再办丧事。"

然友到邹国，去问孟子。

孟子说："不错呀。父亲的丧事是该主动尽孝的。曾子说：'父母生前，按照礼来服侍他们；死后，按照礼来埋葬他们，按照礼来祭祀他们，这样可以称得上孝了。'诸侯的礼，我没学过。尽管如此，我还是听说过的。守孝三年，穿着粗布缝边的丧服，喝着粥，从天子到平民百姓，夏、商、周三代都是一样的。"

然友回去复命，太子决定实行守孝三年的丧礼。父老百官都不愿意，说："我们的宗国鲁国的历代君主都没这么办，我国历代的君主也没这么办，到了您这里却违反规矩，不行。况且《志》上说：'丧礼、祭礼遵循祖宗的成例。'"他们又说："我们是有所根据的。"

太子对然友说："我以前没做过学问，喜欢跑马舞剑。现在父老百官对我不满意，担心我不能办好丧事。先生再替我去问问孟子！"

然友又到邹国去问孟子。

孟子说："是啊。但这是不能要求别人的。孔子说：'君主死了，政务听命于冢宰，太子只得喝粥，面色深黑，就临孝子之位便哭，大小官吏没有人敢不悲哀，这是因为太子带了头。'上面爱好什么，下面一定爱好得更厉害。尊贵者的德行，像风；卑微者的德行，像草。草上有风吹过，一定随之扑倒。这事全在太子怎么做。"

然友回去报告。

太子说："是。这事确实全在我怎么做。"

太子在丧庐住了五个月，没有发布任何政令。百官和族人都赞成，称道太子懂礼。到了举行葬礼的时候，四方宾客都来观礼，太子容色的凄惨，哭泣的悲哀，使吊丧的人大为满意。

【历代论引】

朱子曰："当时诸侯莫能行古丧礼，而文公独能以此为问，故孟子善之。又言父母之丧，固人子之心所自尽者。盖悲哀之情，痛疾之意，非自外至，宜乎文公于此有所不能自已也。但所引曾子之言，本孔子告樊迟者，岂曾子尝诵之以告其门人欤？三年之丧者，子生三年，然后免于父母之怀。故父母之丧，必以三年也。"

林氏曰："孟子之时，丧礼既坏，然三年之丧，恻隐之心，痛疾之意，出于人心之所固有者，初未尝亡也。惟其溺于流俗之弊，是以丧其良心而不自知耳。文公见孟子而闻性善尧舜之说，则固有以启发其良心矣，是以至此而哀痛之诚心发焉。及其父兄百官皆不欲行，则亦反躬自责，悼其前行之不足以取信，而不敢有非其父兄百官之心。虽其资质有过人者，而学问之力，亦不可诬也。及其断然行之，而远近见闻无不悦服，则以人心之所同然者，自我发之，而彼之心悦诚服，亦有所不期然而然者。人性之善，岂不信哉？"

【评析】

本章写滕定公去世后，滕太子（后为滕文公）听从孟子的劝告。按传统方法为亡父守丧，赢得官民赞誉的故事。

远古各种族都有事死如事生的习惯，进入文明社会，逐步明白生死之别以后，祖先崇拜、鬼神崇拜的原始宗教情绪就比较淡了。但东部的殷民因为特重鬼神，仍在相当长的时间里存有淫祀之风，其中尤以为父母守三年长孝为甚。"孔子说，三年之丧为'天下'之通礼；孟子说，三年之丧为'三代'之通礼，恐怕都靠不住，而只是或主要是殷民之礼。"胡适先生在《说儒》中说得很明白。而且滕国的父老官吏也说,最守周礼的鲁国君主也不用此礼,说明周人一直未用殷人此礼。

但是孔孟为什么特别强调三年之丧呢?除了传统的影响外,还当与儒家的政治思想、伦理思想有关。儒家认为,仁政的核心是"亲亲","亲亲"的核心又是处理好父子关系;子女为父母守孝三年,臣下也为君主守孝三年,这就把"孝"自然而然地扩张为"忠";国君为孝子,治国必以"仁",臣下为孝子,为臣必以"忠"。儒家的伦理思想、政治思想就是这样配合起来的。

【史例解读】

上有所好,下必甚焉

从前,楚灵王喜欢在上朝时看到臣子们如杨柳般婀娜多姿的细腰身,他认为只有这样才叫赏心悦目,能使满堂生辉。有些生得苗条柔弱的大臣还因此受到了楚灵王的赞美、提拔和重用。所谓上有所好,下必甚焉。满朝的文武大臣们为了赢得楚灵王的欢心和宠幸,便千方百计地减肥,拼命使自己的腰围变小。

他们不约而同地注意节制饮食。有的不沾油腥,有的强迫自己一天只吃一餐饭,为此经常饿得头昏眼花也在所不惜;有的大臣更是摸索出了一套快速减肥的绝招,那就是在每天早晨起床穿衣时,首先做几次深呼吸,挺胸收腹,然后将气憋住,再用宽带将腰部束紧。

经过这样一番折腾之后,许多人渐渐失去了独立支撑身体的能力,往往需要扶住墙壁才能勉强站立。如此这般,经过整整一年的减肥运动以后,楚国的满朝文武官员们都变得形容枯槁、弱不禁风,这又怎么能担当得起治理国家、保卫疆土的重任呢?因此朝政也变得一片混乱。

三

【原文】

滕文公问为国。

孟子曰:"民事不可缓也[1]。《诗》云[2]:'昼尔于茅,宵尔索绹[3];亟其乘屋，其始播百谷④。'民之为道也，有恒产者有恒心，无恒产者无恒心。苟无恒心，放僻邪侈，无不为已。及陷乎罪，然后从而刑之，是罔民也。焉有仁人在位罔民而可为也？是故贤君必恭俭礼下，取于民有制。阳虎曰⑤：'为富不仁矣，为仁不富矣。'"

"夏后氏五十而贡⑥，殷人七十而助，周人百亩而彻，其实皆什一也。彻者，彻也；助者，藉也。龙子曰⑦：'治地莫善于助，莫不善于贡。'贡者，挍数岁之中以为常⑧。乐岁，粒米狼戾⑨，多取之而不为虐，则寡取之；凶年，粪其田而不足，则必取盈焉。为民父母，使民盼盼然⑩，将终岁勤动，不得以养其父母，又称贷而益之，使老稚转乎沟壑，恶在其为民父母也？夫世禄，滕固行之矣。诗云：'雨我公田，遂及我私⑪。'惟助为有公田。由此观之，虽周亦助也。

"设为庠序学校以教之⑫。庠者，养也；校者，教也；序者，射也⑬。夏曰校，殷曰序，周曰庠，学则三代共之，皆所以明人伦也。人伦明于上，小民亲于下。有王者起，必来取法，是为王者师也。

"《诗》云：'周虽旧邦，其命惟新⑭。'文王之谓也。子力行之，亦以新子之国！"

使毕战问井地⑮。

孟子曰："子之君将行仁政，选择而使子，子必勉之！夫仁政，必自经界始。经界不正，井地不钧⑯，谷禄不平，是故暴君污吏必慢其经界。经界既正⑰，分田制禄可坐而定也。

"夫滕壤地褊小，将为君子焉，将为野人焉。无君子，莫治野人⑱；无野人，莫养君子。请野九一而助，国中什一使自赋⑲。卿以下必有圭田⑳，圭田五十亩，余夫二十五亩㉑。死徙无出乡，乡田同井，出入相友，守望相助，疾病相扶持，则百姓亲睦。方里而井，井九百亩，其中为公田。八家皆私百亩，同养公田。公事毕，然后敢治私事，所以别野人也。此其大略也，若夫润泽之，则在君与子矣。"

【注释】

①民事：指农事。②《诗》：引诗出《诗经·豳风·七月》。③尔：语助词，无义。于：往。茅：取茅。索：搓。绹（táo）：绳子。④亟：急，赶快。乘屋：登屋顶，指修理草房。始：岁始，年初。⑤阳虎：即阳货，鲁国大夫季氏

·147·

的家臣，与孔子同时。⑥夏后氏：以禹为首领的古代氏族部落，到禹的儿子启时建立了夏王朝。五十而贡：传说夏代每户授田五十亩，每户上缴一定的收成作为地租。这与下文的"助"、"彻"，都是儒家说的土地税法，在历史上未必实行过。⑦龙子：古代贤人。⑧挍（jiào）：同"校"，比较。⑨狼戾：狼藉。⑩盻盻（xì）然：勤苦不得休息的样子。⑪雨（yù）：下雨。引诗出《诗经·小雅·大田》。⑫庠、序、校：都是乡里学校。学：国立学校。⑬射（yì）：通"绎"，陈列，指陈列人伦秩序以教导。⑭《诗》：引诗出《诗经·大雅·文王》。⑮毕战：滕国的臣。⑯钧：通"均"。⑰经界：土地、疆域的分界。⑱野人：乡野之人，指农夫。⑲什一使自赋：从所受田地的收成中扣除十分之一作为赋税上缴，实即贡法。⑳圭田：俸禄以外另授给官吏的田，供祭祀用。㉑余夫二十五亩：指私田百亩之外，另授给有剩余劳力的农户的田。

【译文】

滕文公问怎样治国。

孟子说："老百姓的事情不能拖。《诗经》说：'早晨去打草，晚上搓绳子。赶紧修茅屋，开春又要种庄稼。'老百姓的情况呀，就是有固定的产业便有坚定的心志，没有固定的产业便没有坚定的心志。假如没有坚定的心志，就会为非作歹，无所不为。等他们犯了罪，然后处罚他们，这叫陷害百姓。哪有仁德的人在位治国却做出陷害百姓的事来？所以英明的君王一定严肃而节俭，对下级有礼，向百姓征税有一定的制度。阳虎说：'要致富就不能讲仁义，要讲仁义就不能致富。'"

"夏代每户五十亩地，实行贡法；商代每户七十亩地，实行助法，周代每户一百亩地，实行彻法。其实质都是抽取十分之一税率的地租。彻，是'通'的意思；助，是'借助'的意思。龙子说：'地租中没有比助法更好，没有比贡法更不好的。'贡法，是比较几年中的收成以确定一个平均数，作为每年收税的税额。如果年成好，粮食就多得满地狼藉，多收一些地租也不算暴虐，倒收得少；如果年成不好，收成还不够来年施肥的费用，地租却一定要收到满额。做老百姓的父母官，却使老百姓累得惨兮兮，而且终年辛苦劳作，还不够养活父母，还得借高利贷来凑足地租，使老的小的抛尸露骨于山沟之中，这哪里是为民父母呢？做官的人有世袭的俸禄，滕国早就实行了。《诗经》说：'下雨下到我公田，然后又到我私田。'只有借力助耕才谈得上'公田'。由此看来，周代的制度其实质也还是助法。

"又设立庠、序、学、校来教导百姓。庠，是教养的意思；校，是教导的意思；序，是陈列的意思。乡里学校，夏代叫'校'，商代叫'序'，周代叫'庠'；国立学校则三代都叫'学'，都是使人明白伦理道德的。上面的人明白伦理道德，下面的平民百姓自然爱戴他们。如果有圣王出现，一定要来取法，这就成了圣王的师傅了。

    "《诗经》说：'周虽是古老的邦国，却有着新受的天命。'这说的是文王。您好好干吧，也来使您的国家面貌一新！"

    滕文公让毕战来问井田制。

    孟子说："你的君主要实行仁政，选派你来。你一定要尽力。仁政一定要从划分田界做起。划分田界如果不公正，井田就分得不均匀，作为俸禄的谷物田租也就收得不公平了，所以暴君污吏一定把划分田界当儿戏。田界如果划得公正，分发田地、订立俸禄制度，就可以轻易办妥了。"

    "滕国虽然土地狭小，但也有当官的，也有种田的。没有当官的，就没人管理种田的，没有种田的，就没人养活当官的。建议在郊野实行九分抽一的助法，在城市实行十分抽一的贡法。卿以下官吏都授给圭田，圭田的大小是五十亩。家里还有剩余劳力的，另授田二十五亩。老死或搬家，也不离开本乡，乡里同一井田的人家，出入相伴，防盗御寇互相帮助，有病互相照料，于是老百姓就会彼此亲爱，相处和睦。纵横方圆一里的地为一个井田，每个井田九百亩，当中一百亩是公田。八家都授给私田一百亩，共同耕种公田。公田里的活干完了，然后才敢干私田的活，以此来区别当官的和种田的。这就是井田制的大概。至于调整润饰，那就靠君王和你了。"

【历代论引】

    程子曰："一夫上父母，下妻子，以五口八口为率，受田百亩。如有弟，是余夫也。年十六，别受田二十五亩，俟其壮而有室，然后更受百亩之田。"

    吕氏曰："子张子慨然有意三代之治。论治人先务，未始不以经界为急。讲求法制，粲然备具。要之可以行于今，如有用我者，举而措之耳。尝曰：'仁政必自经界始。贫富不均，教养无法；虽欲言治，皆苟而已。世之病难行者，未始不以亟夺富人之田为辞。然兹法之行，悦之者众。苟处之有术，期以数年，不刑一人而可复。所病者，特上之未行耳。'乃言曰：'纵不能行之天下，犹可验之一乡。'方与学者议古之法，买田一方，画为数井。上不失公家之赋役。退以其私，正经界，分宅里，立敛法，广储蓄，兴学校，成礼俗，救菑恤患，厚本抑末。足以推先王之遗法，明当今之可行。有志未就而卒。"

朱子曰："文公因孟子之言，而使毕战主为井地之事，故又使之来问其详也。井地，即井田也。经界，谓治地分田，经画其沟涂封植之界也。此法不修，则田无定分，而豪强得以兼并，故井地有不钧；赋无定法，而贪暴得以多取，故谷禄有不平。此欲行仁政者之所以必从此始，而暴君污吏则必欲慢而废之也。有以正之，则分田制禄，可不劳而定矣。"

又曰："丧礼经界两章，见孟子之学，识其大者。是以虽当礼法废坏之后，制度节文不可复考，而能因略以致详，推旧而为新；不屑屑于既往之迹，而能合乎先王之意，真可谓命世亚圣之才矣。"

【评析】

这一章，孟子较详细地论述了他的"仁政"思想。他认为，"有恒产者有恒心，无恒产者无恒心"，要治理国家，首先得要让老百姓都有"恒产"，让他们都过上丰衣足食的好日子，为此，必须要降低税率，藏富于民。为了合理征税，他批评夏代的"贡"法，而比较赞成"助"法——让农民出力气耕作公田，公田所产归官府，这就是纳税了。人民富裕后，要兴办学校，教育人民。这些思想都有一定的进步意义。

孟子讲："无君子，莫治野人；无野人，莫养君子。"从管理学上讲，就是管理者管理劳动者，劳动者养活管理者。过去这几句话常遭批评。其实，孟子只不过客观地概括了那时的社会现实罢了。他的本意还是在于均田低赋。

孟子想恢复井田制，这在战国时代已经很困难了。由此，我们也可看到他迂腐的一面。

【史例解读】

无恒产者无恒心

东汉灵帝时，有位见识超常、深得民心的官员刘陶。

公元157年，即汉桓帝永寿三年，有人上书说："人民之所以贫困，原因在于钱币的重量太轻，厚度太薄，应该改铸大钱。"奏章交付给大将军、太尉、司徒、司空等四府的官吏，以及太学中有见解的人共同讨论。当时还是太学生的刘陶上书说："现在的问题不在于货而在于饥，老百姓们在饿肚子。连年以来，茂盛的庄稼，都被蝗虫和螟虫吃光了；民间所织的布匹，都被朝廷和官吏搜刮一空。民无恒产则无恒心，即令当前能把沙砾化作南方出产的黄金，把瓦片变成卞和发现的白玉，而让百姓渴了没有水喝，饿了没有饭吃，也无法阻止祸患的产生。如果现在有个人登高远呼，愁怨之民纷纷响应，方寸之钱，怎么能救？"

此份奏章一上，刘陶的意见即被采纳，结果没有铸钱。

后来刘陶曾任县令、侍御史、尚书令，转任侍中，又任京兆尹、谏议大夫。

当他从顺阳县令任上因病辞官时，当地的官吏百姓都很思念他，大家就编了几句歌词传唱起来："悒然不乐，思我刘君。何时复来，安此下民。"

四

【原文】

古有为神农之言者许行①，自楚之滕，踵门而告文公曰②："远方之人闻君行仁政，愿受一廛而为氓③。"

文公与之处。

其徒数十人，皆衣褐，捆屦、织席以为食④。

陈良之徒陈相与其弟辛，负耒耜而自宋之滕⑤，曰："闻君行圣人之政，是亦圣人也，愿为圣人氓。"

陈相见许行而大悦，尽弃其学而学焉。

陈相见孟子，道许行之言曰："滕君则诚贤君也，虽然，未闻道也。贤者与民并耕而食，饔飧而治⑥。今也滕有仓廪府库，则是厉民而以自养也⑦，恶得贤？"

孟子曰："许子必种粟而后食乎？"

曰："然。"

"许子必织布而后衣乎？"

曰："否！许子衣褐。"

"许子冠乎？"

曰："冠。"

曰："奚冠？"

曰："冠素。"

曰："自织之与？"

曰："否，以粟易之。"

曰："许子奚为不自织？"

曰："害于耕。"

曰："许子以釜甑爨⑧，以铁耕乎？"

曰："然。"

"自为之与？"

曰："否！以粟易之。"

"以粟易械器者，不为厉陶冶；陶冶亦以其械器易粟者，岂为厉农夫哉？且许子何不为陶冶，舍皆取诸其宫中而用之⑨？何为纷纷然与百工交易？何许子之不惮烦⑩？"

曰："百工之事固不可耕且为也。"

"然则治天下独可耕且为与？有大人之事，有小人之事。且一人之身，而百工之所为备，如必自为而后用之，是率天下而路也⑪。故曰：或劳心，或劳力，劳心者治人，劳力者治于人；治于人者食人，治人者食于人，天下之通义也。

"当尧之时，天下犹未平，洪水横流，汜滥于天下，草木畅茂，禽兽繁殖，五谷不登，禽兽偪人⑫，兽蹄鸟迹之道交于中国。尧独忧之，举舜而敷治焉⑬。舜使益掌火⑭，益烈山泽而焚之，禽兽逃匿。禹疏九河，瀹济、漯而注诸海⑮，决汝、汉，排淮、泗而注之江⑯，然后中国可得而食也。当是时也，禹八年于外，三过其门而不入，虽欲耕，得乎？

"后稷教民稼穑，树艺五谷⑰；五谷熟而民人育。人之有道也。饱食、暖衣、逸居而无教，则近于禽兽。圣人有忧之，使契为司徒⑱，教以人伦，父子有亲，君臣有义，夫妇有别，长幼有叙，朋友有信。放勋曰⑲：'劳之来之⑳，匡之直之，辅之翼之，使自得之，又从而振德之。'圣人之忧民如此，而暇耕乎？

"尧以不得舜为己忧，舜以不得禹、皋陶为己忧㉑。夫以百亩之不易为己忧者㉒，农夫也。分人以财谓之惠，教人以善谓之忠，为天下得人者谓之仁。是故以天下与人易，为天下得人难，孔子曰：'大哉尧之为君！惟天为大，惟尧则之。荡荡乎民无能名焉！君哉舜也！巍巍乎有天下而不与焉㉓！'尧、舜之治天下，岂无所用其心哉？亦不用于耕耳。

"吾闻用夏变夷者，未闻变于夷者也。陈良，楚产也，悦周公、仲尼之道，北学于中国。北方之学者，未能或之先也。彼所谓豪杰之士也。子之兄弟事之数十年，师死而遂倍之㉔！昔者孔子没，三年之外，门人治任将归㉕，入揖于子贡，相向而哭，皆失声，然后归。子贡反，筑室于场，独居三年，然后归。他日，子夏、子张、子游以有若似圣人，欲以所事孔子事之，强曾子。曾子曰：'不可。江汉以濯之，秋阳以暴之，皜皜乎不可尚已㉖。'今也南蛮鴃舌之人㉗，非先王之道，倍子之师而学之，亦异于曾子矣。吾闻出于幽谷迁于乔木者㉘，未闻下乔木而入于幽谷者。《鲁颂》曰：'戎狄是膺，荆舒是惩㉙。'周公方且膺之，子是之学，亦为不善变矣。"

"从许子之道，则市贾不贰㉚，国中无伪，虽使五尺之童适市㉛，莫之或欺。布帛长短同，则贾相若；麻缕丝絮轻重同，则贾相若；五谷多寡同，则贾相若；屦大小同，则贾相若。"

曰："夫物之不齐，物之情也，或相倍蓰㉜，或相什百，或相千万。子比而同之，是乱天下也。巨屦小屦同贾㉝，人岂为之哉？从许子之道，相率而为伪者也，恶能治国家？"

【注释】

①神农之言：指农家学说。神农：上古传说中发明耒耜，教民稼穑的人物，农家托为宗师。许行：楚国人，战国时期的农民学家。②踵：至，到。③廛（chán）：民居。氓：从别处迁来的人。④褐：麻制的短衣。屦（jù）：草鞋。⑤陈良：楚国的儒家人物。耒耜（lěi sì）：翻土的农具。耜是起土的部分，耒为其柄。⑥饔飧（yōng sūn）：熟食。这里指做饭。饔，早餐。飧，晚餐。⑦厉：病，残害。⑧釜：无脚的锅。甑（zèng）：陶制烹饪器。爨（cuàn）：做饭。⑨械器：器物。陶冶：指烧制陶器和冶炼金属的工匠。舍：止，不肯。宫：室，房。⑩纷纷然：形容忙乱的样子。惮（dàn）：害怕。⑪路：同"露"，败亡。⑫五谷：指稻、黍、稷、麦、菽。稻即水稻，黍即黄米，稷即小米，麦即小麦，菽是豆类的总名。登：成熟。偪（bī）：通"逼"。⑬敷：遍，全都。⑭益：舜

的臣。⑮瀹（yuè）：疏导。济、漯（tà）：二水名。⑯决、排：都是去除障碍使河水畅通的意思。汝、汉、淮、泗：为四个水名。⑰后稷：名弃，周人的始祖，尧时为农师。艺：种植。⑱契（xiè）：殷人的始祖。司徒：官名。⑲放勋：尧的名。⑳劳之来之：使他们勤劳。劳、来，都是勤劳的意思，这里用作动词。㉑皋陶（gāo yáo）：舜时的司法官。㉒易：治理。㉓巍巍：高大的样子。引孔子语见《论语·泰伯》。㉔倍：通"背"。㉕治任：整修扁担。任：担、负，指行李。㉖秋：指周历七、八月，相当于夏历五、六月，正当盛暑。暴（pù）：晒。皜皜（hào hào）：洁白的样子。㉗鴂（jué）舌：形容说话怪腔怪调像鸟叫一样。鴂：伯劳鸟。南蛮鴂舌之人：指许行。㉘出于幽谷迁于乔木：语出《诗经·小雅·伐木》："伐木丁丁，鸟鸣嘤嘤。出自幽谷，迁于乔木。"㉙戎狄：古代西方的部族叫作"戎"，北方的部族叫作"狄"。膺（yīng）：抵挡，防范。荆：楚国的别名。舒：楚的属国。引诗出自《诗经·鲁颂·閟宫》。㉚贾：价。下同。㉛五尺：大约相当于今天的三尺半。㉜蓰（xǐ）：五倍。㉝巨屦（jù）：粗糙的鞋。小屦：精细的鞋。

【译文】

有个做农家学问的人叫许行，从楚国来到滕国，上门对文公说："我这个大老远来的人听说您正在实行仁政，希望得到一个住所，成为侨民。"

文公给了他房屋。

他的门徒有几十个，都穿着麻衣，以编草鞋、织席子为生。

陈良的门徒陈相和他的弟弟陈辛，背着耒耜从宋国来到滕国，对文公说："听说您正在实行圣人的政治，这也是圣人了，我希望做圣人的侨民。"

陈相见了许行，十分高兴，完全抛弃以前的学问而向许行学习。

陈相见了孟子，引述许行的话说："滕君确实是个贤明的君主，尽管如此，他却不真懂得道理。贤人是和老百姓一同耕作，才吃饭，自己做饭，又治国理政。现在滕国有粮仓，有库房，这是残害人民来养活自己，这又怎能称得上贤明？"

孟子说："许子一定自己种庄稼才吃饭吗？"

陈相说："对。"

孟子说："许子一定自己织布才穿衣吗？"

陈相说："不。许子穿麻衣。"

孟子说："许子戴帽子吗？"

陈相说："戴。"

孟子说，"戴什么帽子？"

陈相说："戴白帽子。"

孟子说："是自己织的吗？"

陈相说："不。是用粮食换来的。"

孟子说："许子为什么不自己织呢？"

陈相说："那会耽误耕种。"

孟子说："许子用釜甑做饭，用铁器耕田吗？"

陈相说："对。"

孟子说："是自己造的吗？"

陈相说："不。是用粮食换来的。"

孟子说："农夫用粮食交换农具和器皿，不算残害了陶匠和铁匠。陶匠和铁匠也用他们的农具和器皿交换粮食，难道这是残害了农夫吗？而且许子为什么不自己烧陶、打铁？不肯做到所有东西都是从自己家里取用？为什么忙忙叨叨地与各种工匠交换？为什么许子这么不怕麻烦？"

陈相说："各种工匠，本来就不能一边耕种一边又干他们的事情。"

"那么，难道治理天下可以一边耕种又一边干他们的事情吗？有官吏的事情，有平民的事情。而且，一个人就需要各行各业的产品。如果一定要自己造出来的才用，这是让天下人疲于奔命。所以说，有人劳动脑力，有人劳动体力；劳动脑力的管理人，劳动体力的被人管理；被人管理的养活人，管理人的被人养活。这是天下通行的道理。

"在尧的时候，天下还不太平，洪水不循水道乱流，到处泛滥。草木长得又快又茂密，禽兽成群地繁殖，五谷不熟，禽兽害人。野兽的蹄印和飞鸟的踪迹，在中国纵横交错。尧一个人为此忧虑，选拔舜处理全部事务。舜命令伯益掌管火政，伯益在山野沼泽放火，烧掉草木。禽兽或逃跑或隐藏。禹又疏浚九条河道，疏导济水和源水，使之入海；导引汝水和汉水，疏通淮水和泗水，使之流入长江，这样中国才可以种庄稼了。在那时候，禹在外八年，三次从家门口路过都没进门，即使他想耕种，可能吗？

"后稷教老百姓种庄稼，栽培五谷，五谷成熟而人民得到养育。人是有善良天性的，但吃饱了、穿暖了、住安逸了却不加教育，就和禽兽差不多。圣人又为此忧虑，让契做司徒，用伦理道德来教育人民：父子之间有慈爱，君臣

卷五 滕文公上

·155·

之间有礼义,夫妇之间有区别,老少之间有等级,朋友之间有诚信。尧说:'敦促他们,纠正他们,帮助他们,使他们各得其所,又加以栽培和引导。'圣人为老百姓忧虑,到了这种地步,还有闲工夫来种庄稼吗?

"尧把得不到舜作为自己的忧虑,舜把得不到禹和皋陶作为自己的忧虑。把百亩田地耕种得不好作为自己的忧虑,那是农夫。把钱财送给别人叫作惠,把善良教给别人叫作忠,为天下找到人才叫作仁。所以把天下让给别人是容易的,为天下找到人才是困难的。孔子说:'伟大啊,尧做君主!只有天最伟大,只有尧效法天,那宽广的气象,老百姓没办法用言语来形容!了不起的君主啊,舜呀!光明正大地统治天下而毫不利己!'尧、舜治理天下,难道无所用心吗?只不过不用于种庄稼罢了。

"我听说过中原改变落后的蛮夷,没听说过中原被蛮夷改变的。陈良是楚国人,喜爱周公、孔子的学说,北上到中原来学习。北方的学者,没有人能超过他。他真是豪杰之士啊。你们兄弟向他学习了几十年,老师死后就背叛他。从前,孔子去世,弟子们守丧三年以后,收拾行李准备回家,进门向子贡作揖告别,大家相对而哭,泣不成声,然后才各自回去。子贡回到墓地,在墓边的灵场盖了间房,又独自住了三年,然后才回去。过些时候,子夏、子张、子游认为有若像孔子,就想要像服侍孔子那样服侍他,强求曾子同意。曾子说:'不行的。老师就像在长江、汉水洗涤过,就像在夏天的烈日下暴晒过,光辉洁白得无以复加。'如今南方蛮族里讲鸟语的人,也来非难我们祖先圣王的学说,你竟背叛你的老师而向他学习,和曾子真不一样啊。我听说过飞出幽暗山谷而迁到高大树木的,没听说过飞下高大树木而进到幽暗山谷里去的。《诗经·鲁颂》里说:'戎狄是要防范的,荆舒是要严惩的。'周公尚且要防范他们,你却向他们学,真是不懂得用中国文化来改变蛮夷的道理啊。"

陈相说:"如果听从许子的主张,就能做到市场上物价一致,国内没有欺诈行为。即使打发五尺高的小孩到市场去,也没人欺骗他。布帛的长短如果一样,价格就相同;麻线丝绵的轻重如果一样,价格就相同;谷物的多少如果一样,价格就相同;鞋的大小如果一样,价格就相同。"

孟子说:"货物的品相质量各不相同,这是自然的;有的相差一倍五倍,有的相差十倍百倍,有的相差千倍万倍。你要只以大小轻重相比而使它们价格相同,这是扰乱天下。粗糙的鞋和精细的鞋价格一样,人难道肯干吗?听从许子的主张,就是带着大家作假,怎么能够治理好国家?"

【历代论引】

程子曰:"许行所谓神农之言,乃后世称述上古之事,失其义理者耳,犹阴阳、医、方称黄帝之说也。"

朱子曰:"君子无小人则饥,小人无君子则乱。以此相易,正犹农夫陶冶以粟与械器相易,乃所以相济而非所以相病也。治天下者,岂必耕且为哉?"

又曰:"人之有道,言其皆有秉彝之性也。然无教则亦放逸怠惰而失之,故圣人设官而教以人伦,亦因其固有者而道之耳。书曰:'天叙有典,敕我五典五惇哉。'此之谓也。"

又曰:"分人以财,小惠而已。教人以善,虽有爱民之实,然其所及亦有限而难久。惟若尧之得舜,舜之得禹皋陶,及所谓为天下得人者,而其恩惠广大,教化无穷矣,此其所以为仁也。"

又曰:"孟子言物之不齐,乃其自然之理,其有精粗,犹其有大小也。若大屦小屦同价,则人岂肯为其大者哉?今不论精粗,使之同价,是使天下之人皆不肯为其精者,而竞为滥恶之物以相欺耳。"

【评析】

从这一章里,我们可以看到两种人,两种治国思想:一种人是许行、陈良、陈相、陈辛,他们主张国君贤人都要耕作才能吃饭,都织布才能穿衣。这是一种典型的小农经济思想。一种人是孟子,他主张要有社会分工,要有商品交易,要有"劳心者"管理国家,要有"劳力者"被管理。这是一种合乎社会发展规律、有利于社会进步的思想。

孟子反驳许行之徒的迂腐见解,方法有二,一是"以子之矛,攻子之盾",你许行的吃、穿、用诸物都用交易得来,怎能要求天下所有人不交易?二是用尧、舜、禹、稷、契等圣人也有社会分工,证明社会分工和商品交易为必然之势。

最后三段,论证应"用夏变夷",不应让夏"变于夷",即应用先进的华夏文化改变野蛮人的文化,认为许行等人的小农思想是南方未开化的野蛮人愚昧可笑的想法。

孟子肯定社会分工和商品交易的思想,至今仍有重要意义。

【史例解读】

劳心者治人，劳力者治于人

宋朝初年，宋太宗赵光义命文臣李昉等人编写一部分类百科全书。

这部书是在宋太平兴国年间编成的，故名为《太平总类》，它收集摘录了一千六百多种古籍的重要内容，分类归成五十五门，全书共一千卷。对于这么一部巨著，宋太宗规定自己每天至少要看两三卷，一年内全部看完，于是就把书更名为《太平御览》。宋太宗下定决心花精力翻阅这部巨著时，曾有臣子觉得不理解，如果说普通士人是出于"劳心者治人"的信念，希望通过读书获得一官半职，可是皇帝每天要处理那么多国家大事，为什么还要去读这么部大书呢？

于是，他们就去劝告宋太宗少看些，也不一定每天都要看，以免过度劳神。但宋太宗回答说："我很喜欢读书，从书中常常能得到乐趣，多看些书总会有益处，况且我并不觉得劳神。"于是，他仍然坚持每天阅读三卷，有时因国事忙耽搁了，他也要抽空补上，并常对左右的人说："只要打开书本，总会有好处的。"

宋太宗由于勤于读书，学问十分渊博，处理国家大事也就得心应手。大臣们见皇帝如此勤奋读书，也纷纷效仿，所以当时读书的风气很盛，连平常不读书的宰相赵普，也孜孜不倦地阅读《论语》，有"半部论语治天下"之称。

五

【原文】

墨者夷之因徐辟而求见孟子①。孟子曰："吾固愿见，今吾尚病，病愈，我且往见，夷子不来②！"

他日，又求见孟子。孟子曰："吾今则可以见矣。不直则道不见；我且直之。吾闻夷子墨者，墨之治丧也以薄为其道也③。夷子思以易天下，岂以为非是而不贵也？然而夷子葬其亲厚，则是以所贱事亲也。"

徐子以告夷子。

夷子曰："儒者之道，古之人'若保赤子④'，此言何谓也？之则以为爱无差等，施由亲始。"

徐子以告孟子。

孟子曰："夫夷子信以为人之亲其兄之子为若亲其邻之赤子乎？彼有取尔也⑤。赤子匍匐将入井⑥，非赤子之罪也。且天之生物也，使之一本，而夷子二本故也⑦。盖上世尝有不葬其亲者，其亲死，则举而委之于壑。他日过之，狐狸食之，蝇蚋姑嘬之⑧。其颡有泚，睨而不视⑨。夫泚也，非为人泚，中心达于面目，盖归反虆梩而掩之⑩。掩之诚是也，则孝子仁人之掩其亲，亦必有道矣。"

徐子以告夷子。夷子怃然为间曰⑪："命之矣。"

【注释】

①墨者：信奉墨子学说的人。夷之：姓夷名之。徐辟：孟子弟子。②不来：勿来。③薄：薄葬。④若保赤子：语出《尚书·康诰》："若保赤子，惟民其康乂。"⑤取：取譬，打比方。⑥匍匐：伏在地上爬行。⑦一本、二本：孟子的意思是，人都是父母所生，这便是天所指定的唯一根源，而墨家主张爱无等差，就把父母和陌路人等同起来，所以说是"二本"。⑧蚋（ruì）：蚊子。姑（gū）：咀。嘬（chuài）：叮，咬。⑨颡（sǎng）：额头。泚（cǐ）：出汗的样子。睨（nì）：斜视。视：正视。⑩虆（léi）：盛土的笼。梩（lí）：锹、锸一类挖土的工具。⑪怃（wǔ）然：茫然自失的样子。为间：有一会儿。

【译文】

墨家的信徒夷子通过徐辟求见孟子。孟子说："我本来打算见他，可是我现在还病着，等我病好了，我就去见他，夷子不必来了。"

过些时候，夷子又求见孟子。孟子说："我现在可以见他了。如果不直言，真理就不能显现，我姑且直截了当地说。我听说夷子是墨家的信徒，墨家办丧事，以薄葬为原则，夷子想拿这个来改变天下的风俗，难道认为不这样做就不可贵？但夷子埋葬他的父母却是很丰厚的，那么他是以自己所鄙薄的来服侍父母了。"

徐子把这些话转告夷子。

夷子说："儒家的学说认为，古人'爱护百姓就像爱护婴儿'，这话是什么意思呢？我认为意思就是爱没有亲疏厚薄的区别，只不过实行起来是从父母亲开始的。"

徐子把这些话转告孟子。

孟子说："夷子真的以为一个人爱自己的兄弟的儿子同他爱邻居家的婴儿是一样的吗？那句话只是打个比方嘛。婴儿在地上爬，快要掉到井里去了，那不是婴儿的罪过；老百姓犯了错误，也不是老百姓的罪过。'爱护百姓就像爱护婴儿'，是这个意思，不是说爱没有亲疏厚薄之别。而且天生养万物，使万物只有一个根源，而夷子却有两个根源。大概上古曾经有不埋葬父母亲尸体的人。父母死了，就把尸体抛到山沟里。过些时候他路过那里，狐狸正吃着尸体，成群的苍蝇蚊子正叮咬着尸体。他的额上出了汗，只敢斜视而不敢正视了。出汗呢，不是出给别人看的，是心里的悲痛流露在了脸上。大概他会回去取来篾箕、铁锹把尸体掩埋了。掩埋了尸体就对了。那么，孝子、仁人掩埋父母亲的尸体，必然有他的道理啊。"

徐子把这些话转告夷子。夷子怅然若失，过了一会儿，说："他教我懂得道理了。"

【历代论引】

朱子曰："庄子曰：'墨子生不歌，死无服，桐棺三寸而无椁。'是墨之治丧，以薄为道也。易天下，谓移易天下之风俗也。夷子学于墨氏而不从其教，其心必有所不安者，故孟子因以诘之。"

又曰："'爱无差等，施由亲始'，则推墨而附于儒，以释己所以厚葬其亲之意，皆所谓遁辞也。孟子言人之爱其兄子与邻之子，本有差等。书之取譬，本为小民无知而犯法，如赤子无知而入井耳。且人物之生，必各本于父母而无二，乃自然之理，若天使之然也。故其爱由此立，而推以及人，自有差等。今如夷子之言，则是视其父母本无异于路人，但其施之之序，姑自此始耳。非二本而何哉？然其于先后之间，犹知所择，则又其本心之明有终不得而息者，此其所以卒能受命而自觉其非也。"

又曰："所谓一本者，于此见之，尤为亲切。盖惟至亲故如此，在他人，则虽有不忍之心，而其哀痛迫切，不至若此之甚矣。反，覆也。虆，土笼也。梩，土罾也。于是归而掩覆其亲之尸，此葬埋之礼所由起也。此掩其亲者，若所当然，则孝子仁人所以掩其亲者，必有其道，而不以薄为贵矣。"

【评析】

儒墨两家，当时均为显学，但其学问却多有不同。本章涉及两大问题：在对待他人的态度上，儒家主张以仁爱之心推己及人，即"老吾老，以及人之老；幼吾幼，以及人之幼"。墨家主张兼爱；在父母丧事问题上，儒家多主张厚葬，而墨家主张从俭。夷子是墨家之徒，孟子是儒家之徒，二人通过孟门弟子徐子，展开了对学理的讨论。

平心而论，儒家推己及人之说，比墨家兼爱之说更近人情，但儒家的厚葬主张却没有墨家的薄葬主张有说服力。孟子反驳夷子时，先把墨家的薄葬主张加以夸大，与上古的"野葬"相提并论，以此论证自家厚葬为正确，这种做法未必值得称道。

【史例解读】

我国历史上第一位提出"薄葬"的君王

我国自古以来厚葬是主流。汉朝更是达到了一个鼎盛的时期。当时的文化，以儒家为主，而儒家是重孝道的，所以，"孝莫重乎丧"，"以孝治天下"的统治者重视丧葬，也不全是为了满足自己的物质占有欲望。

东汉末年魏王曹操（死后谥封魏武帝）一反厚葬的传统，推崇薄葬，是我国君王丧葬历史上的一个重要转折点，后来他的儿子曹丕也跟随他简葬。这样，从魏晋以后，薄葬的君王逐渐多了起来。

卷六　滕文公下

【题解】

　　本篇共十章。主要的内容是：孟子强调士大夫要有"大丈夫"的气概，在立身行世方面要注重节操；要做到"富贵不能淫，贫贱不能移，威武不能屈"；要做到"居天下之广居，立天下之正位，行天下之大道；得志与民由之，不得志独行其道"。孟子认为，士大夫作为一个学人，学有成就，应该为天下、国家贡献力量。即使是急于做官，也是应该的，是无可非议的。但是，官职的取得，"必依其道"。

　　本篇第一、二、三、七、十各章，都涉及对士的出路问题的论述。孟子在与时人和弟子的交谈中，不止一次遇到对"不见诸侯"的做法表示怀疑或不解。从孟子的解释看来，他的态度包含两个方面：既要保持人格的独立与自尊，但也不故作清高，摆出一副拒人于门外的架子。在第三章所记与周霄的问答中，孟子道出了这两方面态度的深层动因，君子急于出仕，但又必须走正道。他的意思，一是手段与途径必须讲原则，反对以利益衡量行为的主张，我们可以称之为"非功利的道德观"；二是君子必须用世而有为，我们可以称之为"实践品格"。这两个互为补充的方面，也就是儒家的"中庸"原则在出处问题上的具体表现。

　　本篇其他各章，是对士之价值与使命（第四、九章）、仁政之意义与推行仁政之决心（第五、八章）、举贤授能（第六章）等问题的论述，其中尤其值得注意的是第九章，既可由此了解孟子与杨朱、墨翟学说的分歧所在，也可见他以"正人心，息邪说"自命的道义担待，这正是孟子一生理想所系。

一

【原文】

陈代曰①："不见诸侯，宜若小然②；今一见之，大则以王，小则以霸。且志曰：'枉尺而直寻③'，宜若可为也。"

孟子曰："昔齐景公田，招虞人以旌，不至④，将杀之。志士不忘在沟壑，勇士不忘丧其元⑤。孔子奚取焉？取非其招不往也。如不待其招而往，何哉？且夫枉尺而直寻者以利言也。如以利，则枉寻直尺而利，亦可为与？昔者赵简子使王良与嬖奚乘⑥，终日而不获一禽。嬖奚反命曰：'天下之贱工也。'或以告王良。良曰：'请复之。'强而后可，一朝而获十禽。嬖奚反命曰：'天下之良工也。'简子曰：'我使掌与女乘。'谓王良。良不可，曰：'吾为之范我驰驱⑦，终日不获一；为之诡遇⑧，一朝而获十。《诗》云："不失其驰，舍矢如破⑨。"我不贯与小人乘，请辞。'御者且羞与射者比⑩；比而得禽兽，虽若丘陵，弗为也。如枉道而从彼，何也？且子过矣！枉己者，未有能直人者也。"

【注释】

①陈代：孟子弟子。②小：小节。③枉尺而直寻：屈一尺可得伸直八尺。寻：八尺。意思是小有所屈必大有收获。④招虞人以旌：古代君王有所召唤，视所召唤者的身份地位出示相应的信物，旌是召唤大夫所用，召唤虞人该用皮冠。虞人：守苑囿的吏。⑤元：头。⑥赵简子：晋国正卿赵鞅。王良：春秋末年善于驾车的人。奚：人名。⑦范：法度。⑧诡遇：指不依法度驾驭。⑨舍矢：发箭。如：而。破：破的，指射中猎物。引诗见《诗经·小雅·车攻》。⑩比：合作。

【译文】

陈代说："不去谒见诸侯，好像有些过分拘泥小节似的。现在您去见一见，从大处说可以行仁政，使天下归服，从小处说可以成就王者的霸业。况且《志》说：'委曲一尺可以伸张八尺'，好像是可行的。"

孟子说："从前齐景公打猎，用旌旗召唤管猎场的人，那人不来，齐景公要杀他。有志之士不怕弃尸沟壑，勇敢的人不怕丢掉脑袋。孔子赞同他什么？就是赞同这点：违背礼的召唤，他不去。假如不等待人家的召唤就去，那算什么？况且所谓委曲一尺而伸张八尺，这是根据功利来说的。如果以功利为根据，那么，委曲八尺伸张一尺而有利，也可以做吗？从前赵简子命令王良为他的宠幸小臣奚驾车，一整天都没有猎获一只禽兽。小臣奚回去禀告说：'王良是个拙劣的驾车人。'有人把这话告诉王良。王良说：'请让我再来一次。'奚勉强同意了，一个上午就猎获了十只禽兽。小臣奚回去禀告说：'王良是个了不起的驾车人。'赵简子说：'我让他专门为你驾车。'就跟王良说。王良不同意，说：'我为他规规矩矩驾车，一整天打不着一只；为他不守规矩驾车，一个上午就打着了十只。《诗经》说："跑起车来中规矩，发出箭去必破的。"我不习惯为小人驾车，请允许我推辞。'驾车人尚且羞于跟坏射手合作；合作而猎获禽兽，即使是堆积如山，也不干。假如委曲真理而跟从诸侯，那又算什么？再说，你的说法也不对呀，背弃自己主张的人，是不能去改正别人的。"

【历代论引】

杨氏曰："何其不自重也，枉己其能直人乎？古之人宁道之不行，而不轻其去就；是以孔孟虽在春秋战国之时，而进必以正，以至终不得行而死也。使不恤其去就而可以行道，孔孟当先为之矣。孔孟岂不欲道之行哉？"

朱子曰："志士固穷，常念死无棺椁，弃沟壑而不恨；勇士轻生，常念战斗而死，丧其首而不顾也。此二句，乃孔子叹美虞人之言。夫虞人招之不以其物，尚守死而不往，况君子岂可不待其招而自往见之邪？此以上告之以不可往见之意。"

又曰："或曰：'居今之世，出处去就不必中节，欲其中节，则道不得行矣。'"

【评析】

学生陈代劝老师孟子去拜见君王，寻求发展，以成就王者霸业。孟子不同意，他讲了两个道理。一，齐景公召"虞人"不以礼。即使有"不至，将杀之"的威胁，"虞人"也不去。连"虞人"都要礼遇才肯应召，我孟子怎能随便出山呢？二，王良虽只是个车夫，尚且不与小人奚合作，我孟子怎能与那些不像样子的诸侯合作呢？

孟子通过生动的比喻，说明要推行自己的政治学说，不能丧失原则，投君主之所好。这就是：己不正，不能正人。

【史例解读】

曹操断发正己

　　一次麦熟时节，曹操率领大军去打仗，沿途的老百姓因为害怕士兵，都躲到村外，没有一个敢回家收割小麦的。曹操得知后，立即派人挨家挨户告诉老百姓和各处看守边境的官吏：现在正是麦熟的时候，士兵如有践踏麦田的，立即斩首示众。曹操的官兵在经过麦田时，都下马用手扶着麦秆，小心地过，没一个敢践踏麦子的。老百姓看见了没有不称颂的。

　　可这时，飞起一只鸟惊吓了曹操的马，马一下子踏入麦田，踏坏了一大片麦子。曹操要求惩治自己践踏麦田的罪行，官员说："我怎么能给丞相治罪呢？"曹操说："我亲口说的话都不遵守，还会有谁心甘情愿地遵守呢？一个不守信用的人，怎么能统领成千上万的士兵呢？"随即拔剑要自刎，众人连忙拦住。后来曹操传令三军：丞相践踏麦田，本该斩首示众。因为肩负重任，所以割掉自己的头发替罪。

　　曹操断发守军纪的故事一时被传为美谈。

二

【原文】

　　景春曰①："公孙衍、张仪岂不诚大丈夫哉②？一怒而诸侯惧，安居而天下熄。"

　　孟子曰："是焉得为大丈夫乎？子未学礼乎？丈夫之冠也③，父命之。女子之嫁也，母命之，往送之门，戒之曰：'往之女家，必敬必戒，无违夫子④！'以顺为正者，妾妇之道也。居天下之广居，立天下之正位，行天下之大道⑤。得志与民由之；不得志独行其道。富贵不能淫⑥，贫贱不能移，威武不能屈，此之谓大丈夫。"

【注释】

①景春：纵横家。②公孙衍、张仪：都是著名策士。③冠：古时男子二十岁行加冠礼，表示已成人。④女家：通"汝家"，指夫家。夫子：指丈夫。⑤广居：指"仁"。正位：指"礼"。大道：指"义"。⑥淫：过分，指态度傲慢骄狂。

【译文】

景春说："公孙衍、张仪难道不是真正的大丈夫吗？他们一发怒，诸侯就害怕，他们安定下来，天下的战火就熄灭。"

孟子说："这哪里称得上大丈夫呢？你没学过礼吗？男子举行冠礼的时候，父亲训导他。女子出嫁的时候，母亲训导她，送她到门口，告诫她说：'到了你自己家，一定要恭敬，一定要警惕，不要违背丈夫！'把顺从当作正确，这是妇女的原则。住在天下最宽广的住宅"仁"里，站在天下最中正的位置"礼"上，走在天下最开阔的大路"义"行；得志的时候，和老百姓一道走，不得志的时候，自己走自己的路。富贵不能使他骄狂，贫贱不能改变他的心志，威武不能使他屈服，这样才叫作大丈夫。"

【历代论引】

何叔京曰："战国之时，圣贤道否，天下不复见其德业之盛；但见奸巧之徒，得志横行，气焰可畏，遂以为大丈夫。不知由君子观之，是乃妾妇之道耳，何足道哉？"

朱子曰："女家，夫家也。妇人内夫家，以嫁为归也。夫子，夫也。女子从人，以顺为正道也。盖言二子阿谀苟容，窃取权势，乃妾妇顺从之道耳，非丈夫之事也。"

又曰："广居，仁也。正位，礼也。大道，义也。与民由之，推其所得于人也；独行其道，守其所得于己也。淫，荡其心也。移，变其节也。屈，挫其志也。"

【评析】

战国之时，纵横家如张仪之徒，凭三寸不烂之舌，鼓捣于诸侯之间，以至"一怒而诸侯惧"，"安居而天下"战火熄灭。景春以为，这样的人是真正的男子汉大丈夫。

孟子不以为然。他认为，真正的男子汉大丈夫，要住在天下最大的房子（仁）里面，站在天下最正确的位置（礼）上头，走天下最光明的大道（义）上面。男子汉大丈夫，得志的时候，要与天下百姓一起沿着正确的道路前进，要兼济天下；不得志时，也要独自沿着正确的道路前进，独善其身。男子汉大丈夫要富贵不能乱其心，贫贱不能变其志，威武不能屈其节，这样的人，才可以称之为大丈夫。

【史例解读】

富贵不能淫，贫贱不能移

南朝时期，学者范缜出身没落士族之家，历经了宋、齐、梁三代，年轻时求学于著名学者刘瓛门下。范缜虽是身着布衣，脚穿草鞋，但从来没有自惭自卑之感，而是发奋读书，成为刘瓛门生中的佼佼者。

公元507年，范缜写出了传世名著《神灭论》，使得朝野上下一片哗然，更使得笃信佛教的南齐丞相萧子良大为生气。萧子良急忙纠集一批对佛教很有研究的高僧名士撰文围攻范缜，但是谁也拿不出一点具体实例来驳倒范缜。萧子良气急败坏，给范缜扣上"神灭非理，恐伤名教"的罪名。可是这样也没能把范缜吓倒。

萧子良奈何他不得，便派自己的亲信王融用高官厚禄去收买他。王融劝范缜说："你这样有才华，何愁得不到中书郎的位置呢？你为什么非要坚持这种离经叛道的'神灭论'，妨碍了自己的前程呢？不如早点放弃的好啊！"但是王融没有想到，范缜是一个富贵不能淫、贫贱不能移的汉子。他听了后，哈哈大笑，说道："我范缜要是肯卖论求官的话，恐怕早当上了尚书令、中书令之类的大官了，何止一个小小的中书郎啊！"

王融顿时无地自容，悻悻地走掉了。

三

【原文】

周霄问曰①："古之君子仕乎？"

孟子曰："仕。《传》曰：'孔子三月无君，则皇皇如也，出疆必载质②。'公明仪曰：'古之人三月无君则吊。'"

"三月无君则吊，不以急乎？"

曰："士之失位也，犹诸侯之失国家也。《礼》曰：'诸侯耕助以供粢盛③，夫人蚕缫④以为衣服。牺牲不成，粢盛不洁⑤，衣服不备，不敢以祭。惟士无田，则亦不祭。'牲杀、器皿、衣服不备，不敢以祭，则不敢以宴，亦不足吊乎？"

"出疆必载质，何也？"

曰："士之仕也，犹农夫之耕也，农夫岂为出疆舍其耒耜哉？"

曰："晋国亦仕国也⑥，未尝闻仕如此其急。仕如此其急也，君子之难仕，何也？"曰："丈夫生而愿为之有室，女子生而愿为之有家，父母之心人皆有之。不待父母之命、媒妁之言，钻穴隙相窥，逾墙相从，则父母国人皆贱之。古之人未尝不欲仕也，又恶不由其道。不由其道而往者，与钻穴隙之类也。"

【注释】

①周霄：魏国人。②皇皇：形容心不安的样子。质：通"贽"，指见面礼。③助：即"藉"，指藉田，天子和诸侯都有藉田，天子千亩，诸侯百亩。粢（zī）盛（chéng）：祭品，指盛在祭器里的黍稷。④夫人：指诸侯的正妻。缫（sāo）：抽茧出丝。⑤牺牲：为祭祀所杀的牲畜。⑥晋国：指魏国。战国时韩、赵、魏三国，系由晋国分出，称为"三晋"，故魏国自称为晋。

【译文】

周霄问道："古代的君子做官吗？"

孟子说："做官。《传》说：'孔子，三个月没有君主任用他，就忧心忡忡，离开一个国家一定带着备用的见面礼。'公明仪说：'古代的人，三个月没有君主任用，就要去安慰他。'"

"三个月没有君主任用，就要去安慰他，不是太着急了吗？"

孟子说："士人失去官位，就好比诸侯失掉了国家。《礼》说：'诸侯亲自耕种藉田，来供给祭品；夫人亲自养蚕缫丝，来供给祭服。牲畜不肥壮，谷物不干净，祭服不具备，就不敢祭祀。士如果没有田地，那也不能祭祀。'牲畜、祭器、祭服不具备，不敢祭祀，那也就不敢办宴会，这还不该去安慰他吗？"

"离开一个国家一定带着备用的见面礼，这又是为什么？"

孟子说："士人做官，就好比农夫耕田；农夫难道因为离开一个国家就扔掉他的耒和耜吗？"

周霄说："魏国也是一个有官可做的国家，我却不曾听说做官要这么着急的。做官既然是这么急迫的事，君子却不轻易做官，为什么？"

孟子说："男孩子，生下来便希望为他找到妻室；女孩子，生下来便希望为她找到婆家。父母亲的这种心情，人人都有。但是，如果没有父母的命令、媒人的言语，就钻墙洞、扒墙缝互相窥视，爬墙相会，那么，父母和其他人就都会看不起他。古代的人不是不想做官，但又厌恶不从正道找官做。不从正道去做官的，跟钻墙洞、扒墙缝是一样的。"

【历代论引】

《礼》曰："诸侯为借百亩，冕而青纮，躬秉耒以耕，而庶人助以终亩。收而藏之御廪，以供宗庙之粢盛。使世妇蚕于公桑蚕室，奉茧以示于君，遂献于夫人。夫人副袆受之，缫三盆手，遂布于三宫世妇，使缫以为黼黻文章，而服以祀先王先公。"

又曰："士有田则祭，无田则荐。"

朱子曰："霄意以孟子不见诸侯为难仕，故先问古之君子仕否，然后言此以风切之也。男以女为室，女以男为家。妁，亦媒也。言为父母者，非不愿其男女之有室家，而亦恶其不由道。盖君子虽不洁身以乱伦，而亦不徇利而忘义也。"

【评析】

本章论君子出仕之道。孟子认为，古来君子皆欲求仕，就像男子要娶妻、女子要出嫁一样，十分自然。但是，如出仕"不由其道"，就像男女"不待父母之命、媒妁之言"而自相媾和一样，君子再想出仕，也不会这么去做。

【史例解读】

父母之命，媒妁之言

苏东坡的第一任妻子王弗是他生活中很出色的助手。公元1054年，就在进京赶考之前，十八岁的青年才子苏东坡娶了十五岁的王弗。

虽然这是一桩典型的"父母之命，媒妁之言"的婚姻，但是王弗却很快成为苏东坡生活中的好帮手。少年夫妻情深义重自不必说，更难得的是王弗蕙质兰心，明事理。她知道苏东坡勤读苦学，就陪伴他读书，"终日不去"，对于书中记事，东坡偶有遗忘，她都能从旁提醒，东坡问她其他书籍，她也都能记得。

东坡往往把与之交往的每个人都当成好人，自称"眼前见天下无一个不好人"，于是王弗总是躲在屏风的后面屏息静听。

有一天，一位客人走后，她问丈夫："这个人说话首鼠两端，他只是留心听你要说什么，你还费那么多工夫跟他说话干什么？"

苏东坡与王弗共同生活了十一年。公元1065年，5月8日，二十六岁的王弗不幸病逝。王弗去世后，东坡一直对她念念不忘。

四

【原文】

彭更问曰[①]："后车数十乘，从者数百人，以传食于诸侯，不以泰[②]？"

孟子曰："非其道，则一箪食不可受于人；如其道，则舜受尧之天下不以为泰，子以为泰乎？"

曰："否，士无事而食，不可也。"

曰："子不通功易事，以羡补不足[③]，则农有余粟，女有余布；子如通之，则梓匠轮舆皆得食于子[④]。于此有人焉，入则孝，出则悌，守先王之道，以待后之学者[⑤]，而不得食于子，子何尊梓匠轮舆而轻为仁义者哉？"

曰："梓匠轮舆，其志将以求食也；君子之为道也，其志亦将以求食与？"

曰："子何以其志为哉？其有功于子，可食而食之矣。且子食志乎？食功乎？"

曰："食志。"

曰："有人于此，毁瓦画墁⑥，其志将以求食也，则子食之乎？"

曰："否。"

曰："然则子非食志也，食功也。"

【注释】

①彭更：孟子弟子。②传（zhuàn）食：转食。泰：过分，过甚。③通功易事：各个不同的职业互通有无。羡：剩余。④梓、匠：即梓人、匠人，指木工。轮：轮人，制车轮的人。舆：舆人，制车厢的人。⑤待：持，扶助。⑥墁（màn）：墙壁上的涂饰。

【译文】

彭更问道："跟随其后的车有几十辆，跟从其后的人有几百人，在诸侯之间转来转去找饭吃，这不是太过分了吗？"

孟子说："如果不符合原则，那就一筐饭也不从别人那里接受；如果符合原则，那么，舜接受尧的天下，也不以为过分——你认为过分吗？"

彭更说："不对。士人不干活就吃饭，是不可以的。"

孟子说："你如果不让各种行当互通有无，交换成果，用多余的来补充不足的，农民就有多余的粮食，妇女就有多余的布帛；你如果让他们互通有无，那么，木匠和车工就都可以从你那里得到吃的。这里有个人，在家就孝敬父母，在外就尊敬长辈，严守着古代圣王的道义，等待将来的读书人发扬光大，却不能从你那里得到吃的，你为什么尊重工匠和车工而轻视施行仁义的人呢？"

彭更说："工匠和车工，他们的动机就是谋饭吃；君子实行道义，他们的动机也是谋饭吃吗？"

孟子说："你为什么要论动机呢？如果他们对你有功劳，可以给吃的就给他们吃的好了。而且你是为了报答动机给饭吃？还是为了报答功劳给饭吃？"

彭更说:"报答动机。"

孟子说:"有人在这里毁坏屋瓦,在新刷的墙上乱画,他的动机是谋饭吃,那你给他饭吃吗?"

彭更说:"不。"

孟子说:"那么,你不是为了报答动机给饭吃,而是为了报答功劳给饭吃。"

【历代论引】

朱子曰:"言不以舜为泰,但谓今之士无功而食人之食,则不可也。"

又曰:"孟子言自我而言,固不求食;自彼而言,凡有功者则当食之。"

又曰:"毁瓦画墁,言无功而有害也。既曰食功,则以士为无事而食者,真尊梓匠轮舆而轻为仁义者矣。"

【评析】

孟子带着几百个弟子,分坐几十辆车,周游列国,走到哪里,就吃到哪里。诸侯们都要招待他们师徒。他的弟子彭更觉得这么做太过分了。

但孟子认为,只要得之有道,并不过分。他认为,社会就是要通过交换,以余补不足。如果那些扶持后学的君子没饭吃,那些不耕作的木匠怎么能有饭吃呢?意思是,仁义之士凭知识仁义换饭吃,理所当然。当弟子就老师用仁义王道换饭吃的动机提出疑问时,孟子进一步指出,仁义之士凭自己帮诸侯治国的功劳吃饭。

孟子虽是圣人,但他不耕不织,却也要穿衣吃饭。在几千年前的农业社会里,孟子对商品经济有如此见解,是很了不起的。

【史例解读】

谁的功劳大

汉初,天下已定,刘邦准备论功封赏有功之臣。结果功劳簿出来以后,萧何功劳居第一,很多跟随刘邦出生入死的将军就非常不满,他们的嚷嚷声惊动了刘邦。

刘邦就问:"怎么回事啊?"

众将军说:"我们跟随大王,辗转南北,大小仗无数,是我们冲锋陷阵,攻城略地,为大王打的天下。为什么身上没有一处伤,没有上过战场的萧何的功劳是第一呢?我们不服,请大王给个说法。"

刘邦笑着说:"萧何是运筹帷幄之中,决胜千里之外,他虽然没有上过战场,就像打猎,追杀兽兔的的确是猎狗,但发命令、作决断的是人,你们的功劳如猎狗,萧何的功劳如猎人。况且,你们都是一个人跟着我打仗,萧何家中数十人都跟着我打仗。"众人便不敢再说什么。

这时有人大臣出来说话:"你们怎么能忘了萧何的功劳,皇上跟西楚霸王打了整整五年,在这五年中,多少次战败离散,是谁给你们增援后备军?是谁让你们吃穿无忧?是萧何!"

这位大臣进一步质问:"没有曹参,汉朝还会赢,没有萧何,情况会变怎样?"

五

【原文】

万章问曰①:"宋,小国也,今将行王政,齐楚恶而伐之,则如之何?"

孟子曰:"汤居亳,与葛为邻,葛伯放而不祀②。汤使人问之曰:'何为不祀?'曰:'无以供牺牲也。'汤使遗之牛羊。葛伯食之,又不以祀。汤又使人问之曰:'何为不祀?'曰:'无以供粢盛也。'汤使亳众往为之耕,老弱馈食。葛伯率其民,要其有酒食黍稻者夺之③,不授者杀之。有童子以黍肉饷,杀而夺之。《书》曰:'葛伯仇饷④。'此之谓也。为其杀是童子而征之,四海之内皆曰:'非富天下也,为匹夫匹妇复仇也。''汤始征,自葛载⑤',十一征而无敌于天下。东面而征,西夷怨;南面而征,北狄怨,曰'奚为后我?'民之望之,若大旱之望雨也。归市者弗止,芸者不变⑥,诛其君,吊其民,如时雨降。民大悦。《书》曰:'徯我后,后来其无罚!''有攸不惟臣,东征,绥厥士女,匪厥玄黄,绍我周王见休,惟臣附于大邑周⑦。'其君子实玄黄于篚以迎其君子;其小人箪食壶浆以迎其小人。救民于水火之中,取其残而已矣。《太誓》曰⑧：'我武惟扬，侵于之疆⑨，则取于残，杀伐用张，于汤有光。'不行王政云尔。苟行王政，四海之内皆举首而望之，欲以为君。齐楚虽大，何畏焉？"

【注释】

①万章：战国时期齐国人，孟子弟子。②亳（bó）：在今河南商丘北。葛：古国名，故城在今河南宁陵北。放：放肆，放纵。③要（yāo）：拦截。④葛伯仇饷：见今本《尚书·仲虺之诰》。饷：馈赠。⑤载：开始。⑥芸：通"耘"。⑦"有攸不惟臣"以下数句：见今本《尚书·武成》。攸：古国名。惟：为。玄黄：这里指代布帛。休：美。⑧《太誓》：《尚书·周书》中篇名。⑨于：古国名，即"邘"。

【译文】

万章问道："宋，是个小国；如今要实行仁政，齐国、楚国厌恶它而加以讨伐，怎么办？"

孟子说："汤住在亳，和葛国是邻国，葛伯放肆，不举行祭祀。汤派人问他：'为什么不祭祀？'他说：'没有祭祀用的牲畜。'汤派人送他牛羊。葛伯吃掉了牛羊，却不用来祭祀。汤又派人问他：'为什么不祭祀？'他说：'没有祭祀用的谷米。'汤派亳的老百姓去为他耕种，老弱的人为他们送饭。葛伯带着他的老百姓，拦住那些带着酒食黍稻的送饭者，抢夺他们，不给的就杀掉。有个孩子去送饭和肉，葛伯竟把他杀了，抢走饭和肉。《尚书》说：'葛伯仇视送饭者。'说的就是这个。汤为了葛伯杀掉这个小孩子而讨伐他，四海之内都说：'他不是为天下的财富，而是为平民百姓报仇。'汤的征伐，从葛国开始，出征十一次而无敌于天下。他向东边出征，西边各族的老百姓就埋怨；他向南边出征，北边各族的老百姓就埋怨，说，'怎么把我们放在后面？'老百姓盼望他，就像大旱时节盼望下雨。做生意的没停过买卖，种田的照样下地。汤杀掉他们的君主，安抚当地的人民，这也和及时的雨落下来一样，老百姓很高兴。《尚书》说：'等待我们的君王，君王来了我们就不再受刑罚！'又说：'攸国不肯臣服，周王就向东征伐，安抚那里的男男女女，他们把黑色的、黄色的布帛盛满了筐，请求介绍自己一见周王，得到光荣，希望臣服于大周国。'当地的官员把黑色的、黄色的布帛盛满了筐来迎接官员，当地的百姓用箪盛着饭，用壶盛着酒浆来迎接士卒；周王出师把老百姓从水火之中解救出来，只收拾那残暴的君主。《太誓》说：'我们的威武大发扬，攻入邢国的疆界，收拾邢国的暴君，于是有伸张正义的杀伐，比起汤来更辉煌。'不实行仁政也就罢了。如果实行仁政，四海之内的人们都抬头盼望他，要请他来做君王。齐国和楚国纵然强大，有什么可怕的呢？"

【历代论引】

尹氏曰："为国者能自治而得民心，则天下皆将归往之，恨其征伐之不早也。尚何强国之足畏哉？苟不自治，而以强弱之势言之，是可畏而已矣。"

朱子曰："武王能顺天休命，而事之者皆见休也。臣附，归服也。孟子又释其意，言商人闻周师之来，各以其类相迎者，以武王能救民于水火之中，取其残民者诛之，而不为暴虐耳。"

【评析】

万章问老师，宋为小国，若行仁政，齐楚将伐，怎么办？

孟子说，如果行仁政，"四海之内皆举首而望之，欲以为君，齐楚虽大，何畏焉？"他举了几个例子，证明"仁者无敌"，一是商汤征讨葛国等诸侯的例子，二是周王征讨攸国、邢国等诸侯的例子，从而说明，诸侯如果实行仁政，则不仅会得到本国人民的拥护，也会得到暴君所在国人民的拥护。因此，君子要么不战，战则必胜。

《孟子》中反复讲过"仁者无敌"，一般包含如下意思：仁者行仁政，则民富国强，人民听命，四海归心；暴君行暴政，则民贫国弱，君臣离心；仁者若征战，暴君之民，必如禾苗盼春雨，所以仁者无敌于天下。可见他的"仁者无敌"思想有其进步意义和合理成分，但也有过于夸张的地方。

六

【原文】

孟子谓戴不胜曰①："子欲子之王之善与？我明告子。有楚大夫于此，欲其子之齐语也，则使齐人傅诸②。使楚人傅诸？"

曰："使齐人傅之。"

曰："一齐人傅之，众楚人咻之③，虽日挞而求其齐也，不可得矣；引而置之庄岳之间数年④，虽日挞而求其楚，亦不可得矣。子谓薛居州⑤善士也，使之居于王所。在于王所者，长幼卑尊皆薛居州也，王谁与为不善？在王所者，长幼卑尊皆非薛居州也，王谁与为善？一薛居州，独如宋王何？"

【注释】

①戴不胜：孟子同时人，宋国的臣。②傅：辅佐，教导。③咻（xiū）：喧嚷。④庄岳：庄街、岳里，均在齐都临淄。⑤薛居州：宋国的臣。

【译文】

孟子对戴不胜说："你要你的王学好吗？我明白告诉你。假如有个楚国的大夫在这里，要他的儿子学会齐国话，那么，让齐国人教他？还是让楚国人教他？"

戴不胜说："让齐国人教他。"

孟子说："一个齐国人教他，许多楚国人向他嚷嚷，即使天天鞭打他，逼他说齐国话，他也办不到；若带着他到齐国的庄街岳里住上几年，即使天天鞭打他，逼他说楚国话，他同样也是办不到的。你说薛居州是个好人，让他住在王宫里。如果住在王宫里的人，不论老少尊卑都是薛居州，王和谁去做坏事？如果住在王宫里的人，不论老少尊卑都不是薛居州，王和谁去做好事？一个薛居州，能把宋王怎么样呢？"

【历代论引】

朱子曰："戴不胜，宋臣也。齐语，齐人语也。傅，教也。咻，讙也。齐，齐语也。庄岳，齐街里名也。楚，楚语也。此先设譬以晓之也。"

又曰："言小人众而君子独，无以成正君之功。"

【评析】

用类比论证法说明自己的观点，是春秋战国时代普遍使用的方法，其好处是形象生动，容易理解，叫人难忘。

宋国大臣戴不胜请教孟子，问有无办法让宋王向善。孟子本来可以这样说，让宋王周围都是些善人，宋王就会学好了。但这样回答很抽象，不易理解，更记不住。于是，孟子讲了个故事：有位楚国大夫想教他的儿子说齐国话，当然要让齐国人教他。但是，一个齐国人教他，却有许多楚国人打扰，即使每天鞭打他，逼他说齐国话，他也是做不到的。如果带他在临淄的庄街、岳里住上几年，即使你每天鞭打他逼他说楚国话，他也是做不到的。

孟子说，你说薛居州是个好人，让他居住在宋王王宫里，如王宫中都是好人，宋王与谁干出坏事来？如果王宫中都不是好人，那宋王又同谁做出好事来？一个薛居州能把宋王怎么样？可见，客观条件也是关乎事情成败的一个重要因素。

【史例解读】

一傅众咻

司马遹是晋武帝司马炎的孙子，他五岁时，有一天皇宫失火，司马炎登上高楼远望，司马遹赶紧拉着司马炎的衣服，躲到昏暗的角落，说道："夜里突然出事，敌暗我明，您不可以站在明亮的地方，让人看见您。万一有人意图不轨，岂不是将自己暴露于危险之中吗？"

司马炎从此对司马遹刮目相看，在群臣面前多次称赞他有司马懿之风。望孙成龙的司马炎还亲自挑选贤能的人担任司马遹的老师以及身边的臣属。但是小时聪颖的司马遹，长大后竟然只知和亲近的人嬉游玩乐。大臣江统看得忧心忡忡，上书给司马遹，劝他应经常面见师傅，请教为善之道。另一位臣属杜锡也时常规劝太子。

但是一傅众咻，司马遹的身边围绕着的都是一些宦官，在他们的引诱纵容下，司马遹在沉迷玩乐之余，性格日趋傲慢，连每天早上问候父皇的活动都忽略了。由于生母出身屠户，司马遹居然对买卖猪肉很感兴趣，在宫廷里扮作卖猪肉的老板，叫手下的人买卖酒肉，而他亲手拈分量，功力好到斤两无误。

大臣们的逆耳忠言，司马遹非但不听还当成耳边风，而且十分讨厌他们。有一次因为嫌杜锡啰嗦，把针预先放在他常坐的毯子里，把他的屁股都扎出血来了。司马遹自毁前途，最后被废黜。

七

【原文】

公孙丑问曰:"不见诸侯何义?"

孟子曰:"古者不为臣不见。段干木逾垣而避之①,泄柳闭门而不纳②,是皆已甚;迫,斯可以见矣。阳货欲见孔子而恶无礼,大夫有赐于士,不得受于其家,则往拜其门。阳货瞰孔子之亡也③,而馈孔子蒸豚,孔子亦瞰其亡也,而往拜之。当是时,阳货先,岂得不见?曾子曰:'胁肩谄笑,病于夏畦④。'子路曰:'未同而言,观其色赧赧然,非由之所知也⑤。'由是观之,则君子之所养可知已矣。"

【注释】

①段干木:姓段干,名木,战国初年魏文侯时贤者,曾师事孔子弟子子夏,守道不仕。②泄柳:春秋鲁国人。鲁穆公曾亲自登门会见,泄柳闭门不纳,后为鲁穆公臣。③瞰(kàn):窥伺,看望。④胁肩谄笑:缩敛肩膀,假装笑脸。畦(xí):田园。⑤赧赧(nǎn):因惭愧而脸红的样子。由:仲由,即子路。

【译文】

公孙丑问道:"不去谒见诸侯,是什么道理?"

孟子说:"古时候,不是臣属的话,就不去谒见。段干木翻墙以躲避魏文侯,泄柳关起门来不见鲁穆公,这都太过分了。如果对方勉强要见,是可以见的。阳货要孔子来见,又不愿自己失礼。大夫对士有所赏赐,士如果没能在家里亲自接受,就该前往大夫家里去拜谢。于是阳货就等孔子不在家时,送小蒸猪给孔子。孔子也等阳货不在家时,前往拜谢。在这个时候,如果阳货先来见孔子,孔子难道不见他?曾子说:'耸着肩膀,做出媚笑,比夏天在菜园里干活还累。'子路说:'跟别人不同道,却又上去搭话,看他的脸色,还一副惭愧的样子,这我就不懂了。'由此来看,君子怎样修身养性,可以懂得了。"

【历代论引】

朱子曰:"此又引孔子之事,以明可见之节也。欲见孔子,欲召孔子来见己也。恶无礼，畏人以己为无礼也。受于其家，对使人拜受于家也。其门，大夫之门也。瞰，窥也。阳货于鲁为大夫，孔子为士，故以此物及其不在而馈之，欲其来拜而见之也。先，谓先来加礼也。"

又曰："孟子言由此二言观之，则二子之所养可知，必不肯不俟其礼之至，而辄往见之也。此章言圣人礼义之中正，过之者伤于迫切而不洪，不及者沦于污贱而可耻。"

【评析】

孟子不去拜见诸侯，当然也就难以做官，难以实现理想。弟子公孙丑问他，这是"何义"？

孟子说，古时一个人如不是诸侯之臣，便不去拜见诸侯。他举了三个例子：段干木不见魏文侯，泄柳对鲁穆公闭门谢客，孔子不见阳货。为什么贤士们都这样呢？孔门大弟子曾参和子路的话说得明白，贤士虽然在野，也不能谄媚于长官诸侯。

由此看来，君子应该培养自己的节操，那培养怎样的节操呢？自然是："富贵不能淫，贫贱不能移，威武不能屈。"

【史例解读】

不为五斗米折腰

陶渊明又名陶潜，是我国最早的田园诗人。

公元405年秋，他为了养家糊口，来到离家不远的彭泽县当了县令。这年冬天，郡的太守派出一名督邮，到彭泽县来督察。督邮权位虽低，却喜欢仗势欺人。这次派来的督邮刘云，是个粗俗而又傲慢的人，以凶狠贪婪闻名远近，每年两次以巡视为名向辖县索要贿赂，每次都是满载而归，否则便栽赃陷害。他一到彭泽，就差县吏去叫县令来见他。陶渊明平时蔑视功名富贵，不肯趋炎附势，对这种假借上司名义发号施令的人很瞧不起，但也不得不去见一见，于是他马上动身。

不料县吏拦住陶渊明说："大人，督邮说了，'参见督邮要穿官服，束大带'，不然有失体统。"

卷六 滕文公下

陶渊明本来就不愿去见督邮，这下终于忍不住了，于是，长叹一声，道："我不能为五斗米向乡里小人折腰！"折身返回，挂冠而去，辞职归乡。

八

【原文】

戴盈之曰①："什一②，去关市之征，今兹未能③，请轻之，以待来年，然后已，何如？"

孟子曰："今有人日攘其邻之鸡者④，或告之曰：'是非君子之道。'曰：'请损之，月攘一鸡，以待来年，然后已。'如知其非义，斯速已矣，何待来年？"

【注释】

①戴盈之：宋国大夫。②什一：十分抽一的田赋。③兹：年。④攘（rǎng）：盗窃。

【译文】

戴盈之说："地租以十分抽一为税率，免除关卡和集市的赋税，今年还办不到，请让我们先减轻一些，等到来年，然后完全实行，怎么样？"

孟子说："现在有个人每天偷邻居家的鸡，有人告诉他说：'这不是君子的做法。'他说：'请让我减少一些，每个月偷一只鸡，等到来年，然后完全改正。'如果知道做法不合道义，就赶快完全改掉啦，为什么要等到来年？"

【历代论引】

朱子曰："什一，井田之法也。关市之征，商贾之税也。"

又曰："知义理之不可而不能速改。与月攘一鸡何以异哉？"

【评析】

孟子一直主张税收要轻，要让老百姓过上富足的日子。宋国大夫戴盈之对孟子说："只按十分抽一来收税，免去关卡和集市上的赋税，今年还办不到，想先减轻一点税，以等待来年，然后完全实行，怎么样？"

于是孟子讲了个寓言故事，用偷鸡人比喻宋国君主，比喻戴盈之；用偷鸡比喻宋国过重的赋税。最后说，如果知道税重了不对，这就应迅速停止，为什么要等到来年呢？否则，错误依然是错误。

【史例解读】

月攘一鸡

宋朝文学家苏辙，十九岁时和哥哥苏轼同登进士。

神宗时，王安石执政三司条例司，命苏辙为下属。王安石推行青苗法，在条款的制订中，苏辙与吕惠卿因意见相左而发生争执，上诉于王安石，王安石赞同苏辙的意见，决定暂缓《青苗法》的出台，以俟准备工作更臻完善。就在这个当口，有人向王安石陈述了京东路黎庶渴望《青苗法》早日推行之状，并主动要求在京东路试行，使得王安石于一夜之间改变了态度，决定尽早推行《青苗法》。苏辙力陈不可，结果被贬为河南推官。

王安石下台后，苏辙又被召入朝，先后担任右司谏，累迁御史中丞、尚书右丞、门下侍郎。公元1093年，宋哲宗亲政后，任用主张变法的大臣，对守旧派、中间派进行打击，恢复免役法、保甲法、青苗法等，苏辙上表大力反对说："自从熙宁年推行青苗和免役二法，至今已经二十余年，法例和刑罚日益严苛，但是盗贼却日益增加，国家收上来的谷帛日益减少。细数其害处，不可胜言。现在免役之法已经取消。可是青苗法却因循旧例，稍加损益，难道是要慢慢地推行月攘一鸡之道吗？"

但是宋哲宗根本听不进去，把苏辙等人流放到岭南。此后十年间，苏辙终日默坐，不与外人相见，直至故去。

九

【原文】

公都子曰①："外人皆称夫子好辩，敢问何也？"

孟子曰："予岂好辩哉？予不得已也。天下之生久矣，一治一乱。当尧之时，水逆行，氾滥于中国，蛇龙居之，民无所定。下者为巢，上者为营窟②。《书》曰：'洚水警余③。'洚水者，洪水也。使禹治之。禹掘地而注之海，驱蛇龙而放之菹④；水由地中行，江、淮、河、汉是也。险阻既远，鸟兽之害人者消，然后人得平土而居之。"

"尧舜既没，圣人之道衰，暴君代作，坏宫室以为污池⑤，民无所安息；弃田以为园囿，使民不得衣食。邪说暴行又作，园囿、污池、沛泽多而禽兽至。及纣之身，天下又大乱。周公相武王诛纣，伐奄，三年讨其君，驱飞廉于海隅而戮之⑥，灭国者五十，驱虎、豹、犀、象而远之，天下大悦。《书》曰⑦：'丕显哉，文王谟！丕承者，武王烈⑧！佑启我后人，咸以正无缺。'

"世衰道微，邪说暴行有作⑨，臣弑其君者有之，子弑其父者有之。孔子惧，作《春秋》⑩。《春秋》，天子之事也。是故孔子曰：'知我者其惟《春秋》乎！罪我者其惟《春秋》乎！'

"圣王不作，诸侯放恣，处士横议，杨朱、墨翟之言盈天下⑪。天下之言不归杨则归墨。杨氏为我，是无君也；墨氏兼爱，是无父也。无父无君，是禽兽也。公明仪曰：'庖有肥肉，厩有肥马，民有饥色，野有饿莩，此率兽而食人也。'杨墨之道不息，孔子之道不著，是邪说诬民，充塞仁义也。仁义充塞则率兽食人，人将相食。吾为此惧，闲先圣之道⑫，距杨墨，放淫辞，邪说者不得作。作于其心，害于其事；作于其事，害于其政。圣人复起，不易吾言矣。

"昔者禹抑洪水而天下平，周公兼夷狄，驱猛兽而百姓宁，孔子成《春秋》而乱臣贼子惧。《诗》云：'戎狄是膺，荆舒是惩，则莫我敢承⑬。'无父无君，是周公所膺也。我亦欲正人心，息邪说，距诐行，放淫辞，以承三圣者。岂好辩哉？予不得已也。能言距杨墨者，圣人之徒也。"

【注释】

①公都子：孟子弟子。②营窟：土屋，穴居。③洚（jiàng）水警余：《尚书》逸篇里的话。洚水：大水。④菹（zū）：水草多的沼泽地。⑤代作：更代而作，不断出现。污池：蓄水的池子。⑥伐奄，三年讨其君：这是周成王时的事。飞廉：传说中善跑的人，为纣王所用。⑦《书》曰：以下所引，见今本《尚书·周书·君牙》。⑧丕：宏大。谟：谋略。承：继承。烈：功绩，事业。⑨有：通"又"。⑩《春秋》：古代编年体史书，相传孔子据鲁史修订而成。⑪处士：

不做官而居家的士人。杨朱：战国时魏人，晚于墨翟，早于孟子。墨翟：战国时鲁人，或说宋人，学说详见《墨子》。⑫闲：防御，捍卫。⑬承：抵抗。引诗出自《诗经·鲁颂·閟宫》。

【译文】

公都子说："别人都说先生喜欢辩论，请问这是为什么呢？"

孟子说："我难道喜欢辩论吗？我是不得已啊。天下有人类以来很久了，太平一时，动乱一时。在尧的时候，水倒流，在中国泛滥，陆地成为蛇和龙的居所，使老百姓无处安身。低地的人在树上做巢，高地的人挖洞穴而居。《尚书》说：'洚水警告我们。'洚水就是洪水。于是让禹来治水。禹挖地而把水导流入海，把蛇和龙赶到多草的沼泽；水从大地上穿行而过，这就是长江、淮河、黄河、汉水。险阻远离了人类，害人的鸟兽消灭了，从此以后人才能在平地上居住。"

"尧、舜死后，圣人之道衰落，暴君一代又一代地出现，他们毁坏房屋来造深池，老百姓无处安身。荒废农田来建园林，使老百姓得不到吃穿。这时又出现荒谬的学说、残暴的行为。园林、深池、沼泽一多，禽兽也跟着来了。到了纣的时候，天下又大乱。周公辅佐武王杀掉纣，又讨伐奄国三年，杀掉奄国的国君，把飞廉赶到海边杀掉了他。灭了五十个国家，把老虎、豹子、犀牛、大象赶到远方。天下人很高兴。《尚书》说：'伟大而显赫啊，文王的谋略！伟大的继承者啊，武王的功烈！庇佑我们，启发我们，直到后代，使大家都正确而没有错误。'

"时世衰落，道义微茫，荒谬的学说和残暴的行为又出现了，有臣子杀掉他的君主的，有儿子杀掉他的父亲的。孔子为此忧虑，写了《春秋》。《春秋》说的是天子的事情。所以孔子说：'了解我的可以只凭《春秋》这部书了！怪罪我的也可以只凭《春秋》这部书了！'

"从此圣王不曾出现过，诸侯放肆纵恣，一般读书人也乱发议论，杨朱、墨翟的学说充满了天下。天下种种议论，不是归附杨朱，就是归附墨翟。杨氏讲的是'为我'的道理，这叫不把君主当回事，墨氏讲的是'兼爱'的道理，这叫不把父亲当回事。目中无父，目中无君，这是禽兽啊。公明仪说：'厨房里有肥肉，马厩里有肥马，但是老百姓面有饥色，田野上有饿死的尸体，这是带领野兽吃人。'杨、墨的学说不消灭，孔子的学说就不能发扬，这就是荒谬的学说在欺骗百姓，堵塞了仁义的道路。仁义的道路被堵塞，就等同带领禽兽吃人，人们之间互相残杀。我为此忧虑，因而捍卫古代圣人的学说，抵制杨、墨，驳斥荒诞的言论，使发布谬论的人起不来。种种谬论从心里产生，就会妨害行动；妨害了行动，也就妨害了政治。如果圣人再出现，也不会抛弃我的这番话。

"从前禹平息了洪水而天下太平，周公兼并了夷狄、赶跑了猛兽而百姓安宁，孔子作成了《春秋》而叛乱的臣子、作逆的儿子感到害怕。《诗经》说：'戎狄是要防范的，荆舒是要严惩的，那就没有人能抵御我。'目中无父、目中无君，是周公所防范的。我也要端正人心，抑制谬论，反对偏激的行为，驳斥荒诞的言论，来继承这三位圣人的思想。我难道喜欢辩论吗？我是不得已啊。能够用言论来反对杨、墨的，也就是圣人的门徒了。"

【历代论引】

胡氏曰："仲尼作春秋以寓王法。惇典、庸礼、命德、讨罪，其大要皆天子之事也。知孔子者，谓此书之作，遏人欲于横流，存天理于既灭，为后世虑，至深远也。罪孔子者，以谓无其位而托二百四十二年南面之权，使乱臣贼子禁其欲而不得肆，则戚矣。"

程子曰："杨墨之害，甚于申韩；佛氏之害，甚于杨墨。盖杨氏为我疑于义，墨氏兼爱疑于仁，申韩则浅陋易见。故孟子止辟杨墨，为其惑世之甚也。佛氏之言近理，又非杨墨之比，所以为害尤甚。"

尹氏曰："学者于是非之原，毫厘有差，则害流于生民，祸及于后世，故孟子辨邪说如是之严，而自以为承三圣之功也。当是时，方且以好辩目之，是以常人之心而度圣贤之心也。"

朱子曰："盖邪说横流，坏人心术，甚于洪水猛兽之灾，惨于夷狄篡弑之祸，故孟子深惧而力救之。再言岂好辩哉，予不得已也，所以深致意焉。然非知道之君子，孰能真知其所以不得已之故哉？"

又曰："盖邪说害正，人人得而攻之，不必圣贤；如春秋之法，乱臣贼子，人人得而讨之，不必士师也。圣人救世立法之意，其切如此。若以此意推之，则不能攻讨，而又唱为不必攻讨之说者，其为邪诐之徒，乱贼之党可知矣。"

【评析】

我们读《孟子》这本书，能领略到孟子的确好论辩。孟子虽然也承认自己多论辩，但认为这是不得已而为之。他把自己比作治水的大禹，治水是何等辛苦，但不治洪水，人民便不得安居。他把自己比作周公，周公辅佐武王平定天下，天下的百姓才安宁，才高兴。他把自己比作孔子，孔子为一介书生，却著《春秋》，做天子做的事，借以宣传自己的政治理想，让"乱臣贼子惧"。而自己的论辩是为了端正人心，抑制谬论，反对偏激的行为，驳斥荒诞的言论，并非喜欢辩论。

孟子那时，杨子、墨子的学说充满天下。杨子主张"为我"，孟子认为这是"无君"。墨子主张"兼爱"，把天下的父母都当作自己的父母，不分亲疏远近，孟子认为这是"无父"。在这种情况下，孔子的仁义学说就得不到发扬，天下就不可能安宁。万般无奈之下，孟子只有论辩，挺身而出反对杨墨学说。

孟子只是一介书生，但他是以大禹、周公、孔子三位圣人的继承者自许的，换句话说，他是以圣人自许、天子自许的。由此，我们不仅可以知道孟子为什么爱论辩，还可以知道孟子为什么伟大。

【史例解读】

率兽食人

明朝崇祯三年，农民起义军四起，张献忠的部队占据了四川大部分州、县，以成都为西京建立大西国。

张献忠在四川，进行空前的破坏。以开科取士为名杀读书人于青羊宫，又杀老百姓、各卫军九十八万，还遣四将分屠各县，将亿万宝物投入锦江，任其流失。崇祯十七年，张献忠在大西国的首都成都，竖起了那块恶名昭彰的"七杀碑"，其碑作文：天生万物以养人，人无一物以报天。杀、杀、杀、杀、杀、杀、杀！

张献忠的率兽食人的滥杀政策给四川百姓带来了巨大的灾难，在他退出成都的时候，这个早在唐朝的时候就是全国五大繁华都市之一的"温柔富贵乡"已是千疮百孔，人口锐减。

清顺治三年十月，张献忠在西充县与盐亭县交界处的凤凰山坡，中箭身亡。

十

【原文】

匡章曰①："陈仲子岂不诚廉士哉②？居於陵③，三日不食，耳无闻，目无见也。井上有李，螬食实者过半矣，匍匐往，将食之④；三咽，然后耳有闻，目有见。"

孟子曰："于齐国之士，吾必以仲子为巨擘焉⑤。虽然，仲子恶能廉？充仲子之操，则蚓而后可者也。夫蚓，上食槁壤，下饮黄泉⑥。仲子所居之室，伯夷之所筑与，抑亦盗跖之所筑与⑦？所食之粟，伯夷之所树与？抑亦盗跖之所树与？是未可知也。"

曰："是何伤哉？彼身织屦，妻辟纑⑧，以易之也。"

曰："仲子，齐之世家也。兄戴，盖禄万钟⑨，以兄之禄为不义之禄而不食也，以兄之室为不义之室而不居也，辟兄离母⑩，处于於陵。他日归，则有馈其兄生鹅者，己频顣⑪曰：'恶用是鶂鶂者为哉⑫？'他日，其母杀是鹅也，与之食之。其兄自外至，曰：'是鶂鶂之肉也。'出而哇之⑬。以母则不食，以妻则食之；以兄之室则弗居，以於陵则居之，是尚为能充其类也乎？若仲子者，蚓而后充其操者也。"

【注释】

①匡章：战国时期齐国将军，曾率军拒秦，破燕，攻楚。②陈仲子：又称于陵仲子，战国时期齐国人，和孟子同时。③於（wū）陵：地名，在今山东长山南。④螬（cáo）：蛴螬，金龟子的幼虫。将：取。⑤巨擘（bò）：大拇指。这里比喻杰出的人物。⑥黄泉：指地下的泉水。⑦盗跖（zhí）：春秋时有名的大盗。⑧辟：同"擗"，绩麻。纑（lú）：练麻。辟纑指将绩过的麻搓成线。⑨盖（gě）：地名，陈戴的采邑。⑩辟：同"避"。⑪频顣（cù）：又作"颦蹙"，紧皱眉头，表示不高兴的样子。⑫鶂鶂（yì）：鹅鸣声，也借指鹅。⑬哇：吐。

【译文】

匡章说："陈仲子难道不是个廉洁的士人吗？住在于陵，三天没吃东西，饿得耳朵听不见，眼睛看不着。井上有个李子，被金龟子吃了大半，他爬过去，取来吃下，咽了三口，耳朵才听得见了，眼睛才看得着了。"

孟子说："在齐国的士人中，我一定把陈仲子当作领袖人物。尽管这样，仲子怎能算作廉洁呢？要扩充仲子的操守，那一定得当蚯蚓才可以。蚯蚓，在地上就吃干土，在地下就饮黄泉。仲子所住的房子，是伯夷那样廉洁的人所建筑的呢？还是盗跖那样的强盗所建筑的呢？所吃的谷米，是伯夷那样廉洁的人所种的呢？还是盗跖那样的强盗所种的呢？这都是很难说的。"

匡章说："这有什么关系呢？他亲自编织草鞋，他的妻子绩麻练麻，用这些来换生活用品。"

孟子说："陈仲子，是齐国的大家族。他的哥哥陈戴，从盖邑得的俸禄有几万石。他把哥哥的俸禄看作不义之禄而不吃，把哥哥的房屋看作不义之室而不住。避开哥哥，离开母亲，住在于陵。有一天回家，有个人送给他哥哥活鹅，仲子就皱缩着眉鼻说：'哪里用得着这个嗷嗷叫的东西？'过些时候，他的母亲杀了这只鹅，给他吃。他的哥哥从外面回来，说：'这就是那嗷嗷叫的东西的肉呀。'仲子出去吐掉了。母亲的东西不吃，妻子的东西就吃；哥哥的房子不住，于陵的房子就住。这还能算扩充操守吗？像仲子这样的人，当了蚯蚓才能扩充他的操守呢。"

【历代论引】

范氏曰："天之所生，地之所养，惟人为大。人之所以为大者，以其有人伦也。仲子避兄离母，无亲戚君臣上下，是无人伦也。岂有无人伦而可以为廉哉？"

朱子曰："仲子以母之食、兄之室，为不义而不食不居，其操守如此。至于妻所易之粟，于陵所居之室，既未必伯夷之所为，则亦不义之类耳。今仲子于此则不食不居，于彼则食之居之，岂为能充满其操守之类者乎？必其无求自足，如丘蚓然，乃为能满其志而得为廉耳，然岂人之所可为哉？"

【评析】

匡章认为陈仲子是个廉洁之士，他举了个典型的证据：陈仲子住在於陵，三天没吃东西，以至耳朵也听不见了，眼睛也看不见了。井边有个被金龟子吃剩的半边李子，陈仲子吃了三口，然后才有听觉和视觉。陈仲子是齐国的宗族士家，有的是世代相传的禄田，他如此这般，还不廉洁吗？

但是孟子认为，这不是真正的廉洁，这只是蚯蚓的作为。如果推广陈仲子的这种廉洁，那就只有把人变成蚯蚓才行。按照孟子的观点，"食、色，性也"，饮食和男女交媾，这是人的天性。违反人的天性，有食物也不吃，这是一种病态的"廉洁"，不值得推广。

【史例解读】

真正的廉洁

东汉时期，有位官员名叫杨震，弘农华阴（今陕西省华阴市）人。曾历任荆州刺史、涿郡太守、司徒、太尉等多种职务。杨震在关西这个地方做官的时候，廉洁奉公、执法严厉，为当地的老百姓所敬仰，大家都称他"关西孔子"。

有一次，一位富商和一位穷人打官司，杨震正好办理此案。在这场官司中，富商根本不占理，他欺负这位忠厚老实的农民，反过来还想诬陷对方。杨震将此事调查清楚后，准备第二天正式治这位富商的罪。

这位富商自知理亏，再加上知道杨震办案公正，心里非常着急，他担心自己会输掉这场官司。这不，他正在屋里发愁呢。正在这时，他的一位朋友来看他，得知此事后，说："杨震一向很廉洁，从不收别人的礼。我觉得他是怕别人知道后，坏了他的名声。但是，如果你晚上在别人都睡着了的时候去送礼，杨震会不会接受呢？"

富商一想，自信地说："我想看看他杨震到底是真廉洁还是假廉洁。"

于是，这天晚上，富商在夜深人静的时候，带着金子，蹑手蹑脚地来到杨震家里。杨震一看富商深更半夜来找自己，并且带来了很多的金子，便生气地说："你快带着你的金子回去吧！我杨震一向秉公执法，谁是谁非，我心里清楚得很。"

富商马上赔着笑脸说："杨大人尽管放心收下，现在已经这么晚了，我来的时候，没有一个人看见，谁也不会知道的。"

"谁说的？现在就有四个人知道。"杨震义正词严地说。

"四个人？怎么可能呢？"富商惊奇地问道，边问边向周围看了看，并未发现有其他人在场。

杨震笑了笑说："天知！地知！你知！我知！这不是四个人吗？你身为一名富商，不按照正当方式办事，只会做一些歪门邪道的事！今天，你还想贿赂本官，以为夜深人静，没人看到，就可以达到目的了。你可知道，做任何事情，不管别人知道不知道，都要对得起自己的良心。你做了错事，不要妄想本官会饶了你。今天你贿赂本官，罪加一等！"

"大人，小的再也不敢了，小的知错。"富商赶紧跪地求饶。

第二天，杨震依法办案，治了富商的罪。这件事传开了，老百姓都拍手称快，说杨震是个诚实、廉洁的好官，并给杨震的衙门大堂挂上了一块万民匾，上面写着"四知堂"。后来，皇上知道了这件事，又赐名"关西堂"，以示嘉奖。

卷七　离娄上

【题解】

本篇共28章，多数是格言式的短章，谈论较多的是仁义的功利性价值。孟子指出，不管是个人的荣辱安危，还是国家的兴废存亡，都取决于是否行仁义之道。因此，对个人而言，道德修养的关键在于"反求诸己"，即通过自我反省和修养，获得信任，最后达到治民的目标。孟子说："人有恒言，皆曰天下国家。天下之本在国，国之本在家，家之本在身。"从这点出发，进一步形成了修身、齐家、治国、平天下的思想。

第十二章所提出的"诚"，是孟子思想中一个重要的概念，它表述的含义是待人诚实无伪，由此出发，就可以"悦亲"、"信于友"、"获于上"、"治民"，这就是儒家所标举的由"内圣"而"外王"的道路。关于仁政，本篇第九章重申了得民心者得天下的主张，而得民心的根本，则在于为民兴利除害；第六和第十三章，具体说明统治者应礼遇贤明的公卿巨室和德高望重的老者，也是从得民心的角度考虑的。在论及孝养父母的问题时，本篇第十九章提出了"养口体"和"养志"的区别，意谓侍奉父母，要顺承其意。

一

【原文】

孟子曰："离娄之明、公输子之巧①，不以规矩②，不能成方圆；师旷之聪③，不以六律，不能正五音④；尧、舜之道，不以仁政，不能平治天下。今有仁心仁闻而民不被其泽⑤，不可法于后世者，不行先王之道也。

"故曰，徒善不足以为政，徒法不能以自行。《诗》云⑥：'不愆不忘，率由旧章⑦。'遵先王之法而过者，未之有也。圣人既竭目力焉，继之以规矩准绳⑧，以为方圆平直，不可胜用也；既竭耳力焉，继之以六律正五音，不可胜用也；既竭心思焉，继之以不忍人之政，而仁覆天下矣。

"故曰，为高必因丘陵，为下必因川泽，为政不因先王之道，可谓智乎？是以惟仁者宜在高位。不仁而在高位，是播其恶于众也。上无道揆也⑨，下无法守也，朝不信道，工不信度，君子犯义，小人犯刑，国之所存者幸也。故曰，城郭不完⑩，兵甲不多，非国之灾也；田野不辟，货财不聚⑪，非国之害也。上无礼，下无学，贼民兴，丧无日矣。

"《诗》曰⑫：'天之方蹶，无然泄泄⑬。'泄泄，犹沓沓也⑭。事君无义，进退无礼，言则非先王之道者⑮，犹沓沓也。故曰，责难于君谓之恭，陈善闭邪谓之敬，吾君不能谓之贼。"

【注释】

①离娄：又作"离朱"，相传是黄帝时目力极强的人。公输子：名般（或作"班"），春秋时期鲁国人，又叫"鲁班"，著名的巧匠。②规矩：圆规和角尺，画圆、画方的工具。③师旷：春秋时著名音乐家，晋平公的大师，生而目盲，相传能辨音以知吉凶。④六律：相传黄帝时伶伦截竹为管，以管的长短分别声音的高低清浊，乐器的音调均以之为准，此即标示绝对音高的乐律。乐律共十二，阴阳各六。由于阴六律又称"六吕"，所以，六律常单指六个阳律，即黄钟、太簇、姑洗、蕤宾、夷则、无射。五音：指宫、商、角、徵、羽五个音阶。⑤闻（wèn）：声誉。⑥《诗》：指《诗经·大雅·假乐》篇。⑦愆（qiān）：过错。忘：指疏漏。率：遵循。⑧准：测定平面的水准器。绳：量直线的墨线。⑨道揆（kuí）：以义理度量事物。揆：尺度，准则。⑩完：牢固。⑪辟：开辟。聚：积聚。⑫《诗》：指《诗经·大雅·板》篇。⑬蹶（guì）：动，颠覆。泄泄（yì）：多语的样子。⑭沓沓：和"泄泄"同义，形容多语的样子。⑮非：通"诽"，诋毁。

【译文】

孟子说："离娄眼神好，公输般技巧高，但如果不靠规和矩，也不能画成方和圆；师旷耳力聪敏，但如果不依据六律，也不能校正五音；就是有尧、舜之道，如果不行仁政，也不能使天下太平。如今有些诸侯尽管有仁爱的心肠、仁爱的声誉，但老百姓却没有受到他的恩泽，他也不能被后世效法，之所以如此，就是因为不实行前代圣王之道的缘故。"

"所以说，只有好心不足以搞政治，只有法度不足以自动运行。《诗经》说：'没有过失没有疏漏，一切遵循先王的典章。'遵循先王的法度而犯错误的，从来没有过。圣人既已用尽了目力，又接着用规、矩、准、绳来制作方的、圆的、平的、直的东西，这些东西用都用不完；既已用尽了耳力，又接着用六律来校正五音，这些音阶也就运用无穷；既已用尽了心思，又接着推行不忍心别人受苦的仁政，仁爱也就覆盖天下了。

"所以说，建高台一定要凭借丘陵，挖深池一定要凭借沼泽，搞政治不凭借前代圣王之道，能说是明智吗？因此只有仁人可以处在统治的地位。不仁的人如果处在统治的地位，就会在民众中散布他的罪恶。在上的没有道义准则，在下的不守法令制度，朝廷不相信道义，工匠不相信尺度，官员触犯义理，百姓触犯刑法，而国家还能生存的，那是侥幸。所以说，城墙不坚固，兵器甲胄不够多，不是国家的灾难；田野尚未开辟，钱财不够集中，不是国家的祸害。在上的不讲礼，在下的没学问，刁民纷纷兴起，国家的灭亡也就快了。

"《诗经》上说：'上天正在震动，不要这样多话。'多话，就是喋喋不休。服侍君主不讲义，进退出入不守礼，说起话来便非难先王之道，这就是喋喋不休。所以说，要求君主克服困难，这叫'恭'；陈述美善的道理而抑制谬论，这叫'敬'；以为自己的君主不能行善，这叫'贼'。"

【历代论引】

范氏曰："人臣以难事责于君，使其君为尧舜之君者，尊君之大也；开陈善道以禁闭君之邪心，惟恐其君或陷于有过之地者，敬君之至也；谓其君不能行善道而不以告者，贼害其君之甚也。"

程子曰："为政须要有纲纪文章，谨权、审量、读法、平价，皆不可阙。"

又曰："必有关雎麟趾之意，然后可以行周官之法度。"

邹氏曰："此章言为治者，当有仁心仁闻以行先王之政，而君臣又当各任其责也。"

【评析】

本章论证应效法古代圣王。

孟子认为，即使有离娄的目力、公输般的技巧，但如不用圆规和曲尺，也不能画好方形和圆形，即所谓无规矩不成方圆。所以，要平治天下，就必须依从他的仁政学说，效法古代的圣王施行仁政。

孟子发现，如今有的君王虽有仁爱之心和仁爱之名，但老百姓却享受不到他的恩泽，其政治也不可为后世所效法，这都是因为"不行先王之道"的缘故。所以说，光有好心肠不足以为政，光有好办法自己也实行不了。因此必须"遵先王之法"，才能没过错。在孟子看来，治国安邦只要"行先王之道"就行了。

诚然，一些被反复证明的原理、方法，后人是可以而且应该遵循的，但是，越到后世，社会前进的步伐就越快。在这种情况下，只强调历史的经验，不注意与时俱进，就会落后，这也是被无数的史实证明了的。

【史例解读】

不以规矩，不能成方圆

曾国藩为清末平定太平天国的头号人物，同时也是杰出的理学大师，他从壮年到垂暮之年，始终高度重视个人修养和子女教育。

在子女教育上，曾国藩深知"不以规矩，不能成方圆"的道理，对于子女的读书、写字以及做事做人，曾国藩都谆谆教诲，严格督导。

儿子曾纪泽不到四岁半就进入私塾，师从湘中名士冯树棠习读经史诗文。曾国藩告诉他："读书之法，看、读、写、作，四者每日不可缺一。"他还为曾纪泽选择了除四书五经外必须熟读的若干种书籍，其中尤其要熟读的有《史记》和《汉书》等。关于读书的好处，他教诲曾纪泽，"陶冶性情，则一生受用不尽"。为了让子女用心读书，曾国藩提出："我家中断不可积钱，断不可买田。尔兄弟努力读书，决不怕没饭吃，至嘱！"

曾国藩要求曾纪泽做事情必须"有恒"，也就是说要有始有终，只有这样才能有所成就。至于做人，更是严格要求他不能犯世家子弟最易犯的"奢"字和"傲"字，也不希望他将来做大官，只希望他做个"读书明理"的人，而且要"勤俭自持，习劳习苦"，不能奢华懒惰。

因为家规严格，加上曾纪泽本人勤奋好学，所以他诗文书画俱佳，以后又自学英文，成为清末著名外交家。

二

【原文】

孟子曰："规矩，方员之至也①；圣人，人伦之至也。欲为君，尽君道；欲为臣，尽臣道。二者皆法尧、舜而已矣。不以舜之所以事尧事君，不敬其君者也；不以尧之所以治民治民，贼其民者也。孔子曰：'道二，仁与不仁而已矣。'暴其民甚，则身弒国亡；不甚，则身危国削，名之曰'幽'、'厉'②，虽孝子慈孙，百世不能改也。《诗》云③：'殷鉴不远，在夏后之世④。'此之谓也。"

【注释】

①员：通"圆"。至：极至，最高标准。②'幽'、'厉'：指周幽王、周厉王，都是含贬义的谥号。③《诗》：指《诗经·大雅·荡》篇。④殷：殷商。鉴：铜镜，这里指借鉴。夏后：夏王，指夏桀。

【译文】

孟子说："规和矩，是方与圆的极致；圣人，是处理人际关系的极致。要做君王，便该尽君道；要做臣，便该尽臣道。二者都效法尧、舜就足够了。不用舜服侍尧的态度和方式来服侍君主，就是对君主不恭敬；不用尧统治百姓的态度和方式来统治百姓，就是残害百姓。孔子说：'路只有两条，仁和不仁，如此而已。'暴虐百姓严重的，就会让自己被杀，国家灭亡；不严重的，自己也会遭遇危险，国家受到削弱，死后人们给他们'幽''厉'这样的谥号，即使有孝子贤孙，经历一百代也改不掉这个坏名声。《诗经》上说：'殷商的借鉴并不遥远，就在夏王桀的时代。'就是这个意思。"

【历代论引】

朱子曰："法尧舜以尽君臣之道，犹用规矩以尽方圆之极，此孟子所以道性善而称尧舜也。"

又曰："幽，暗。厉，虐。皆恶谥也。苟得其实，则虽有孝子慈孙，爱其祖考之甚者，亦不得废公义而改之。言不仁之祸必至于此，可惧之甚也。"

又曰："商纣之所当鉴者，近在夏桀之世，而孟子引之，又欲后人以幽厉为鉴也。"

【评析】

孟子认为，圆规和曲尺，是方圆的最高标准；圣人，是做人的最高标准。做人臣要像舜服侍尧那样，做人君要像尧治理百姓那样。如果暴虐百姓，要么身死国亡，要么身危国削，历史的教训不可谓不深！所以要效法先王施行仁政。

孟子倡导仁政，主张关心人民，让人民丰衣足食，这无疑是正确的。但由此而推出一个效法先王的结论，其中有对有错，要细加分析。中国人喜欢向后看，老祖宗做了才敢做，不习惯与时俱进，这一点与儒家思想有很大关系。

【史例解读】

颜回的仁与不仁

颜回是孔子的得意门生之一，有一次他问孔子，什么叫作仁？

孔子答道："克制自己的自私自利的念头和言行，使自己的念头和言行符合礼的原理原则，就叫作仁。每一个人都能够做到克制自己的自私自利的念头和言行，则天下就是仁爱的世界了。仁爱的思想完全是来自于自己的内心，怎么可以靠别人的帮助呢？"

颜回又问："请问落实仁爱的具体要求有哪几条？"

孔子说："不符合礼的人和事物不能看；不符合礼的人和事物不能听；不符合礼的人和事物不能说；不符合礼的人和事物不能做。"

颜回说："我虽然不聪敏，但是我能够遵照老师的话去做。"

其实，颜回知道什么是"仁"，颜回的请教完全是出于引导学习的目的；孔子的回答也完全是为了教育他人。这种"利乐有情问"体现了颜回乐"仁"和孔子重教的可贵精神。

三

【原文】

孟子曰："三代之得天下也以仁，其失天下也以不仁。国之所以废兴存亡者亦然。天子不仁，不保四海；诸侯不仁，不保社稷①；卿大夫不仁，不保宗庙②；士庶人不仁，不保四体③。今恶死亡而乐不仁，是犹恶醉而强酒④。"

【注释】

①社稷：土神和谷神，指代国家。②宗庙：祭祀祖先的处所，这里指代卿大夫的采邑。③士庶人：士人和老百姓。四体：四肢。④强（qiǎng）：勉强。

【译文】

孟子说："夏商周三代得天下是因为仁，失天下是因为不仁。国家之所以衰落、兴盛、生存、灭亡，也都是这个道理。天子如果不仁，就不能保有天下；诸侯如果不仁，就不能保有国家，卿大夫如果不仁，就不能保有祖庙；士人和普通老百姓如果不仁，就不能保全自己的身体。现在是厌恶死亡而喜欢不仁，犹如厌恶醉酒却又使劲喝酒一样。"

【历代论引】

朱子曰："三代，谓夏、商、周也。禹、汤、文、武，以仁得之；桀、纣、幽、厉，以不仁失之。"

【评析】

本章仍论效法先王施行仁政的重要性。

孟子认为，夏商周三代得天下是因为仁，失天下则是因为不仁。国家之所以衰落、兴盛、生存、灭亡，都与是否施行仁政有关。

孟子善用比喻，此章是极为生动的一例。

【史例解读】

仁义不施，而攻守之势异也

战国末期，秦朝经过几代帝王的发愤图强，最终统一了六国。可是秦始皇死了以后，到了秦二世的时候，秦朝就灭亡了。

导致秦朝走向灭亡的是陈胜、吴广领导的农民起义。

虽然秦朝消灭了六国的精锐军队，却因为没有武器的农民起义而走向灭亡。陈胜和吴广"斩木为兵，揭竿为旗，天下云集而响应，赢粮而景从，山东豪俊，遂并起而亡秦族矣"。

不出几年，刘邦率领的起义军攻入了咸阳，秦朝灭亡。

其实按当时的社会来看，战国末期，天下人苦于战争已经很久了，人们都很想安定下来，秦朝统一给人们带来了安定的希望。可是秦国过度役使六国人民，按贾谊《过秦论》中的话说是"仁义不施，而攻守之势异也"。假如秦朝爱护天下老百姓，不会仅仅两世就灭亡。

四

【原文】

孟子曰："爱人不亲，反其仁；治人不治，反其智；礼人不答，反其敬。行有不得者皆反求诸己，其身正而天下归之。《诗》云：'永言配命①，自求多福②。'"

【注释】

①言：语助词。②《诗》：引诗见《诗经·大雅·文王》篇。

【译文】

孟子说："爱别人，别人却不亲近自己，那就反过来检讨自己是否够仁爱；管理别人，却管理不好，那就反过来检讨自己是否够明智；对别人有礼，别人却不回应，那就反过来检讨自己是否够恭敬。凡是行为有不能达到预期效果的，都反过来在自己身上找原因，自己端正了，天下的人自然会归顺他。

《诗经》上说：'永远配合天的命令，自求多福。'"

【历代论引】

朱子曰："我爱人而人不亲我，则反求诸己，恐我之仁未至也。智敬效此。"

又曰："反求诸己，谓反其仁、反其智、反其敬也。如此，则其自治益详，而身无不正矣。天下归之，极言其效也。"

【评析】

本章体现了儒家的内省功夫。爱别人，人家却不亲近我，管别人，人家却不服我管，礼遇别人，人家却不搭理我，在这种情况下，就得自己反问自己做得好吗？不管做什么事，如果不能达到预期的目的，都要反躬自问。只有自己真正端正了，天下人才会顺服。

以今天的眼光看，这种修养方法有其片面性，一味地内省，并不能解决所有问题。

【史例解读】

其身正而天下归之

其身正，天下归之，其身不正，虽令不行。

春秋时期，齐国有位齐灵公，喜欢看妇女穿男人的衣服，于是下令让后宫里的宫女婢娥都女扮男装。

但是时间没有过多久，这种女人穿男人衣服的风气便在全国范围内流行起来。一时间，女扮男装的人多了起来，男人和女人混合在一起，让人们分不清男女，全国上下一片混乱。灵公知道后很生气，认为这有伤风化，便命令不准各地女扮男装，并说："凡有女扮男装的，一旦发现，一律撕裂衣服，扯断腰带。"可是，女扮男装的风气仍然不可遏止。

一天，晏子去拜见齐灵公，齐灵公便问道："寡人已经命令各地官吏，采取严厉的措施，可为什么还有那么多人女扮男装，禁止不了呢？"

晏子说："大王见过有的肉铺挂着牛头卖马肉吗？大王让内宫的女人穿

男装，却要阻止宫外的女人穿男装，怎么禁止得了呢？这不等于挂羊头卖狗肉吗？要让下不效，首先得上不行啊。"

齐灵公觉得有道理，就照办了，结果不到一个月，全国女扮男装的风气便渐渐消失了。

五

【原文】

孟子曰："人有恒言①，皆曰'天下国家。'天下之本在国，国之本在家，家之本在身。"

【注释】

①恒言：常用语，口头禅。

【译文】

孟子说："人们有句老话，都说'天下国家'。天下的基础在国，国的基础在家，家的基础在个人。"

【历代论引】

朱子曰："虽常言之，而未必知其言之有序也。故推言之，而又以家本乎身也。此亦承上章而言之，大学所谓'自天子至于庶人，壹是皆以修身为本'，为是故也。"

【评析】

天地万物，人为贵，治理天下必须由修身开始。儒家常讲修身、齐家、治国、平天下，读了本章内容，就知道儒家为什么以修身为根基了。

六

【原文】

孟子曰："为政不难，不得罪于巨室①。巨室之所慕，一国慕之；一国之所慕，天下慕之，故沛然德教溢乎四海②。"

【注释】

①巨室：指贤明的卿大夫家。这里指贤明的卿大夫。②沛然：形容盛大流行的样子。

【译文】

孟子说："搞政治不难，只要不得罪那些贤明的卿大夫们。因为他们所思慕的，一国的人都会思慕；一国的人所思慕的，天下的人都会思慕。所以道德教化就浩浩荡荡地溢满四海了。"

【历代论引】

朱子曰："盖巨室之心，难以力服，而国人素所取信；今既悦服，则国人皆服，而吾德教之所施，可以无远而不至矣。此亦承上章而言，盖君子不患人心之不服，而患吾身之不修；吾身既修，则人心之难服者先服，而无一人之不服矣。"

林氏曰："战国之世，诸侯失德，巨室擅权，为患甚矣。然或者不修其本而遽欲胜之，则未必能胜而适以取祸。故孟子推本而言，惟务修德以服其心。彼既悦服，则吾之德教无所留碍，可以及乎天下矣。裴度所谓韩弘舆疾讨贼，承宗敛手削地，非朝廷之力能制其死命，特以处置得宜，能服其心故尔，正此类也。"

【评析】

本章论为政之道。

孟子的本义，是要借卿大夫的影响力来影响国家、天下的风气，所以他主张，不得罪卿大夫。但凡事都得具体问题具体分析，如果卿大夫贤明，讲究仁义礼智，自然可以借以推行仁政。如果他们不仁不义不礼不智，而又不得罪他们，天下就会大乱。

【史例解读】

为政不难，不得罪于巨室

"德教"对那些"巨室"也许有一些效果，但是"不得罪"三个字却给了以后的为政者一条明路。

东汉灭亡与三国的兴起，是"巨室""豪强并起"的结果，中国历史上自秦汉以来，"巨室"都是"难以力服"的。

七

【原文】

孟子曰："天下有道，小德役大德①，小贤役大贤；天下无道，小役大，弱役强，斯二者，天也。顺天者存，逆天者亡。齐景公曰：'既不能令，又不受命，是绝物也②。'涕出而女于吴③。今也小国师大国而耻受命焉，是犹弟子而耻受命于先师也。如耻之，莫若师文王。师文王，大国五年，小国七年，必为政于天下矣。《诗》云④：'商之孙子，其丽不亿⑤。上帝既命，侯于周服⑥。侯服于周，天命靡常⑦。殷士肤敏，祼将于京⑧。'孔子曰：'仁不可为众也。夫国君好仁，天下无敌。'今也欲无敌于天下而不以仁，是犹执热而不以濯也⑨。《诗》云：'谁能执热，逝不以濯⑩？'"

【注释】

①小德役大德：即"小德役于大德"。②绝物：断绝有关人事交往。③女（nù）：以女嫁人。④《诗》：指《诗经·大雅·文王》篇。⑤丽：数目。亿：周代称十万为亿。这里形容众多。⑥侯于周服：乃臣服于周。侯：语助词，乃。⑦靡常：无常。⑧肤敏：品德优美，言行敏捷。祼（guàn）将："将祼"的倒文，助祭。祼：古代一种祭礼，称"灌鬯礼"。祭祀时，在神主前将玉制酒器中的酒洒在白茅上，表示神在饮酒。将：助。京：镐京，西周国都。⑨执：救治。濯（zhuó）：洗涤。⑩逝：发语词，无义。引诗见《诗经·大雅·桑柔》。

【译文】

　　孟子说："天下有道的时候，道德较低的人被道德较高的人役使，不太贤明的人被贤明的人役使；天下无道的时候，力量小的被力量大的役使，力量弱的被力量强的役使。这两种情况，都是天意。顺从天意的就生存，违逆天意的就灭亡。齐景公说：'既不能发号施令，又不愿服从命令，这是绝路一条。'于是流着眼泪把女儿嫁到吴国。如今小国以大国为师而又耻于服从命令，这就像弟子耻于服从老师的命令一样。如果以此为耻辱，不如师从文王。如果师从文王，大国只需五年，小国只需七年，一定能统治天下。《诗经》上说：'殷商的子孙，数目不下十万。上帝既已降命，于是臣服于周。于是臣服于周，天命并不固定。商臣品德优美，言行敏捷，也到西周国都镐京助祭。'孔子说：'仁德是不在乎人多势众的。国君如果爱仁德，就可以无敌于天下。'如今有人想要无敌于天下却不依靠仁德，这就像要解除炎热却不洗浴一样。《诗经》说：'谁能解除炎热，却不凭借洗浴？'"

【历代论引】

　　程子曰："五年七年，圣人度其时则可矣。然凡此类，学者皆当思其作为如何，乃有益耳。"

　　朱子曰："有道之世，人皆修德，而位必称其德之大小；天下无道，人不修德，则但以力相役而已。天者，理势之当然也。"

　　又曰："上帝既命周以天下，则凡此商之孙子，皆臣服于周矣。所以然者，以天命不常，归于有德故也。是以商士之肤大而敏达者，皆执裸献之礼，助王祭事于周之京师也。孔子因读此诗，而言有仁者则虽有十万之众，不能当之。故国君好仁，则必无敌于天下也。"

　　又曰："此章言不能自强，则听天所命；修德行仁，则天命在我。"

【评析】

　　本章似论天命，实论仁者无敌。

　　孟子认为，政治清明，则"小德"者役于"大德"者，"小贤"者役于"大贤"者。政治黑暗，则不讲"德"和"贤"，只讲暴力，故力小者为力大者所役使，力弱者为力强者所役使。这两种情况，好像都是由天意决定的，所以"顺天者存，逆天者亡"。孟子的言外之意是，如推行仁政，则天意有可能转移到自己一方，否则只能听天由命。

孟子指出，推行仁政应以仁者为师，最好以周文王为师。岐周本是一个小国，由于实行仁政，在周文王时，已经三分天下有其二。武王伐纣的实力，是在周文王时就有的。所以，孔孟常把周文王强大周国的经历作为"仁者无敌"的典型证据。

【史例解读】

夫国君好仁，天下无敌

战国时期，魏国大举进攻中山国。魏文侯的弟弟做主帅，仅仅三个月就灭了中山国。魏文侯于是大摆庆功宴，并且决定让自己的儿子去管理中山国。

众位大臣听说这件事后一言不发。因为按照当时魏国的惯例，中山国应该交给魏文侯的弟弟管理。魏文侯的弟弟听到这个决定以后，起身拂袖而去。

魏文侯害怕大臣们议论这件事，就把大臣们召集起来故意问道："我是个什么样的君主呢？请大家但说无妨。"

许多大臣都恭谨地说道："大王功在千秋，百姓爱戴，当然是个仁君了。"

魏文侯听了还不满意，又笑着说："难道我就没有过错了吗？"

大臣们又附和道："大王神武英明，哪里会有什么过错呢？"

大臣仁座说道："国君夺取了中山国之后，不封给有功的弟弟，却封给自己的儿子，这哪里算是个仁君呢？"

魏文侯一听，顿时脸上出现怒色，仁座见触到了魏文侯的痛处，怕恼羞成怒的魏文侯惩罚自己，就起身离座而去。

"你认为我是一个什么样的君主呢？"魏文侯又问他身边的大臣翟璜。

翟璜平静地答道："我认为大王是一个仁君。"

"你为什么这么说呢？"

翟璜知道大王必有这么一问，于是说道："我听说，哪个国家的君主贤明仁厚，哪个国家的大臣就正直不二，从不隐瞒自己的观点。刚才仁座说的话十分坦率，所以我认为大王是个贤明仁厚的君主。"

魏文侯听完，马上悔悟，便立即派人把仁座请回，又亲自下堂迎接，待之为上宾。

此事在魏国打下了广开言路的基础，很多有才能的人也慕名而来。

从此以后，魏国便渐渐地强大起来了。

八

【原文】

孟子曰："不仁者可与言哉？安其危而利其菑①，乐其所以亡者。不仁而可与言，则何亡国败家之有？有孺子歌曰：'沧浪之水清兮，可以濯我缨②；沧浪之水浊兮，可以濯我足③。'孔子曰：'小子听之！清斯濯缨，浊斯濯足矣。自取之也。'夫人必自侮，然后人侮之；家必自毁，而后人毁之；国必自伐，而后人伐之。《太甲》曰④：'天作孽，犹可违；自作孽，不可活。'此之谓也。"

【注释】

①菑（zāi）：同"灾"。②沧浪：河名，即汉水。缨：系在颈下的帽带。③沧浪四句：上古流传的民谣。④《太甲》：《尚书》篇名。

【译文】

孟子说："不仁的人可以同他谈论仁道吗？别人有危险，他安然不动，别人遭了灾，他却趁火打劫，高兴于别人所遭受的惨祸。不仁的人如果可以同他谈论仁道，那还会有亡国败家的事吗？有个小孩子唱道：'沧浪的水清呀，可以洗我的帽缨；沧浪的水浊呀，可以洗我的双脚。'孔子说：'弟子们听着！水清呢，就洗帽缨，水浊呢，就洗双脚。这都取决于水本身啊。'人一定先是有自取侮辱的原因，然后别人才侮辱他；家一定是先有自毁的原因，然后别人才毁掉它；国一定是先有自己招来攻伐的原因，然后别人才攻伐它。《太甲》说：'天降的灾难还可以躲避，自找的灾难可活不了。'说的就是这个意思。"

【历代论引】

朱子曰:"所以亡者,谓荒淫暴虐,所以致亡之道也。不仁之人,私欲固蔽,失其本心,故其颠倒错乱至于如此,所以不可告以忠言,而卒至于败亡也。"

又曰:"此章言心存则有以审夫得失之几,不存则无以辨于存亡之着。祸福之来,皆其自取。"

【评析】

本章从反面讲,不能以不仁者为师。

不仁者见人危险而安然不动,见人遭灾而从中取利,他们就喜欢那些招致亡国的暴虐之物。如果可以与不仁者谈论仁道,那么怎么会有亡国败家之事?

一个人究竟与什么样的人交往,都是由他自己来决定的。如果以不仁者为师,就是"自侮""自毁""自作孽",那就完了。物必先腐,而后虫生。个人、家庭、国家的兴盛衰微,都有其自身的因素。祸福之来,皆由自取。所以君子应以仁者为师,自强不息。

九

【原文】

孟子曰:"桀纣之失天下也,失其民也;失其民者,失其心也。得天下有道,得其民,斯得天下矣;得其民有道,得其心,斯得民矣;得其心有道,所欲与之聚之,所恶勿施,尔也。民之归仁也,犹水之就下、兽之走圹也①。故为渊驱鱼者,獭也②;为丛驱爵者,鹯也③;为汤武驱民者,桀与纣也。

"今天下之君有好仁者,则诸侯皆为驱矣。虽欲无王,不可得已。今之欲王者,犹七年之病求三年之艾也④。苟为不畜,终身不得。苟不志于仁,终身忧辱,以陷于死亡。《诗》云⑤:'其何能淑,载胥及溺⑥。'此之谓也。"

【注释】

①圹（kuàng）：同"旷"，旷野。②獭（tǎ）：兽名，喜食鱼。③爵：同"雀"。鹯（zhān）：猛禽，喜食雀。④艾：艾草。治病用的艾草，干的时间越长越管用，因此用"三年之艾"为喻，意谓如果平时不准备，则难以立刻得到。⑤《诗》：指《诗经·大雅·桑柔》篇。⑥其：指朝内君臣。淑：好。载：语首助词，无义。胥：相互。及溺：至于沉溺。

【译文】

孟子说："桀、纣丧失天下，是因为失去了老百姓的支持。失去了老百姓的支持，是因为失去了民心。得天下有办法：得到老百姓的支持就能得天下。得到老百姓的支持有办法：得民心，就能得到老百姓支持。得民心有办法：他们想要的，就为他们聚积；他们厌恶的，不要强加给他们。老百姓归服仁政，就像水往下流，野兽往旷野跑。因此，为深池把鱼赶来的，是水獭；为森林把鸟雀赶来的，是猛鹰；为商汤、武王把老百姓赶来的，是桀和纣。"

"当今天下君王如果有爱仁德的，那么，各国诸侯都在为他驱赶百姓。即使不想统一天下，也办不到。当今想统一天下的，却像生了七年病的人要得到干了三年的艾草。如果不积蓄，是终身得不到的。如果不立志于仁德，是要终身忧患、受辱，以至于死亡的。《诗经》说：'他们哪能变好，只能同归于尽。'说的就是这个意思。"

【历代论引】

朱子曰："民之所欲，皆为致之，如聚敛然。民之所恶，则勿施于民。晁错所谓'人情莫不欲寿，三王生之而不伤；人情莫不欲富，三王厚之而不困；人情莫不欲安，三王扶之而不危；人情莫不欲逸，三王节其力而不尽'，此类之谓也。"

又曰："艾，草名，所以灸者，干久益善。夫病已深而欲求干久之艾，固难卒办，然自今畜之，则犹或可及；不然，则病日益深，死日益迫，而艾终不可得矣。"

【评析】

本章论得民心者得天下，失民心者失天下。

孟子指出，民心向背是政权存亡的关键。夏桀、殷纣这两个暴君之所以失去天下，是因为失去了民心；而商汤、周武王之所以得到天下，是因为得到了民心。

怎样得到民心呢？人民想要什么，就给他们准备什么；不想要什么，就不要强加给他们什么，这就是"仁"。仁者，人也，就是尊重人，尊重人的需要，尊重人的感情，把人当人看，以人民之是为是，以人民之非为非。

现代民主政治，十分讲民意，认为民意是最高准则，只有暴君恶徒才不把民意当回事。由此看来，孟子的仁政思想至今仍有重要意义。

【史例解读】

为渊驱鱼，为丛驱雀

三国时期，王允用连环计杀掉了董卓。当时，董卓部将牛辅、李傕和郭汜等正奉命在陈留颍川等地劫掠，听到如此变故，各自拥兵自保。吕布劝王允把董卓的"遗产"拿出一部分来赏赐给有功的公卿将校，王允却不同意。李傕等人上表请求王允高抬贵手，赦免他们。王允开始曾想赦免他们，但突然改变主意，想让他们缴械。

王允所有的作为似乎都是在为渊驱鱼、为丛驱雀。董卓的很多旧部都聚集到了李傕和郭汜的帐下。王允派了两个在凉州很有名望的人作为使者去招安，却丝毫没有抚慰的意思。结果，这两个使者走到半路就反叛投靠了李傕，还顺便拉走了一批人马作为见面礼。

武威人贾诩给李傕等出主意，说："诸位就这么走了，半道上一个小官就可以把你们绳之以法，不如召集军队杀上长安一赌胜负。胜了，就把持朝政；败了，再逃命不迟。"

李傕等本来就是亡命之徒，他们听了贾诩的建议后，立刻收集董卓的旧部共几千人，于六月攻破长安。

十

【原文】

孟子曰："自暴者①，不可与有言也；自弃者，不可与有为也。言非礼义②，谓之自暴也；吾身不能居仁由义，谓之自弃也。仁，人之安宅也；义，人之正路也。旷安宅而弗居，舍正路而不由③，哀哉！"

【注释】

①暴：残害，糟蹋。②非：诋毁，破坏。③由：经由，走。

【译文】

孟子说："自己残害自己的人，不可能同他讨论问题；自己抛弃自己的人，不可能有所作为。说出话来破坏礼义，这便叫作自己残害自己。不能安居于仁，遵义而行，这便叫作自己抛弃自己。仁，是人最安稳的住宅；义，是人最中正的道路。空着安稳的住宅而不住，舍弃中正的道路而不走，可悲啊！"

【历代论引】

程子曰："人苟以善自治，则无不可移者，虽昏愚之至，皆可渐磨而进也。惟自暴者拒之以不信，自弃者绝之以不为，虽圣人与居，不能化而入也。此所谓下愚之不移也。"

朱子曰："自害其身者，不知礼义之为美而非毁之，虽与之言，必不见信。自弃其身者，犹知仁义之为美，但弱于怠惰，自谓必不能行，与之有为必不能勉也。"

又曰："此章言道本固有而人自绝之，是可哀也。此圣贤之深戒，学者所当猛省也。"

【评析】

本章论仁义为正道，反对自暴自弃。

孟子认为，仁和义是人性中最好的品质，糟蹋这些品质，开口说话就破坏礼义，认为自己不能居仁心、走正路的人，就是自暴自弃的人。这样的人是可悲的！

有一颗博爱之心，为人处世不见利忘义，在今天也是弥足珍贵的。

【史例解读】

自暴自弃

东晋时，陶侃被任命为荆州刺史，都督荆、湘、雍、梁四州军事。

陶侃性情恭敬勤奋，整日盘膝正襟危坐，对军府中众多事务检视督察，没有一刻闲暇。他常常对人说："大禹这样的圣人，尚且珍惜每寸光阴，至于一般人，更应当珍惜每分光阴。怎能只求逸游沉醉，活着对时世毫无贡献，死后默默无闻，这是自暴自弃！"

有一次，他看到众多参佐幕僚因赌博荒废公务，于是命人收取他们的酒具和赌博用器，全都投弃于江中，对将吏们则加以鞭责，说："樗这种游戏不过是放猪的奴仆们玩的！君子应当威仪整肃，怎能蓬头、光足，却自以为宏达呢！"因为陶侃出身贫寒，所以特别珍惜粮食，痛恨奢侈浪费。有人向他馈赠礼物，陶侃一定要询问来路，如果是靠自己的劳作所得，即使价值微薄也一定喜欢，慰勉和还赐的物品价值会超出其三倍。如果不是劳动所得，则严辞厉色呵斥对方，坚决不受。

有一次陶侃出游，看见有一个小官吏手持一把未成熟的稻子，陶侃拦住他问道："你拿着稻谷在干什么？"

那小官吏回答说："走路时看到的，随便摘下来而已。"

陶侃勃然大怒，说："你不亲自劳作，还随便毁坏他人的稻子拿来玩！"随即让从人抓住他，用鞭子狠狠地抽打了一顿。

十一

【原文】

孟子曰："道在迩而求诸远①，事在易而求诸难。人人亲其亲，长其长，而天下平。"

【注释】

①迩：近。

【译文】

孟子说："道就在近处，却往远处去找它；事情本来容易，却往难处着手。人人都亲近自己的双亲，尊敬自己的长辈，那么天下也就太平了。"

【历代论引】

朱子曰："亲长在人为甚迩，亲之长之在人为甚易，而道初不外是也。舍此而他求，则远且难而反失之。但人人各亲其亲，各长其长，则天下自平矣。"

【评析】

孟子认为天下太平的道理非常简单，就在眼前。

"道"并不玄乎，"亲其亲，长其长"，这就是"道"，就是"仁"。只要人人尊亲敬长，各尽人伦之责，便会相安无事，天下太平。

【史例解读】

道在迩而求诸远

玄宗时期，有一位吹笛艺人李谟与一富商去江南越州游玩，受到当地文人骚客的热烈欢迎。此情此景，李谟免不了要吹笛。笛声清丽委婉，曲折有致，曲终，众人纷纷叫好。只有一位老人双眼微闭，仿佛并不在意。

李谟年少气盛，对老人说："你面带蔑视之色，莫非也会吹笛？"老人微微一笑："先生的笛子吹得好是好，只是夹有一些似是而非的龟兹音调。"

李谟大吃一惊，他的这个曲子正好是跟一个龟兹人学的，莫非是老师有误？于是就请老人吹奏以正视听。老人说："你这笛子虽好，然而经不起高音，吹到高处必破无疑。"李谟及众人愈发好奇，直催着老人露一手。老人只好接过竹笛，稍一凝神，便吹起来，笛声比李谟的更为嘹亮纯净，众人听得发呆。当吹到第十三段时，旋律急促高昂，只听得"叭"的一声，竹笛果然爆裂。心悦诚服的李谟正想说话，只见老人从怀中掏出一支紫竹笛接着吹，这回的声音与前更不相同，高急处如雏凤婉啼，低回处则如游龙戏水，一曲终了，李谟及众人佩服得五体投地。

宴会结束，李谟请求拜这位老人为师。然而第二天，老人留下那支紫竹笛，飘然而去了。笛上新刻有四个小字"艺无止境"，其实是在告诉李谟："道在迩而求诸远，事在易而求诸难，方可有大成就。"李谟如梦方醒，连夜赶回长安重新苦练技艺，终于成为名满天下的吹笛高手。

十二

【原文】

孟子曰："居下位而不获于上①，民不可得而治也。获于上有道，不信于友，弗获于上矣；信于友有道，事亲弗悦，弗信于友矣；悦亲有道，反身不诚，不悦于亲矣；诚身有道，不明乎善，不诚其身矣。是故诚者，天之道也；思诚者，人之道也。至诚而不动，未之有也；不诚，未有能动者也。"

【注释】

①不获于上：得不到上级的信任。

【译文】

孟子说："处于下级的地位而不能得到上级的信任，是不能治理好百姓的。得到上级的信任有办法，首先要得到朋友的信任，假如不能取信于朋友，就不能得到上级的信任。取信于朋友有办法，首先要得到父母的欢心。侍奉双亲而不能让他们高兴，就不能取信于朋友。让双亲高兴有办法，首先要诚心诚意，反躬自问而心意不诚，就不能让双亲高兴。使自己诚心诚意有办法，首先要明白什么是善，不明白善的道理，就不能使自己诚心诚意。因此，诚，是自然的道理。思慕诚，是做人的道理。极端诚心而不能使别人动心的，是从来没有的事；不诚心，则从来没有使人动心的。"

【历代论引】

游氏曰："欲诚其意，先致其知；不明乎善，不诚乎身矣。学至于诚身，则安往而不致其极哉？以内则顺乎亲，以外则信乎友，以上则可以得君，以下则可以得民矣。"

杨氏曰："动便是验处，若获乎上、信乎友、悦于亲之类是也。"

朱子曰："此章述中庸孔子之言，见思诚为修身之本，而明善又为思诚之本。乃子思所闻于曾子，而孟子所受乎子思者，亦与《大学》相表里，学者宜潜心焉。"

【评析】

本章论"诚"，即取信于人之法。

孟子认为，要得到上级信任，必先得到朋友信任；要得到朋友信任，必先使父母双亲高兴；要使父母双亲高兴，心意必须要诚；而要诚心诚意，首先要明白什么是善，不知什么是善，就不能使自己诚心诚意。因此，诚是自然的规律，想诚心诚意是做人的规律。极端诚心而不能使别人感动的，那是没有的；不诚心，没有能够感动别人的。

由此看来，"诚"的核心是"善"，也就是"仁"。

【史例解读】

燕昭王诚心求贤

燕昭王一心想招揽人才，但是更多的人认为燕昭王只是叶公好龙，并不是真的诚心想求贤。于是很多有才能的人跃跃欲试却怕自己得不到重用，所以燕昭王始终寻觅不到治国安邦的英才，整天闷闷不乐。

于是，燕昭王上朝时把自己的心事讲给了他的臣子，有位臣子说："有个叫郭隗的老臣比较有办法，可以找他询问良策。"

燕昭王下朝后就径直去找郭隗，问郭隗有没有办法招引良才佳士以及贤达之人。

郭隗摸了摸自己的胡子，沉思了一下说："大王若诚心求贤，请允许我先说个故事吧。"

"古时候，有个国君，最爱千里马。他派人到处寻找，找了三年都没找到。有个侍臣打听到远处某个地方有一匹名贵的千里马，就跟国君说，只要给他一千两金子，准能把千里马买回来。那个国君挺高兴，就派侍臣带了一千两金子去买。没料到侍臣到了那里，千里马已经害病死了。侍臣想，空着双手回去不好交代，就把带去的金子拿出一半，把马骨买了回来。

"侍臣把马骨献给国君，国君大发雷霆，说：'我要你买的是活马，谁叫你花了钱把没用的马骨买回来？'侍臣不慌不忙地说：'人家听说你肯花钱买死马，还怕没有人把活马送来？'

"国君将信将疑，也不再责备侍臣。这个消息一传开，大家都认为那位国君真爱惜千里马。不出一年，果然从四面八方送来了好几匹千里马。"

郭隗说完这个故事，说："大王一定要征求贤才，就不妨把我当马骨来试一试吧。"

燕昭王听了大受启发，拜郭隗为师，并且为他建造了一座房子，后来没有多久，各国有才能的人纷纷赶到燕国来求见。其中最出名的是赵国人乐毅。燕昭王拜乐毅为亚卿，请他整顿国政，训练兵马，燕国便一天天强大起来。燕国的军队也在乐毅的带领下为燕国报了被齐国攻破城池占领国土的仇。

十三

【原文】

孟子曰："伯夷辟纣①，居北海之滨，闻文王作，兴曰②：'盍归乎来③！吾闻西伯善养老者④。'太公辟纣⑤，居东海之滨，闻文王作，兴曰：'盍归乎来！吾闻西伯善养老者。'二老者，天下之大老也⑥，而归之，是天下之父归之也。天下之父归之，其子焉往？诸侯有行文王之政者，七年之内，必为政于天下矣。"

【注释】

①辟：同"避"，躲避。②作：兴起。兴：起来。③盍：何不。来：语气助词。④西伯：即周文王。⑤太公：即姜太公吕尚。⑥大老：最有声望的老人。

【译文】

孟子说："伯夷避开纣王，住在北海岸边，听说文王兴起，便说：'为什么不归附他！我听说西伯是善于养老的人。'姜太公避开纣王住在东海岸边，听说文王兴起，便说：'为什么不归附他！我听说西伯是善于养老的人。'这两个老人，是天下德高望重的老人，都归附他，这好比天下人的父亲归附西伯。天下人的父亲都归附西伯了，他们的儿子还会到哪儿去呢？当今的诸侯如果有能实行文王的政治的，七年之内，就一定能统治天下。"

【历代论引】

朱子曰："文王发政，必先鳏寡孤独，庶人之老，皆无冻馁，故伯夷、太公来就其养，非求仕也。"

又曰："萧何所谓养民致贤以图天下者，暗与此合，但其意则有公私之辨，学者又不可以不察也。"

【评析】

本章论行仁政之法：像周文王那样，通过善待伯夷、太公这样的"巨室""大老"，利用他们的影响力，使天下归心。

孟子认为，诸侯如有施行文王仁政的，七年之内，必能掌握天下的政权。孟子对几个诸侯都讲过，如行仁政，短则五年，长则七年，必王天下，其依据便是商汤和周文王的例子。他劝诸侯行仁政是对的，但照搬汤文模式，以为也可在五年、七年之内王天下，这样的想法却是很幼稚的。

十四

【原文】

孟子曰："求也为季氏宰，无能改于其德，而赋粟倍他日①。孔子曰：'求非我徒也，小子鸣鼓而攻之可也。'由此观之，君不行仁政而富之，皆弃于孔子者也，况于为之强战？争地以战，杀人盈野；争城以战，杀人盈城，此所谓率土地而食人肉，罪不容于死。故善战者服上刑，连诸侯者次之②，辟草莱、任土地者次之③。"

【注释】

①求：冉求，字子有，孔子弟子。季氏：鲁国大夫。宰：家臣。孔门弟子冉求为鲁国季氏家臣，增加了老百姓的赋税。事见《左传·哀公十一年》。②善战

者：善于带兵打战的人，如孙膑、吴起之类。上刑：重刑。连诸侯者：指主张合纵或连横的纵横家。③辟草莱、任土地者：指主张尽地力的李悝、主张开阡陌的商鞅之类。辟草莱：开垦荒地。任土地：分土授民。孟子以为这些主张虽然意在发展生产，但并不是为百姓着想，而是为了统治者的私利，所以反对。

【译文】

孟子说："冉求做季氏的家臣，不能改善他的德行。反而把田租增加了一倍。孔子说：'冉求不是我的学生，你们敲响战鼓去攻击他都可以。'由此看来，不帮助君主实行仁政而帮助他聚敛财富，都是被孔子鄙弃的。何况是努力为君主作战的人？为争夺土地而作战，杀死的人遍布原野；为争夺城池而作战，杀死的人遍布城池。这就叫争夺土地吃人肉，死刑都不足以惩罚他们的罪行。因此好战的人应该受最重的刑罚，鼓吹合纵连横的人受次一等的刑罚，开垦荒地、分土授田的人受再次一等的刑罚。"

【历代论引】

林氏曰："富其君者，夺民之财耳，而夫子犹恶之。况为土地之故而杀人，使其肝脑涂地，则是率土地而食人之肉。其罪之大，虽至于死，犹不足以容之也。"

朱子曰："辟与辟同。善战，如孙膑、吴起之徒。连结诸侯，如苏秦、张仪之类。辟，开垦也。任土地，谓分土授民，使任耕稼之责，如李悝尽地方，商鞅开阡陌之类也。"

【评析】

冉求不仁不义，加重了人民的赋税，就被孔子所弃。而如今的战争贩子和像张仪那样的纵横家等人，又当如何呢？

孟子发出了"善战者服上刑"的呼声。他认为，如今的战争贩子和像张仪那样的纵横家等人，为了"争地""争城"，不知杀了多少人，这就是争夺土地吃人肉，真是罪不容诛。因此，那些好战者应服最重的刑罚，搞合纵连横的应受次一等的刑罚，为了多收税而开辟荒地、以尽地力的应受再次一等的刑罚。

可见，孟子的"仁"直接源于孔子的"仁"，就是尊重人，怜恤人，一切以人为本。

【史例解读】

善战者服上刑

白起，战国时期秦国名将。他一生没有败绩，东破三晋，南摧荆楚，威服燕齐，力震胡夷，终身大小70余战，其中尤以长平之战最为出名。长平之战赵国败，白起坑杀45万赵国降卒。白起一生共歼灭六国军队约一百万，杀伤之多，冠于中外历史，占秦军百余年斩首总数的二分之一。

秦赵在战国中最好战，尤其是秦国，因为彻底执行法家军功制度，所以大将都是在战争中诞生。可是后来白起因为不肯带兵攻打楚国，被秦昭王赐剑自刎而死，死时感叹道："我白起何罪于天下，落得如此下场！"

十五

【原文】

孟子曰："存乎人者，莫良于眸子①。眸子不能掩其恶。胸中正，则眸子瞭焉②；胸中不正，则眸子眊焉③。听其言也，观其眸子，人焉廋哉④？"

【注释】

①存：考察。眸子：瞳仁，眼睛。②瞭（liǎo）：明亮。③眊（mào）：暗昧不明。④廋（sōu）：隐藏，藏匿。

【译文】

孟子说："观察一个人，没有比观察他的眼睛更好的了。眼睛不能掩饰一个人的丑恶。内心正直，眼睛就明亮；心术不正，眼睛就昏暗。听人说话，观察他的眼睛，这人的善恶哪能隐藏得住！"

【历代论引】

朱子曰："盖人与物接之时，其神在目，故胸中正则神精而明，不正则神散而昏。"

又曰："廋，匿也。言亦心之所发，故并此以观，则人之邪正不可匿矣。然言犹可以伪为，眸子则有不容伪者。"

【评析】

观察人的方法，就是观察他的眼睛。

孟子认为，观察一个人，没有比观察他的眼睛更好的了。一个人的善恶邪正往往都从眼神中流露出来，所谓"眼睛是心灵的窗户"。

十六

【原文】

孟子曰："恭者不侮人，俭者不夺人。侮夺人之君，惟恐不顺焉，恶得为恭俭？恭俭岂可以声音笑貌为哉？"

【译文】

孟子说："恭敬的人不会侮辱别人，生活节俭的人不会掠夺别人。侮辱、掠夺别人的君主，惟恐别人不顺从他，哪里称得上恭敬、节俭呢？恭敬和节俭这两种品德，难道可以只靠声音和笑貌装出来吗？"

【历代论引】

朱子曰："惟恐不顺，言恐人之不顺己。声音笑貌，伪为于外也。"

【评析】

本章论诸侯要恭敬他人，生活节俭。

孟子认为，恭敬他人的人不会侮辱别人，生活节俭的人不会掠夺别人。但那些侮辱别人、掠夺别人的君主，既要侮夺他人，又唯恐他人不顺从自己，怎么能做到恭敬和节俭呢？

【史例解读】

和尚的恭和不恭

宋朝的时候，有一个名叫丘浚的人，他在朝廷任殿中丞。

有一次，他去杭州某大寺院里拜访一位名叫"珊"的老和尚。老和尚觉得他官职卑微，便不怎么理他，而且对他很傲慢。

一会儿，外面报说有位将军的公子驾到，老和尚慌忙跑下石阶，亲自把公子扶下马来，迎进禅堂，又是点头哈腰，又是倒茶打水。

丘浚在一旁看着，心里愤愤不平。等那公子走了以后，他便责问老和尚说："你待我如此傲慢，为何看见将军公子这般恭敬？"

老和尚回答道："你有所不知，我们出家人的道理，恭敬就是不恭敬，不恭敬就是恭敬。"

丘浚勃然大怒，抄起手边的棍子就打在了老和尚的头上，一边打一边说："师父休要见怪，打你就是不打你，不打你就是打你！"

十七

【原文】

淳于髡曰①："男女授受不亲，礼与？"

孟子曰："礼也。"

曰："嫂溺，则援之以手乎？"

曰："嫂溺不援，是豺狼也。男子授受不亲，礼也；嫂溺，援之以手者，权也②。"

曰："今天下溺矣，夫子之不援，何也？"

曰："天下溺，援之以道；嫂溺，援之以手。子欲手援天下乎？"

【注释】

①淳于髡（kūn）：姓淳于，名髡，齐人。曾在齐威王、齐宣王和梁惠王的朝廷做官。②权：变通。

【译文】

淳于髡说:"男女之间不亲手递接东西,这是礼制吗?"

孟子说:"是礼制。"

淳于髡说:"嫂嫂掉到水里,用手拉她吗?"

孟子说:"嫂嫂掉到水里而不拉她,是豺狼。男女之间不亲手递接东西,是礼制。嫂嫂掉到水里,用手拉她,是变通的办法。"

淳于髡说:"当今天下都掉到水里了,先生不拉一把,为什么?"

孟子说:"天下掉到水里,要用道来救援。嫂嫂掉到水里,是用手去救援。你想用手来救援天下吗?"

【历代论引】

朱子曰:"言天下溺,惟道可以救之,非若嫂溺可手援也。今子欲援天下,乃欲使我枉道求合,则先失其所以援之之具矣。是欲使我以手援天下乎?此章言直己守道,所以济时;枉道殉人,徒为失己。"

【评析】

本章论凡事有经有权,可与第十三卷第二十六章合读。

淳于髡与孟子的论辩很有意思。淳于髡的本意,是劝孟子出手救天下,但他没有直接说,而是用类比方法,设计了一个"陷阱",引孟子上钩。孟子果然上了钩,但他用刻意把本体(救天下)与喻体(救嫂子)分开的办法为自己解了围:天下人都掉到水里了,要用"道"(仁政)去救援;嫂子掉到水里去了,是用手去救援。

孟子的权变思想含有辩证法的因素,遇特殊的情况要权衡利弊而懂得变通,以免失之偏颇。

【史例解读】

男女授受不亲

一位老和尚带着一个小和尚去听经。来到一条河边,正遇一股山洪下泻,过河的石墩都被水淹没。一年轻女子也站在河边,望着滔滔大水一筹莫展，不敢过河。此时，老和尚上前，表示愿背她过河。

女子迟疑片刻也就默允了。老和尚见此情景，即上前将女子抱起来就趟水过河。到了河那边，老和尚就将女子放下，告别之后就自顾自带着小和尚赶自己的路了。

一路走，小和尚心里一路犯嘀咕：世俗间尚且男女授受不亲，师父一个出家几十年的人还抱了女人过河。一直走了两里路，小和尚对此还是百思不得其解，实在忍不住了，就委婉地问："男女授受不亲是民间常礼，何况我们出家人要远离女色，您今天为什么抱那个女人过河呢？"老和尚望着小和尚："出家人慈悲为怀，而且我过了河就已经把她放下了，你却抱着不放走了两里多路。"

十八

【原文】

公孙丑曰："君子之不教子，何也？"

孟子曰："势不行也，教者必以正；以正不行，继之以怒。继之以怒，则反夷矣①。'夫子教我以正②，夫子未出于正也。'则是父子相夷也。父子相夷，则恶矣。古者易子而教之，父子之间不责善。责善则离，离则不祥莫大焉。"

【注释】

①夷：伤害。②夫子：儿子称父亲，可译作"您"。

【历代论引】

王氏曰："父有争子，何也？所谓争者，非责善也。当不义则争之而已矣。父之于子也如何？曰，当不义，则亦戒之而已矣。"

朱子曰："易子而教，所以全父子之恩，而亦不失其为教。"

【译文】

公孙丑说："君子不亲自教育儿子，这是为什么？"

孟子说："因为情势行不通，教育者一定要用正确的道理。用正确的道理如果行不通，接着就发火。接着就发火，那反而伤感情了。儿子会说：'您用正确的道理教导我，您却不从正确的道理出发。'那父子就会互相伤感情。父子互相伤感情，就坏了。古人互相交换儿子来教育，父子之间不用善的道理来责备对方。如果用善的道理来责备对方，就有了隔阂，一有隔阂，那就没有什么比这更不好的了。"

【评析】

本章论教子之道。

孟子认为，教育儿子，必用正道。用正道教育还不行，父亲必然发怒，这就反而伤害了儿子，甚至造成父子互相伤害。所以古人"易子而教"，使父子之间不互相责备而求至善。如果互相责备而求至善，父子间就会有隔阂，那就是最不好的事了。

这是孟子人生经验、社会经验的总结。

十九

【原文】

孟子曰："事，孰为大？事亲为大。守，孰为大？守身为大。不失其身而能事其亲者，吾闻之矣；失其身而能事其亲者，吾未之闻也。孰不为事？事亲，事之本也。孰不为守？守身，守之本也。曾子养曾晳①，必有酒肉。将彻②，必请所与，问有余，必曰有。曾晳死，曾元养曾子③，必有酒肉。将彻，不请所与，问有余，曰亡矣④。将以复进也。此所谓养口体者也。若曾子，则可谓养志也。事亲若曾子者，可也。"

【注释】

①曾子：曾参，孔子弟子。曾晳：名点，曾参之父，也是孔子弟子。②彻：撤除，撤去。这里指撤下酒肉。③曾元：曾参之子。④亡：同"无"。

【译文】

孟子说："侍奉谁最要紧？侍奉双亲最要紧。守护谁最要紧？守护自己最要紧。不遗失自己的节操而能侍奉好双亲的，我听说过，遗失了自己的节操而能侍奉好双亲的，我没听说过。谁不该侍奉？侍奉双亲，是侍奉中的根本。谁不该守护？守护自己，却是守护中的根本。从前曾参奉养曾晳，每餐必有酒肉，将要撤下时，一定问父亲剩下的给谁。如果父亲问这东西是否还有，他一定说'有'。曾晳死后，曾元奉养曾参，每餐必有酒肉，将要撤下时，不问父亲剩下的给谁。如果父亲问这东西是否还有，他就说'没有了'。其实他是想留着预备以后进用，不想给别人。这叫作奉养口舌、躯体。像曾参那样，就可以叫作奉养意旨。侍奉双亲像曾参那样做，就可以了。"

【历代论引】

程子曰："子之身所能为者，皆所当为，无过分之事也。故事亲若曾子可谓至矣，而孟子止曰可也，岂以曾子之孝为有余哉？"

朱子曰："守身，持守其身，使不陷于不义也。一失其身，则亏体辱亲，虽日用三牲之养，亦不足以为孝矣。"

又曰："事亲孝，则忠可移于君，顺可移于长。身正，则家齐、国治、而天下平。"

【评析】

本章论侍奉双亲必须孝顺。

孟子认为，讲服侍人，服侍谁最重要？侍奉双亲最重要。讲人的操守，什么操守最重要？守身最重要。守护自身而不使自己陷于不仁不义不忠不孝，这就能侍奉双亲；反之，就不能侍奉双亲。侍奉好了双亲，就能服侍上级、君王，因此，侍奉双亲是所有服侍工作的根本。守护自己而使自己归于仁义礼智，就能治国平天下。因此，守护自己是人一切操守的根本。

为了便于理解，孟子举了曾参侍奉曾晳，曾元侍奉曾参的例子。意在说明身之本在"事亲"，"事亲"之本在孝顺的道理。

【史例解读】

守身为大

东汉刘宠，字祖荣，山东牟平县人，官至司徒、太尉。刘宠在任会稽郡太守时，坚持以守身为大，不收取一文钱财。

后来，因为刘宠为官清廉，政绩卓著，朝廷调他往京城任职。在离任前，会稽郡山阴县若耶山谷五六位鬓发斑白的老人结伴前来，说是要为太守送行。老人们各带了一百个铜板，想送给刘宠，可他不肯接受。

老人们流着泪对刘宠说："我们是山谷小民。前任郡守屡屡扰民，夜晚也不放过，有时狗竟然整夜狂吠不止，民不得安。可自从您上任以来，夜晚狗都不叫了，官吏也不抓捕老百姓了。现在我们听说您要离任了，故奉送这点儿小钱，聊表心意。"

刘宠说："我的政绩远远不及几位老者说的那样好，倒是辛苦父老了！"老人们一定要他收下，盛情难却的刘宠只好收下几位老人各一文钱。他出了山阴县界，就把钱投到了江里。后人将该江改名为"钱清江"，还建了"一钱亭"。从此，"一钱太守"的美称便在当地传开了。

刘宠前后历宰二郡，屡登卿相位，而且待人宽厚，生活俭朴，死时家无余财。

二十

【原文】

孟子曰："人不足与适也，政不足与间也①，惟大人为能格君心之非②。君仁，莫不仁；君义，莫不义；君正，莫不正。一正君而国定矣。"

【注释】

①适（zhé）：通"谪"，谴责。间（jiàn）：诋毁，非议。②格：纠正。

【译文】

孟子说："官吏不值得去谴责，政治不值得去非议。只有大人才能纠正君主心术的错误。君主仁，就没有人不仁；君主义，就没有人不义；君主正，就没有人不正。一旦君主端正了，国家就安定了。"

【历代论引】

徐氏曰："格者，物之所取正也。书曰：'格其非心。'"

程子曰："天下之治乱，系乎人君之仁与不仁耳。心之非，即害于政，不待乎发之于外也。昔者孟子三见齐王而不言事，门人疑之。孟子曰：'我先攻其邪心，心既正，而后天下之事可从而理也。'夫政事之失，用人之非，知者能更之，直者能谏之。然非心存焉，则事事而更之，后复有其事，将不胜其更矣；人人而去之，后复用其人，将不胜其去矣。是以辅相之职，必在乎格君心之非，然后无所不正；而欲格君心之非者，非有大人之德，则亦莫之能也。"

朱子曰："惟有大人之德，则能格其君心之不正以归于正，而国无不治矣。大人者，大德之人，正己而物正者也。"

【评析】

本章论君王为人之重要。

孟子认为，君王仁，他周围没有不仁的；君王义，他周围没有不义的；君王正，他周围没有不正的。所以，一旦君王端正了，国家也就安定了。

至于君王周围的那些小人，当然不值得去谴责，其政治也不值得去非议，因为问题的总根源在君王那里。此乃"上梁不正下梁歪，中梁不正倒下来"之意。

【史例解读】

君仁，莫不仁；君义，莫不义

自古那些真正懂得为君之道的君王，无一不是尊贤纳士的楷模。"周公吐哺，天下归心"，贤能之士，归之如流；曹操唯才是举，见投奔的贤能之士"跣出迎之"；唐太宗李世民以魏征等谏臣为人镜鉴得失，始造"贞观之治"……他们懂得：尊重臣下，其实就是尊重自己和自己的王朝。

汉高祖刘邦重用韩信打江山，正是君仁的典范。据《史记·淮阴侯列传》载，起初，刘邦还是看不起出身低贱的韩信，虽听信萧何建议，决定重用他，但仍"拜大将如呼小儿耳"，不够尊重。后经萧何提醒，刘邦才郑重其事。"择良日、斋戒、设坛场，具礼"，并且拜其为大将，授予全权，决不从中牵制。而且还广施恩惠，笼络其心。对此，韩信深有感触："汉王授我上将军印，予我数万众，解衣衣我，推食食我，言听计从，故吾得以至于此。"韩信感激刘邦的信任，更感激刘邦的施惠。"解衣衣我，推食食我"，衣食之赐，对于少年时"常从人寄食饮"的韩信是刻骨铭心的。因此，韩信才明修栈道，暗度陈仓，四面出击，拼命为刘邦打江山。

等到韩信的势力可以在刘邦、项羽之间"三分天下，鼎足而居"时，就不断有人来拉拢韩信"足下为汉则汉胜，与楚则楚胜"。有的干脆让韩信自立为王，与刘邦和项羽"三分天下"。但韩信这时所想的并不是什么自立为王，而是"乘人之车者载人之患，衣人之衣者怀人之忧，食人之食者死人之事"，他要以死来报答刘邦的知遇之恩。这正是孟子所说的："君仁，莫不仁；君义，莫不义。"

二十一

【原文】

孟子曰："有不虞之誉①，有求全之毁。"

【注释】

①虞：料想。

【译文】

孟子说："有料想不到的赞誉，也有求全责备的非议。"

【历代论引】

吕氏曰："行不足以致誉而偶得誉，是谓不虞之誉。求免于毁而反致毁，是谓求全之毁。言毁誉之言，未必皆实，修己者不可以是遽为忧喜。观人者不可以是轻为进退。"

【评析】

意外的赞誉往往言过其实，过于苛责的诋毁也未必合乎实际，有修养的人不必因此而飘飘然或灰心丧气，平常心最可贵。

【史例解读】

蔡瑁、张允求全之毁

东汉末期，曹操挟天子以令诸侯，打败袁绍以后又灭了乌桓等小的割据势力，北方基本上已经被他平定。于是曹操率领大军二十多万，号称百万大军，准备南下平定荆州，收复东吴。这时荆州刘表刚刚去世，蔡瑁、张允是刘表手下的水军都督，他们两个为了保全荣华富贵，不受荆州灭亡以后的巢破之灾，于是劝刘表的儿子刘琮投降。曹操对于蔡瑁、张允依旧委任原职，以表重视。

曹操的手下不明白，就问道："蔡瑁、张允乃谄佞之徒，主公何加以如此显爵，更教都督水军乎？"曹操笑道："吾岂不识人？只因吾所领北地之众，不习水战，故且权用此二人。待成事之后，别有理会。"不过，蔡瑁、张允确实有训练水军的才干，投降曹操之后，尽力操练水军，东吴都督周瑜知二人久居江东，谙习水战，所以要设计除此二人。

刚好蒋干在曹操面前自告奋勇，前来劝说周瑜投降。周瑜识破蒋干的来意，先是一番软硬兼施，吓得蒋干对"招降"两个字，一个字都不敢说出来。之后，周瑜又拉住蒋干饮酒，装得好像酩酊大醉，然后与蒋干同榻而睡。周瑜又故意说出与蔡瑁、张允串通的梦话来，并将伪造的蔡瑁、张允的来信放于旁边。

蒋干见劝降没有机会，把内奸挖出来也是功劳一件，于是拿着伪造的书信跑回了曹营，将书信献给曹操，并将上项事等逐一说与曹操。曹操大怒曰："二贼如此无礼耶！"马上传唤蔡瑁、张允到帐下。操曰："我欲使汝二人进兵。"瑁曰："军尚未曾练熟，不可轻进。"操怒曰："军若练熟，吾首级献于周郎矣！"蔡、张二人不知其意，惊慌失措。曹操喝武士将二人推出斩之。须臾，献头帐下，曹操方省悟曰："吾中计矣！"后人有诗叹曰："曹操奸雄不可当，一时诡计中周郎。蔡张卖主求生计，谁料今朝剑下亡！"众将见曹操杀了张、蔡二人，入问其故。曹操虽心知中计，却不肯认错，乃谓众将曰："二人怠慢军法，吾故斩之。"众将皆惊诧不已。

二十二

【原文】

孟子曰:"人之易其言也,无责耳矣。"

【译文】

孟子说:"一个人之所以信口开河,是因为他不必负责任。"

【历代论引】

朱子曰:"人之所以轻易其言者,以其未遭失言之责故耳。盖常人之情,无所惩于前,则无所警于后。非以为君子之学,必俟有责而后不敢易其言也。然此岂亦有为而言之与?"

【评析】

君子要敏于行而讷于言。一个人要是什么话都能轻易说出来,正所谓"轻诺无信",是缺乏责任心、不成熟的表现。

二十三

【原文】

孟子曰:"人之患在好为人师。"

【译文】

孟子说:"人的毛病在于喜欢做别人的老师。"

【历代论引】

王勉曰:"学问有余,人资于己,以不得已而应之可也。若好为人师,则自足而不复有进矣,此人之大患也。"

【评析】

师道尊严，老师的天职在于传道授业解惑，没有水平而夸夸其谈，"好为人师"，是骄傲浅薄的表现，是修身的大忌。"好为人师"者，不容易发现别人的长处，不容易看到自己的短处。

【史例解读】

人之患在好为人师

从前，有一个小伙子扛着一根长竹竿要进城，可是他无法将竹竿带进城门。

他先竖着拿竹竿，上边顶着城门进不去；想了想，又将竹竿横着拿，两边又顶着城门，还是进不去。正在着急之时，来了一位长者，见此情况，便出主意说："我看还是找一把锯子来，将竹竿从中间锯断后再拿进城吧。"这个小伙子听完后，果然依计行事，将好端端的一根竹竿锯成两截，高高兴兴进城去了，可是截成两段的竹竿却不能用了。

知之为知之，不知为不知。人之患在好为人师。姑且不说这个愚蠢的小伙子，他不知道竹竿还可以顺着拿进城。就说后来那位老者，自以为博学多才，却是误人不浅啊。

二十四

【原文】

乐正子从子敖之齐①。

乐正子见孟子。孟子曰："子亦来见我乎？"

曰："先生何为出此言也？"

曰："子来几日矣？"

曰："昔者②。"

曰："昔者，则我出此言也，不亦宜乎？"

曰："舍馆未定③。"

曰："子闻之也，舍馆定，然后求见长者乎？"

曰："克有罪④。"

【注释】

①子敖：王驩的字，齐王宠臣。②昔者：前天。③舍馆：住宿的馆驿。④克：乐正子名。

【译文】

乐正子跟随子敖到齐国。

乐正子来见孟子。孟子说："你也来见我吗？"

乐正子说："先生为什么说这个话？"

孟子说："你来了几天了？"

乐正子说："前天来的。"

孟子说："前天！那么我说这个话，不应该吗？"

乐正子说："住处还没安定下来。"

孟子说；"你听说过，住处安定了，然后再求见长辈吗？"

乐正子说："我有错。"

【历代论引】

陈氏曰："乐正子固不能无罪矣，然其勇于受责如此，非好善而笃信之，其能若是乎？世有强辩饰非，闻谏愈甚者，又乐正子之罪人也。"

朱子曰："王驩，孟子所不与言者，则其人可知矣。乐正子乃从之行，其失身之罪大矣；又不早见长者，则其罪又有甚者焉。故孟子姑以此责之。"

【评析】

鲁国的乐正子是孟子的学生，他跟着齐国的王子敖来到齐国，孟子本来就有些不高兴。因为王子敖是齐王的宠臣，是孟子所不齿之人。乐正子找到馆驿之后，才去看望孟子。所以孟子就责怪乐正子看望长者太晚了。而乐正子本好善笃信之人，欣然认错。

这则故事告诉我们，要尊敬长者，还要交往慎重，不要乱结交朋友。

【史例解读】

何出此言

晋武帝死后，太子司马衷即位，称晋惠帝。晋惠帝即位后，他的妻子贾后在幕后掌起大权。晋惠帝乐得不管不顾，四处玩乐。一天闲着无事，就由太监们陪着到御花园观赏风景。来到池塘边，听见蛤蟆在呱呱地叫。晋惠帝突然心血来潮，对着太监们说："你们听到有小东西在叫吗？"

太监们说："听到了，这是蛤蟆在池塘里叫。"晋惠帝说："那么我问你们，它是为官家叫呢，还是为私人叫？"太监们一时听不明白他的意思，都不敢回答。后来有个胆子较大点的太监回答说："皇上，如果蛤蟆在官地里叫，就是为官家，在私地里叫，就是为私家。"

晋惠帝似懂非懂地点点头。

有一年，全国大旱，庄稼颗粒无收，老百姓饿死了无数。公文报到京城，众官员跑到宫中向晋惠帝汇报："各地闹灾，没有粮食吃，很多灾民都饿死了。"

晋惠帝想了想，觉得有些奇怪，问："你们何出此言？既然没有粮食，就叫他们煮点肉粥吃，这样不就饿不死了吗？"

大臣们听了，个个目瞪口呆。

西晋出了这样一个白痴皇帝，连这样无知的问题也问得出来，难怪周围的一群野心家会蠢蠢欲动了。

二十五

【原文】

孟子谓乐正子曰："子之从于子敖来，徒餔啜也①。我不意子学古之道而以餔啜也。"

【注释】

①徒：仅仅。餔（bū）：吃。啜（chuò）：饮。

【译文】

孟子对乐正子说:"你跟随子敖来,只是为了吃吃喝喝呀。我没想到你学习古人之道竟然是为了吃吃喝喝呀。"

【历代论引】

朱子曰:"言其不择所从,但求食耳。此乃正其罪而切责之。"

【评析】

本章孟子批评乐正子到齐国来,不是为了学习古人的大道,竟然是为了吃吃喝喝,混口饭吃,有些不依不饶。

二十六

【原文】

孟子曰:"不孝有三①,无后为大。舜不告而娶②,为无后也。君子以为犹告也。"

【注释】

①不孝有三:按照古代封建礼教,不孝的三种表现是:一,阿意曲从,陷亲不义;二,家贫亲老,不为禄仕;三,不娶无子,绝先祖祀。②不告:不禀告父母。

【译文】

孟子说:"不孝顺的事有三种,其中没有子孙后代是最严重的。舜不先禀告父母就娶妻,就因为担心没有子孙后代,因此君子认为他没有禀告也同禀告过了一样。"

【历代论引】

赵氏曰:"于礼有不孝者三事:谓阿意曲从,陷亲不义,一也;家贫亲老,不为禄仕,二也;不娶无子,绝先祖祀,三也。三者之中,无后为大。"

范氏曰:"天下之道,有正有权。正者万世之常,权者一时之用。常道人皆可守,权非体道者不能用也。盖权出于不得已者也,若父非瞽瞍,子非大舜,而欲不告而娶,则天下之罪人也。"

【评析】

本章论男子当娶妻生子。

农耕时代,劳动力的繁衍生殖是关系家族繁荣昌盛的大事,所以有"不孝有三,无后为大"的说法。

二十七

【原文】

孟子曰:"仁之实①,事亲是也;义之实,从兄是也;智之实,知斯二者弗去是也;礼之实,节文斯二者是也②;乐之实,乐斯二者,乐则生矣;生则恶可已也,恶可已则不知足之蹈之手之舞之。"

【注释】

①实:犹言核心、本质。②节文:有次第有分寸地体现出来。

【译文】

孟子说:"仁的实质,就是侍奉双亲;义的实质,就是服从兄长;智的实质,就是懂得这二者的道理而不可离弃;礼的实质,就是对这二者加以调节和修饰;乐的实质,在于高兴地做到这二者,于是快乐就产生了。只要一产生快乐,那怎么能抑制得住,怎么能停下来,于是不知不觉就手舞足蹈起来。"

【历代论引】

朱子曰:"仁主于爱,而爱莫切于事亲;义主于敬,而敬莫先于从兄。故仁义之道,其用至广,而其实不越于事亲从兄之间。盖良心之发,最为切近而精实者。有子以孝弟为仁之本,其意亦犹此也。"

又曰:"此章言事亲从兄,良心真切,天下之道,皆原于此。然必知之明而守之固,然后节之密而乐之深也。"

【评析】

本章论仁、义、智、礼、乐。这些都是很抽象的概念，但孟子说起来，却一点都不抽象，而且人人都可以做到。

孟子认为，侍奉双亲就是仁；顺从兄长就是义；明白仁和义并且不离开它们就是智；适当调节、修饰仁和义就是礼；以仁义为乐就是乐，快乐得没办法，不知不觉中就会手舞足蹈起来。

儒家认为人人都可以当尧舜，本章就隐含了这类观点。

二十八

【原文】

孟子曰："天下大悦而将归己，视天下悦而归己犹草芥也①，惟舜为然。不得乎亲，不可以为人；不顺乎亲，不可以为子。舜尽事亲之道而瞽瞍厎豫②，瞽瞍厎豫而天下化，瞽瞍厎豫而天下之为父子者定，此之谓大孝。"

【注释】

①草芥：像草和芥一样不足珍惜，比喻轻贱。②瞽（gǔ）瞍（sǒu）：舜的父亲。厎（zhī）豫：得以快乐。厎：致。豫：安乐，安逸。

【译文】

孟子说："天下人都悦服而将归附自己，把天下人都悦服而将归附自己，看得像草芥一样，只有舜能做到。不能得父母的欢心，不可以做人。不顺从父母，不可以做儿子。舜尽心尽力侍奉父亲，使瞽瞍很高兴；瞽瞍高兴了，天下的风俗为之潜移默化；瞽瞍高兴了，天下做父亲、做儿子的伦常也由此确定，这叫作大孝。"

【历代论引】

李氏曰："舜之所以能使瞽瞍厎豫者，尽事亲之道，其为子职，不见父母之非而已。昔罗仲素语此云：'只为天下无不是厎父母。'了翁闻而善之曰：'惟如此而后天下之为父子者定。彼臣弑其君、子弑其父者，常始于见其有不是处耳。'"

朱子曰："是以天下之为子者，知天下无不可事之亲，顾吾所以事之者未若舜耳。于是莫不勉而为孝，至于其亲亦厎豫焉，则天下之为父者，亦莫不慈，所谓化也。子孝父慈，各止其所，而无不安其位之意，所谓定也。为法于天下，可传于后世，非止一身一家之孝而已，此所以为大孝也。"

【评析】

本章论父子伦常对治理天下的重大意义。

舜孝顺父母，所以他父亲高兴了。他父亲一高兴，天下的风俗就变好了，父子的伦常也就确定了。在孟子看来，舜能当圣君，是从当孝子开始的。或者说，孝是治国平天下的根本。

中国很多帝王都以孝为治国之本，这种思想便来自儒家。

【史例解读】

亲尝汤药

汉文帝刘恒，是汉高祖第三子，为薄太后所生。高后八年（公元前180年）即帝位。他以仁孝之名闻于天下，侍奉母亲从不懈怠。母亲卧病三年，他常常目不交睫，衣不解带。母亲所服的汤药，他亲口尝过后才放心让母亲服用。他在位24年，重德治，兴礼仪，注重发展农业，使西汉社会稳定，人丁兴旺，经济得到恢复和发展，他与汉景帝的统治时期被誉为"文景之治"。

卷八　离娄下

【题解】

　　本篇共计三十三章，中心内容在于阐述以尧、舜、禹、汤、文、武、周公、孔子为代表的儒家道统，孟子本人则以这一道统的继承人自任。如果说《离娄上》篇阐述的修、齐、治、平的思想和政治主张，反映了儒家道统的内容的话，那么，本篇所阐述的儒家道统的代表人物，就是这一道统的体现者。两者互为表里，在本质上是一致的。

　　本篇第一、十九、二十、二十九、三十一各章，都论及古代圣王或圣人之徒同道的道理，或不谋而合，或易地而然，其行迹或有差异，所持守的道义准则却如出一辙。第四、五、六章，是关于君臣相对关系的论述。在孟子看来，臣对君的尽忠，并不是无条件的，而是取决于君王是否行仁义之道。包括以上各章在内，本篇亦多格言式短章，涉及个人修养、待人接物的处世态度、学习与研究的方法等问题。第二十七章记录孟子与王驩打交道的一件小事，可以看出孟子以礼为恃的骄傲人格。第三十三章"齐人有一妻一妾"，是一则著名的寓言，第十八章以水为喻，说明为人治学的"有本""无本"之别，都饶有趣味，体现出了《孟子》文章长于譬喻的特点。

一

【原文】

　　孟子曰："舜生于诸冯，迁于负夏，卒于鸣条①，东夷之人也。文王生于岐周，卒于毕郢②，西夷之人也。地之相去也，千有余里；世之相后也，千有余岁。得志行乎中国，若合符节③，先圣后圣，其揆一也④。"

【注释】

①诸冯、负夏、鸣条：古代的地名，传说中舜居住过的地方。②岐周：岐山下的周邑。毕郢：地名，在今陕西咸阳东。③符节：古代表示印信之物，用玉或铜、竹等原料制成虎、龙等形状，或篆刻文字，剖为两半，各执其一，有事则左右相合，以为印信。④揆（kuí）：道理，准则。

【译文】

孟子说："舜诞生在诸冯，迁居到负夏，死在鸣条，是东方人。文王生在周国的岐山，死在毕郢，是西方人。两地距离一千多里，时代相隔一千多年。但是他们能在中原实现自己的志向，却像符节相合那样相同，古代的圣人和后代的圣人，他们的准则是相同的。"

【历代论引】

范氏曰"言圣人之生，虽有先后远近之不同，然其道则一也。"

朱子曰："得志行乎中国，谓舜为天子，文王为方伯，得行其道于天下也。符节，以玉为之，篆刻文字而中分之，彼此各藏其半，有故则左右相合以为信也。若合符节，言其同也。"

【评析】

古代中原是政治、经济、文化的中心，所以中原人称野蛮人为"夷"。但是，包括中原人在内，所有人都称之为圣贤的舜帝和周文王，早先也是"夷"。他们"得志行乎中国"之后，才成为"圣"。他们为什么会成为"圣"呢？原因在于他们有相同的准则，那就是他们都施行仁政。

【史例解读】

圣人无己

庄子提倡彻底地忘掉自我。认为忘掉自己以后就会无所待，就会成为圣人。

庄子在《逍遥游》中提出了两个观点："有待"和"无待"。有待是造成人生不能自由的根本原因，摆脱有待，达到无待，才能实现自由，即获得逍遥游，逍遥游也就是无待的自由境界。怎样才能摆脱有待，达到无待呢？庄子强调，根本的一点是把束缚自己的一切全都忘却，忘却外在的一切差别，也就无所不适、无所对待了。

庄子还说："至人无己，神人无功，圣人无名。"庄子提倡一种忘却自我的精神，认为人只有忘却自我才能成为圣人。这一点也可以在司马迁《史记》中得到论证，"盖文王拘而演《周易》，仲尼厄而作《春秋》；屈原放逐，乃赋《离骚》；左丘失明，厥有《国语》；孙子膑脚，《兵法》修列；不韦迁蜀，世传《吕览》；韩非囚秦，《说难》《孤愤》；诗三百篇，大抵圣贤发愤之所为作也"。此处提到的这些人，都是忘掉自己的不幸而后有大作为的圣贤。"圣人无己"此言不虚。

二

【原文】

子产听郑国之政，以其乘舆济人于溱、洧①。孟子曰："惠而不知为政。岁十一月，徒杠成②；十二月，舆梁成，民未病涉也③。君子平其政，行辟人可也④，焉得人人而济之？故为政者，每人而悦之，日亦不足矣。"

【注释】

①子产：春秋时郑国贤相公孙侨，字子产。溱（zhēn）、洧（wěi）：都是水名，在今河南省。②十一月：指周历，相当于夏历九月。下文十二月，相当于夏历十月。夏历九、十月是农闲时节，所以在这时修桥。徒杠：可供徒步行走的独木桥。③舆梁：可供车行的桥。病：发愁。④辟（pì）人：指执鞭者开道，让行人回避。辟：辟除。

【译文】

子产主持郑国的政治，曾用他所乘坐的车渡人过溱水、洧水。孟子说："这是私恩小惠，子产不懂得搞政治。如果在十一月修成可供徒步的桥，在十二月修成可供车行的桥，老百姓就不必为渡河发愁了。君子只要把政治搞好，外出时执鞭开道，让行人回避都可以，哪里能一个个帮人过河呢？所以，如果搞政治的人挨个讨人欢心，日子也就不够用了。"

【历代论引】

朱子曰："惠，谓私恩小利。政，则有公平正大之体，纲纪法度之施焉。"

又曰："言能平其政，则出行之际，辟除行人，使之避己，亦不为过。况国中之水，当涉者众，岂能悉以乘舆济之哉？"

又曰："言每人皆欲致私恩以悦其意，则人多日少，亦不足于用矣。诸葛武侯尝言，'治世以大德，不以小惠'，得孟子之意矣。"

【评析】

本章论为政之道在于"平其政"，即把政治搞好，不在于小恩小惠。

孟子认为，执政者的要务是抓纲治国，使民众安居乐业，这是最大的恩惠，比具体地做一两件事情要好不知多少倍。如果为政者一个一个讨老百姓喜欢，那日子也就不够用了。这对今日为政者仍有指导意义。

【史例解读】

惠而不知为政

秦末项羽和刘邦同争天下，最初项羽勇冠三军，成为各起义军的霸主。

但是，项羽为人有妇人之仁，对将士虽常有小恩小惠，却不能令行即赏，常常赏罚不公。每当将士有战功，他总是将要封赏的印放很长时间才发下去，这样终于导致一大批有才能的人离去，像韩信、陈平等人，以前都是项羽身边的人。他们在项羽的身边默默无闻，但是到了汉营却为刘邦所重用。

最终，项羽在楚汉之争中败给了刘邦。

三

【原文】

孟子告齐宣王曰："君之视臣如手足，则臣视君如腹心；君之视臣如犬马，则臣视君如国人；君之视臣如土芥，则臣视君如寇雠①。"

王曰："礼，为旧君有服②，何如斯可为服矣？"

曰："谏行言听，膏泽下于民③；有故而去，则君使人导之出疆，又先于其所往；去三年不反，然后收其田里。此之谓三有礼焉。如此，则为之服矣。今也为臣，谏则不行，言则不听；膏泽不下于民；有故而去，则君搏执之，又极之于其所往④；去之日，遂收其田里。此之谓寇雠。寇雠，何服之有？"

【注释】

①雠（chóu）：仇敌。②旧君：旧时侍奉的君主。服：古代丧礼穿的丧服。③膏泽：比喻恩惠。④搏执：捆绑。极：困穷，使动用法。

【译文】

孟子告诉齐宣王说："君主把臣下当作自己的手足，那么臣下就会把君主当作腹心；君主把臣下当作狗马，那么臣子就会把君主当作路人；君主把臣下当作土和草，那么臣下就会把君主当作仇敌。"

王说："礼制规定，臣下须为往日的君主穿孝服，怎样才能使臣下为他服孝呢？"

孟子说："有劝谏，就照着做，有什么话，都听从，恩惠普及于百姓；臣下如果有事离开，就派人引导他离开国境，还打发人先到他要去的地方作好准备；离开了三年还不回来，这才收回他的田地房产。这叫三有礼。这样，臣下就会为他服孝了。现在做臣下的，劝谏，王不照着办，说的话，王不听从，恩惠不能普及于百姓；臣下有事离开，君主就把他捆绑起来，又设法让他在所去的地方走投无路；离开的当天，就收回他的田地房产。这叫作仇敌。对仇敌一样的旧君，还服什么孝？"

【历代论引】

孔氏曰："宣王之遇臣下，恩礼衰薄，至于昔者所进，今日不知其亡；则其于群臣，可谓邈然无敬矣。故孟子告之以此。手足腹心，相待一体，恩义之至也。如犬马则轻贱之，然犹有豢养之恩焉。国人，犹言路人，言无怨无德也。土芥，则践踏之而已矣，斩艾之而已矣，其贱恶之又甚矣。寇雠之报，不亦宜乎？"

潘兴嗣曰："孟子告齐王之言，犹孔子对定公之意也；而其言有迹，不若孔子之浑然也。盖圣贤之别如此。"

杨氏曰："君臣以义合者也。故孟子为齐王深言报施之道，使知为君者不可不以礼遇其臣耳。若君子之自处，则岂处其薄乎？孟子曰'王庶几改之，予日望之'，君子之言盖如此。"

【评析】

此章论君主应善待臣下。

孟子认为，君待臣善，则臣对君忠。君对臣"三有礼"，旧臣也会为旧君服丧。反之，君待臣恶，旧臣怎么会为他服丧呢？

在孔孟所处的春秋、战国时代，对君臣关系的论述要民主得多，所以孟子才能有这样的言论。自秦汉强化君权以后，此种言论就不复出现了。

【史例解读】

君视臣如土芥，臣视君如寇仇

公元前598年，齐顷公即位，大臣高无咎与国佐联合起来，把崔杼驱赶到卫国。齐顷公死去后，继位的灵公把流亡在外的崔杼召回来任命为大夫，形成了崔杼专权的局面。齐庄公继位后，由于与崔杼的妻子私通而被诱杀于崔府。

庄公被杀的消息传出去以后，群臣纷纷逃走。但是晏子却没有逃走，而是来到崔家的门外。他的随从问："您要为国君殉职而死吗？"

晏子说："他只是我一个人的国君吗，我殉什么职？"

随从又说："那您逃走吗？"

晏子说："难道他被杀是我的罪过吗？我为什么逃？"

随从又问他说："那我们回府去等消息么？"

晏子说："国君已经死了，我能等到什么？作为百姓的君王，他凭借地位而凌驾于百姓之上，就应当主持国政，保护国家。如果君王为国家而死，我们也就为君王死；如果君王为国家逃亡，臣子也就为国家跟着逃亡。可是反过来，今天主公是为了自己的私欲而死，我不是他所亲近宠爱的人，没有必要承担责任。况且君视臣如土芥，臣视君如寇仇，是与主公有仇的人杀掉了他，我怎么能为他而死，怎么能为他逃亡呢？"

说完，晏子进崔府为庄公收葬完毕，同意另立新君。

四

【原文】

孟子曰："无罪而杀士，则大夫可以去；无罪而戮民，则士可以徙。"

【译文】

孟子说："士人无罪却被杀掉，那么大夫可以离开；百姓无罪却被屠戮，那么士人可以迁走。"

【历代论引】

朱子曰："言君子当见几而作，祸已迫，则不能去矣。"

【评析】

随意杀士戮民者，暴君也。故卿大夫、士人都可离开，都可迁到别国去。这体现了孟子的民本思想。

五

【原文】

孟子曰："君仁，莫不仁；君义，莫不义。"

【译文】

孟子说："君主如果仁，就没有人不仁；君主如果义，就没有人不义。"

【历代论引】

张氏曰："此章重出。然上篇主言人臣当以正君为急，此章直戒人君，义亦小异耳。"

【评析】

本章有"上梁不正下梁歪"之意。

六

【原文】

孟子曰:"非礼之礼,非义之义,大人弗为。"

【译文】

孟子说:"不合礼制的礼,不合正义的义,有德行的人是不会去做的。"

【历代论引】

朱子曰:"察理不精,故有二者之蔽。大人则随事而顺理,因时而处宜,岂为是哉?"

【评析】

本章论礼义,认为非礼的所谓礼、非义的所谓义,不是真正的礼、义,有德行的人是不会干的。

七

【原文】

孟子曰:"中也养不中①,才也养不才,故人乐有贤父兄也。如中也弃不中,才也弃不才,则贤不肖之相去,其间不能以寸②。"

【注释】

①中:中道,中庸,代指有德行的人。养:影响,教育。不中:过或不及。②其间不能以寸:指差距极小。

【译文】

孟子说:"有德行的人影响、教育没有德行的人,有才能的人影响、教育没有没有才能的人,所以人人都喜欢有贤能的父兄。如果有德行的人嫌弃没有德行的人,有才能的人不理会没有才能的人,那么贤和不肖的距离,就近得没有办法用分寸来衡量了。"

【历代论引】

朱子曰:"无过不及之谓中,足以有为之谓才。养,谓涵育熏陶,俟其自化也。贤,谓中而才者也。乐有贤父兄者,乐其终能成己也。为父兄者,若以子弟之不贤,遂遽绝之而不能教,则吾亦过中而不才矣。其相去之闲,能几何哉?"

【评析】

本章论君子有教养之责。

孟子认为,品德高尚为人正派的君子有义务教育那些品德不好的人,富有才能的人有义务教育那些没有才能的人。这样,贤者为师,团结大家一同进步;能者为师,帮助大家共同提高。否则,有德行的人嫌弃没有德行的人,有才能的人不理会没有才能的人,则"中"也"不中","才"也"不才",所谓贤、所谓不肖,也就没什么差别了。

【史例解读】

子质不善培养人才

春秋时期,魏文侯在位时,一位叫子质的大臣因为做官犯了罪,文侯罚他永世不得踏入魏国。

于是他不得不离开魏国,辗转来到了赵国。他进见赵简子:"我算是看明白了,从今而后我再也不为别人施恩德了。"

简子说:"为什么呢?"

子质说:"魏国殿堂上的官员、士卿由我培养的有一半,朝廷里的大夫我提拔的有一半,边境守卫的将士由我栽培过的也有一半,谁料到我一落难,殿堂上的官员说我的坏话，朝廷里的大夫用法律恐吓我，边境的守卫用武器阻拦我，我现在心灰意冷，所以不会再对别人施恩德了。"

赵简子说："咦，你的话错了。打个比方吧，如果春天栽种桃李，夏天就可以在桃李树下乘凉，秋天就可以吃到桃李树的果实。但是如果春天种蒺藜，夏天就不可采摘它的叶子，秋天也只能得到它成长的刺啊。由此看来，你所培养、提拔、栽培的人不好啊。所以君子应该首先选准对象再提拔、培养、栽培啊。"

八

【原文】

孟子曰："人有不为也，而后可以有为。"

【译文】

孟子说："人要有所不为，才能有所作为。"

【历代论引】

程子曰："有不为，知所择也。惟能有不为，是以可以有为。无所不为者，安能有所为邪？"

【评析】

对所要做的事，要有所选择。先要懂得什么不能做，然后才能知道应该做什么，"不为"是为了"有为"。

有所不为，才能有所为。能成大事者，贵在目标与行为的选择。如果事无巨细，事必躬亲，必然会使自己陷入忙忙碌碌之中，成为碌碌无为之人。

九

【原文】

孟子曰："言人之不善，当如后患何？"

【译文】

孟子说:"宣扬别人的不好,该怎么对付后患呢?"

【历代论引】

朱子曰:"此亦有为而言。"

【评析】

人的毛病,在于爱说别人的不好,这很容易损害人际关系。所谓"闲谈莫论人非",也是这个意思。

十

【原文】

孟子曰:"仲尼不为已甚者。"

【译文】

孟子说:"孔子不做过火的事情。"

【历代论引】

杨氏曰:"言圣人所为,本分之外,不加毫末。非孟子真知孔子,不能以是称之。"

【评析】

儒家主张,为人要坚持中道,把握事物恰如其分的度,无过,也无不及。所谓"已甚",就是过火、过头。过犹不及,所以孔子不为。

【史例解读】

不为已甚

周桓王姬林是姬泄父之子,周平王的孙子。

周平王在公元前720年驾崩了，太子孤自郑国回到京城继承王位，没料想由于悲伤过度死掉了。这样，大臣们只好扶立孤的儿子姬林即位登基，就是后来的周桓王。周桓王继位后，不甘心受郑庄公的控制，就撵走了他。郑庄公回国后，又假借天子之命，出兵攻伐宋国，所以又被周桓王免去了卿士的头衔。郑庄公一连五年不到洛邑朝见周桓王，表示不把周桓王放在眼里。

公元前707年，忍无可忍的周桓王亲自统领军队去讨伐郑庄公。郑庄公也起兵迎战。两军相遇长葛，周桓王派人叫骂挑战，叫骂到下午却未见郑军出战，兵士们都面露倦意，松懈起来。郑庄公趁机挥动大旗，擂鼓冲锋。周军猝不及防，被杀得大败。周桓王只好退兵，自己断后。郑国将军祝聃远远望见，展臂一箭，射中周桓王左肩，亏得铠甲坚厚，伤势不算严重。祝聃见射中了周桓王，喜上心头，就要纵车追赶活捉桓王。幸亏郑庄公"不为己甚"，即刻鸣金收兵。

周、郑的"长葛之战"就这样戛然而止。事后，郑庄公又假意派臣下去向周桓王赔罪，说本来只想自卫，没想到部下违反纪律，冒犯了天子。周桓王哭笑不得，只好借此而下台阶，垂头丧气地宣布赦免郑庄公之罪。

十一

【原文】

孟子曰："大人者，言不必信，行不必果，惟义所在。"

【译文】

孟子说："作为大人物，说话不一定都讲信用，做事不一定拘泥于结果，只看是否合乎义。"

【历代论引】

尹氏云："主于义，则信果在其中矣；主于信果，则未必合义。"

王勉曰："若不合于义而不信不果，则妄人尔。"

【评析】

言必信，行必果，这就是"信"。儒家常讲"仁、义、礼、智、信"，把这叫作"五常"，即五种伦常，可见"信"之重要。

但"五常"的关系并非并列关系，其中"仁"和"义"最重要。孟子认为，只要有"义"，那些大人物就可以"言不必信，行不必果"，这是有一定道理的。因为政治家在特定的情况下，需要通权达变，从大局考虑，不必拘泥于小节。

【史例解读】

神都不会理睬的盟誓

孔子居住在陈国三年，适逢晋国、楚国争霸，轮番攻伐陈国，吴国也侵犯陈国，陈国经常受到劫掠。孔子说："回吧！回吧！我家乡的那些小子志向远大，努力进取而没忘记初衷。"于是孔子离开了陈国。

途经蒲邑，遇到卫国大夫公孙氏占据蒲邑反叛，蒲邑人扣留了孔子。有个叫公良孺的弟子，带着五辆私车随从孔子。他为人贤能，又有勇气，对孔子说："我昔日跟着您在匡遭遇危难，如今又在这里遭遇危难，这是命啊。再次蒙难，我宁愿为您搏斗而死。"搏斗非常激烈。蒲邑人感到恐惧了，对孔子说："如果你不去卫都，我们就放了你。"孔子就和他们立下盟誓，蒲邑人便将孔子放出东门。孔子接着便前往卫都。孔子的弟子子贡问："先生，盟誓难道可以背弃吗？"孔子说："这是在要挟下订立的盟誓，神都不会理睬的。"

十二

【原文】

孟子曰："大人者，不失其赤子之心者也①。"

【注释】

①赤子：婴儿，引申的含义指纯洁。

【译文】

孟子说:"真正伟大的人,就是不丧失婴儿般天真纯朴之心的人。"

【历代论引】

朱子曰:"大人之心,通达万变;赤子之心,则纯一无伪而已。然大人之所以为大人,正以其不为物诱,而有以全其纯一无伪之本然。是以扩而充之,则无所不知,无所不能,而极其大也。"

【评析】

老子说:"常德不离,复归于婴儿。"与孟子这里的思想异曲同工。

孟子认为,人之初,性本善。他认为,每个人都有仁、义、礼、智这四种好的开端,如果把它们发扬光大,就能成为"大人",即品德高尚的人;如不发扬光大,不足以事父母,连个人都算不上。"大人"就是那种不失"赤子之心"、不失人类善良仁爱天性的人。

关于人类的天性,儒家认为性善,法家认为性恶。中国人一般认为性善,故治理国家以德治(如思想教育之类)为主。

【史例解读】

颜回的赤子之心

春秋时期,孔子周游列国,途中饿倒在去陈国和蔡国的半路上,连野菜也吃不到,七天未吃到米饭。

他的弟子颜回出去讨米回来煮给他吃。等到刚要煮熟的时候,孔子闻到饭香,就准备起来吃,可是他眯着眼睛看到了颜回从锅里先抓起一把米吃掉了,孔子假装没有发现。

过了一会儿,颜回盛了一碗饭端给孔子吃。孔子站起来说:"我梦见我死去的父亲,饭要是干净的,我用来祭奠他。"

颜回说:"不行,刚才有灰渣掉进锅去了,我觉得扔掉可惜,就把它吃掉了,这饭不干净。"

孔子一下子被颜回的赤子之心感动了,说:"我所信任的是眼睛,可是眼睛也不可以完全信赖啊；我所依赖的是心，可是心也还不足以完全依靠。认识一个人真是不容易啊。"

十三

【原文】

孟子曰："养生者不足以当大事，惟送死可以当大事。"

【译文】

孟子说："只奉养健在的父母的，难以担当大任；只有为他们安葬送终了，才可以担当大任。"

【历代论引】

朱子曰："事生固当爱敬，然亦人道之常耳；至于送死，则人道之大变。孝子之事亲，舍是无以用其力矣。故尤以为大事，而必诚必信，不使少有后日之悔也。"

【评析】

本章论孝。孟子认为孝是仁的根本，因此实际仍然是论仁。

对父母双亲，只养生而不送终，并非真孝子，所以难以担当大任；既养生又送终，才是真孝子，才可以担当大任。

对父母，古人讲究"事死如事生"，对君王也一样。这与古人对生命的认识有关。古人认为，灵魂才是生命的真正所在，而肉体只是灵魂暂时的依托罢了。父母死了，只是肉身死亡，其生命的灵魂并未死去。所以，古人既重养生，也重送终。

十四

【原文】

孟子曰:"君子深造之以道,欲其自得之也。自得之,则居之安,居之安则资之深①,资之深则取之左右逢其原②,故君子欲其自得之也。"

【注释】

①资:凭借。②左右逢其原:原:同"源",水源。意思是学问的功夫深,则取之不尽,用之不竭。比喻处事行文,得心应手。

【译文】

孟子说:"君子依循正确的方法获得高深的造诣,就是要能自觉地有所得。自觉地有所得,就能牢固地掌握它而不动摇,就能积蓄深厚;积蓄深厚,就能取之不尽,左右逢源,所以君子希望能自觉地有所得。"

【历代论引】

程子曰:"学不言而自得者,乃自得也。有安排布置者,皆非自得也。然必潜心积虑,优游餍饫于其闲,然后可以有得。若急迫求之,则是私己而已,终不足以得之也。"

朱子曰:"言君子务于深造而必以其道者,欲其有所持循,以俟夫默识心通,自然而得之于己也。自得于己,则所以处之者安固而不摇;处之安固,则所借者深远而无尽;所借者深,则日用之闲取之至近,无所往而不值其所资之本也。"

【评析】

本章论治学之法。

孟子认为,君子深造的目的在于自得。自觉地有所得,就掌握得牢固;掌握得牢固,资质学问就深;学问资质深厚,用起来就灵活自如。所以,君子要自觉地学习。孔子说,"古之学者为己,今之学者为人","欲其自得之"是内功,是"为己",反之则是为人。

在孟子看来,"自得"与"他得"(灌输)效果是完全不同的。一个人要有大学问，非"自得"不可。

【史例解读】

左右逢源

冯道，字可道，生于五代十国时期，是河北瀛洲景城（今河北景县）人。少年时以孝顺谨慎闻名，在未成名时，曾赋诗一首以表心志："莫为危时便怆神，前程往往有期因。终因海岳归明主，未省乾坤陷吉人。道德几时曾去世，舟车何处不通津。但教方寸无诸恶，虎狼丛中也立身。"

冯道能言善辩，足智多谋，因而得以在"虎狼丛中"与世沉浮，左右逢源。冯道从后唐庄宗时代开始尊贵显赫。公元936年，石敬瑭灭了后唐，建立后晋，任命冯道为司空，封鲁国公；后晋灭亡，契丹大军攻入开封，大臣们或死节或出逃，方寸不乱的冯道被耶律德光封为太傅；后来刘知远建立后汉，冯道又归附了后汉，被封为太师；公元951年，郭威灭了后汉建立后周，冯道又被封为太师兼中书令之职。尽管如此，冯道在生活中始终清静俭朴、宽容大度，从不表现得盛气凌人，保持了一种节俭、刻苦、自励的忠厚长者和谦谦君子的风度。

十五

【原文】

孟子曰："博学而详说之，将以反说约也①。"

【注释】

①约：简明，扼要。

【译文】

孟子说："广博地学习，详细地解说，最终还是要回到简略地陈述大义的境界。"

【历代论引】

朱子曰:"言所以博学于文,而详说其理者,非欲以夸多而斗靡也;欲其融会贯通,有以反而说到至约之地耳。盖承上章之意而言,学非欲其徒博,而亦不可以径约也。"

【评析】

做学问的人常有这样的心得:由"约"而"博",再由"博"而"约"。这样才记得住,站得高,看得准。这是"约——博——约"的方法。

春秋战国时期,人类积累的知识,特别是理论知识,还很有限,"约"的前提多不存在,所以他介绍的是"博——约"的方法。

本章虽短,却是孟子一生治学经验的总结。

十六

【原文】

孟子曰:"以善服人者,未有能服人者也;以善养人,然后能服天下。天下不心服而王者,未之有也。"

【译文】

孟子说:"用善来使人服输,没有能使人服输的。用善来熏陶教养人,这才能使天下人信服。天下人不能心服,却能统一天下的,是从来没有过的事。"

【历代论引】

朱子曰:"服人者,欲以取胜于人;养人者,欲其同归于善。盖心之公私小异。而人之向背顿殊,学者于此不可以不审也。"

【评析】

本章论王道的途径——"以善养人"。

孟子认为，王道的核心是仁政。以仁为本，可以生发出义、礼、智等等，这些就是"善"。

孟子认为，用"善"迫使别人俯首称臣，这并不能真正地让人归顺。如果用"善"来教育培养别人，即所谓"养人"，才能使别人真心归顺。只有百姓真心归顺了，你的"善"、你的治国平天下的方略才可以施行。

由此可见教育的重要性，"百年大计，教育为本"。

十七

【原文】

孟子曰："言无实不祥[1]，不祥之实，蔽贤者当之。"

【注释】

①不祥：不善。

【译文】

孟子说："说话不符合实际，是不会有好结果的。说话符合实际，而得到不好的结果，那些阻碍贤者被任用的人应承担责任。"

【历代论引】

朱子曰："或曰：'天下之言无有实不祥者，惟蔽贤为不祥之实。'或曰：'言而无实者不祥，故蔽贤为不祥之实。'二说不同，未知孰是，疑或有阙文焉。"

【评析】

那些妨碍贤士进用的"蔽贤者"，都是小人。他们往往用"无实"即没有真凭实据的谣言，来诽谤贤士，这么做，很不好。最终，这些不好的后果，要由这些小人自己来承担。

十八

【原文】

徐子曰①："仲尼亟称于水②，曰：'水哉，水哉！'何取于水也？"

孟子曰："源泉混混，不舍昼夜，盈科而后进③，放乎四海。有本者如是，是之取尔。苟为无本，七八月之间雨集，沟浍皆盈④，其涸也，可立而待也。故声闻过情⑤，君子耻之。"

【注释】

①徐子：即徐辟，孟子弟子。②亟（qì）：屡次。③混混（gǔn gǔn）：水流旺盛的样子。科：坎地。④浍（kuài）：田间的排水渠。⑤声闻：名声，名誉。

【译文】

徐子说："孔子多次称赞水，说：'水啊，水啊！'他赞同水的什么方面呢？"

孟子说："有源头的泉水滚滚奔流，日夜不停，注满了洼地以后才向前进，一直流到大海去。有本源的就像这样，孔子赞同水的这一点。如果是没有本源的，像七、八月之间雨水汇集，水沟、水渠都满了，但它的干涸，也是立等可待的。所以名誉超过实情，是君子引以为耻辱的。"

【历代论引】

林氏曰："徐子之为人，必有躐等干誉之病，故孟子以是答之。"

邹氏曰："孔子之称水，其旨微矣。孟子独取此者，自徐子之所急者言之也。孔子尝以闻达告子张矣，达者有本之谓也。闻则无本之谓也。然则学者其可以不务本乎？"

朱子曰："言水有原本，不已而渐进以至于海；如人有实行，则亦不已而渐进以至于极也。"

【评析】

孟子说，有本源的水滚滚向前，昼夜不停，填满低洼不平之地而后前进，一直流到大海里去。孔子取它这一点罢了。如果是无源之水，夏季雨水汇集，大小沟渠都填满了；但其干涸，也立等可待。所以人的名声超过了实际，君子引以为耻。脚踏实地做人，不追求非分的荣誉，是中国士人的优良传统。

水流有许多象征意义，孔子之意是否真如孟子所说的那样，实可怀疑，也可不疑。孟子说这番话的时候，应是年龄较大、声誉遍天下的时候。此时，不仅是孟子，他的弟子可能都有相当的名声，故借此自我警戒并教育弟子罢了。

【史例解读】

声闻过情

三国时期，西蜀将领马谡的才气和抱负超过常人，喜好议论军事谋略，颇有一些名气，诸葛亮对他深为器重。

但是刘备在白帝城临终之时对诸葛亮说："马谡言语浮夸，声闻过情，不可委任大事，您要对他多加考察。"

诸葛亮虽然当时点头称是，但心里并不这样认为，他让马谡做参军，时常与他一起谈论军事直至夜深。等到出兵祁山，诸葛亮不用旧将魏延、吴懿等为先锋，而是让马谡统领各军在前，同张郃在街亭交战。

结果马谡违背诸葛亮的指挥调度，军事行动混乱无章，放弃水源上山驻扎，不在山下据守城邑。张郃断绝马谡取水的道路，发动进攻并大败马谡，结果街亭失守，造成蜀军退守无据的局面。诸葛亮被迫迁移了西县一千多家百姓，退回到汉中。回到汉中以后，诸葛亮悔不听刘备之言，只得挥泪斩马谡，以谢天下，自己也自贬三级以示惩罚，这就是历史上著名的"失街亭"。

十九

【原文】

孟子曰："人之所以异于禽兽者几希①，庶民去之，君子存之。舜明于庶物，察于人伦，由仁义行②，非行仁义也。"

【注释】

①几希：形容少。②由：经由，遵循。

【译文】

孟子说："人不同于禽兽的就那么一点点，老百姓把仁义丢弃了，而君子却时时在心里装着它。舜明白万物的规律，了解人事的道理，自觉遵循仁义的道路行走，而不是把仁义作为手段来使用。"

【历代论引】

尹氏曰："存之者，君子也；存者，圣人也。君子所存，存天理也。由仁义行，存者能之。"

朱子曰："物理固非度外，而人伦尤切于身，故其知之有详略之异。在舜则皆生而知之也。由仁义行，非行仁义，则仁义已根于心，而所行皆从此出。非以仁义为美，而后勉强行之，所谓安而行之也。此则圣人之事，不待存之，而无不存矣。"

【评析】

本章论仁义为立身之本而非手段方法。

孟子认为，人和禽兽之别只有一点点，就是人有仁义，而禽兽没有。人刚生下来时，人人都有仁的天性，即所谓"赤子之心"，但因后天环境不同，庶民百姓抛弃了仁义，君子则保存了仁义，像舜这样的人更是把仁义发扬光大了，所以成了圣人。舜明白事物的道理，明察人类的常情，所以他由仁义之大道而行进，并非仅仅把仁义当作手段或工具来推行。

所谓"由仁义行"与"行仁义"，孟子发现了二者的区别，这是很敏锐而又深刻的见解。

但他认为只有君子才保存发扬了"赤子"的仁义天性，"庶民"把这些东西都丢了，这是很荒谬的观点，说明他从骨子里认为"君子"才是真正的人，而小民不是。

二十

【原文】

孟子曰："禹恶旨酒而好善言[1]。汤执中，立贤无方[2]。文王视民如伤，望道而未之见[3]。武王不泄迩，不忘远[4]。周公思兼三王，以施四事[5]，其有不合者，仰而思之，夜以继日，幸而得之，坐以待旦。"

【注释】

[1]旨酒：美酒。[2]执中：守中庸之道。方：类，常规。[3]而（rú）：通"如"。[4]泄（xiè）：通"媟"，狎，轻侮。迩：近，指朝臣。远：指远方的贤士。[5]三王：指夏、商、周三代贤王。四事：前述禹、汤、文王、武王四人的事迹。

【译文】

孟子说："禹厌恶美酒而喜爱有道理的话。汤坚守中庸之道，选拔贤人不照死规矩办。文王对待老百姓就像对待受伤的人，渴望真理就像从未见过一样。武王不轻侮近臣，也不遗忘远方的贤人。周公想要兼学夏、商、周三代的王，实践禹、汤、文王、武王所行的勋业，自己的言行有与他们不符合的，就仰头考虑，白天想不好，晚上接着想，侥幸想出了结果，就坐着等待天亮去实施。"

【历代论引】

《战国策》曰："仪狄作酒，禹饮而甘之，曰'后世必有以酒亡其国者'，遂疏仪狄而绝旨酒。"

《书》曰："禹拜昌言。"

程子曰："孟子所称，各因其一事而言，非谓武王不能执中立贤，汤却泄迩忘远也。人谓各举其盛，亦非也，圣人亦无不盛。"

朱子曰："此承上章言舜，因历叙群圣以继之；而各举其一事，以见其忧勤惕厉之意。盖天理之所以常存，而人心之所以不死也。"

【评析】

本章论为君之道，当学先王。

学习先王的经验当然有理，但后世会出现无数的新情况，如不与时俱进，不断探索，怎能治理天下？

可见孟子思想多有守旧、迂腐之处。

【史例解读】

夜以继日

北宋时代的文学家司马光，小时候和哥哥弟弟们一起学习，觉得自己记忆力比较差，便想办法克服这个弱点。每当老师讲完书，哥哥弟弟们读上一会儿，勉强背得出来，便一个接一个丢开书本，跑到院子里去玩了。只有他不去玩，轻轻地关上门窗，集中注意力高声朗读，直到读得滚瓜烂熟，合上书能够流畅地、一字不错地背诵，才肯休息。

司马光从儿时到年老，一直坚持不懈地学习。他做到宰相以后，为了编撰《资治通鉴》，十余年如一日地学习和写作，付出了大量的心血。

司马光住的地方，除了图书和卧具，再没有其他摆设。卧具很简单：一架木板床，一条粗布被子。他为了夜以继日地读书，专门做了一个圆木枕头，号称"警枕"。因为他太困倦的时候，往往一睡就是一大觉，而圆木枕头放到硬邦邦的木板床上，只要稍微动一下，它就滚走了，"咚"的一声掉在地上，惊醒了的司马光就会立刻爬起来，继续写作。

二十一

【原文】

孟子曰："王者之迹熄而《诗》亡[1]，《诗》亡然后《春秋》作[2]。晋之《乘》，楚之《梼杌》，鲁之《春秋》[3]，一也。其事则齐桓、晋文，其文则史。孔子曰：'其义则丘窃取之矣[4]。'"

【注释】

①王者之迹熄：指平王东迁，周王朝的政教号令不及于天下。②《春秋》：今本《春秋》是孔子在"鲁春秋"基础上整理删削而成的编年史，这里指的便是孔子所编的《春秋》。③《乘（shèng）》、《梼杌（táo wù）》、《春秋》：春

秋各国史书通名为"春秋"，《乘》《梼杌》分别是晋国和楚国史书的别名。鲁之《春秋》，也是鲁国当日的史书，为孔子编订《春秋》之所本。④义：善善恶恶，暗寓褒贬。

【译文】

孟子说："王者的事迹泯灭了，《诗》也就没有了，《诗》没有了，《春秋》便出现了。晋国的《乘》，楚国的《梼杌》，鲁国的《春秋》，是一样的。所记载的是齐桓公、晋文公的事，所用的笔法是一般史书的笔法。孔子说：'扬善抑恶的大义，我在《春秋》上便借用了。'"

【历代论引】

尹氏曰："言孔子作春秋，亦以史之文载当时之事也，而其义则定天下之邪正，为百王之大法。"

朱子曰："王者之迹熄，谓平王东迁，而政教号令不及于天下也。诗亡，谓黍离降为国风而雅亡也。春秋，鲁史记之名。孔子因而笔削之。始于鲁隐公之元年，实平王之四十九年也。"

又曰："此又承上章历叙群圣，因以孔子之事继之；而孔子之事莫大于春秋，故特言之。"

【评析】

本章论史。

《春秋》为史，《诗经》亦史，当时的确文史不分家。《诗经》之前，当亦有史，曰"口传之史"，神话之类即是。孔子编订《春秋》，则灌注了儒家扬善抑恶的大义，使其成为儒家经典。

二十二

【原文】

孟子曰："君子之泽五世而斩，小人之泽五世而斩①。予未得为孔子徒也，予私淑诸人也②。"

【注释】

①泽：禄位。斩：断绝。②淑：通"叔"，取，获益。

【译文】

孟子说："君子的德泽五代以后便断绝了，小人的德泽也是五代以后便断绝了。我没能成为孔子的门徒，我是私下向人学习来的。"

【历代论引】

杨氏曰："四世而缌，服之穷也；五世袒免，杀同姓也；六世亲属竭矣。服穷则遗泽寖微，故五世而斩。"

朱子曰："孟子言予虽未得亲受业于孔子之门，然圣人之泽尚存，犹有能传其学者。故我得闻孔子之道于人，而私窃以善其身，盖推尊孔子而自谦之辞也。此又承上三章，历叙舜禹，至于周孔，而以是终之。其辞虽谦，然其所以自任之重，亦有不得而辞者矣。"

【评析】

本章论孟学之渊源。

孔学、孟学，皆为仁学、儒学，孟子其生也晚，不能成为孔子的门徒。大体上，孔子死后百年，孟子才出生。百年之期，已过五代。不管是君子还是小人，五代之后，其流风余韵早就断绝了。但是孔子的学说没有断绝，而是在孔门弟子、再传弟子中不断流传，使孟子得以学习。这里有盛赞孔子之意。

【史例解读】

私淑弟子

谢灵运是晋宋之际的名士兼佛学家。慧远乃庐山高僧。谢灵运相对于慧远而言是晚辈，两个人认识时，慧远已经年近八旬，而谢灵运还不到而立之年，年龄相差五十一岁。

谢灵运在青年时代接受过良好的文化教育，其才学很早就受到族叔谢混的赏识，和谢瞻、谢晦等从兄弟齐足并驰，成为谢氏族中一时之秀。他负才傲俗，少所推崇，然而一见慧远，肃然心服，替他在东林寺开凿东西两池，种植白莲。因此，慧远与十八高贤所结团体被称为白莲社。

慧远听说天竺石室中有佛影，于是他根据西域僧人的讲述，请画工淡彩图绘，置于龛室。佛影画成后，慧远本人撰《万佛影铭》。应慧远之请，谢灵运也写了《佛影铭》。

慧远逝世后，谢灵运撰《庐山释慧远法师诔》，对他给予极高的评价，文中写道："予志学之年，希门人之末。惜哉！诚愿弗遂，永违此世。"谢灵运服膺慧远，执弟子之礼，希望自己成为慧远的末代门人。从二人的密切交往来看，称谢灵运是慧远的私淑弟子，还是名副其实的。

二十三

【原文】

孟子曰："可以取，可以无取，取伤廉；可以与，可以无与，与伤惠；可以死，可以无死，死伤勇。"

【译文】

孟子说："可以取，可以不取，取了就有损于廉洁；可以给，可以不给，给了就有损于恩惠；可以死，可以不死，死了就有损于勇敢。"

【历代论引】

林氏曰："公西华受五秉之粟，是伤廉也；冉子与之，是伤惠也；子路之死于卫，是伤勇也。"

朱子曰："先言可以者，略见而自许之辞也，后言可以无者，深察而自疑之辞也。过取固害于廉，然过与亦反害其惠，过死亦反害其勇，盖过犹不及之意也。"

【评析】

本章论"廉""惠""勇"，颇有辩证思想：可拿可不拿，拿了就有伤"廉"之美名，所以还是不拿好；可给可不给，给了让人觉得矮你一头，有伤

"惠"之美名，所以还是不给好；可去死也可不去死，却一定要去死，这不是真正的"勇"，还是不死好。

看来，本章实际上是在论"智"。

二十四

【原文】

逄蒙学射于羿①，尽羿之道，思天下惟羿为愈己，于是杀羿。孟子曰："是亦羿有罪焉。"

公明仪曰："宜若无罪焉。"

曰："薄乎云尔，恶得无罪？郑人使子濯孺子侵卫，卫使庾公之斯追之②。子濯孺子曰：'今日我疾作，不可以执弓，吾死矣夫！'问其仆曰：'追我者谁也？'其仆曰："'庾公之斯也。'曰：'吾生矣。'其仆曰：'庾公之斯，卫之善射者也；夫子曰吾生，何谓也？'曰'庾公之斯学射于尹公之他③，尹公之他学射于我。夫尹公之他，端人也④，其取友必端矣。'庾公之斯至，曰：'夫子何不为执弓？'曰：'今日我疾作，不可以执弓。'曰：'小人学射于尹公之他，尹公之他学射于夫子。我不忍以夫子之道反害夫子。虽然，今日之事，君事也，我不敢废。'抽矢，扣轮去其金，发乘矢而后反⑤。"

【注释】

①逄（páng）蒙：羿的学生、家众。羿（yì）：擅长射箭，篡夏自立，逄蒙助寒浞杀羿。②子濯孺子：郑国的武将。庾公之斯：卫国的将领。③尹公之他：卫国人。④端人：正派人或正直的人。⑤金：指箭镞。乘矢：四支箭。

【译文】

逄蒙向羿学习射箭，完全掌握了羿的本领，心想天下只有羿超过自己，于是杀了羿。孟子说："这事也有羿的罪过。"

公明仪说："好像没有他的罪过吧。"

孟子说："罪过不大罢了，怎能说没有罪过呢？郑国派子濯孺子攻打卫国，卫国派庾公之斯追击他。子濯孺子说：'今天我的病发作，拿不了弓，我死定了！'向给他驾车的人问道：'追我的是谁呢？'驾车的人说：'是庾公之斯。'子濯孺子说：'我死不了了。'驾车的人问道：'庾公之斯是卫国擅长射箭的人，先生却说死不了了，什么意思？'子濯孺子回答道：'庾公之斯是向尹公之他学的射箭，尹公之他是向我学的射箭。尹公之他是个正派人，他所交的朋友一定也是正派人。'庾公之斯赶到了，说：'先生为什么不拿弓？'子濯孺子说：'今天我的病发作，拿不了弓。'庾公之斯便说：'我是向尹公之他学的射箭，尹公之他是向先生学的射箭。我不忍心用先生的本领反过来伤害先生。尽管这样，今天的事，是君主的公事，我不敢不办。'于是抽出箭，敲了几下车轮，把箭镞去掉，发射了四支后便回去了。"

【历代论引】

朱子曰："孟子言使羿如子濯孺子得尹公他而教之，则必无逢蒙之祸。然夷羿篡弑之贼，蒙乃逆传；庾斯虽全私恩，亦废公义。其事皆无足论者，孟子盖特以取友而言耳。"

【评析】

本章论后羿之过，在于后羿不善于选择和教育学生，对于逢蒙的人品失察失教，结果招致杀身之祸，所以，不能只怪弟子不仁，后羿自己也有责任。

孟子用对比论证法，引出子濯孺子师徒的故事。子濯孺子战败后，被徒孙追杀，尽管子濯孺子病得连弓箭都拿不动，而徒孙乃敌国之名将，但他仍然坚信，徒孙今天不会杀他。他知道，他的弟子是正人君子，因此推定徒孙也是个正人君子。按照上古的规矩，双方打仗要正儿八经宣战，正儿八经搏击，乘人之危非君子所为。果然，徒孙追来后，既履行了"君事"，又尽了徒孙对祖师爷的情谊。

孟子的本意是告诉诸侯和士大夫们，要先正己，再正人。

二十五

【原文】

孟子曰："西子蒙不洁①，则人皆掩鼻而过之。虽有恶人②，齐斋戒沐浴则可以祀上帝。"

【注释】

①西子：西施，古代传说中的美人。②恶：丑陋。

【译文】

孟子说："即使是西施沾染了不干净的东西，别人从她身边走过，也都会捂着鼻子。而即使是丑陋的人，只要斋戒沐浴，也可以祭祀上帝。"

【历代论引】

尹氏曰："此章戒人之丧善，而勉人以自新也。"

【评析】

本章论祭祀主敬。

为了说明这一问题，孟子举了极端的例子：大美人西施如果身上沾上了不洁之物，那么连路人也会掩鼻而过，怎能祭神呢？但是，即使是丑陋之人，假如他斋戒沐浴，那么也可祭祀上帝。神灵众多，上帝为主神。丑人也可以祭上帝，是因为他心诚而且恭敬神祇。

这里包含了美丑善恶相互转化的辩证法。

二十六

【原文】

孟子曰："天下之言性也，则故而已矣①。故者以利为本②。所恶于智者为其凿也。如智者若禹之行水也，则无恶于智矣。禹之行水也，行其所无事也。如智者亦行其所无事，则智亦大矣。天之高也，星辰之远也，苟求其故，千岁之日至③可坐而致也。"

【注释】

①性：物性或人性。故：指事物已有的迹象，即事物的本然状态。②利：顺应。③日至：冬至。

【译文】

孟子说:"天下讲物性或人性的,都是指它的本然状态罢了。它的本然状态是以顺应自然为根本。聪明之所以令人厌恶,是因为它的穿凿附会。如果聪明人像禹治水那样,聪明就不令人厌恶了。禹治水,只是顺应水势,因势利导,看来就像无所作为。如果聪明人也能这样无所作为,那就是大聪明了。天极高,星辰极远,如果研究它们已有的迹象,千年以后的冬至,都可以坐着推算出来。"

【历代论引】

程子曰:"此章专为智而发。"

朱子曰:"天下之言性者,但言其故而理自明,犹所谓善言天者必有验于人也。然其所谓故者,又必本其自然之势;如人之善、水之下,非有所矫揉造作而然者也。若人之为恶、水之在山,则非自然之故矣。"

又曰:"事物之理,莫非自然。顺而循之,则为大智。若用小智而凿以自私,则害于性而反为不智。程子之言,可谓深得此章之旨矣。"

【评析】

本章论人之天性在于自然,研究人性者也要顺应自然。

孟子认为,推究人性之所以然,要以顺应自然之理为根本。在这个问题上,不能用巧智,因为这很容易流于穿凿附会,反而把握不了人性。但是,假如聪明人用巧智,能像大禹治水那样顺应自然,那么巧智也很了不得。人类是大自然的产物,他们有自然而然的需求,君主尊重并满足这种需求,这便是"仁"。

这种治学方法,就是中国古代学者那种妙悟、顿悟的方法。如果把这种方法与西方人条分缕析的方法结合起来,我们的学问就会大有长进。

二十七

【原文】

公行子有子之丧,右师往吊①。入门,有进而与右师言者,有就右师之位而与右师言者。孟子不与右师言，右师不悦曰："诸君子皆与驩言，孟子独不与驩言，是简驩也②。"

孟子闻之，曰："礼，朝廷不历位而相与言，不逾阶而相揖也③。我欲行礼，子敖以我为简，不亦异乎④？"

【注释】

①公行子：齐国大夫。右师：官名，其人即王驩，字子敖。②简：轻视，怠慢。③历、逾：超越，跨越。④异：奇怪。

【译文】

公行子死了儿子。右师去吊唁，进了门，有上前去和他说话的，坐定后，又有靠近他的座位和他说话的。孟子不和右师说话，右师不高兴，说："各位君子都和我说话，只有孟子不和我说话，这是怠慢我。"

孟子听说了，说："礼的规矩是，在朝廷上不越过位次来交谈，不越过台阶来作揖。我要依礼而行，子敖却以为我怠慢他，不是很奇怪吗？"

【历代论引】

朱子曰："是时齐卿大夫以君命吊，各有位次。若周礼，凡有爵者之丧礼，则职丧莅其禁令，序其事，故云朝廷也。历，更涉也。位，他人之位也。右师未就位而进与之言，则右师历己之位矣；右师已就位而就与之言，则己历右师之位矣。孟子右师之位又不同阶，孟子不敢失此礼，故不与右师言也。"

【评析】

本章写了个小故事，从中可见王子敖的狂傲，和孟子做人的一板一眼。

公行子的儿子死了，王子敖、孟子等都去吊丧。王子敖一进去，有些人便"进""就"而与之交谈，只有孟子坐在原位不动，也不与王子敖说话。

王子敖认为，这说明孟子轻视他。孟子说："按礼的规定，在朝廷中不越位讲话，不越阶作揖。我孟子只是依礼而行罢了，你却认为我轻视你，这不是很奇怪吗？"

二十八

【原文】

孟子曰："君子所以异于人者，以其存心也。君子以仁存心，以礼存心。仁者爱人，有礼者敬人。爱人者，人恒爱之；敬人者，人恒敬之。有人于此，其待我以横逆①，则君子必自反也：我必不仁也，必无礼也，此物奚宜至哉②？其自反而仁矣，自反而有礼矣，其横逆由是也③，君子必自反也，我必不忠。自反而忠矣，其横逆由是也，君子曰：'此亦妄人也已矣。如此，则与禽兽奚择哉④？于禽兽又何难焉⑤？'是故君子有终身之忧，无一朝之患也。乃若所忧则有之：舜，人也；我，亦人也。舜为法于天下，可传于后世，我由未免为乡人也，是则可忧也。忧之如何？如舜而已矣。若夫君子所患则亡矣。非仁无为也，非礼无行也。如有一朝之患，则君子不患矣。"

【注释】

①横（hèng）逆：强暴不顺理。②物：事。③由：通"犹"。④择：区别。⑤难：责难。

【译文】

孟子说："君子和一般人不同的地方，在于他的存心。君子把仁放在心上，把礼放在心上。仁人爱别人，有礼的人尊敬别人。爱别人的人，别人常爱他；尊敬别人的人，别人常尊敬他。假如这里有个人，他对我粗暴无理，那么，君子一定自我反省：我一定不仁，一定无礼，否则这种事怎么会落到我头上？自我反省之后认为自己是仁的，自我反省之后认为自己是有礼的，那粗暴无理的还是这样，君子一定又自我反省，我一定不忠。自我反省之后认为自己是忠心耿耿的，那粗暴无理的还是这样。君子就说：'这是个狂妄的人罢了。既是这样，他和禽兽有什么区别呢？对于禽兽还有什么可责备的呢？'因此君子有终身的忧虑，而没有意外的痛苦。这样的忧虑是有的：舜，是个人；我，也是个人。舜成为天下人的模范，可以流传于后代，我还不免于只是个普通人，这就是可忧虑的。忧虑了怎么办？努力像舜一样做罢了。至于君子的痛苦，那是没有的。不是仁的事不做，不是合于礼的事不干。假如有意外的灾难，君子也不会为它感到痛苦。"

【历代论引】

朱子曰："以仁礼存心，言以是存于心而不忘也。"

又曰："忠者，尽己之谓。我必不忠，恐所以爱敬人者，有所不尽其心也。"

【评析】

本章论君子之优于他人，在于有仁、礼、忠。

孟子认为，君子心底无私天地宽：爱护他人，受人关爱；尊敬他人，受人尊敬。君子之忧，在于成不了舜那样的圣人，而不忧别的。孟子之时，天下战乱纷纷，故他主张以舜帝之仁之礼来救天下，而不主张与横行霸道者较一日之短长。

但是，真理往往具有相对性，将它绝对化就成了谬误。一个人，一个国家，如果对暴徒只知以仁义为辞，聊以自慰，久而久之，必遭灭顶。

二十九

【原文】

禹、稷当平世，三过其门而不入①，孔子贤之。颜子当乱世，居于陋巷，一箪食，一瓢饮②；人不堪其忧，颜子不改其乐，孔子贤之。孟子曰："禹、稷、颜回同道。禹思天下有溺者，由己溺之也；稷思天下有饥者，由己饥之也，是以如是其急也。禹、稷、颜子易地则皆然。今有同室之人斗者，救之，虽被发缨冠而救之③，可也；乡邻有斗者，被发缨冠而往救之，则惑也，虽闭户可也。"

【注释】

①三过其门而不入：此本大禹之事，亦用以称颂后稷。②颜子：颜回，孔子弟子。一箪食，一瓢饮：一筐饭，一瓢水。此言颜回生活清苦。③被（pī）发：披散着头发。被：同"披"。缨冠：把帽带顶在头上。帽带本该自上而下系在颈上，这里指因急于戴帽，来不及这样办，所以只和帽子一样顶在头上。

【译文】

禹、稷处在太平的时代，三次经过自己家门都不进去，孔子称赞他们。颜回处在动乱的时代，住在简陋的巷子里，一筐饭，一瓢水，别人受不了那种忧患，颜回却不改他的快乐，孔子称赞他。孟子说："禹、稷和颜回走的是同一条路。禹想到天下有溺水的人，就如同自己溺水一样；稷想到天下有饥饿的人，就如同自己饿了一样，所以那样急迫。禹、稷和颜回如果交换地位，颜回也会三过家门而不入，禹、稷也会深居陋巷而自得其乐。假如现在有同屋的人互相争斗，你去救他，即使披散着头发，连帽缨也不结就去救他，也是可以的。如果本乡有邻居互相争斗，你也披散着头发，连帽缨也不结就去救他，那就是糊涂了，对此即使关着门都可以。"

【历代论引】

尹氏曰："当其可之谓时，前圣后圣，其心一也，故所遇皆尽善。"

朱子曰："圣贤之道，进则救民，退则修己，其心一而已矣。"

又曰："圣贤之心无所偏倚，随感而应，各尽其道。故使禹稷居颜子之地，则亦能乐颜子之乐；使颜子居禹稷之任，亦能忧禹稷之忧也。"

【评析】

本章论君子处世态度。

儒家重入世，重兼济天下，如大禹、后稷，就是他们的楷模。但讲入世和兼济，并非不讲条件，不讲环境，不讲可能性。颜回生当乱世，难有作为，便独善其身，孔子亦称其贤，道理就在这里。孟子举例说，同室之人相斗，可以相救，因为有条件、有可能；但如乡邻相斗，打起了群架，你去相救，那就是糊涂了，因为条件与可能都不具备，徒劳无益，你不如关门闭户，就如颜回那样。

孟子的意思是，有条件，有可能，兼济天下，当然是好；没条件，没可能，独善其身，那也不错。几千年来，中国绝大多数知识分子都是持这种人生态度。

【史例解读】

人溺己溺，人饥己饥

宋朝宰相范仲淹，字希文，世称文正公。

范仲淹幼年生活十分贫困，两岁时丧父，母亲带着他改嫁到淄州长山，从此他改姓朱，名说。

长大后范仲淹知道了自己的身世，发愤图强，赴南京应天府书院求学。

他曾在僧舍读书，因为家贫，每日只煮一碗粥，以青菜数根加入少许的盐来果腹，这样生活长达三年之久，后来慕名到学者戚同文处学习，苦读了五年，冬天读书疲惫时，便以冷水洗脸来振作精神。当时，地方长官的儿子看他终年吃粥，便送些美食给他，他竟一口也不肯尝。

大中祥符八年（公元1015年），范仲淹考中进士，从此踏上仕途，先后任亳州、泰州、河中府、睦州、苏州、饶州、润州、越州等处地方官，并且一直做到宰相。

他十分同情百姓的困苦，施政以养民为先，将发展生产放在首位。

在生活中，范仲淹也一直保持昔时穷秀才的生活，毫不铺张。但他用所得俸禄，在苏州附近购买了几千亩的良田作为义庄、义田，用其所得来周济族中的穷人，使族人个个有饭吃，人人有衣穿，不必因天灾、人祸而挨饿受冻，而他自己却从来不置办产业。有人劝他购买一所宅院，他回答说："京城里有好多大宅，我都可借住，何必自己买。"

而他的儿子纯仁更是继承了父志，将义田扩大到原来的三倍，使之具有社会教育机构的功能。宋代以至后人竞相效法，影响甚大。

范仲淹虽然一生贫穷，死时几乎连丧葬费都没有。但他人溺己溺、人饥己饥的伟大胸襟却永远流传于后世。

他有五个儿子，其中两位官至宰相，一位官至御史大夫，可谓一门显赫。

三十

【原文】

公都子曰："匡章，通国皆称不孝焉，夫子与之游，又从而礼貌之，敢问何也？"

孟子曰："世俗所谓有不孝者五：惰其四支①，不顾父母之养，一不孝也；博弈好饮酒②，不顾父母之养，二不孝也；好货财，私妻子，不顾父母之养，三不孝也；从耳目之欲，以为父母戮③，四不孝也；好勇斗很④，以危父母，五不孝也。章子有一于是乎？夫章子，子父责善而不相遇也⑤。责善，朋友之道也；父子责善，贼恩之大者。夫章子，岂不欲有夫妻子母之属哉？为得罪于父，不得近，出妻屏子⑥，终身不养焉。其设心以为不若是，是则罪之大者，是则章子而已矣。"

【注释】

①四支：四体。支：同"肢"。②博弈：六博（古代的一种游戏）和围棋。这里指赌博。③从：同"纵"。戮：羞辱。④很：今作"狠"。⑤遇：合。⑥屏（bǐng）：赶出。

【译文】

公都子说："匡章，全国都说他不孝，先生和他交往，而且对他礼敬有加，请问这是为什么？"

孟子说："一般所谓不孝有五种：四肢懒惰，不管赡养父母，一不孝；喜欢赌博、喝酒，不管赡养父母，二不孝；喜欢钱财，偏爱妻子儿女，不管赡养父母，三不孝；放纵耳目的欲望，使父母蒙受羞辱，四不孝；逞勇好斗，危及父母，五不孝。章子可有其中的一种吗？章子呀，不过是父子之间以善相责而不能好好相处。以善相责，是朋友相处的道理。父子之间以善相责，是最伤感情的。章子呀，难道不想有夫妻母子的团聚？因为得罪了父亲，不能和他亲近，所以把妻子儿女赶出家门，终身不养育他们。他心想，如果不是这样，那罪过就更大了，这就是章子呀。"

【历代论引】

杨氏曰："章子之行，孟子非取之也，特哀其志而不与之绝耳。"

朱子曰："贼，害也。朋友当相责以善。父子行之，则害天性之恩也。"

又曰："此章之旨，于众所恶而必察焉，可以见圣贤至公至仁之心矣。"

【评析】

本章论孝。

齐国将领匡章，是个有争议的人物。匡章的父母闹了矛盾，父亲便把母亲杀了，随便埋在马栈下。这在当时并不犯法。

匡章为齐将，按传统礼法，他只能做两件事：一，委婉地劝父亲，但他却用了"责父亲以善"这种"朋友"之道，父亲把他赶走，因此他不能侍奉父亲。二，经父亲同意后，才能重新礼葬母亲。但父亲不同意，因而礼葬不成。父亲死后，他又不能违背父愿礼葬母亲，因为那是"欺死父"，是不孝。

这样匡章处在两难境地：不礼葬母亲为不孝，违背父愿礼葬母亲也不孝。他万般无奈，见父亲晚年妻死子走，孤苦一人，为略略安慰父亲，匡章便把自己的妻子和孩子都赶走，让自己也孤苦一人，以慰父心。

孟子所言五种不孝的表现，在今天并不过时，仍然具有非常重要的现实意义。

【史例解读】

以善相责

子发是战国时期楚国的一员大将，一次带兵和楚国打仗，前线断了粮草，便派人向楚王告急。使者顺便去看望了子发的母亲。

老人问使者："兵士都好吗？"使者说："还有点豆子，只能一粒一粒地分着吃。"

"你们的将军呢？"

使者回答道："将军每餐都能吃到肉和米饭，身体很好。"

子发得胜回来，母亲紧闭大门不让他进家门，并派人去告诉子发："你让人去饿肚子打仗，自己却有吃有喝，这样做将军，打了胜仗也不是你的功劳。"母亲又说："越王勾践伐吴的时候，有人献给他一罐酒，越王让人把酒倒在了江的上游，叫士兵一起喝下游的水。虽然大家没有尝到酒味，但是鼓舞了全军的士气，提高了战斗力。现在你只顾自己不顾士兵，你不是我的儿子，你不要进我的门。"

这样以善相责以后，子发决心改过。后来领兵打仗果然体恤兵士。子发母亲的深明大义之举也流传了下来，成为后来教子的楷模。

三十一

【原文】

曾子居武城①，有越寇。或曰："寇至，盍去诸？"

曰："无寓人于我室，毁伤其薪木。"寇退，则曰："修我墙屋，我将反。"寇退，曾子反。左右曰②："待先生如此其忠且敬也，寇至，则先去以为民望；寇退，则反，殆于不可③。"沈犹行曰④："是非汝所知也。昔沈犹有负刍之祸，从先生者七十人⑤，未有与焉。"

子思居于卫⑥，有齐寇。或曰："寇至，盍去诸？"子思曰："如伋去，君谁与守？"

孟子曰："曾子、子思同道。曾子，师也，父兄也；子思，臣也，微也。曾子、子思易地则皆然。"

【注释】

①武城：鲁国邑名，故城在今山东费县西南。②左右：指曾参的学生。③殆于：近于。④沈犹行：曾参弟子，姓沈犹，名行。⑤负刍：人名。七十人：古称孔门弟子有"七十二贤人"，简称"七十人"。此处泛指曾参门徒，未可坐实。⑥子思：孔子之孙，名伋，字子思。

【译文】

曾子住在武城，有越国军队入侵。有人说："敌人要来了，为何不离开这里？"

曾子说："不要让人住到我屋里，毁坏那些树木。"敌人撤退了，他又说："修葺好我的房屋，我要回来了。"敌人撤退，曾子回来了。曾子的学生议论说："武城的人们待先生这样忠诚恭敬，敌人一来您先走开，给老百姓树立了一个坏榜样；敌人一退您就回来，恐怕不可以的。"沈犹行说："这不是你们懂得的。从前先生住在我那里，遇到一个叫负刍的人作乱，随从先生的七十人，也都跟着先生走了，没有人参加抵抗。"

子思住在卫国，有齐国的军队入侵。有人说："敌人要来了，为何不离开这里？"子思说："如果我走了，君主和谁一同来守城呢？"

孟子说："曾子、子思走的是同一条道路。曾子，是老师，是父兄。子思，是臣子，是地位较低的人。曾子和子思如果交换地位，也会像对方一样行动的。"

【历代论引】

尹氏曰："或远害，或死难，其事不同者，所处之地不同也。君子之心，不系于利害，惟其是而已，故易地则皆能为之。"

孔氏曰："古之圣贤，言行不同，事业亦异，而其道未始不同也。学者知此，则因所遇而应之；若权衡之称物，低昂屡变，而不害其为同也。"

【评析】

本章论证了一个古怪的道理：老师、前辈、上级多有自由，反之下级、晚辈、学生就多有义务。

曾参住在武城时，越国军队打来了，曾参就逃跑了。跑之前还吩咐前来报信的武城官员说："不要让人住在我家里，不要毁伤那些树木。"越军走了，曾参要回来了，他对武城官员说："把我的院墙房子修一下，我要回去了。"曾子旁边的人说："您这么做恐怕不好吧？不料他的学生沈犹行却说："这没什么错。"

孔子的孙子孔伋在卫国遭遇齐寇。有人劝他说，何不走开呢？孔伋说："我不走，如果我走了，谁与君主守城呢？"

孟子评述这两个故事时，便提出了上述古怪的道理。这道理不是孟子也不是孔子的创见，而是习惯看法，早在孔孟之前就是这样了。当然，这种习惯看法是陈腐不堪的东西。

三十二

【原文】

储子曰[1]："大王使人瞷夫子[2]，果有以异于人乎？"

孟子曰："何以异于人哉？尧、舜与人同耳。"

【注释】

①储子：齐国人。②瞰（kàn）：窥视。

【译文】

储子说："大王派人来窥探先生，先生真的有跟别人不同之处吗？"

孟子说："哪有跟别人不同的呢？尧、舜跟别人也都是一样的。"

【历代论引】

朱子曰："瞰，窃视也。圣人亦人耳，岂有异于人哉？"

【评析】

孟子到了齐国，齐臣储子对他说："齐王让人悄悄地窥视您，您果有与他人不同的地方吗？"大概孟子此时已经名震天下了。

孟子淡淡地说："有什么不同呢？尧舜也与常人相同呢。"

由此可知，孟子自视为尧舜。他多次讲"五百年必有王者兴，其间必有名世者"。看来，他不仅自视为"名世"的贤人，而且自视为应运而生的"王者"，自视为尧舜之类的圣人。

【史例解读】

王侯将相宁有种乎

"王侯将相宁有种乎"，这句激励着不少仁人志士的名句是陈胜说的，他是我国最早的农民起义军将领之一。

秦朝末年，秦朝法吏严酷，徭役繁多，农民不堪驱使。一日陈胜和吴广被同时发配到渔阳，路上遇到大雨，延误了期限，按当时秦朝的法律，延误期限一律要被杀头的，陈胜和吴广便商议，延误期限要死，为国家死于大义也是死。于是他们决定起义。

做好了起义的准备工作以后，陈胜便把一同被发配的人聚集起来说："延误了期限是要斩头的，如果侥幸不被杀头，戍守边塞的苦役十有六、七也要送命。"接着说道："且壮士不死就算了，死就要取得大名声，王侯将相难道是天生的贵种吗！"

在等级森严的封建社会，这句话犹如晴天霹雳，不但拉开了这次起义的序幕，同时也成为很多人反抗阶级压迫、反抗暴政的依据。

三十三

【原文】

齐人有一妻一妾而处室者，其良人出①则必餍酒肉而后反。其妻问所与饮食者，则尽富贵也。其妻告其妾曰："良人出，则必餍酒肉而后反，问其与饮食者，尽富贵也，而未尝有显者来，吾将瞯良人之所也。"

蚤起，施从良人之所之②，遍国中无与立谈者。卒之东郭墦间③，之祭者，乞其余，不足，又顾而之他，此其为餍足之道也。其妻归，告其妾，曰："良人者，所仰望而终身也，今若此。"与其妾讪其良人，而相泣于中庭④，而良人未之知也，施施从外来⑤，骄其妻妾。

由君子观之，则人之所以求富贵利达者，其妻妾不羞也，而不相泣者，几希矣⑥！

【注释】

①良人：丈夫。②蚤：通"早"。施（yǐ）：通"迤"，逶迤行进。③墦（fán）：坟墓。④讪（shàn）：讥刺，毁谤。相：相向，相与。⑤施施：喜悦自得的样子。⑥几希：很稀少。

【译文】

齐国有个人，家里有一妻一妾。丈夫外出，一定酒足饭饱以后才回来。他的妻子问："是谁与你一起吃喝？"他回答说："都是些富人权贵。"他的妻子对妾说："丈夫外出，一定酒足饭饱以后才回来，若问是谁与他一起吃喝，所答都是些富人权贵，但家里从来没有显贵的人来访，我打算偷偷地看他究竟到哪儿去。"

第二天一早起来，她便尾随丈夫到他所去的地方，走遍城中，没有一个人站住同他说话的。最后到了东郊的墓地间，向祭扫坟墓的人乞讨残羹剩饭，不够吃，又四下张望找别人，这就是他吃饱喝足的办法。

妻子回到家来，告诉妾说："丈夫是我们仰望而终身依靠的人，如今他竟是这样。"于是同妾一同嘲讽丈夫，又在院子里相对而泣，而丈夫还不知道，得意洋洋地从外面回来，向他的妻妾耍威风。

在君子看来，人们用来求富贵显达的办法，能使他们的妻妾不感到羞耻，不相对而泣的，实在是很少。

【历代论引】

赵氏曰："言今之求富贵者，皆以枉曲之道，昏夜乞哀以求之，而以骄人于白日，与斯人何以异哉？"

朱子曰："孟子言自君子而观，今之求富贵者，皆若此人耳。使其妻妾见之，不羞而泣者少矣，言可羞之甚也。"

【评析】

本章为寓言，讽刺乞求升官发财者。

寓言最后简短的议论颇具警策作用：那些乞讨"富贵利达"，而其妻妾不以为羞耻，不羞愤得相向而泣的，却是很少见的。

其实，在我们今天读来，也仍然可以感到生活中这位齐国"飞人"的影子，奉赠这类人两句诗：事能知足心常惬，人到无求品自高。

【史例解读】

墦间乞余

南宋绍兴十年（公元1140年），监察御史万俟卨（万俟是姓）在秦桧的唆使下，向朝廷上了一道奏章，攻击岳飞骄傲自大，捏造了岳飞在金兵进攻淮西的时候，拥兵不救、放弃阵地等许多"罪名"。万俟卨开了第一炮以后，又有一批秦桧同党接二连三上奏章攻击岳飞，岳飞被迫辞去枢密副使的职务。接着，秦桧又奏请高宗下令逮捕岳飞、岳云到大理寺受审，但负责审问岳飞的中丞何铸为其坦荡的胸怀所感动，向朝廷为岳飞明辩。其他官员如大理寺卿薛仁辅、大理寺丞李若朴、何彥，以及韩世忠、刘洪道等都挺身而出，为岳飞辩不白之冤，发不平之鸣。

秦桧认为何铸同情岳飞，不再让他审问，仍叫万俟卨罗织罪状。万俟卨虽然是一个朝廷命官，但实质上不过是一个墙间乞余的小人，根本不管什么良心与正义，一口咬定岳云曾经写信给张宪，布置夺军谋反的计划。他们没有物证，就诬说原信已经被张宪烧毁了。公元1142年1月的一天夜里，岳飞这位年仅三十九岁的民族英雄在风波亭被害。岳云、张宪也同时被杀害。

尽管终其一生为秦桧卖命，万俟卨仍因作为金国报谢使还朝时，没有答应秦桧在高宗面前编造金人赞扬秦桧的话，而被罢除职务，贬到归州。

卷九　万章上

【题解】

本篇共九章，除第四章之外，均为答弟子万章之问。中心内容是通过对历史事件的阐释，宣扬"君权神授"的思想。孟子的"君权神授"思想的内容包括以下几个方面：第一，天子的地位是至高无上的，天子的尊严是不可侵犯的。第二，天子的地位和权力以及这种地位和权力的推移和转让，都是"天意"决定的。第三，上天之所以选择某个人做天子，是因为这个人能够行孝道。第四，天意就是民意。天意决定把君权授予谁，民意就反映出拥护谁，仍是"以民为本"。第五，上天选定了天子以后，还要选择一个先知先觉的贤臣来辅佐天子，使"先知觉后知，先觉觉后觉"，使贤臣辅佐天子，匡正万民，治理天下。

第一、二、三、四章，论述舜孝养父母、亲爱兄弟的品德。在孟子看来，舜对孝悌之道的践行是纯美无瑕的，关键在于不仅出自真性情，而且贯彻始终，甚至为此受蒙蔽，或牺牲其他的道义准则，也可以理解。本篇第四章还记录了孟子论《诗》的重要主张，即"不以文害辞，不以辞害志"和"以意逆志"的方法，对后世影响深远。

第五、六两章，论及禅让与世袭制度的依据，照孟子的意见，禅让与世袭，本身无所谓好坏，关键在于是否有天意的依据，而天意的表现，却是民心的向背。这就把王位继承的依据落实于民间，体现出孟子的民本思想。第七章专论伊尹，阐发上天使"先知觉后知，先觉觉后觉"，派遣贤臣辅佐天子的道理。第八章和第九章，分别就孔子和百里奚的事迹，说明君子洁身自好的道理。

一

【原文】

万章问曰："舜往于田，号泣于旻天①，何为其号泣也？"

孟子曰："怨慕也。"

万章曰："'父母爱之，喜而不忘；父母恶之，劳而不怨②。'然则舜怨乎？"

曰："长息问于公明高曰③：'舜往于田，则吾既得闻命矣；号泣于旻天，于父母，则吾不知也。'公明高曰：'是非尔所知也。'夫公明高以孝子之心，为不若是恝④。我竭力耕田，共为子职而已矣⑤，父母之不我爱，于我何哉？帝使其子九男二女⑥，百官牛羊仓廪备，以事舜于畎亩之中⑦，天下之士多就之者，帝将胥天下而迁之焉⑧。为不顺于父母，如穷人无所归。天下之士悦之，人之所欲也，而不足以解忧；好色⑨，人之所欲，妻帝之二女，而不足以解忧；富，人之所欲，富有天下，而不足以解忧；贵，人之所欲，贵为天子，而不足以解忧。人悦之、好色、富贵，无足以解忧者，惟顺于父母，可以解忧。人少，则慕父母；知好色，则慕少艾⑩；有妻子，则慕妻子；仕则慕君，不得于君则热中⑪。大孝终身慕父母。五十而慕者，予于大舜见之矣。"

【注释】

①旻（mín）天：泛指天。②"父母爱之"四句：系引用曾子之语。《礼记·祭义》："曾子曰：'父母爱之，喜而弗忘；父母恶之，惧而无怨。'"忘：懈怠。劳：忧愁。③长息：公明高弟子。公明高：曾子弟子。④恝（jiá）：无忧无虑的样子。⑤共：通"恭"。⑥帝：指尧。九男：尧的九个儿子。二女：尧的两个女儿，即娥皇、女英。⑦畎（quǎn）亩：田地，田间。⑧胥：尽，全部。⑨好色：美色，美女。好：美。⑩少艾：年轻貌美。艾：美好。⑪热中：急躁。

【译文】

万章问道："舜到田里去，向着天嚎哭，他为什么嚎哭？"

孟子说："因为对父母既埋怨又依恋。"

万章说："曾子说过：'父母喜爱他，他既高兴又不敢懈怠。父母厌恶他，他尽管发愁却不埋怨。'可是舜竟然埋怨父母吗？"

孟子说："长息曾经问公明高说：'舜去种田，我已经听老师解释过了。但他向着天嚎哭，哭诉父母的不是，这我就不懂了。'公明高说：'这不是你所了解的。'在公明高看来，孝子之心是不能这样漫不经心的。我尽力耕田，恭敬地履行儿子的职责罢了。父母不爱我，我有什么办法？尧打发他的九个儿子、两个女儿，以及大小官吏，带着牛羊、粮食等等，到田地里服侍舜，天下的士人也多奔着他去，尧准备把整个天下都让给他。舜却因为不得父母的欢心，就像走投无路的人那样无所归属。天下的士人喜欢他，这是谁都盼望的，却不足以消除他的忧愁；漂亮的姑娘，这是谁都盼望的，娶了尧帝的两个女儿，却不足以消除他的忧愁；富有，这是谁都盼望的，富到拥有整个天下，却不足以消除他的忧愁；显贵，这是谁都盼望的，贵到身为天子，却不足以消除他的忧愁。别人喜欢他、漂亮的姑娘、财富和尊贵，都不足以消除忧愁，只有得到父母的欢心才可以消除忧愁。人在小时候，就依恋父母；懂得喜欢女子的时候，就爱慕年轻漂亮的姑娘；有了妻室儿女，就爱护妻室儿女；做了官，就爱戴君主，不得君主的欢心就焦虑不安。大孝是终身依恋父母的。到了五十岁还依恋父母的，我在伟大的舜身上见到了。"

【历代论引】

杨氏曰："非孟子深知舜之心，不能为此言。盖舜惟恐不顺于父母，未尝自以为孝也；若自以为孝，则非孝矣。"

朱子曰："《史记》云：'二女妻之，以观其内；九男事之，以观其外。'又言：'一年所居成聚，二年成邑，三年成都。'是天下之士就之也。"

又曰："极天下之欲，不足以解忧；而惟顺于父母，可以解忧。孟子真知舜之心哉！"

又曰："五十而慕，则其终身慕可知矣。此章言舜不以得众人之所欲为己乐，而以不顺乎亲之心为己忧。非圣人之尽性，其孰能之？"

【评析】

本章称颂舜帝之孝道。

舜父及其继母不喜欢舜，多次想害死他，舜仍然恪尽孝道。因此，他是中国历史上孝子的典型。

孟子的话，是由弟子万章的疑问引起来的，他问老师："舜到田里干活时，为什么向着苍天边诉说边哭泣呢？"孟子说："这是由于他对父母既抱怨又怀念的缘故。"一个人小时依恋父母；知道喜欢女子了，就迷恋年轻貌美的女子；有老婆孩子了，就迷恋老婆孩子；当了官就讨好君主，得不到君主欢心就忧愁。只有真正的孝子才会终身怀念父母，舜就是这样的人。

孟子称颂了舜帝的大孝，但他并没有回答舜帝同时夹杂着对父母的抱怨之情这一问题。这恐怕是表达上的原因，并非他不能或不愿回答。在第十二卷第三章中，孟子说，亲人有大过因而抱怨他，这是热爱亲人的缘故，而热爱亲人就是"仁"。父母有大过而不抱怨他们，那是疏远父母，而疏远父母就是"不仁""不孝"。这段话，正好可以移到这里作注脚。

【史例解读】

唯顺父母方可解忧

郑庄公弟兄二人，母亲武姜因生庄公时难产，因此对他心生厌恶，取名"寤生"，相反对其弟弟叔段却百般宠爱。按照古制，寤生是老大，顺理成章地继承了王位，成为郑国君主。母亲武姜更加心怀不满，千方百计培养叔段的势力，以便强大后取代庄公。于是她请庄公把叔段封到京襄城（今荥阳），庄公虽然不愿意，但还是同意了。叔段到京后，称京城太叔，招兵买马，修筑城墙，准备谋反。郑庄公二十二年（公元前722年），叔段认为时机成熟，就和母亲商量谋反日期，武姜作出决定后就回信给叔段，让他立即起兵，自己做内应。此时，郑庄公早已发现他俩的阴谋，截获了密信。拿到证据后，郑庄公即派公孙吕率二百辆兵车包围了京襄城，叔段措手不及，仓皇逃至鄢陵，又被庄公追杀而被迫逃到共城（今河南辉县）后自杀。

这样一来，武姜对庄公更加不满，扬言"我俩不到黄泉不再见面"。庄公就把武姜送到颍地（今登封颍阳）居住。过了一段时间，庄公有些后悔，在设宴招待管颍地的官员颍考叔时，颍考叔想调解他们母子的关系，于是在用餐时把一些好吃的东西藏在了袖子里。庄公感到非常奇怪，就问："这是何意？"颍考叔说："我母亲常年住在乡下，没吃过君主赐的饭食，我想给她带一些回去，以表示我的一片孝心。"郑庄公就讲了与自己母亲关系破裂的经过。颖考叔说："这好办。我们可以掘地道至黄泉，筑成甬道和庭室，在那里，你们不就可以见面了吗？"庄公深感此法妥当，就委托颖考叔办理此事。于是颖考叔迅速行动，在京襄城很快挖成了一个地道，请庄公和母亲在那里见面。母子二人见面后抱头痛哭，郑庄公还赋诗一首，称"大隧之中，其乐也融融"。从此母子言归于好。

二

【原文】

万章问曰："《诗》云：'娶妻如之何？必告父母①。'信斯言也，宜莫如舜。舜之不告而娶，何也。"

孟子曰："告则不得娶。男女居室，人之大伦也。如告，则废人之大伦，以怼父母②，是以不告也？"

万章曰："舜之不告而娶，则吾既得闻命矣；帝之妻舜而不告，何也？"

曰："帝亦知告焉则不得妻也。"

万章曰："父母使舜完廪，捐阶③，瞽瞍焚廪。使浚井，出，从而揜之④。象曰⑤：'谟盖都君咸我绩⑥，牛羊父母，仓廪父母，干戈朕，琴朕，弤朕，二嫂使治朕栖⑦。'象往入舜宫，舜在床琴。象曰：'郁陶思君尔⑧。'忸怩⑨。舜曰：'惟兹臣庶，汝其于予治⑩。'不识舜不知象之将杀己与？"

曰："奚而不知也？象忧亦忧，象喜亦喜。"

曰："然则舜伪喜者与？"

曰："否；昔者不馈生鱼于郑子产，子产使校人畜之池⑪。校人烹之，反命曰：'始舍之圉圉焉，少则洋洋焉⑫，攸然而逝。'子产曰：'得其所哉！得其所哉！'校人出，曰：'孰谓子产智？予既烹而食之，曰，得其所哉！得其所哉！'故君子可欺以其方，难罔以非其道。彼以爱兄之道来，故诚信而喜之，奚伪焉？"

【注释】

①《诗》：引诗见《诗经·齐风·南山》。②怼（duì）：怨恨。③捐阶：除

掉梯子。④浚：加深。捈（yǎn）：同"掩"，掩盖。⑤象：舜的同父异母弟。⑥谟盖：谋害。谟："谋"。盖：同"害"。都君：指舜。⑦干戈：常用作兵器的通称。弤（dǐ）：舜弓之名。二嫂：指娥皇、女英。栖：床。⑧郁陶：想念的样子。⑨忸怩：惭愧的样子。⑩惟：想念。于：帮助。⑪校（xiào）人：管理沼池的小吏。⑫圉圉（yǔ）：鱼在水中瘦弱的样子。洋洋：舒缓摇尾的样子。

【译文】

万章问道："《诗经》上说：'娶妻该怎么办？一定先禀告父母。'信从这话的，应该没有人比得上舜。但舜却是没有禀告父母就娶妻，这是怎么回事？"

孟子说："舜如果先禀告父母就不能娶妻了。男女成婚，是人与人之间重要的伦常。如果禀告了父母，就将破坏这重要的伦常，就会怨恨父母，所以便不禀告了。"

万章说："舜不禀告就娶妻的道理，我懂得了。帝尧把女儿嫁给舜，也不禀告舜的父母，又是怎么回事？"

孟子说："帝尧也知道禀告了舜的父母就不能把女儿嫁给舜。"

万章说："父母打发舜修粮仓，等舜上了屋顶，就撤掉梯子，舜的父亲瞽瞍放火烧粮仓。他们打发舜淘井，不知道舜逃了出来，便往井里填土。象说：'谋害舜都是我的功劳，牛羊归父母，仓廪归父母，干戈归我，琴归我，弤弓归我，要两位嫂嫂为我铺床叠被。'象到舜的屋里去，舜却坐在床边抚琴。象说：'我好想你呀！'脸上有惭愧之色。舜说：'我想念这些臣下和百姓，你帮我治理吧。'不知道舜知不知道象要杀害自己？"

孟子说："怎么不知道？只不过象忧愁，他也忧愁；象高兴，他也高兴。"

万章说："那么，舜是假装高兴吗？"

孟子说："不是。从前有人送活鱼给郑国的子产，子产打发管池塘的小吏把它养起来。小吏却煮了吃掉了，回报说：'刚放到池塘里，它蔫蔫的，过了一会儿，它便摆着尾巴游起来，很快就游得不知哪里去了。'子产说：'找到它自己的地方了！找到它自己的地方了！'小吏出来说：'谁说子产聪明？我已经把那条鱼煮了吃掉了，他还说，找到它自己的地方了！找到它自己的地方了！'所以，君子是可以用合乎常情的方式来欺骗他的，却不能用违背常理的办法欺罔他。象假装着敬爱兄长，所以舜就诚心实意地相信而为之喜悦，怎么是假装的呢？"

【历代论引】

程子曰："尧妻舜而不告者，以君治之而已，如今之官府治民之私者亦多。"

又曰："象忧亦忧，象喜亦喜，人情天理，于是为至。"

《史记》曰："使舜上涂廪，瞽瞍从下纵火焚廪，舜乃以两笠自捍而下去，得不死。后又使舜穿井，舜穿井为匿空旁出。舜既入深，瞽瞍与象共下土实井，舜从匿空中出去。"

朱子曰："欺以其方，谓诳之以理之所有；罔以非其道，谓昧之以理之所无。象以爱兄之道来，所谓欺之以其方也。舜本不知其伪，故实喜之，何伪之有？此章又言舜遭人伦之变，而不失天理之常也。"

【评析】

本章仍为孟子万章师徒的谈话，主题仍是称赞舜孝。

本章谈及舜帝二事：一为不告而娶，二为死里逃生。孟子万章师徒围绕这两件事，大体进行了两问两答。

关于舜帝不告而娶，和与之相关的尧帝不告而嫁二女于舜，孟子认为，这都是为人之大伦而不得已采取的办法。舜帝娶了妻，生了子，这才是大孝。要知道，"不孝有三，无后为大"。

关于舜帝两次遭到父母兄弟谋害，两次都得以逃脱，逃脱之后，舜帝还让弟弟象管理百姓（即封他为诸侯），舜帝对弟弟是不是真好？孟子认为，舜帝对弟弟是真好，不是假的。孟子举了郑国国相子产被"校人"欺骗的例子，说明对舜这样的"君子"，要用合情合理的方法欺骗他，不能用违反道理的诡诈来欺骗他。既然象装出爱兄长的样子来，舜因此就真心地高兴起来，为什么是假装呢？

在古代神话传说中，舜是个大孝子，这一点可以肯定。孟子的解释，明显有勉强之处，这是要注意的。

【史例解读】

得其所哉

三国时代，诸葛亮的妻子黄硕人如其名，头发黄、皮肤黑、身体壮硕，是一位有名的丑媳妇。

黄硕是河南名士黄承彦的女儿。黄承彦懂得诸葛亮的心思，认为诸葛亮之所以对大家闺秀与美貌的佳人都不屑一顾，是因为他志在邦国，他需要的是一位才德俱备的贤内助。因此黄承彦不顾冒昧，当面替自己的女儿说媒。

一天，诸葛亮来到黄承彦的家里。突然，堂屋两廊间蹿出两条猛犬，直扑向诸葛亮。丫环忙喝止，并上前拍打猛犬的头部，再拧一下它们的耳朵，两条猛犬竟然乖乖地蹲了下来。

诸葛亮仔细一看，原来是木头做的机械狗，他盛赞这两只木犬制作精巧，黄承彦哈哈大笑，说："木犬是小女没事时做着玩的，让你受惊了，真是抱歉得很啊！"诸葛亮举目四看，见壁上一幅《曹大家宫苑授读图》，黄承彦立即解释："这画是小女信笔涂鸦，不值行家一笑的。"接着，他指着窗外如锦繁花说："这些花花草草都是小女一手栽培、灌溉、剪枝、护理。"

诸葛亮把黄硕娶回家后，他的邻居们不明就里地讥讽："莫学孔明择妻，止得阿承丑女。"他们哪里知道诸葛亮正是得其所哉，庆幸自己娶到了一位德才兼备的妻子！

三

【原文】

万章问曰："象日以杀舜为事，立为天子，则放之，何也？"

孟子曰："封之也；或曰放焉。"

万章曰："舜流共工于幽州[1]，放驩兜于崇山[2]，杀三苗于三危[3]，殛鲧于羽山[4]，四罪而天下咸服，诛不仁也。象至不仁，封之有庳[5]。有庳之人奚罪焉？仁人固如是乎？在他人则诛之，在弟则封之。"

曰："仁人之于弟也，不藏怒焉，不宿怨焉，亲爱之而已矣。亲之，欲其贵也；爱之欲其富也。封之有庳，富贵之也，身为天子，弟为匹夫，可谓亲爱之乎？"

"敢问或曰放者，何谓也？"

曰："象不得有为于其国，天子使吏治其国，而纳其贡税焉，故谓之放。岂得暴彼民哉？虽然，欲常常而见之，故源源而来，'不及贡，以政接于有庳。'此之谓也。"

【注释】

①共（gōng）工：人名，相传为尧的臣。②驩兜：人名。崇山：地名，在南方偏远之地。③杀：当为"窜"的假借字。三苗：国名。三危：山名，在西方偏远之地。④殛（jí）：诛杀。鲧：人名，传说为禹之父。羽山：山名，在东方偏远之地。⑤有庳（bì）：又作有鼻，国名。

【译文】

万章问道："象每天把杀掉舜当作一件大事，舜做了天子后却只是流放他，为什么？"

孟子说："其实舜是封象为诸侯，有人却说是流放。"

万章说："舜把共工流放到幽州，把驩兜发配到崇山，把三苗之君驱逐到三危，在羽山杀掉了鲧，惩罚了这四个罪人而天下人都归服，这就是讨伐不仁了。象是极为不仁的，却被封为有庳国的侯。有庳国的人难道有罪吗？仁人就是这样做事吗？——对别人，就讨伐他，对弟弟，就封赏他？"

孟子说："仁人对于弟弟呀，不把愤怒藏在心里，不记仇，只是亲近他、爱护他罢了。亲近他，就要他显贵；爱护他，就要他富有。封为有庳国的侯，就是使他富贵。自己做天子，弟弟却是普通百姓，可以叫作亲近他、爱护他吗？"

万章说："请问有人说是流放，又是什么意思？"

孟子说："象不能在他的国家有所作为，天子派官吏来治理他的国家，收缴贡税，所以有人说是流放。象难道能够残害他的百姓吗？尽管这样，舜还想常常能见到他，所以不断让他来，'没到缴纳贡税的时候，就以政治上的原因接待有庳'。说的就是这事。"

【历代论引】

吴氏曰："言圣人不以公义废私恩，亦不以私恩害公义。舜之于象，仁之至，义之尽也。"

朱子曰："孟子言象虽封为有庳之君，然不得治其国，天子使吏代之治，而纳其所收之贡税于象。有似于放，故或者以为放也。盖象至不仁，处之如此，则既不失吾亲爱之心，而彼亦不得虐有庳之民也。源源，若水之相继也。来，谓来朝觐也。不及贡以政接于有庳，谓不待及诸侯朝贡之期，而以政事接见有庳之君。盖古书之辞，而孟子引以证源源而来之意，见其亲爱之无已如此也。"

【评析】

本章与前两章一样，也记孟子、万章师徒讨论舜帝之事。

舜帝做天子后，流放了不仁不义的"四凶"，却封同样不仁不义的弟弟为有庳国国君。这事让万章不理解。孟子说："像舜这样的仁人对弟弟，不把愤怒藏在心里，对弟弟只有亲之爱之而已。既然亲爱弟弟，就要弟弟既贵且富。"

万章又问："传说让象到有庳国去是流放他，这怎么讲？"孟子解释说："象虽是诸侯，但天子派官吏给他治理国家、收取贡税，所以有人说是流放。即使如此，舜帝还是常想见到弟弟的，所以象也常来，舜帝叮嘱说，不必等到朝贡时才来见我，平时我也可因行政的机会而接见你。"

舜帝是大圣人，于是孟子竭尽全力为他辩解，这是今人很难赞成的。

【史例解读】

不藏怒，不宿怨

晋代周伯仁和周仲智兄弟俩，哥哥周伯仁为人有雅量，待人不藏怒，不宿怨。由于他的名气比弟弟周仲智大，因此周仲智很不服气。

有一次，周仲智喝醉了，红着眼回到家，迎面骂周伯仁："你的才能不如我，不过是浪得虚名而已。"

周伯仁笑了一下，不作回答。不料周仲智越说越急，竟然举起放在一边的蜡烛台，向周伯仁扔了过来。周伯仁吓了一跳，急忙向旁边闪开，笑着说："你小子用火攻打我，真是下策。"

晋元帝时，镇东大将军王敦谋反，进军石头城（即建康，今南京），企图篡位称帝。王敦之弟王导及家族正在建康城内，处境相当险恶。王导在宫外候罪，正遇到周伯仁进宫，于是请求其为自己说情。周伯仁口头上没有答应，进宫后却积极向皇帝进言，为王导开罪，并上书为其请命。但是王导并不知情。

后来王敦攻入南京，询问王导要不要杀周伯仁，王导没有言语，导致周伯仁被杀。后来王导从文库中看到了周伯仁以前的奏折，恍然大悟，痛哭流涕曰："我不杀伯仁，伯仁却因我而死，幽冥之中，负此良友！"

四

【原文】

咸丘蒙问曰[1]："语云：'盛德之士，君不得而臣，父不得而子。'舜南面而立[2]，尧帅诸侯北面而朝之，瞽瞍亦北面而朝之。舜见瞽瞍，其容有蹙[3]。孔子曰：'于斯时也，天下殆哉，岌岌乎[4]！'不识此语诚然乎哉？"

孟子曰："否。此非君子之言，齐东野人之语也。尧老而舜摄也。《尧典》曰[5]：'二十有八载，放勋乃徂落，百姓如丧考妣[6]，三年，四海遏密八音[7]。'孔子曰：'天无二日，民无二王。'舜既为天子矣，又帅天下诸侯以为尧三年丧，是二天子矣。"

咸丘蒙曰："舜之不臣尧，则吾既得闻命矣。诗云[8]：'普天之下，莫非王土；率土之滨，莫非王臣。'而舜既为天子矣，敢问瞽瞍之非臣，如何？"

曰："是诗也，非是之谓也；劳于王事，而不得养父母也。曰：'此莫非王事，我独贤劳也[9]。'故说诗者，不以文害辞，不以辞害志。以意逆志[10]，是为得之。如以辞而已矣，《云汉》之诗曰[11]：'周余黎民，靡有孑遗[12]。'信斯言也，是周无遗民也。孝子之至，莫大乎尊亲；尊亲之至，莫大乎以天下养。为天子父，尊之至也；以天下养，养之至也。诗曰：'永言孝思，孝思维则[13]。'此之谓也。《书》曰[14]：'祗载见瞽瞍，夔夔斋栗，瞽瞍亦允若[15]。'是为父不得而子也？"

【注释】

①咸丘蒙：孟子弟子。②南面：指做天子。古时天子见诸侯或群臣，都坐北朝南。③蹙（cù）：不安。④岌岌（jí jí）：形容危险。⑤《尧典》曰：以下数句在今本《尚书·舜典》。今本《舜典》与《尧典》本是一篇。⑥二十有八载：指舜摄政后的二十八年。有：通"又"。放勋：尧。徂（cú）落：同"殂落"，死亡。考妣（bǐ）：父母。⑦遏：停止。密：无声。八音：指金、石、丝、竹、匏、土、革、木八种乐器。⑧"普天之下"四句：见《诗经·小雅·北山》。⑨贤劳：辛劳，劳苦。贤：劳。⑩逆：揣测。⑪《云汉》：见《诗经·大雅·云汉》。⑫靡（mǐ）有：没有。孑（jié）遗：遗留。"周余"二句：形容灾难深重，多有死亡。⑬孝思：孝心。维则：作为行动的准则。引诗见《诗经·大雅·下武》。⑭《书》：指《尚书·大禹谟》篇。⑮祇（zhī）：敬。载：事。夔夔（kuí kuí）斋栗：因谨慎而小心的样子。允若：顺从。

【译文】

咸丘蒙问道："常言说：'道德最高的人，君主不得以他为臣，父亲不得以他为子。'舜做天子，尧带领诸侯向北朝觐他，瞽瞍也向北朝觐他。舜见到瞽瞍，面有不安之色。孔子说：'在这个时候啊，天下岌岌可危啊！'不知道这话是真的吗？"

孟子说："不是。这不是君子的话，是齐东野人的话。尧年老时，舜代他管理政务。《尧典》说：'过了二十八年后，尧死了，老百姓好像死了父母，服丧三年间，四海之内停止了一切音乐。'孔子说：'天上没有两个太阳，百姓没有两个君王。'如果舜在尧死前做了天子，又带领天下诸侯为尧服丧三年，这就是同时有两个君王了。"

咸丘蒙说："舜不以尧为臣，我懂得您的教诲了。《诗经》说：'整个天下，没有一块土地不是王的土地；从陆地到海滨，没有一个人不是王的臣民。'而舜既然已经做了君王，瞽瞍却还不是他的臣民，请问这是怎么回事？"

孟子说："这诗讲的不是这个意思，诗里说的是作者为王的公事而辛劳，不能够奉养父母。他说：'这些事没有一件不是王的公事，却只有我一人辛勤劳苦。'所以讲诗的人，不要凭个别文字歪曲了词句，不要凭个别词句歪曲了本意。用自己的体会揣度诗人的本意，这才对了。如果只是凭借词句，

《云汉》诗里说：'周朝剩余的老百姓，没有一个遗留在世。'假如相信这话，那么周朝是一个人都没有留下了。孝子的极致，没有比尊敬双亲更高的；尊敬双亲的极致，没有比用整个天下来奉养他们更高的。身为天子的父亲，是尊贵至极的，舜用天下来奉养，可说是奉养的极致。《诗经》上又说：'永远保持孝心，孝心是天下的准则。'说的就是这个意思。《尚书》说：'恭恭敬敬来见瞽瞍，态度谨慎而小心，瞽瞍也确实顺理而行了。'这难道是父亲不能以他为子吗？"

【历代论引】

朱子曰："孟子言尧但老不治事，而舜摄天子之事耳。尧在时，舜未尝即天子位，尧何由北面而朝乎？又引书及孔子之言以明之。"

又曰："言瞽瞍既为天子之父，则当享天下之养，此舜之所以为尊亲养亲之至也。岂有使之北面而朝之理乎？"

又曰："孟子引此而言瞽瞍不能以不善及其子，而反见化于其子，则是所谓父不得而子者，而非如咸丘蒙之说也。"

【评析】

本章仍论舜帝，孟子引经据典，仍曲为之说。

弟子问孟子："舜为天子后，帝尧和舜父都去朝见他，这是怎么回事？"孟子说："这是齐东乡下人乱说的。实际上，尧衰老后，让舜当摄政王，尧仍是天子。过了二十八年，尧死了，舜才当天子。"

那么，舜当天子后，他父亲瞽瞍是不是王臣呢？孟子说："舜当了天子，仍然是个孝子。在中国古代，君犹父，臣犹子。舜当了天子，是天下之君，但在自己的父亲面前，仍然是儿子。舜见父亲时，局促不安，仍守儿子之道。"

尧舜的故事，传说纷纭。孟子对其事迹的解释，未必是不可动摇的权威解释。

另外，孟子关于读诗"不以文害辞，不以辞害志"和"以意逆志"的命题，成为中国古代文学批评中的名言。读诗，不要拘泥字面而歪曲了词句，也不要凭个别词句而歪曲了本意。用自己的体会揣度作者的本意，才能得出合理的解释。

【史例解读】

岌岌可危

春秋时，晋灵公一味享乐，动用了大批劳力和钱财，来建设九层琼台。他怕臣子们反对，就下令不准任何人来规劝，说："有谁敢来进谏，处死不赦！"

晋灵公为了个人的享乐，劳民伤财，荀息知道以后，跑去见灵公。灵公为了防止他的规劝和阻止，就叫人拉弓搭箭，只要他一开口规劝，就立刻把他射死。荀息明知道情势紧张，仍故作轻松地说："大王！我学到了一种好玩的小把戏，特地进宫来表演给大王看！"

晋灵公一听，就立刻撤了弓箭。荀息便认真地把九颗棋子堆起来，然后再把鸡蛋一个一个地加上去。旁边的人都害怕得屏住呼吸，而晋灵公自己也慌张地说："危险啊！危险！"

荀息慢慢地说："这有什么危险？还有比这个更危险的呢！"

晋灵公禁不住问："快说给我听听。"

这时，荀息站立起来直着身子，沉痛地说："主公您为了建造高台，弄得国库空虚，邻国将要侵略我们，我们的国家岌岌可危，不是比这些鸡蛋更加危险吗？"

晋灵公听了以后才恍然大悟，叹息道："我的错误竟使国家落到如此危险的地步！"随即下令停止造琼台。

普天之下，莫非王土

唐僖宗自幼长于深宫，不谙世事，朝政大事完全交与宦官田令孜。田为了长久地控制皇帝，专门引导皇帝玩乐，使小皇帝远离大臣与朝政。唐僖宗对玩乐也确实乐此不疲，整日吃喝玩乐、斗鹅走马，凡骑术、箭法、击剑、舞槊、法算、音律、捕博、蹴鞠、斗鸡无不精通，其中蹴鞠是唐僖宗的拿手好戏，他曾对优人石野猪说："朕若是去考击球进士，肯定能考上状元。"

唐僖宗认为"普天之下，莫非王土"，于是利用自己的权力大肆挥霍，经常重赏自己喜欢的人，单是赏赐给伶人、妓女的钱物就动辄逾万。有一次，他到六王院与诸王赌鹅，一只鹅的赌注就是五十万钱。原本就空虚的国库哪里经得起这般折腾，两三年时间，国库里的钱就被挥霍一空了。但是皇帝依然我行我素，钱从哪里来呢？唐僖宗下诏命令内园小儿登记京城两市商人的货物，不管是华人还是外商的，一律收缴，以充实国库。两市是京城中两大贸易区，街市内货财二百二十行，四面立邸，四方珍奇皆所集聚。东市华商较多，西市多为中亚、波斯、大食商人所居。此诏一下，商人稍有不满就被捆起来，送到京兆府乱棍打死。

齐东野语

北齐开国君主高洋在称帝前任东魏的京畿大都督，掌管外朝大政。高洋早有当皇帝的野心，但是他假装愚钝憨直，无论什么事都睁一只眼闭一只眼，连妻子被他哥哥齐王高澄调戏多次，他也假装不知道。不久，高澄因为专横跋扈被杀，高洋推行新法，把晋阳城管理得市井繁荣，井然有序。东魏孝静帝元善见他办事认真，不怕劳苦，便封他为大丞相，管理全国的军队，还让他承袭他哥哥的爵位，当上了齐王。

于是高洋准备代魏而另立新朝，他听说大臣宋景业通晓《周易》，研究过阴阳变化及行星占测气候的学问，于是就让他用蓍草占卜，结果占到干卦，干卦又变化为鼎卦。宋景业解释说："干卦，意味着君主之象。鼎卦，是说在五月发生变化。您在仲夏受禅让最适宜了。"

消息传出去以后，有人进言说："按民间的一种说法，五月不能接受新的职位，如果违犯这一条，就会死在接受的职位之上。"

宋景业听了以后反驳说："这不过是齐东野语，不足为信。大王您贵为天子，当然没有下台离位的时候，哪能不死在自己的皇位上呢！"高洋听了非常高兴，于是从晋阳出兵，于公元550年消灭了东魏，自称皇帝。

五

【原文】

万章曰："尧以天下与舜，有诸？"

孟子曰："否。天子不能以天下与人。"

"然则舜有天下也，孰与之？"

曰："天与之。"

"天与之者，谆谆然命之乎[1]？"

曰："否。天不言，以行与事示之而已矣。"

曰："以行与事示之者如之何？"

曰："天子能荐人于天，不能使天与之天下；诸侯能荐人于天子，不能使天子与之诸侯；大夫能荐人于诸侯，不能使诸侯与之大夫。昔者尧荐舜于天而天受之，暴之于民[2]而民受之，故曰，天不言，以行与事示之而已矣[3]。"

曰："敢问荐之于天而天受之，暴之于民而民受之，如何？"

曰："使之主祭而百神享之，是天受之；使之主事而事治，百姓安之，是民受之也。天与之，人与之，故曰，天子不能以天下与人。舜相尧二十有八载，非人之所能为也，天也。尧崩，三年之丧毕，舜避尧之子于南河之南[4]，天下诸侯朝觐[5]者，不之尧之子而之舜；讼狱者，不之尧之子而之舜；讴歌者，不讴歌尧之子而讴歌舜，故曰天也。夫然后之中国，践天子位焉。而居尧之宫，逼尧之子，是篡也，非天与也。《太誓》曰[6]：'天视自我民视，天听自我民听'，此之谓也。"

【注释】

①谆谆然：诚挚地，教导不倦的样子。②暴（pù）：显示，公布。③行：指个人的行为。事：指政事。④南河：即黄河，因在尧时都城的南面，故称南河。⑤朝觐（cháo jìn）：臣子晋见君主。⑥《太誓》：《尚书》篇名。

【译文】

万章说："尧把天下给了舜，有这事吗？"

孟子说："没有。天子不能把天下给人。"

"那么舜享有的天下，是谁给他的？"

孟子说："天给他的。"

"天给他，是反复叮咛命令他的吗？"

孟子说："不。天不说话，只通过行为和政事显示给他罢了。"

万章说："通过行为和政事显示给他，是怎样的？"

孟子说："天子能把人推荐给天，却不能让天给他天下；诸侯能把人推荐给天子，却不能让天子给他诸侯之位；大夫能把人推荐给诸侯，却不能让诸侯给他大夫之位。从前尧把舜推荐给天而天接受了他，把舜显示给老百姓而老百姓接受了他，所以说，天不说话，只通过行为和政事显示给他罢了。"

"请问把舜推荐给天而天接受了他，把舜显示给老百姓而老百姓接受了他，是怎样的？"

孟子说："让他主持祭祀而百神享用，这是天接受了他，让他主持政事，主持得有条不紊，老百姓很满意，这是老百姓接受了他。天下是天给他的，是老百姓给他的，所以说：天子不能把天下给人。舜辅佐尧二十八年，这不是一个人所能决定的，是天意。尧死后，三年的服丧期限也结束时，舜避开尧的儿子，到南河的南边去。天下诸侯来朝见的，不到尧的儿子那里而到舜那里；打官司的，不到尧的儿子那里而到舜那里；歌颂的，不歌颂尧的儿子而歌颂舜，所以说是天意。这样他才回到中国，继承了天子的职位。如果是当初就住到尧的宫室里，逼迫尧的儿子，那是篡夺，不是天给他。《太誓》说：'天用我们老百姓的眼睛来看，天用我们老百姓的耳朵来听。'说的就是这个意思。"

【历代论引】

朱子曰："行之于身谓之行，措诸天下谓之事。言但因舜之行事，而示以与之之意耳。"

又曰："言下能荐人于上，不能令上必用之。舜为天人所受，是因舜之行与事，而示之以与之之意也。"

又曰："天无形，其视听皆从于民之视听。民之归舜如此，则天与之可知矣。"

【评析】

本章亦论尧舜之事。

孟子认为，天子个人并没有权力把天下授予谁，而只有上天和下民才有这个权力。他的论述既有"君权神授"的神秘色彩，又有"民约论"的味道。

按照古代传说，尧舜均为原始社会末期华夏诸族联盟的领袖。那时有一个联盟会议，成员为各部落酋长。所谓"天子"的位子，由联盟会议决定，然后天子禅位，尧、舜先后继位，就是这么来的。

孟子虽是大学者，但因他对原始社会的情况不甚了解，又刻意从各种互

卷九　万章上

相矛盾的传说中找出对尧舜有利的传说曲折为其辩护，所以他的见解未必站得住脚。

六

【原文】

万章问曰："人有言：'至于禹而德衰，不传于贤而传于子。'有诸？"

孟子曰："否，不然也。天与贤，则与贤；天与子，则与子。昔者舜荐禹于天，十有七年，舜崩，三年之丧毕，禹避舜之子于阳城①，天下之民从之，若尧崩之后，不从尧之子而从舜也。禹荐益于天②，七年，禹崩，三年之丧毕，益避禹之子于箕山之阴③。朝觐讼狱者不之益而之启④，曰：'吾君之子也。'讴歌者不讴歌益而讴歌启，曰：'吾君之子也。'丹朱之不肖⑤，舜之子亦不肖。舜之相尧，禹之相舜也，历年多，施泽于民久。启贤，能够承继禹之道。益之相禹也，历年少，施泽于民未久。舜、禹、益相去久远⑥，其子之贤不肖，皆天也，非人之所能为也。莫之为而为者，天也；莫之致而至者，命也。匹夫而有天下者，德必若舜禹，而又有天子荐之者，故仲尼不有天下。继世而有天下，天之所废，必若桀纣者也，故益、伊尹、周公不有天下。伊尹相汤以王于天下，汤崩，太丁未立，外丙二年，仲壬四年⑦，太甲颠覆汤之典刑，伊尹放之于桐⑧，三年，太甲悔过，自怨自艾⑨，于桐处仁迁义；三年，以听伊尹之训己也，复归于亳⑩。周公之不有天下，犹益之于夏，伊尹之于殷也。孔子曰：'唐虞禅⑪，夏后殷周继，其义一也。'"

【注释】

①阳城：山名，在今河南登封北。②益：秦赵始祖。禹死后，联盟会议决定由益即位，后被禹之子启强夺了君位。③箕山：在今河南登封东南。阴：山北。④启：禹之子，夏代第一个王。⑤丹朱：尧之子。⑥舜、禹、益相去久远：指三者相距或久远或短暂。按，舜相尧二十八年，禹相舜十七年，这是久远者，益相禹只七年，是短暂者。⑦太丁：汤之太子，未立而死。外丙、仲壬：均为太丁之弟。⑧太甲：太丁之子。典刑：常法。桐：在今河南偃师西南。⑨自怨自艾（yì）：自我怨恨，自我改过。⑩亳（bó）：在今河南商丘北。⑪唐虞：尧舜。禅（shàn）：以王位传人。

【译文】

万章问道:"有人说,'到了禹的时候道德就衰落了,他不传位给贤人而传给自己的儿子',有这事吗?"

孟子说:"不,不对的。天要授给贤人,就授给贤人;天要授给儿子,就授给儿子。从前,舜把禹推荐给天,十七年后,舜死了,三年服丧的期限结束后,禹避开舜的儿子到阳城去,可是天下的老百姓都跟从他,就像尧死后,老百姓不跟从尧的儿子而跟从舜一样。禹也把益推荐给天,七年后,禹死了。三年服丧的期限结束后,益为避开禹的儿子躲到箕山北面去。朝见和打官司的人不到益那里去,而到启那里去,说:'这是我们君主的儿子。'歌颂的人不歌颂益而歌颂启,说:'这是我们君主的儿子啊。'尧的儿子丹朱不好,舜的儿子也不好。舜辅佐尧、禹辅佐舜,都历时多年,对老百姓施与恩泽的时间长。启是贤明的,能恭敬地继承禹的作风。益辅佐禹,历时较短,对老百姓施与恩泽的时间不长。舜和禹,禹和益,相距的时间或长或短,他们的儿子或者贤明,或者不好,都是天意,不是人的意志所能主宰的。没有人叫他们这样去做,但做成了,这是天意;没有人去争取,但得到了,这是命运。以一个平头百姓而享有天下,他的道德一定像舜和禹,而且又有天子推荐他,所以孔子没赶上天子推荐,便不能享有天下。因世袭而享有天下,而天又把他废弃的,一定是像桀、纣那样人,所以益、伊尹、周公没赶上桀、纣那样的,便不能享有天下。伊尹辅佐汤统一了天下,汤死后,太丁未立就死了,外丙在位两年,仲壬在位四年,太甲一继位后,破坏汤的法度,伊尹就把他流放到桐邑,三年之后,太甲终于悔过,自我怨恨,自我改过,在桐邑就行仁义之道,三年过后,因为听从伊尹对自己的教导而重新回到亳都做天子。周公不享有天下,就如益在夏、伊尹在殷的情况。孔子说:'唐尧、虞舜实行禅让制,夏、商、周三代实行世袭制,道理是一样的。'"

【历代论引】

杨氏曰:"但云天与贤则与贤,天与子则与子,可以见尧、舜、禹之心,皆无一毫私意也。"

赵氏曰:"太丁,汤之太子,未立而死。外丙立二年,仲壬立四年,皆太丁弟也。太甲,太丁子也。"

尹氏曰："孔子曰：'唐虞禅，夏后、殷、周继，其义一也。'孟子曰：'天与贤则与贤，天与子则与子。'知前圣之心者，无如孔子，继孔子者，孟子而已矣。"

朱子曰："尧舜之子皆不肖，而舜禹之为相久，此尧舜之子所以不有天下，而舜禹有天下也。禹之子贤，而益相不久，此启所以有天下而益不有天下也。然此皆非人力所为而自为，非人力所致而自至者。盖以理言之谓之天，自人言之谓之命，其实则一而已。"

【评析】

本章承前几章论尧舜之后，论大禹之事，孟子仍千方百计为圣人辩解。

华夏诸族，大禹之前尚在原始社会，天下为公，所以尚能传贤不传子。但那时应该已有很多部落实行传子制度了。大禹以后，进入阶级社会，天下为家，父子关系最近，当然是父子相传。伊尹虽贤，但非商汤子孙；周公虽贤，且与武王同为文王之子，但武王仍将天子之位传给儿子成王，故伊尹周公均不得为天子。

孟子不知历史规律，只知为圣人辩护，无法解释，则曰"天""命"。

【史例解读】

孝子贤孙

在成都南郊武侯祠中，有一座气势宏伟的刘备殿，正居中有刘备贴金塑像，在左侧陪祀的不是他的儿子刘禅，而是孙子刘谌。据说就是因为刘禅昏庸无能不能守基业，其像在宋、明两代几次被毁之后，就没有再塑。而对于刘谌，人们认为他英勇殉国，才是刘家的孝子贤孙，故而有资格在刘备身边享受祭祀。

公元263年，邓艾兵临成都城，刘禅与大臣计议后决定投降，北地王刘谌主张抵抗，说道："若理穷力屈，祸败必及，便当父子君臣背城一战，同死社稷，以见先帝可也。"刘禅不听。刘谌放声大哭，说："先帝所创之基业，毁于一旦，吾宁死不屈。"刘禅将其推出宫门，自己投降了邓艾。刘谌闻知后怒气冲天，先杀其妻崔夫人，又杀了自己三个孩子，并割下了妻子的头颅，提到刘备的庙中伏地大哭："孙羞见刘家基业弃于他人，故先杀妻儿以绝挂念，后将一命报祖！爷爷若有灵，当知孙子之心也！"

大哭一场之后，刘谌眼中流血，自杀而亡。

自怨自艾

西汉时，蜀中富家女卓文君二十岁就成了寡妇，便搬回娘家居住。一次，才子司马相如随当地朋友来拜访卓文君的父亲，偶然窥见了卓文君的容貌，便在弹琴时唱了一首自编的情歌，表达对卓文君的爱。卓文君不顾父亲的反对，竟连夜跟司马相如私奔了。他们结合后，卓文君不嫌弃司马相如的贫寒，以千金之躯当垆卖酒，维持生计。

可是不久，司马相如赴长安谋职。五年后官拜中郎将，想另娶名门千金。卓文君接到信以后，知道丈夫恩断情绝的遗弃之意，自怨自艾的她写下了一首词：一别之后，二地相思，只说三、四月，谁知五、六年，七弦琴无心弹，八行书不可传，九连环从中折断，十里长亭望眼欲穿，百思想，千系念，万般无奈把郎怨。万语千言说不完，百般无聊，十倚栏，重九登高看孤雁，八月中秋月圆人不圆，七月半焚香秉烛问苍天，六月伏天人人摇扇我心寒，五月榴花红似火，偏遇阵阵冷雨浇花端，四月枇杷色未黄，我欲对镜心意乱，忽匆匆，三月桃花随水转，飘零零，二月风筝线儿断，噫，郎呀郎，巴不得下一世你为女来我为男。

司马相如看到词以后，被卓文君的痴情感动了，就再也没提再娶的事。

七

【原文】

万章问曰："人有言伊尹以割烹要汤①，有诸？"

孟子曰："否，不然。伊尹耕于有莘之野②，而乐尧、舜之道焉。非其义也，非其道也，禄之以天下，弗顾也；系马千驷，弗视也。非其义也，非其道也，一介不以与人，一介不以取诸人③，汤使人以币聘之，嚣嚣然曰④：'我何以汤之聘币为哉？我岂若处畎亩之中，由是以乐尧、舜之道？'汤三使往聘之，既而幡然改曰⑤：'与我处畎亩之中⑥，由是以乐尧、舜之道，吾岂若使是君为尧、舜之君哉？吾岂若使是民为尧、舜之民哉！吾岂若于吾身亲见之哉？天之生此民也，使先知觉后知，使先觉觉后觉也。予，天民之先觉者也；予将以斯道觉斯民也。非予觉之，而谁也？'思天下之民匹夫匹妇有不被尧、舜之泽者，若己推而内之沟中⑦。其自任天下之重如此，故就汤而说之以伐夏救民⑧。吾未闻枉己而正人者也，况辱己以正天下者乎？圣人之行不同也，或远或近；或去或不去，归絜其身而已矣。吾闻其以尧、舜之道要汤，未闻以割烹也。《伊训》曰⑨：'天诛造攻自牧宫，朕载自亳⑩。'"

【注释】

①割烹：切割、烹调，指当厨师。②有莘（xīn）：古国名，在今河南陈留。③介：即"芥"，草。比喻极轻微的东西。④币：帛，泛指礼物。嚣嚣（áo）：自得其乐的样子。⑤幡（fān）然：反过来。幡：通"翻"。⑥与：与其。⑦内：同"纳"。⑧说（shuì）：游说。⑨《伊训》：《尚书》篇名，已佚。今本《尚书》中的《伊训》是伪古文。⑩造：开始。牧宫：桀的宫室。朕：伊尹自称。载：开始。

【译文】

万章问道："有人说伊尹通过自己当厨师来向汤求职，有这事吗？"

孟子说："不，不是这样。伊尹在有莘国的郊野耕田，是因为喜爱尧、舜的道理。不合乎义的，不合乎道的，即使把天下当俸禄给他，他连头都不回一下；即使有四千匹马系在那里，他也不会看。不合乎义的，不合乎道的，一根草也不给人，一根草也不取于别人。汤打发人用币帛聘任他，他自得地说：'我拿汤的聘礼币帛干什么？这难道比得上我独处田野之中，由此来喜爱尧、舜的道理吗？'汤多次打发人去聘任他，后来他幡然改变了态度，说：'与其独处田野之中，由此来喜爱尧、舜的道理，我不如使这个君主成为尧、舜一样的君主！我不如使这些老百姓成为尧、舜时候的老百姓！我不如自己亲眼看见呢！上天生育老百姓，就是要使先知者唤醒后知者，使先觉者唤醒后觉者。我，是天下百姓中的先觉者，我将用这道理来使这些百姓觉悟。如果不是我来使他们觉悟，那还有谁呢？'他想到天下的百姓有不能获得尧、舜的恩泽的人，就像是自己把他们推到水沟里去一样。他就是这样自己承担天下的重担，所以找到汤，用讨伐夏桀、救助百姓的道理游说他。我没听说过自己不端正而能使别人端正的，何况是以屈辱自己来端正天下呢？圣人的行为是不一样的，有的疏远君主，有的接近君主；有的离开，有的不离开。归根结底，都要使自己保持高洁。我听说他用尧、舜的道理来向汤求职，没听说通过自己当厨师来求职。《伊训》说：'天的诛伐是从桀的牧宫里开始的，我只是从商都亳邑开始谋划而已。'"

【历代论引】

《史记》曰："伊尹欲行道以致君而无由，乃为有莘氏之媵臣，负鼎俎以滋味说汤，致于王道。"

程子曰："予天民之先觉，谓我乃天生此民中，尽得民道而先觉者也。既为先觉之民，岂可不觉其未觉者。及彼之觉，亦非分我所有以予之也。皆彼自有此理，我但能觉之而已。"

《书》曰："昔先正保衡作我先王，曰，'予弗克俾厥后为尧舜，其心愧耻，若挞于市'。一夫不获，则曰'时予之辜'。"

徐氏曰："伊尹乐尧舜之道。尧舜揖逊，而伊尹说汤以伐夏者，时之不同，义则一也。"

林氏曰："以尧舜之道要汤者，非实以是要之也，道在此而汤之聘自来耳。犹子贡言夫子之求之，异乎人之求之也。"

【评析】

本章论伊尹。

商汤、伊尹之时，虽然已有草创的文字，但多用于祭祀，历史仍然靠口耳相传。伊尹事迹，虽然后代学者多有记录，但口传历史仍然众说纷纭。如伊尹到底是为商汤当厨子而干求爵禄，还是如孟子所说遵尧舜之道而被商汤赏识，实为一历史悬案。而孟子一口咬定，像伊尹这样的圣人，不会要非义、非道的爵禄。还说汤去礼聘伊尹，伊尹开始还不接受，后来因为要使商汤成为尧、舜那样的圣君，自认为自己是先知先觉者，应帮助人民蒙受尧舜的恩泽，这才出仕，帮助商汤成为一代圣君，而伊尹也因此成为千古大圣人。

在孟子描述的大圣人伊尹身上，分明可以看到孟子自己的影子。

八

【原文】

万章问曰:"或谓孔子于卫主痈疽,于齐主侍人瘠环①,有诸乎?"

孟子曰:"否,不然也。好事者为之也。于卫主颜雠由②。弥子之妻与子路之妻,兄弟也③。弥子谓子路曰:'孔子主我,卫卿可得也。'子路以告。孔子曰:'有命。'孔子进以礼,退以义,得之不得曰'有命'。而主痈疽与侍人瘠环,是无义无命也。孔子不悦于鲁、卫,遭宋桓司马将要而杀之,微服而过宋④。是时孔子当厄,主司城贞子,为陈侯周臣⑤。吾闻观近臣⑥,以其所为主;观远臣⑦,以其所主。若孔子主痈疽与侍人瘠环,何以为孔子?"

【注释】

①主痈疽(yōng jū):以痈疽为主人,指住在痈疽家里。痈疽:人名,卫灵公所宠幸的宦官。侍人:即"寺人",宦官。瘠环:人名。②颜雠由:卫国贤大夫。③弥子:卫灵公宠臣弥子瑕。兄弟:姊妹,古亦称姊妹为女兄女弟。④桓司马:宋国司马桓魋(tuí)。要(yāo):拦截。微服:指更换平常的服装。⑤厄:困厄。司城贞子:陈国人。陈侯周:陈怀公之子,名周,后为楚灭,无谥。⑥近臣:在朝之臣。⑦远臣:外来的臣。

【译文】

万章问道:"有人说,孔子在卫国住在痈疽家里,在齐国住在宦官瘠环家里,有这回事吗?"

孟子说:"不,不是这样。这是好事之徒编出来的。他在卫国住在颜雠由家里。弥子瑕的妻子和子路的妻子是姊妹。弥子瑕对子路说:'如果孔子住到我家里,卫国的卿相之位便可得到。'子路把这话告诉孔子。孔子说:'得不得卿相之位是由天命决定的。'孔子依礼而进,依义而退,得到或得不到都说'由天命决定'。如果住在痈疽和宦官瘠环的家里,都是无视道义、无视天命的。孔子在鲁国、卫国不得志,又碰到宋国的司马桓魋将拦截他,要杀掉他,孔子换了服装,悄悄经过宋国。这时孔子正处在困难的境地,住在司城贞子家里,做陈侯周的臣子。我听说观察在朝的臣子,看他所招待的客人;观察远来的臣子,看他所寄居的主人。如果孔子以痈疽和宦官瘠环为主人,怎么能成为孔子？"

【历代论引】

徐氏曰："礼主于辞逊，故进以礼；义主于制断，故退以义。难进而易退者也，在我者有礼义而已，得之不得则有命存焉。"

《史记》："孔子为鲁司寇，齐人馈女乐以间之，孔子遂行。适卫月余，去卫适宋。司马魋欲杀孔子，孔子去至陈，主于司城贞子。"

朱子曰："孟子言孔子虽当陑难，当犹择所主，况在齐卫无事之时，岂有主痈疽侍人之事乎？"

又曰："君子小人，各从其类，故观其所为主，与其所主者，而其人可知。"

【评析】

本章承前几章继续评述圣人，本章论孔子。

孔子在世时就誉满天下。他死后，鲁国国君为他写悼词。孔门弟子为他守孝三年，门徒后学认为他比尧、舜还要伟大。但是，也有一些对孔子不利的议论和传闻。比如说孔子在卫国、齐国时，曾作客于宦官家中，就是这类传闻之一。

孟子断然否认，认为这是"好事者"的捏造和污蔑。他说，孔子在卫国时，住在贤大夫颜雠由家里，还有人造谣说孔子曾住在卫灵公宠臣弥子瑕家里，以干求爵禄。依孔子之为人，进退都讲礼义，怎么会住在为世人所不齿的宦官家里呢？孔子困于陈蔡时，曾住在司城贞子家，做了陈侯周的臣子。

孟子最后说，观察在朝的臣子，就看他们招待什么客人；观察外来的臣子，就看他们住在什么人家里。像孔子这样的人，如果寄居在宦官家里，还怎么能算"孔子"呢？

孟子为孔子辩诬，一用事实，二依孔子为人作出推定，这种方法值得借鉴。

【史例解读】

以其所交，知其人

有一次，李克从魏文侯那里出来，碰见翟璜。翟璜知道魏文侯召见李克是为了咨询相国人选事宜,所以一见面就毫不掩饰地问李克:"今天大王召见先生您咨询相国人选,到底定了谁?"李克的回答也十分痛快:"是魏成。"翟璜对自己竞聘相国的职位是抱有很大希望的,现在听到结果不是自己,心里一下子接受不了,愤懑得脸色都变了,就对李克摆起自己的功绩来:"大王寻求善战的将领,我就引进了西河守吴起;大王为治理邺担忧,我举荐了西门豹;大王想要讨伐中山国,我举荐了乐羊;中山攻下之后无人管理,我举荐了先生您;太子缺少一位老师,我举荐了屈侯鲋。您觉得我哪儿比不上魏成呢?"

翟璜举荐的吴起和乐羊都是一代名将,西门豹治邺被传为佳话,李克和屈侯鲋也都是品行端方、学识渊博的大臣。翟璜为魏国举荐了这些优秀的人才,确实有竞争相国的资本。

虽然翟璜对他有举荐之恩,但是李克并没有在这个时候逢迎翟璜,而是义正词严地说:"以您的身份不应当说这种话,怎么能为了当大官和别人比功劳呢?大王向我咨询相国的人选,我则本着慎重的态度提出建议。我之所以知道大王会选择魏成当相国,主要根据两个原因。一是魏成的俸禄十分之九都用来帮助别人,自己所用只占十分之一;二是他举荐的卜子夏、田子方、段干木三个人,大王把他们视为老师,而您举荐引进的五个人,都是大王的臣子。所以您怎么能和魏成相比呢!"

这便是"以人识人"的道理了。通过一个人的言行趣味和所交往的朋友,就比较容易判断和了解他是怎样一种人。譬如喜欢运动的人往往容易结交运动爱好者,商人往往容易结交生意场上的人,喜欢整日搓麻将的人,赌友一定少不了。如果与你往来的都是专家学者,那么你本人的学识也一定差不了。所以我们要观察判断和了解一个人,不是听他自己怎样说,或者别人说他如何了不起,而是要看他所结交的是怎样的朋友。

九

【原文】

万章问曰:"或曰:'百里奚自鬻于秦养牲者五羊之皮①,食牛,以要秦缪公②。'信乎?"

孟子曰："否，不然。好事者为之也。百里奚，虞人也③。晋人以垂棘之璧与屈产之乘，假道于虞以伐虢④。宫之奇谏⑤，百里奚不谏。知虞公之不可谏而去，之秦，年已七十矣。曾不知以食牛干秦缪公之为污也⑥，可谓智乎？不可谏而不谏，可谓不智乎？知虞公之将亡而先去之，不可谓不智也。时举于秦，知缪公之可与有行也而相之⑦，可谓不智乎？相秦而显其君于天下，可传于后世，不贤而能之乎？自鬻以成其君，乡党自好者不为，而谓贤者为之乎？"

【注释】

①百里奚：一说姓百，名里，字奚，原为虞国人，虞亡后作秦国的大夫。鬻（yù）：卖。②食：同"饲"。要：接近。③虞：国名，在今山西平陆东北。④垂棘（chuí jí）：晋国地名，产美玉。屈：晋国地名，产良马。乘：四匹马。虢（guó）：国名，在今山西平陆县北，公元前655年为晋所灭。⑤宫之奇：虞国贤臣。⑥曾：乃，竟。污：肮脏之事。⑦有行：有为。相：辅佐。

【译文】

万章问道："有人说：'百里奚用五张羊皮的价钱和为人喂牛的条件，把自己卖给秦国养牲畜的人，以向秦穆公求职。'可信吗？"

孟子说："不，不是这样。这是好事者编出来的。百里奚，是虞国人。晋国人用垂棘的玉璧和屈地所产的四匹马为代价，向虞国借路，要去攻打虢国。宫之奇向虞国的国君谏阻，百里奚不谏阻。他知道虞国国君不会接受谏议，因而离开虞国，到秦国去。那时他已经七十岁了，竟不懂得通过为人喂牛来向秦穆公求职是污浊的，可以叫明智吗？但他却是知道不可提出谏议就不谏议，这可以叫不明智吗？知道虞国将要灭亡而提前离开虞国，也不能叫不明智。当时他在秦国被提拔，就知道秦穆公有所作为，因而辅佐他，这可以叫不明智吗？辅佐秦国而使其君主名扬天下，足以流传于后世，不贤的人能办到吗？卖掉自己来成就他的君主，乡里洁身自好的人都不干，竟说贤者肯干吗？"

【历代论引】

范氏曰："古之圣贤未遇之时，鄙贱之事，不耻为之。如百里奚为人养牛，无足怪也。惟是人君不致敬尽礼，则不可得而见。岂有先自污辱以要其君哉？庄周曰：'百里奚爵禄不入于心，故饭牛而牛肥，使穆公忘其贱而与之政。'亦可谓知百里奚矣。伊尹、百里奚之事，皆圣贤出处之大节，故孟子不得不辩。"

尹氏曰："当时好事者之论，大率类此。盖以其不正之心度圣贤也。"

朱子曰："孟子言百里奚之智如此，必知食牛以干主之为污。其贤又如此，必不肯自鬻以成其君也。然此事当孟子时，已无所据。孟子直以事理反复推之，而知其必不然耳。"

【评析】

百里奚本是虞国之臣，后来辅佐秦穆公成就霸业。至于他是怎么到秦穆公那里去的，史书上有不同说法。万章的说法是一种常见的说法。还有一种说法是，百里奚被晋国人抓走了，逃走后又被楚国人抓去，秦穆公用五张公羊皮把他换回来。不管是百里奚自卖五张公羊皮，还是秦穆公用五张羊皮买他，总之五张公羊皮就是他的身价。秦穆公封他为"五羖大夫"，恐怕也意在纪念他这一段经历。

像对待别的先圣先贤的不利传闻一样，孟子也是断然否认。他认为，百里奚是何等"智"而"贤"的人物，他知道虞君不可谏就不谏，知道虞国将亡而先走，知道秦穆公可辅而辅佐之，他怎么会自卖自身，为秦人喂牛，以干求秦穆公呢？这种事情，乡下一个洁身自爱的人都不会做，反说贤者肯干吗？

孟子的办法，仍然是一种推理的方法，结论对与不对另当别论，方法还是可以借鉴的，唐代作家韩愈就曾借鉴这种方法为抗击安史叛军的英雄张巡、许远辩诬。

【史例解读】

介子推隐居不仕

晋献公死后，他的儿子们因争夺王位而酿成内乱，献公的第二个儿子公子重耳，就是后来的晋文公，被迫逃亡国外。在出逃时，由于连日跋涉逃奔，饥寒交迫，他身边的臣子亡的亡、散的散，所剩无几，只有介子推、赵衰、狐偃等侍臣随从护卫着他，始终不离左右。他们这一伙人逃亡时很是狼狈，有时靠要饭为生。有一次要不着饭，介子推就将自己的肉割下来给晋文公吃，晋文公很是感激，说以后要报答介子推。但晋文公在回国时把船上逃亡时用的破烂东西全扔到了河里，大臣狐偃害怕晋文公回国后也像破烂一样将自己扔掉，就假意劝说，最后和晋文公盟誓各不相忘。介子推认为他们两个人一个未曾居安而就忘危，一个只想着自己的功名富贵，于是耻于和他们一同为朝，就躲了起来。

　　后来晋文公才想起介子推来，想让他出来做官，但介子推就是不肯，和老母躲进了绵山。晋文公为了逼他出来，就放火烧绵山，结果烧死了介子推。

卷十　万章下

【题解】

　　本篇共九章。本篇的内容是《万章上》篇的继续和发展。本篇第一章，论伯夷、伊尹、柳下惠、孔子作为圣人的不同之处，把孔子提到了"大中至正"的"圣人"的高度并加以颂扬，这表明孔子虽然不是奉天承运的"天子"，却是"圣人"，是尧、舜、禹、汤的道统的继承者。

　　本篇第二章阐述周天子治下的爵禄制度。孟子指出：就天子和地方诸侯来说，分为天子、公、侯、伯、子与男同一位，共五级；就天子的直属办事机构来说，分为天子、卿、大夫、上士、中士、下士共六级。就占有和管辖的土地来说，天子直辖的土地是纵横各一千里，公、侯各一百里，伯各七十里，子、男各五十里。天子的卿的封地和侯相同，大夫的封地和伯相同，士的封地和子、男相同。对诸侯、卿、大夫、士的俸禄，都有相应的规定。这是孟子心目中理想的爵禄制度。

　　本篇第三、第四、第八章论交际之道。交友当以对方的品德为友，不可有所倚仗，而交际时应以恭敬为心。由此出发，对待当今诸侯的态度，应考虑到他们虽然多行不义，却毕竟与拦路抢劫不同，所以要先教育他们，教而不改才有"杀"的问题。第八章还提出读书解诗，应"知人论世"，是孟子在文学方面的重要主张，对后世文艺理论有很深的影响。

　　第六、第七、第九章，论君主养士尊贤之道和君臣关系，强调对士人应有充分的尊重；臣属对于君主也不应绝对服从，而是有匡君谏主的义务。

一

【原文】

孟子曰："伯夷，目不视恶色，耳不听恶声，非其君不事，非其民不使，治则进，乱则退。横政之所出，横民之所止①，不忍居也。思与乡人处，如以朝衣朝冠坐于涂炭也。当纣之时，居北海之滨，以待天下之清也。故闻伯夷之风者，顽夫廉，懦夫有立志②。

"伊尹曰：'何事非君？何使非民？'治亦进，乱亦进，曰：'天之生斯民也，使先知觉后知，使先觉觉后觉。予，天民之先觉者也；予将以此道觉此民也。'思天下之民匹夫匹妇有不与被尧、舜之泽者，若己推而内之沟中，其自任以天下之重也。

"柳下惠，不羞污君，不辞小官；进不隐贤，必以其道；遗佚而不怨，厄穷而不悯。与乡人处，由由然不忍去也③。'尔为尔，我为我，虽袒裼裸裎于我侧，尔焉能浼我哉④？'故闻柳下惠之风者，鄙夫宽，薄夫敦。

"孔子之去齐，接淅而行⑤；去鲁，曰：'迟迟吾行也。'去父母国之道也。可以速而速⑥，可以久而久，可以处而处，可以仕而仕，孔子也。"

孟子曰："伯夷，圣之清者也；伊尹，圣之任者也。柳下惠，圣之和者也；孔子，圣之时者也。孔子之谓集大成。集大成也者，金声而玉振之也⑦。金声也者，始条理也；玉振之也者，终条理也，始条理者，智之事也；终条理者，圣之事也。智，譬则巧也；圣，譬则力也。由射于百步之外也⑧，其至，尔力也；其中，非尔力也。"

【注释】

①横（hèng）政：暴政。横民：暴民。②顽：贪。懦：柔弱。③由由然：怡然自得的样子。④袒裼裸裎：指赤身裸体。浼：污染，弄脏。⑤接淅：把正在淘洗的大米滤干，比喻行色匆忙。淅：淘洗大米。⑥而：用法同"则"。⑦金声：指音乐开始演奏时，由金属乐器钟、镈等最先发出的声音。玉振：指演奏即将结束时由玉盘最后发出的声音。⑧由：同"犹"。

【译文】

孟子说："伯夷，眼睛不看不好的颜色，耳朵不听不好的声音。不是他理想的君主，不去服侍；不是他理想的百姓，不去使唤。天下太平就进取，天下动乱就引退。暴政出现的地方，暴民停留的地方，他都不愿意去住。他以为同乡下人相处，就像穿着上朝的礼服，戴着上朝的礼帽坐在泥土和炭灰上。在商纣的时候，他住在北海的海滨，等待天下清平。所以听说过伯夷的风节的人，贪婪者也会变得廉洁，懦弱者也会有自立的意志。"

"伊尹说：'服侍谁不是服侍君主，使唤谁不是使唤百姓？'天下太平他也进取，天下动乱他也进取。说：'天生育这些百姓，就要让先知者唤醒后知者，让先觉者唤醒后觉者。我，是天下人中的先觉者，我将用真理来唤醒老百姓。他想到天下的百姓中有不能获得尧、舜的恩泽的人，就像是自己把他们推到水沟里去一样——他就是这样地自己承担天下的重担。"

"柳下惠，不为侍奉污浊的君主而感到羞耻，不为官小而推辞。做官时，不隐藏自己的贤能，一定遵照原则办事。被遗弃时不抱怨，穷困时不发愁。与乡下人相处，高高兴兴地不忍离去。照他的话说，'你是你，我是我，就算你赤身裸体在我身边，又怎么能污染我呢？'所以听说过柳下惠的风节的人，鄙陋者会变得宽宏大量，刻薄者会变得温柔敦厚。

"孔子离开齐国时，把正在淘洗的大米滤干，等不及做饭就走。离开鲁国，却说：'我们慢慢走吧。'这是离开祖国的态度。可以快走就快走，可以久留就久留，可以不做官就不做官，可以做官就做官，这就是孔子。"

孟子说："伯夷，是圣人中清高的人；伊尹，是圣人中负责任的人；柳下惠，是圣人中随和的人；孔子，是圣人中识时务的人。孔子，可说是集大成的人。集大成，就像奏乐时先以击打钟镈开场，再以敲击玉磬收尾一样，完完整整。击打钟镈，是条理的开始；敲击玉磬，是条理的终结。条理的开始，是运用智慧的事业；条理的终结，是完成圣德的事业。智慧，好比技巧；圣德，好比力量。就像在百步之外射箭，箭射到靶子，是你的力量在起作用；箭射中靶子，就不是你的力量在起作用了。"

【历代论引】

杨氏曰："孔子欲去之意久矣，不欲苟去，故迟迟其行也。膰肉不至，则得以微罪行矣，故不税冕而行，非速也。"

张子曰："无所杂者清之极，无所异者和之极。勉而清，非圣人之清；勉而和，非圣人之和。所谓圣者，不勉不思而至焉者也。"

孔氏曰:"任者,以天下为己责也。"

朱子曰:"孔子仕、止、久、速,各当其可,盖兼三子之所以圣者而时出之,非如三子之可以一德名也。或疑伊尹出处,合乎孔子,而不得为圣之时,何也?程子曰:'终是任底意思在。'"

又曰:"此章言三子之行,各极其一偏;孔子之道,兼全于众理。所以偏者,由其蔽于始,是以缺于终;所以全者,由其知之至,是以行之尽。三子犹春夏秋冬之各一其时,孔子则大和元气之流行于四时也。"

【评析】

本章仍写孟子与门徒评述先贤,以论出仕。

孟子认为,像伯夷这样的圣人,是清高的圣人,他眼睛不看不好的事物,耳朵不听不好的声音,不是仁君不侍奉,不是顺民不使唤;像伊尹这样的圣人,是对天下负责任的圣人,他什么君王都侍奉,什么老百姓都使唤,他以先知先觉者自命;像柳下惠这样的圣人,是非常随和的圣人,他不以侍奉坏君主为羞,不以官小而推辞不干,他不隐藏自己的才能,办事讲究原则。

孟子最推崇孔子,认为孔子像伟大的音乐一样,集先贤之大成,既智且圣。就像在百步之外射箭:射到,是你的力量;射中,却不是你的力量。而孔子是那种既能射到又能射中的智者和圣人。

【史例解读】

先知先觉

东汉建安十三年(公元208年),曹操率八十三万人马南下屯驻赤壁,企图打败刘备,消灭东吴,统一天下。刘备的军师诸葛亮来到东吴,帮助周瑜进行作战准备。

周瑜主张利用火攻,认为只有这样才能攻破曹操拥有众多战船和坚强水寨的江上大军,诸葛亮表示同意。周瑜便秘密准备了大批引火物,又叫老将黄盖诈降曹操,作为内应。准备工作布置好以后,因为每天刮着西北风,没办法利用风势来进行火攻,周瑜因此急出病来。诸葛亮前去探视,周瑜也不肯直言,只说:"人有旦夕祸福,岂能自保?"

诸葛亮似乎先知先觉，他笑着说道："天有不测风云，人又岂能料乎？"

周瑜听了心中暗自吃了一惊。诸葛亮又说："我有一个药方，可以给您顺一顺气。"说着，悄悄写好交给周瑜，周瑜接来一看，上面有四句十六字：欲破曹公，宜用火攻。万事俱备，只欠东风。

看到诸葛亮已经猜测到了自己的心事，周瑜也就不再隐瞒，当下请教起诸葛亮。诸葛亮于是提出了借东风的主意。

实际上，当时已近冬至，而冬至阳气生，自然会刮起东南风。诸葛亮通晓天文知识，却故意叫人搭起法坛，祭天借风，果真刮起东南风来。周瑜于是发兵引火，把曹军战船水寨全部烧光，曹操狼狈地逃回了许昌。

二

【原文】

北宫锜问曰①："周室班爵禄也②，如之何？"

孟子曰："其详不可得闻也，诸侯恶其害己也，而皆去其籍。然而轲也，尝闻其略也。天子一位，公一位，侯一位，伯一位，子、男同一位③，凡五等也。君一位，卿一位，大夫一位，上士一位，中士一位，下士一位，凡六等。天子之制，地方千里，公侯皆方百里，伯七十里，子、男五十里，凡四等。不能五十里④，不达于天子，附于诸侯，曰附庸。天子之卿受地视侯，大夫受地视伯，元士受地视子、男⑤。大国地方百里，君十卿禄，卿禄四大夫，大夫倍上士⑥，上士倍中士，中士倍下士，下士与庶人在官者同禄，禄足以代其耕也。次国地方七十里，君十卿禄，卿禄三大夫，大夫倍上士，上士倍中士，中士倍下士，下士与庶人在官者同禄，禄足以代其耕也。小国地方五十里，君十卿禄，卿禄二大夫，大夫倍上士，上士倍中士，中士倍下士，下士与庶人在官者同禄，禄足以代其耕也。耕者之所获，一夫百亩。百亩之粪，上农夫食九人⑦，上次食八人，中食七人，中次食六人，下食五人。庶人在官者，其禄以是为差。"

【注释】

①北宫锜（yǐ）：姓北宫，名锜，卫国人。②班：等列，规定等级。③位：爵次。④不能：不及，不足。⑤视：比照，同。⑥四大夫：四倍于大夫。倍上士：比上士多一倍。⑦粪：施肥耕作。食：养活。

【译文】

北宫锜问道："周王朝规定官爵和俸禄的等级，是什么情况？"

孟子说："详细的情况不能了解了，由于诸侯厌恶那制度对自己不利，都把文献毁坏了，不过我曾经听说过它的大致情况。普天下爵位的制度是，天子一级，公一级，侯一级，伯一级，子、男同为一级，共五等。各国官位的制度是，君主一级，卿一级，大夫一级，上士一级，中士一级，下士一级，共六等。俸禄的制度是，天子的土地，纵横各一千里，公与侯都是纵横各一百里，伯是纵横各七十里，子和男都是纵横各五十里，共四等。不足五十里的小国，不能直接隶属天子，而是附属于诸侯，叫作附庸。天子的卿所受的封地与侯同样大小，大夫所受的封地与伯同样大小，元士所受的封地与子、男同样大小。公、侯大国的土地纵横各一百里，君主的俸禄是卿的十倍，卿的俸禄是大夫的四倍，大夫比上士多一倍，上士比中士多一倍，中士比下士多一倍，下士的俸禄和在官当差的老百姓相同，俸禄足够代替他耕田的收入。中等国家的土地是纵横各七十里，君主的俸禄是卿的十倍，卿的俸禄是大夫的三倍，大夫比上士多一倍，上士比中士多一倍，中士比下士多一倍，下士的俸禄和在官当差的老百姓相同，俸禄足够代替他耕田的收入。小国的土地是纵横各五十里，君主的俸禄是卿的十倍，卿的俸禄是大夫的二倍，大夫比上士多一倍，上士比中士多一倍，中士比下士多一倍，下士的俸禄和在官当差的老百姓相同，俸禄足够代替他耕田的收入。农夫的所得，是一夫受田百亩。施肥耕种百亩地，上等的农夫可以养活九口人，上等偏下的农夫可以养活八口人，中等的农夫可以养活七口人，中等偏下的农夫可以养活六口人，下等的农夫可以养活五口人。老百姓在官家当差的，他们的俸禄也照这样分等级。"

【历代论引】

程子曰："孟子之时，去先王未远，载籍未经秦火，然而班爵禄之制已不闻其详。今之礼书，皆掇拾于煨烬之余，而多出于汉儒一时之傅会，奈何欲尽信而句为之解乎？然则其事固不可一一追复矣。"

徐氏曰："大国君田三万二千亩，其入可食二千八百八十人。卿田三千二百亩，可食二百八十八人。大夫田八百亩，可食七十二人。上士田四百亩，可食三十六人。中士田二百亩，可食十八人。下士与庶人在官者田百亩，可食九人至五人。庶人在官，府史胥徒也。"

又曰："次国君田二万四千亩，可食二千一百六十人。卿田二千四百亩，可食二百十六人。"

又曰："小国君田一万六千亩，可食千四百四十人。卿田一千六百亩，可食百四十四人。"

【评析】

本章阐述周天子治下的爵禄制度，附带涉及土地制度。

孟子指出：就天子和地方诸侯来说，分为天子、公、侯、伯、子、男同一位，共五级；就天子的直属办事机构来说，分为天子、卿、大夫、上士、中士、下士共六级。就占有和管辖的土地来说，天子直辖的土地是纵横各一千里，公、侯各一百里，伯各七十里，子、男各五十里。天子的卿的封地和侯相等，大夫的封地和伯相等，士的封地和子、男相等。对诸侯、卿、大夫、士的俸禄，都有相应的规定。

而当时的土地制度规定，农夫的所得，是一夫受田百亩。施肥耕种百亩地，上等的农夫可以养活九口人，上等偏下的农夫可以养活八口人，中等的农夫可以养活七口人，中等偏下的农夫可以养活六口人，下等的农夫可以养活五口人。

孟子认为，这是从西周到孟子随处朝代一直沿用的体制。

三

【原文】

万章问曰："敢问友。"

孟子曰："不挟长，不挟贵，不挟兄弟而友①。友也者，友其德也，不可以有挟也。孟献子②，百乘之家也，有友五人焉：乐正裘，牧仲，其三人，则予忘之矣。献子之与此五人者友也，无献子之家者也。此五人者，亦有献子之家，则不与之友矣。非惟百乘之家为然也，虽小国之君亦有之。费惠公曰③："吾于子思，则师之矣；吾于颜般，则友之矣；王顺、长息则事我者也。"非惟小国之君为然也，虽大国之君亦有之。晋平公之于亥唐也④，入云则入，坐云则坐，食云则食⑤；虽疏食菜羹⑥，未尝不饱，盖不敢不饱也。然终于此而已矣。弗与共天位也，弗与治天职也，弗与食天禄也，士之尊贤者也，非王公之尊贤也。舜尚见帝，帝馆甥于贰室⑦，亦飨舜，迭为宾主，是天子而友匹夫也。用下敬上，谓之贵贵；用上敬下，谓之尊贤。贵贵、尊贤，其义一也。"

【注释】

①挟：倚仗，持以自重。②孟献子：春秋时期鲁国大夫仲孙蔑。③费（bì）惠公：春秋时期费国的君主。④晋平公：春秋时期晋国的君主。亥唐：晋平公时隐居于市的贤士。⑤入云、坐云、食云：云入、云坐、云食的倒文。⑥疏食：粗糙的食物。⑦馆：馆舍，指止宿。甥：女婿。贰室：副宫。

【译文】

万章问道："请问怎样交朋友。"

孟子说："不倚仗自己的年长，不倚仗自己的显贵，也不倚仗兄弟的势力来交朋友。所谓友，是以对方的品德为友，不可有所倚仗。孟献子，是拥有百辆车马的大夫，他有五个朋友：乐正裘、牧仲，其他三人我忘了。献子和这五个人交朋友，心中没有献子是大夫的念头。这五个人也是这样，如果心存献子是大夫的念头，就不同他交朋友了。不仅拥有百辆车马的大夫是这样，即使是小国的君主也有这种人。费惠公说：'我对于子思，是把他当老师，我对于颜般，是把他当朋友。王顺、长息，是服侍我的。'不仅小国的君主是这样，即使大国的君主也有这种人。晋平公对于亥唐，亥唐叫他进去，他才进去；叫他坐，他才坐；叫他吃饭，他才吃饭。即使是粗糙的米饭、菜羹，也不曾不吃饱，因为不敢不吃饱。但也仅此而已，并不和他共有君主之位，不和他一起处理政务，也不和他分享俸禄。这只是士人的尊贤，而不是王公的尊贤。舜拜见帝尧，帝尧请他这位女婿住在他的副宫里，也请舜吃饭，两人轮着做东，这才是天子结交普通老百姓为友的态度。以地位卑微者尊敬地位显贵者，这叫尊重贵人；以地位显贵者尊敬地位卑微者，这叫尊重贤人。尊重贵人和尊重贤人，道理是一样的。"

【历代论引】

张子曰："献子忘其势，五人者忘人之势。不资其势而利其有，然后能忘人之势。若五人者有献子之家，则反为献子之所贱矣。"

范氏曰："位曰天位，职曰天职，禄曰天禄。言天所以待贤人，使治天民，非人君所得专者也。"

朱子曰："贵贵、尊贤，皆事之宜者。然当时但知贵贵，而不知尊贤，故孟子曰'其义一也'。此言朋友人伦之一，所以辅仁，故以天子友匹夫而不为诎，以匹夫友天子而不为僭。此尧舜所以为人伦之至，而孟子言必称之也。"

【评析】

本章答弟子万章问，论交友之道在"友其德"。本章结构是典型的总说——分述——总说的结构布局。

孟子首先总说了交友的一般原则，不依仗年纪大，不依仗地位高，不依仗兄弟的富贵。交友，是因人家品德高尚而去结交他，不能有依仗富贵的观念。

接着他举了孟献子这个"百乘之家"（大夫）、费惠公这个"小国之君"、晋平公这个大国之君乃至帝尧这位天子之交友"不挟长，不挟贵"的例子，从而证明了自己的观点。

最后几句是总结：地位低的要敬重地位高的，这叫尊重贵人；地位高的要敬重地位低的，这叫尊重贤人。两者的道理是一样的，就是"友其德"。

"友其德"，一言以蔽之，就是因为人家品德高尚而去结交，没有别的私心杂念。所以，不要友其财、色、权、利、势，更要拒绝"钱权交易"。

【史例解读】

君子之交淡如水

　　唐贞观年间，薛仁贵未得志前，和妻子住在一个破窑洞中，衣食没有着落，全靠王茂生夫妇的接济。后来，薛仁贵参军，在跟随唐太宗李世民御驾东征时，因平辽功劳特别显著，被封为"平辽王"。

　　前来王府送礼祝贺的文武大臣络绎不绝，可都被薛仁贵婉言谢绝了。惟一收下的是普通老百姓王茂生送来的"美酒两坛"。一开酒坛，负责启封的执事官吓得面如土色，因为坛中装的不是美酒而是清水。"启禀王爷，此人胆敢戏弄王爷，请王爷重重地惩罚他！"

　　岂料薛仁贵听了不但没有生气，而且命令执事官取来大碗，当众饮下三大碗王茂生送来的清水。在场的文武百官不解其意，薛仁贵喝完三大碗清水之后说："我过去落难时，全靠王兄弟夫妇经常资助，没有他们就没有我今天的荣华富贵。如今我美酒不沾，厚礼不收，却偏偏要收下王兄弟送来的清水，因为我知道王兄弟贫寒，送清水是王兄的一番心意，这就叫君子之交淡如水。"此后，薛仁贵与王茂生一家关系甚密，"君子之交淡如水"的佳话也就流传了下来。

四

【原文】

　　万章问曰："敢问交际何心也①？"

　　孟子曰："恭也。"

　　曰："却之却之为不恭②，何哉？"

　　曰："尊者赐之，曰：'其所取之者，义乎，不义乎'，而后受之，以是为不恭，故弗却也。"

　　曰："请无以辞却之，以心却之。曰：'其取诸民之不义也。'而以他辞无受，不可乎？"

　　曰："其交也以道，其接也以礼，斯孔子受之矣。"

　　万章曰："今有御人于国门之外者③，其交也以道，其馈也以礼，斯可受御与？"

曰："不可。《康诰》曰④：'杀越人于货，闵不畏死，凡民罔不譈⑤。'是不待教而诛者也。殷受夏，周受殷，所不辞也。于今为烈，如之何其受之？"

曰："今之诸侯取之于民也，犹御也。苟善其礼际矣，斯君子受之，敢问何说也？"

曰："子以为有王者作，将比今之诸侯而诛之乎⑥？其教之不改而后诛之乎？夫谓非其有而取之者盗也，充类至义之尽也⑦。孔子之仕于鲁也，鲁人猎较⑧，孔子亦猎较。猎较犹可，而况受其赐乎？"

曰："然则孔子之仕也，非事道与？"

曰："事道也。"

"事道奚猎较也？"

曰："孔子先簿正祭器⑨，不以四方之食供簿正。"

曰："奚不去也？"

曰：为之兆也⑩。兆足以行矣，而不行，而后去，是以未尝有所终三年淹也⑪。孔子有见行可之仕，有际可之仕，有公养之仕⑫。于季桓子⑬，见行可之仕也；于卫灵公，际可之仕也；于卫孝公，公养之仕也⑭。"

【注释】

①交际：指以礼物、币帛相交往。②却：推辞不受。③御：阻止。这里指拦路抢劫。④《康诰》：《尚书》篇名。⑤越：抢劫。闵：通"暋"，强横。譈（duì）：同"憝"，怨恨。⑥比：同。⑦充类：类推。⑧鲁人：指鲁国士大夫。猎较：大夫率士众打猎，猎时以所获猎物各归猎者所有，作为祭祀祖先的祭品。较：争夺。⑨簿正：在簿书上规定。⑩兆：开始。⑪淹：停留。⑫行可：可行其道。际：接。指对自己的礼节待遇等。公养：指对一般贤者的礼节待遇等。⑬季桓子：季孙氏，名斯，春秋时期鲁国的大夫。⑭卫灵公：名元，春秋时卫国大夫。卫孝公：史无记述。

【译文】

万章问道："请问交际应该怎样用心呢？"

孟子说："恭敬。"

万章说："一再拒绝人家的礼物是不恭敬的，为什么？"

孟子说："尊贵的人有所赏赐，自己先考虑，'对方得到这礼物的办法，是合乎义，还是不合乎义'，考虑妥当了，才接受，这样做是不恭敬的，所以说不该拒绝。"

万章说："不要直说拒绝，而是心里拒绝，心里说：'对方从老百姓那里得到这东西的办法，是不义的'，而用别的借口推辞，不可以吗？"

孟子说："对方按规矩结交我，按礼节接待我，这样的活，连孔子也都是会接受的。"

万章说："如今有个在城门外拦路抢劫的人，他按规矩结交我，按礼节馈赠我，这样可以接受他抢来的东西吗？"

孟子说："不可以。《康诰》说：'杀人而抢夺人家的财物，强横而不怕死，这种人，是没有人不怨恨的。'这是不必先教育就可以杀掉的人。殷接受了夏这条法律，周接受了殷这条法律，没有改动过。现在抢劫比以往还厉害，怎么能接受呢？"

万章说："现在的诸侯对百姓巧取豪夺，和拦路抢劫一样。如果搞好接待的礼节，君子就可以接受他的礼物，请问这又怎么解释？"

孟子说："你认为今天假如有圣王兴起，将把当今的诸侯通通杀掉呢？还是教而不改再杀呢？不是自己所有，却把它弄到手——把这种行为叫作强盗，这只是类推到义理的极端。孔子在鲁国做官，鲁国士大夫在打猎时争夺猎物，孔子也在打猎时争夺猎物。打猎时争夺猎物都可以，何况接受赏赐呢？"

万章说："那么，孔子做官，不是为了发扬道吗？"

孟子说；"是为了发扬道。"

"为了发扬道，为什么还在打猎时争夺猎物？"

孟子说："孔子先在簿书上规定可用的祭器，又规定不得用别处打来的猎物供在簿书上所定的祭器内。"

万章说："孔子为什么不离开鲁国呢？"

孟子说："孔子是先试一下。试过了证明可行，而竟不得推行，这才离开，所以孔子不曾在一个地方待满三年。孔子有时是因可行其道而做官，有时因君主对自己的礼遇不错而做官，有时因君主养贤而做官。对季桓子，是因可行其道而做官；对卫灵公，是因君主对自己的礼遇不错而做官；对卫孝公，是因君主养贤而做官。"

卷十　万章下

【历代论引】

徐氏曰:"先以簿书正其祭器,使有定数,不以四方难继之物实之。夫器有常数、实有常品,则其本正矣,彼猎较者,将久而自废矣。"

尹氏曰:"不闻孟子之义,则自好者为于陵仲子而已。圣贤辞受进退,惟义所在。"

朱子曰:"万章以为彼既得之不义,则其馈不可受。但无以言语间而却之,直以心度其不义,而托于他辞以却之,如此可否耶?交以道,如馈赆、闻戒、周其饥饿之类。接以礼,谓辞命恭敬之节。孔子受之,如受阳货烝豚之类也。"

又曰:"夫御人于国门之外,与非其有而取之,二者固皆不义之类,然必御人,乃为真盗。其谓非有而取为盗者,乃推其类,至于义之至精至密之处而极言之耳,非便以为真盗也。然则今之诸侯,虽曰取非其有,而岂可遽以同于御人之盗也哉?又引孔子之事,以明世俗所尚,犹或可从,况受其赐,何为不可乎?"

【评析】

本章承上章答弟子万章问,继续论交友之道。

万章的问题很尖锐,孟子的回答很勉强。师徒先说了一会与人交友时受人礼物却之不恭的事,接着,话题就尖锐了。万章问:"杀人越货者的赃物能接受吗?"孟子说:"当然不可以。"万章又说:"当今这些诸侯,其财物都取自民间,也和拦路抢劫差不多,君子如果受这些国君的礼物,岂不与受抢劫者的礼物相同吗?"

这个问题很尖锐。孟子说:"说诸侯们杀人越货,这只是极而言之的说法,诸侯的礼物还是可以收的。"接着,孟子把话题转到孔子身上去,说:"孔子在鲁国做官时,根据鲁国风俗,还曾参加争夺猎物。孔子这样的大圣人连争夺猎物都可以,何况接受礼物呢?"

从性质上说,诸侯掠夺民财与劫匪杀人越货并无不同。但后者是土匪,前者是国君,国君之礼可收,土匪之礼不可收,这是自相矛盾的说法。孟子之所以极力为国君辩解,包括为收国君之礼者辩解,原因有三,一是他有为尊者辩解的习惯,我们在第九卷中已经见识过了;二是包括孟子本人在内,他们经常接受国君的馈赠；三是孟子的确没把诸侯与土匪当作一路人。

【史例解读】

充类至义之尽

五胡十六国时期，后赵第三位皇帝石虎最感兴趣的事是搜罗美女。后赵朝廷官员为了迎合石虎的淫欲，完成规定指标，像强盗一样挨家挨户搜捕年轻美貌女子。美女的父亲或丈夫如果拒绝献出他的女儿或妻子，就会当场被乱刀砍死。当成千上万的美女被送到邺城时，石虎高兴得手舞足蹈，凡有超额完成的"地方首长"，都加官晋爵。

为了安置搜捕来的美女，石虎分别在邺城、长安、洛阳三大都市大兴土木，建造豪华的宫殿，四十余万民工昼夜不停地劳作，半数以上的劳工病死或累死。铺天盖地的苛捐杂税，迫使缺衣少食的平民百姓卖儿卖女，等到子女卖尽或没有人再买得起时，人民便起而抗暴或全家自缢而死。道路两旁树上悬挂的尸体成了这个国家最惨不忍睹的景象。

但当这项暴政引起人民大规模逃亡、朝野怨声载道时，石虎又指责那些新进封侯爵的"地方首长"不体恤百姓，把他们作为替罪羊斩首示众。

如果充类至尽地进行形容的话，我们只能说石虎是一个不折不扣的禽兽暴君。

五

【原文】

孟子曰："仕非为贫也，而有时乎为贫；娶妻非为养也，而有时乎为养①。为贫者，辞尊居卑，辞富居贫。辞尊居卑，辞富居贫，恶乎宜乎？抱关击柝②。孔子尝为委吏矣③，曰：'会计当而已矣。'尝为乘田矣④，曰：'牛羊茁壮长而已矣。'位卑而言高，罪也；立乎人之本朝⑤，而道不行，耻也。"

【注释】

①养：赡养、侍奉父母。②抱关击柝（tuò）：守门打更。③委吏：负责保管

仓库、会计事务的小官。④乘（shèng）田：管理牧场的小吏。⑤本朝：朝廷。

【译文】

孟子说："做官不是因为贫困，但有时也是因为贫困。娶妻不是为了奉养父母，但有时也是为了奉养父母。因为贫困而做官的，辞掉高官做小官，拒绝厚禄只领薄俸。辞掉高官做小官，拒绝厚禄只领薄俸，做什么合适呢？守门打更都行。孔子曾做过管仓库的小官，说：'财物的出纳没差错就行了。'也曾做过管理牧场的小吏，说：'牛羊都长得茁壮就行了。'地位低下而议论大事，那是罪过。在朝廷上做官而道得不到发扬，那是耻辱。"

【历代论引】

李氏曰："道不行矣，为贫而仕者，此其律令也。若不能然，则是贪位慕禄而已矣。"

尹氏曰："言为贫者不可以居尊，居尊者必欲以行道。"

朱子曰："以出位为罪，则无行道之责；以废道为耻，则非窃禄之官，此为贫者之所以必辞尊富而宁处贫贱也。"

【评析】

本章论贤士可因贫而出仕。

孟子认为，如果士人为养亲糊口而出仕，就要辞去高官而居卑位，辞去厚禄而只拿薄俸。那么，居于什么位置才合适呢？当个守门打更的小吏都行。而如果当了大官，拿着厚禄，却不能实现自己的政治主张，那是耻辱。

孔子当小吏，的确因为家贫。但他并非因为"道不行"而只当小吏，而是因为当不了大官才当小吏，当了大官之后，"道行"的可能性才大。看来，孟子又犯了为尊者辩护的毛病了。

"位卑"一句不可取，陆游诗云："位卑未敢忘忧国。"此言更胜一筹。

【史例解读】

位卑言高

三国时，袁绍率各路诸侯讨伐董卓。董卓拨给手下大将华雄五万人马，连夜赶赴氾水关迎战。双方一接战，华雄连斩鲍忠、祖茂、俞涉和潘凤几员大将。袁绍等人大惊失色。正在这千钧一发之际，阶下一人大声说："我愿斩华雄的头，献于帐下！"

袁绍问是何人，公孙瓒说："玄德之弟关羽也。"

袁绍又问："他是何职？"

公孙瓒回答道："关羽随从玄德充当马弓手。"袁术听了以后认为关羽位卑言高，厉声大喝说："这是欺负众诸侯没大将呀，量他一个马弓手，怎么敢说大话乱吹，与我打出去！"

曹操急忙制止，说："此人既出狂言，必有勇略，可以叫他出马试试，如其不胜，再谴责也不迟。"

这时关羽也说："如不胜，请斩吾头。"曹操让人热一杯酒，给关羽喝了再上马出战。关羽说："酒且斟下，我去去便来。"

关羽出帐提刀，飞身上马，冲入敌阵。众人只听到关外鼓声大振，喊声大举，如天摧地塌，岳撼山崩。正要去探听明白，关羽已骑马到了帐前，把华雄的头掷于地上，杯子里倒上的酒还是温的。

虽然"位卑言高"为狂妄之罪，但关羽这种有实力的侠义之士，却令众人刮目相看，袁绍连忙命人给关羽记上一大功劳。

六

【原文】

万章曰："士之不托诸侯①，何也？"

孟子曰："不敢也。诸侯失国，而后托于诸侯，礼也。士之托于诸侯，非礼也。"

万章曰："君馈之粟，则受之乎？"

曰："受之。"

"受之何义也？"

曰："君之于氓也，固周之②。"

曰："周之则受，赐之则不受，何也？"

曰："不敢也。"

曰："敢问其不敢何也？"

曰："抱关击柝者，皆有常职以食于上。无常职而赐于上者，以为不恭也。"

曰："君馈之，则受之，不识可常继乎？"

曰："缪公之于子思也，亟问，亟馈鼎肉③。子思不悦。于卒也，摽使者出诸大门之外，北面稽首再拜而不受④，曰：'今而后知君之犬马畜伋⑤。'盖自是台无馈也⑥。悦贤不能举，又不能养也，可谓悦贤乎？"

曰："敢问国君欲养君子，如何斯可谓养矣？"

曰："以君命将之⑦，再拜稽首而受。其后廪人继粟，庖人继肉⑧，不以君命将之。子思以为鼎肉，使己仆仆尔亟拜也⑨，非养君子之道也。尧之于舜也，使其子九男事之，二女女焉，百官牛羊仓廪备，以养舜于畎亩之中，后举而加诸上位⑩，故曰，王公之尊贤者也。"

【注释】

①托：依靠。②氓：迁移来的人，此指士。周：同"赒"，救济。③缪公：指鲁缪公。亟：屡次。鼎肉：熟肉。④摽（biāo）：赶走。稽（qǐ）首：磕头。再拜：拜两次。"稽首再拜"，有拒绝之意；"再拜稽首"，有接受之意。⑤伋：子思之名。⑥台：通"始"，才。⑦将：送。⑧廪人：管仓库的小吏。庖人：掌管伙食的小吏。⑨仆仆尔：烦扰的样子。⑩加：犹言提拔。

【译文】

万章说："士不依靠诸侯为生，这是为什么呢？"

孟子说："因为不敢。诸侯丧失了自己的国家，然后流亡国外，依靠别的诸侯为生，这是礼。士依靠诸侯为生，是不合于礼的。"

万章说："君主所赠的粮食，就接受吗？"

孟子说："接受。"

"接受有什么道理？"

孟子说："君主对于侨居本国的人，本来就该周济。"

万章说："周济他，就接受，赏赐他，就不接受，是什么道理呢？"

孟子说："因为不敢。"

万章说："请问为什么不敢？"

孟子说:"守门打更的人都有固定的职务,来接受上面的给养。没有固定的职务而接受上面的赏赐,人们以为这是不恭敬的。"

万章说:"君主馈赠,就接受,不知可以经常这样吗?"

孟子说:"鲁缪公对于子思,屡次问候,屡次馈赠肉食。子思不高兴。最后一次,他把使者赶出大门外,向北先磕头,又拜了两次,拒绝说:'今天才知道君主是像养狗养马一样地对待我。'大概从此以后君主才不再馈赠了。喜爱贤人却不能任用他,又不能养他,可以叫作喜爱贤人吗?"

万章说:"请问国君要养君子的话,怎样才可以叫作养呢?"

孟子说:"先给他传达君主的旨意,他就先拜两次,又磕头,接受下来。以后管仓库的人常送来粮食,管伙食的人常送来肉食,就不再传达是君主的旨意了。子思认为为了一点肉食使自己不胜其烦地一拜再拜,不是养君子的方式。尧对于舜,打发自己的九个儿子服侍他,让自己的两个女儿嫁给她,百官、牛羊、仓库都具备,把舜养在田野之中,以后又提拔他到最高的职位,所以说,这才是王公尊敬贤者的方式。"

【历代论引】

朱子曰:"古者诸侯出奔他国,食其廪饩,谓之寄公。士无爵土,不得比诸侯。不仕而食禄,则非礼也。"

又曰:"初以君命来馈,则当拜受。其后有司各以其职继续所无,不以君命来馈,不使贤者有亟拜之劳也。"

又曰:"能养能举,悦贤之至也,惟尧舜为能尽之,而后世之所当法也。"

【评析】

本章论君主养贤应有帝尧之道。

战国有养士之风,但儒士多不在此列。孟子认为,国君可以周济贤士,但不应像鲁君对子思那样,今天送点肉,明天送点米,不断让子思打躬作揖,这是对贤士不尊重的表现。

孟子认为,正确的礼贤下士之法,应该像帝尧对待舜那样,真正地礼遇贤士,把他们提拔到很高的位子上来,让他们能发挥作用,使他们辅佐君主治国平天下,而物质待遇的供应在于其次。

卷十 万章下

[史例解读]

魏文侯礼贤下士

战国初期，魏国的国君魏文侯"礼贤下士"，深得民心。

当时，魏国有一个叫段干木的人，德才兼备，有很高的名望，隐居在一条僻静的小巷里，魏文侯想向他请教治理国家的办法。有一天，他坐着车子亲自到段干木家去拜访。段干木听到文侯来了，赶忙翻墙跑了。魏文侯吃了闭门羹，只得怏怏而回。魏文侯以后接连几次去拜访，都未能相见。

但是，段干木越是这样，魏文侯越是仰慕，每次乘车路过他家门口，都要从座位上站起来，扶着马车，伫立仰望，表示敬意。左右的人对此都有意见，说："段干木也太不识抬举了，你几次拜访他，他都避而不见，你还理他做什么呢？"魏文侯摇摇头说："段干木可是个了不起的人啊，不趋炎附势，不贪图富贵，品德高尚，学识渊博。这样的人，我怎么能不尊敬呢？"后来，魏文侯干脆放下国君的架子，不乘车马，不带随从，徒步跑到段干木家里。这回好歹见了面。魏文侯恭恭敬敬地向段干木求教，段干木被他的诚意所感动，替他出了不少好主意。魏文侯请段干木做相国，段干木怎么也不肯。魏文侯就拜他为师，经常去拜访他，听取他对一些重大问题的意见。

这件事很快传了开去。人们都知道魏文侯"礼贤下士"，器重人才。于是一些博学多能的人，如政治家翟璜、李悝，军事家吴起、乐羊等，先后来投奔魏国。特别是李悝，在魏国实行变法，废除了奴隶制的体制，支持新兴的地主阶级参与国家政权，使魏国经济迅速地发展起来，成为当时诸侯国中的强国之一。

七

【原文】

万章曰："敢问不见诸侯，何义也？"

孟子曰："在国曰市井之臣，在野曰草莽之臣，皆谓庶人。庶人有传质为臣①，不敢见于诸侯，礼也。"

万章曰："庶人，召之役，则往役②；君欲见之，召之，则不往见之，何也？"

曰："往役，义也；往见，不义也。且君之欲见之也，何为也哉？"

曰："为其多闻也，为其贤也。"

曰："为其多闻也，则天子不召师，而况诸侯乎？为其贤也，则吾未闻欲见贤而召之也。缪公亟见于子思，曰：'古千乘之国以友士，何如？'子思不悦，曰：'古之人有言：曰事之云乎，岂曰友之云乎？'子思之不悦也，岂不曰：'以位，则子，君也；我，臣也；何敢与君友也？以德，则子事我者也，奚可以与我友？'千乘之君求与之友，而不可得也，而况可召与？齐景公田，招虞人以旌③，不至，将杀之。志士不忘在沟壑，勇士不忘丧其元。孔子奚取焉？取非其招不往也。"

曰："敢问招虞人何以？"

曰："以皮冠④。庶人以旃，士以旂⑤，大夫以旌。以大夫之招招虞人，虞人死不敢往。以士之招招庶人，庶人岂敢往哉？况乎以不贤人之招招贤人乎？欲见贤人而不以其道，犹欲其入而闭之门也。夫义，路也；礼，门也。惟君子能由是路，出入是门也。《诗》云⑥：'周道如砥⑦，其直如矢；君子所履，小人所视⑧。'"

万章曰："孔子，君命召，不俟驾而行⑨；然则孔子非与？"

曰："孔子当仕有官职，而以其官召之也。"

【注释】

①传质：送见面礼。质：通"贽"，见面礼。②役：服役。③齐景公田：参见《滕文公下》第一章。虞人：管理猎场的人。旌：用牦牛尾和彩色鸟羽做杆饰的旗。④皮冠：古时田猎时戴的冠，国君田猎时，以皮冠为符信招虞人。⑤旃（zhān）：赤色曲柄的旗。旂（qí）：上画龙形，杆头系铃的旗。⑥《诗》：《诗经·小雅·大东》篇。⑦砥：同"砥"，磨刀石。⑧视：注视，指看在眼里。⑨不俟驾：不等车马驾好。

【译文】

万章说："请问士人不主动谒见诸侯，是什么道理呢？"

孟子说："住在城市里的，叫作市井之臣，住在田野里的，叫作草莽之臣，都叫老百姓。老百姓，如果不是送了见面礼做了属臣，就不敢去谒见诸侯，这是礼制。"

万章说："老百姓，召唤他服役，就去服役；君主要见他，召唤他，却不去谒见，这是为什么呢？"

孟子说："去服役，是义；去谒见，是不义。而且君主要见他，是为什么呢？"

万章说："因为他的见多识广，因为他的贤能。"

孟子说："如果是因为他的见多识广，那么，天子是不能召唤老师的，何况是诸侯呢？如果是因为他的贤能，那么，我没听说过要见贤人却随便召唤他的。鲁缪公屡次去见子思，说：'古代拥有千辆兵车的国君与士人交友，是怎样的？'子思不高兴，说：'古人的话，说的是君主以士人为师，哪里是说和他交友？'子思的不高兴，难道不是这个意思：'论地位，那么，你是君主，我是臣属，怎么敢和君主交朋友？论道德，那么，你是向我学习的人，怎么可以和我交朋友？'拥有千辆兵车的国君请求和他交朋友都不可以，何况是召唤呢？齐景公田猎，用旌旗召唤管猎场的小吏，他不来，就准备杀他。有志之士不怕弃尸沟壑，勇敢的人不怕丢掉脑袋。孔子赞同他什么？就是赞同这点，违背礼的召唤，他不去。"

万章说："请问召唤管猎场的小吏应该用什么呢？"

孟子说："用皮帽子，召唤老百姓用旃，召唤士人用旗，召唤大夫用旌。用召唤大夫的旗帜来召唤猎场管理员，猎场管理员死也不敢去，用召唤士人的礼节来召唤老百姓，老百姓难道敢去吗？何况用召唤不贤之人的礼节来召唤贤人呢？要见贤人而不走恰当的路，就好比要人家进来却关上门。义，就是路；礼，就是门。只有君子能走这条路，出入这个门。《诗经》说：'大路平得像磨刀石，直得像箭，这是君子所行走的，是平民所关注的。'"

万章说："孔子，只要国君有召唤，不等车马准备好就步行出发。那么，孔子错了吗？"

孟子说："那时孔子正在做官，有官职，所以国君用召唤官员的礼节召唤他。"

【历代论引】

朱子曰："质者，士执雉，庶人执鹜，相见以自通者也。国内莫非君臣，但未仕者与执贽在位之臣不同，故不敢见也。"

又曰："欲见而召之，是不贤人之招也。以士之招招庶人，则不敢往；以不贤人之招招贤人，则不可往矣。"

又曰："孔子方仕而任职，君以其官名召之，故不俟驾而行。徐氏曰：'孔子、孟子，易地则皆然。'此章言不见诸侯之义，最为详悉，更合陈代、公孙丑所问者而观之，其说乃尽。"

【评析】

本章承上章答万章问，继续论君主应礼遇贤士。

孟子认为，真正的贤士，不仅不会去拜见君主，以免有干禄之嫌，即使是君主召见也不会去。因为贤士不仅不是一般的臣下，甚至也不是君主的朋友，而是君主的师傅，哪有门徒召见师傅的道理呢？鲁君见子思，欲以子思为友而子思不悦；齐君召虞人，不以其礼而虞人宁死不去。虞人尚且不可召，何况贤士呢？ 而那些在"市井"、在"草莽"的贤士，君主若不礼遇，别说召见他们，即使君主亲自来拜见他们，他们都未必会见君主。

孟子认为，君主欲得贤士帮助，必须讲"义"和"礼"，按"周道"行事。

至于孔子急急应君主之召一事，孟子认为，那是因为孔子有官职，应召是他的职务行为。

【史例解读】

必由之路

约公元前十一世纪，周灭商后约两年，武王病逝，太子诵继位为成王。

由于成王年幼，武王的弟弟周公旦代他处理国事。周公旦摄政后，引起管叔、蔡叔等贵族的猜疑和不满，认为周公旦把十二岁的侄儿挤到一旁，而自己替代国君，最终会把侄儿杀掉。

商的遗民领袖武庚见有机可乘，便串通管叔、蔡叔和霍叔。管叔等人是武王特别分封的三个封国的国君，拥有强大的军事力量，他们组成一条互相呼应的防线，防范并监视商王朝的遗裔武庚，被称为"三监"。可是他们现在却跟残余敌人结盟，把武器发给了武庚，又联合东方旧属国奄、薄姑及徐夷、淮夷，起兵讨伐周公旦。周朝的东方疆土全部陷落，人心惶惶，周朝似乎要走上二世而亡的必由之路。

周公旦只好亲征，采取集中兵力各个击破的战略，经过三年苦战，总算打垮了"三监"联军，攻占管、蔡治地，杀武庚，诛管叔，放逐蔡叔，降霍叔为庶人。继之进兵东南，攻灭熊、盈族等十七国，最后迫使奄、薄姑等国降服。

八

【原文】

孟子谓万章曰："一乡之善士，斯友一乡之善士；一国之善士，斯友一国之善士；天下之善士，斯友天下之善士。以友天下之善士为未足，又尚论古之人①。颂其诗②，读其书，不知其人，可乎？是以论其世也。是尚友也。"

【注释】

①尚：上。②颂：通"诵"，诵读。

【译文】

孟子对万章说："一个乡村里的优秀人物就同这一乡村的优秀人物交朋友，一个国家里的优秀人物就同这个国家的优秀人物交朋友，天下的优秀人物就同天下的优秀人物交朋友。和天下的优秀人物交朋友还不满足，便又追论古人。吟诵他们的诗，研读他们的著作，不了解他们的为人，可以吗？所以要研究他们所处的时代，这就要上溯历史，与古人交朋友。"

【历代论引】

朱子曰："言己之善盖于一乡，然后能尽友一乡之善士。推而至于一国天下皆然，随其高下以为广狭也。"

又曰："论其世，论其当世行事之迹也。言既观其言，则不可以不知其为人之实，是以又考其行也。夫能友天下之善士，其所友众矣，犹以为未足，又进而取于古人。是能进其取友之道，而非止为一世之士矣。"

【评析】

本章论知人论世。

孟子的本意是论述交朋友的范围问题。一个乡村的贤士就与那个乡村的贤士交朋友，一国的贤士就与那一国的贤士交朋友，更广泛的范围，则和天下的贤士交朋友。认为这么做还不够的，就又追论古代的贤士。我们吟咏他的诗歌，研读他的著作，不了解他这个人，怎么可以呢？所以要研究那个时代，这就是所谓的"知人论世"了。

孟子"知人论世"的主张，就是把具体的人放到当时的社会环境中去观察、理解，后来这成为中国文学批评的重要方法。

九

【原文】

齐宣王问卿①。孟子曰："王何卿之问也？"

王曰："卿不同乎？"

曰："不同。有贵戚之卿②，有异姓之卿。"

王曰："请问贵戚之卿。"

曰："君有大过则谏，反复之而不听，则易位。"

王勃然变乎色。

曰："王勿异也③。王问臣，臣不敢不以正对④。"

王色定，然后请问异姓之卿。

曰："君有过则谏，反复之而不听，则去。"

【注释】

①问卿：问公卿之事。②贵戚：指君主的亲族。③异：奇怪。④正：诚，老实话。

【译文】

齐宣王问有关公卿的事。孟子说："大王问的是哪一种公卿呢？"

王说："公卿还有所不同吗？"

孟子说:"不同的。有和王室同宗族的公卿,也有和王室不同姓氏的公卿。"

王说:"我请问和王室同宗族的公卿。"

孟子说:"君王如果有重大错误,他就上谏,反复上谏还不听从,就废弃他的王位改立别人。"

王突然变了脸色。

孟子说:"大王不要诧异。大王问我,我不敢不用正义来回答。"

王的脸色平静以后,又问和王室不同姓氏的公卿。

孟子说:"君王如果有错误,他就上谏,反复上谏还不听从,自己就离职。"

【历代论引】

朱子曰:"此章言大臣之义,亲疏不同,守经行权,各有其分。贵戚之卿,小过非不谏也,但必大过而不听,乃可易位。异姓之卿,大过非不谏也,虽小过而不听,已可去矣。然三仁贵戚,不能行之于纣;而霍光异姓,乃能行之于昌邑。此又委任权力之不同,不可以执一论也。"

【评析】

本章论公卿的职责。

孟子把公卿分为"贵戚之卿"和"异姓之卿",前者与王室同姓,因此有权废除国君而另立新君;后者与王室异姓,因此当国君有过而不听劝阻,他们只好离职。孟子从来不认为国君的位置是神圣不可侵犯的,因此实话实说。齐宣王没料到尊贵的国君居然可以被废掉,所以曾经"勃然变色"。

弘扬大臣的职责和权力而限制君主权力无限地膨胀,是孟子仁政思想的内容之一,体现出了一定程度的民主政治色彩。

【史例解读】

勃然变色

唐朝皇帝姓李,由于道教始祖老子也姓李的缘故,便想把道教放在佛教之上。有一个叫法静的和尚去见皇帝，直言抗争说："古到今来佛教唯大，而且佛法无边，我佛如来灵验。今陛下以一姓之私抬高道教，恐怕天下不服！"

皇帝勃然变色，将法静打入死狱，并说："你开口佛法无边，闭口我佛如来灵验，我给你七天去念佛，临刑时看佛救不救你，灵验不灵验！"法静入狱，皇帝派人去看他是否在念佛经求如来保佑。回报的人说法静口中念念有词，就是没有听清楚。到了第七天，法静要被拉出去问斩。皇帝问法静："你的佛念得怎么样了？"

法静笑道："七天来我没有念佛，天天在念着皇帝陛下。"

皇帝奇怪地问他："为什么？"法静道："陛下就是我佛如来，我佛如来就是陛下！"皇帝听了顿时龙颜大悦："如来就是朕，朕就是如来。赦你无罪！"

卷十一　告子上

【题解】

本篇共20章。中心内容在于阐述和发挥了性善论的学说。孟子的性善论学说包括以下几个方面：第一，人性是善的。孟子说："人性之善也，犹水之就下也。人无有不善，水无有不下。"第二，人性之所以是善的，就在于人们都有一种内在的先天固有的道德意识。孟子说："恻隐之心，人皆有之；羞恶之心，人皆有之；恭敬之心，人皆有之；是非之心，人皆有之。"第三，人们的行为如有不善，是由于后天的外在的环境造成的，不是人性本身有不善。孟子说："富岁，子弟多赖。凶岁，子弟多暴，非天之降才尔殊也，其所以陷溺其心者然也。"第四，对于这种善的本性，或善的本心，必须着意地加以培养。培养的途径和方法，在于专心致志地存心养性。发扬本心的善性，就能成为道德高尚的人。孟子主张修养心性，不仅要存其本心，还应该"求放心"。存心是从正面下工夫，求放心是从反面下工夫，两者是互为表里的。

第一章至第四章都是孟子与告子的对话，主要记载的是孟子与告子之间围绕"人性"这一话题所展开的辩论。告子认为人性无所谓善与不善，人性中的善是靠后天修养得来的；孟子则认为人的善性是与生俱来的。第五、六章是前四章内容的进一步展开，分别辩论义的内在性以及性善问题，指出恻隐、羞恶、恭敬、是非之心"人皆有之"。

第七章至第十五章围绕人的本性的养护问题展开，首先指出人的本性是相同的，是后天环境的变化导致人的本性的差异，因此，应该注重人性的后天养护。第十六至第十九章围绕"仁义"问题展开，分别阐述了"人爵"与"天爵"的关系，指出"仁义"是士人的必备人格，"仁"能够战胜"不仁"，不能因为力量对比悬殊而怀疑"仁"的力量。

【原文】

告子曰①："性，犹杞柳也②；义，犹桮棬也③。以人性为仁义，犹以杞柳为桮棬。"

孟子曰："子能顺杞柳之性而以为桮棬乎？将戕贼杞柳而后以桮棬也④？如将戕贼杞柳而以为桮棬，则亦将戕贼人以为仁义与？率天下之人而祸仁义者，必子之言夫！"

【注释】

①告子：墨子门徒，年龄长于孟子。②杞（qǐ）柳：杨柳科植物，落叶丛生灌木，枝条柔软，可用来编器物。③桮（bēi）棬（quān）：器物名。桮：同"杯"。棬：用树条编成的饮器。④戕（qiāng）贼：残害。

【译文】

告子说："人的本性就像杞柳树，仁义就像杯盘。把人性纳入到仁义当中，就像用杞柳树来制作杯盘一样。"

孟子说："你能够顺应杞柳树的本性来制作杯盘吗？还是残害它的本性，然后才制成杯盘呢？如果要通过残害杞柳树本性的方式来制作杯盘，那么也要残害人的本性才能使人具有仁义吗？带领天下人来损害仁义的，一定是你的这种言论吧！"

【历代论引】

朱子曰："告子言人性本无仁义，必待矫揉而后成，如荀子性恶之说也。"

又曰："天下之人皆以仁义为害性而不肯为，是因子之言而为仁义之祸也。"

【评析】

本章论仁义是否为人之天性。

墨家学者告子认为，人之天性好比杞柳树，无所谓"仁"或"不仁"。如果把它做成杯盘，这就有用处了，好比是"义"。把人性变成"仁义"，就像把杞柳树做成杯盘一样。告子的本义，是要否定儒家的"性善"学说，但因其用比喻法，表意难免晦涩。孟子应该明白告子之意，但他故意装糊涂，抓住告子的比喻，攻其一点，不及其余。

孟子说，您怎么把杞柳树做成杯盘呢？是顺着它的本性做呢？还是损害它的本性做呢？如果损害其本性做，那么也将损害人的天性而为仁义吗？孟子的本义，是人有仁义的天性，但后天要加以培养，培养时要顺乎人性。

但孟子如果真要反驳告子，应该在人到底有无"仁"的天性这一问题上做文章，而不应该谈怎样培养"仁"的天性而使之发扬光大的问题。所以，他们两个实际上争论的不是同一个问题。

孟子好论辩，有时强词夺理，这就是一个例子。

【史例解读】

郭橐驼种树

古时候有一个叫郭橐驼的人。他以种树为职业，长安城的富豪人家为了种植花木以供玩赏，还有那些以种植果树出卖水果为生的人，都争着接他到家中供养。大家看到橐驼所种或者移植的树，没有不成活的，而且长得高大茂盛，果实结得又早又多。别的种树人即使暗中观察模仿，也没有谁能比得上。

有人问他，他回答说："我郭橐驼并没有能使树木活得久、生长快的诀窍，只是能顺应树木的天性，让它尽性生长罢了。大凡种植树木的特点是：树根要舒展，培土要均匀，根上带旧土，筑土要紧密。这样做了之后，就不要再去动它，也不必担心它，种好以后离开时可以头也不回。栽种时就像抚育子女一样细心，种完后就像丢弃它那样不管。那么它的天性就得到了保全，从而按它的本性生长。所以我只不过不妨碍它的生长罢了，并没有能使它长得高大茂盛的诀窍；只不过不压制耗损它的果实罢了，也并没有能使果实结得又早又多的诀窍。别的种树人却不是这样，种树时树根卷曲，又换上新土；培土不是过分就是不够。如果有与这做法不同的，又爱得太深，忧得太多，早晨去看了，晚上又去摸摸，离开之后又回头看看。更过分的做法是抓破树皮来检查它是死是活，摇动树干来观察培土是松是紧，这样就日益背离它的天性了。这虽说是爱它，实际上是害它，虽说是担心它，实际上是与他为敌。所以他们都比不上我，其实，我又有什么特殊能耐呢？"

问的人说："把你种树的方法，转用到做官治民上，可以吗？"橐驼说："我只知道种树而已，做官治民不是我的职业。但是我住在乡里，看见那些当官的喜欢不断地发号施令，好像很怜爱百姓，结果却给百姓带来灾难。那些小吏早早晚晚跑来大喊：'长官命令：催促你们耕地，勉励你们种植，督促你们收割，早些缫你们的丝，早些织你们的布，养好你们的小孩，喂大你们的鸡、猪。'一会儿打鼓招聚大家，一会儿鼓梆召集大家，我们这些小百姓放下饭碗去招待那些小吏都忙不过来，又怎能使我们人丁兴旺，人心安定呢？所以我们既这样困苦，又这样疲劳。如果我说的这些切中事实，它与我的同行种树大概也有相似的地方吧？"

问的人说："真好啊！这不是很好吗？我问种树，却得到了治民的方法。"

二

【原文】

告子曰："性犹湍水也，决诸东方则东流①，决诸西方则西流。人性之无分于善不善也，犹水之无分于东西也。"

孟子曰："水信无分于东西②，无分于上下乎？人性之善也，犹水之就下也。人无有不善，水无有不下。今夫水，搏而跃之，可使过颡③；激而行之，可使在山。是岂水之性哉？其势则然也。人之可使为不善，其性亦犹是也。"

【注释】

①湍（tuān）：急流的水。决（jué）：打开缺口，引导水流。②信：的确。③搏（bó）：击打。颡（sǎng）：额头。

【译文】

告子说："人性好比湍急的水流，从东方打开缺口就向东流，从西方打开缺口就向西流。人性不分善与不善，就好像水没有东流、西流的分别。"

孟子说："水的确没有东流、西流的定向，难道也没有上流、下流的定向吗？人性的善良，就像水性趋向下流。人的本性没有不善良的，水的本性没有不向下流的。假如拍打水让它飞溅起来，可以高过人的额头，堵住水道让它倒流，可以引上高山。然而，这难道是水的本性吗？其实是所处环境迫使它这样的。人之所以能够使他做坏事，是由于他的本性也像这样受到了逼迫。"

【历代论引】

朱子曰："告子因前说而小变之，近于扬子善恶混之说。"

又曰："言水诚不分东西矣，然岂不分上下乎？性即天理，未有不善者也。"

又曰："此章言性本善，故顺之而无不善；本无恶，故反之而后为恶，非本无定体，而可以无所不为也。"

【评析】

本章承上章，告子、孟子二人继续争论人的天性到底是不是"仁""善"的问题。

告子认为，人的天性无所谓善不善、仁不仁，就如水，哪里地势低就往哪里流。

于是孟子抓住这个比喻说："对，水是东南西北到处流，但都是朝下流；人的天性总是善良的，正如水总往下流一样。当然，如果用人为的方法，也可以使水溅起来高过人的额头，或者流到山上去，这难道是水的本性吗？人可以为恶，那是改变了他的善良本性，就像用人为的方法改变水往下流的本性一样。"由此可以领略孟子的雄辩风范。

上一章告子孟子的争论没有遵守"同一律"，各说各的，本章的争论开始进入常轨了。

三

【原文】

告子曰："生之谓性。"

孟子曰："生之谓性也，犹白之谓白与？"

曰："然。"

"白羽之白也，犹白雪之白；白雪之白，犹白玉之白欤？"

曰："然。"

"然则犬之性，犹牛之性；牛之性，犹人之性与？"

【译文】

告子说："天生的东西叫作天性。"

孟子说："天生的东西叫作天性，就像所有物体的白色都叫作白吗？"

告子回答说："是的。"

"这么说，白羽毛的白就像白雪的白；白雪的白如同白玉的白吗？"

告子回答说："是的。"

"那么，狗的天性就像牛的天性，牛的天性就像人的天性吗？"

【历代论引】

朱子曰："告子论性，前后四章，语虽不同，然其大旨不外乎此，与近世佛氏所谓作用是性者略相似。"

又曰："白之谓白，犹言凡物之白者，同谓之白，更无差别也。白羽以下，孟子再问而告子曰然，则是谓凡有生者同是一性矣。"

又曰："性者，人之所得于天之理也；生者，人之所得于天之气也。性，形而上者也；气，形而下者也。人物之生，莫不有是性，亦莫不有是气。然以气言之，则知觉运动，人与物若不异也；以理言之，则仁义礼智之？岂物之所得而全哉？此人之性所以无不善，而为万物之灵也。告子不知性之为理，而以所谓气者当之，是以杞柳湍水之喻，食色无善无不善之说，纵横缪戾，纷纭舛错，而此章之误乃其本根。所以然者，盖徒知知觉运动之蠢然者，人与物同；而不知仁义礼智之粹然者，人与物异也。孟子以是折之，其义精矣。"

【评析】

本章承前二章，继续写告子、孟子争辩人的天性到底是什么。

法家认为"性恶"，儒家认为"性善"，这都是道德评价。墨家学者告子认为，人的天性无所谓善恶，只有求生的本能罢了。

孟子等儒家学者认为，人有仁义礼智，而动物没有，这就是所谓"人禽之别"，所以他用"归谬法"反驳告子。但稍懂动物学的人都知道，动物也有舐犊之情，也有雄雌之情，也有反哺之情，未必就没有仁义礼智"四端"。儒家学说未必无懈可击。

虽因表述的原因，告子并没有讲清楚人的天性究竟为何物，但他排除了道德评价这一标准，现在这一思路仍然是很有意义的。

四

【原文】

告子曰："食色，性也①。仁，内也，非外也；义，外也，非内也。"

孟子曰："何以谓仁内义外也？"

曰："彼长而我长之，非有长于我也；犹彼白而我白之，从其白于外也，故谓之外也。"

曰："异于白马之白也②，无以异于白人之白也；不识长马之长也，无以异于长人之长与？且谓长者义乎？长之者义乎？"

曰："吾弟则爱之，秦人之弟则不爱也，是以我为悦者也，故谓之内。长楚人之长，亦长吾之长，是以长为悦者也，故谓之外也。"曰："耆秦人之炙③，无以异于耆吾炙，夫物则亦有然者也，然则耆炙亦有外欤？"

【注释】

①食色，性也：《礼记·礼运》："饮食男女，人之大欲存焉。"食：指物质资料生产。色：指人口自身的生产。②异于：此二字疑为衍文。③耆：同"嗜"。炙：烤的肉。

【译文】

告子说："饮食男女，是人的天性。仁是内在的，而不是外在的；义是外在的，而不是内在的。"

孟子说："为什么说仁是内在的，而义是外在的呢？"

告子回答说："他年纪大，所以我尊敬他，并不是我内心原本就尊敬他。正如白色的东西我认为它白，是根据它外表的白色，所以说义是外在的。"

孟子说："白马的白和白人的白或许没什么不同；但是不知道怜惜老马和不知道尊敬年长的人，也是没有什么不同吗？而且你说的义，在于年长者一方呢？还是在于尊敬年长者的一方呢？"

告子回答说："是我的弟弟，就爱他，是秦国人的弟弟，就不爱他，爱不爱是由我自己内心决定的，所以说仁是内在的。尊敬楚国的长者，也尊敬我自己的长者，尊敬与否，是由年长这个外在因素决定的，所以说义是外在的。"

孟子说："喜欢吃秦国人的烤肉，和喜欢吃自己的烤肉没什么不同，事物也有这种情况，那么，喜欢吃烤肉的心也是外在的吗？"

【历代论引】

林氏曰："告子以食色为性，故因其所明者而通之。"

朱子曰："告子以人之知觉运动者为性，故言人之甘食悦色者即其性。故仁爱之心生于内，而事物之宜由乎外。学者但当用力于仁，而不必求合于义也。"

又曰："白马白人，所谓彼白而我白之也；长马长人，所谓彼长而我长之也。白马白人不异，而长马长人不同，是乃所谓义也。义不在彼之长，而在我长之之心，则义之非外明矣。"

又曰："自篇首至此四章，告子之辩屡屈，而屡变其说以求胜，卒不闻其能自反而有所疑也。此正其所谓不得于言勿求于心者，所以卒于卤莽而不得其正也。"

【评析】

本章承前三章，继续写告子与孟子就人性问题展开的争论。

告子认为，人的本性是饮食、男女，是求生，不是仁义之类的东西。对此，孟子似不持异议，故未反驳。

告子还认为，仁是内在的东西，义是外在的东西，尊敬长者是内在之情，认为物白是由于对外物加以认识的缘故。

孟子对其"内仁外义说"并不赞成。孟子认为，除了饮食、男女的天性之外，人还有仁义礼智几种天性，这些也是内在的东西，就像人们喜欢吃烤肉一样，而告子认为义为外在的东西，这是自相矛盾的说法。

五

【原文】

孟季子问公都子曰①："何以谓义内也？"

曰："行吾敬，故谓之内也。"

"乡人长于伯兄一岁，则谁敬？"

曰："敬兄。"

"酌则谁先②？"

曰："先酌乡人。"

"所敬在此，所长在彼，果在外，非由内也。"

公都子不能答，以告孟子。

孟子曰："敬叔父乎？敬弟乎？彼将曰：'敬叔父。'曰：'弟为尸③，则谁敬？'彼将曰：'敬弟。'子曰：'恶在其敬叔父也？'彼将曰：'在位故也。'子亦曰：'在位故也。庸敬在兄，斯须之敬在乡人④。'"

季子闻之，曰："敬叔父则敬，敬弟则敬，果在外，非由内也。"

公都子曰："冬日则饮汤⑤，夏日则饮水，然则饮食亦在外也？"

【注释】

①孟季子：人名，其人不详。②酌（zhuó）：斟酒。③尸（shī）：神主或神像。古代祭祀时，代死者受祭、象征死者神灵的人，以臣下或死者晚辈的人充当，后世逐渐用牌位、画像代替。④庸：常。斯须：暂时，片刻。⑤汤：开水。

【译文】

孟季子问公都子说："为什么说义是内在的东西呢？"

公都子回答说："恭敬发自我的内心，所以说是内在的东西。"

孟季子问："同乡人比你的大哥年长一岁，那你该恭敬谁呢？"

公都子说："恭敬哥哥。"

"假如在一起喝酒，该先给谁斟酒？"

公都子说："先给那个年长的乡人斟酒。"

"所敬重的是哥哥，却要向那个年长的乡人敬酒，说明义果然是外在

· 342 ·

的，而不是内在的。"

公都子无法回答这个问题，于是将这件事告诉了孟子。

孟子说："你问他，该恭敬叔父呢？还是恭敬弟弟？他会说：'恭敬叔父。'问他：'弟弟如果做了受祭的代理人，那么该恭敬谁呢？'他会说：'恭敬弟弟。'你再问：'那你为什么说要恭敬叔父呢？'他会说：'这是由于弟弟处在受恭敬位置的缘故。'你就说：'那也是由于本乡长者处在先敬酒位置的缘故，平日恭敬的对象是哥哥，临时的恭敬对象是同乡。'"

季子听了这话，说："恭敬叔父是敬，恭敬弟弟也是敬，可见义是外在的，不是发自内心的。"

公都子说："冬天喝热水，夏天喝凉水，那么饮食也取决于外物，而不是内在的需要吗？"

【历代论引】

朱子曰："尸，祭祀所主以象神，虽子弟为之，然敬之当如祖考也。在位，弟在尸位，乡人在宾客之位也。庸，常也。斯须，暂时也。言因时制宜，皆由中出也。"

范氏曰："二章问答，大指略同，皆反复譬喻以晓当世，使明仁义之在内，则知人之性善，而皆可以为尧舜矣。"

【评析】

本章承前几章，继续讨论"义"。

孟子弟子公都子认为，"义"是内在的东西。但孟季子通过举例说明，你尊敬的是兄长，却向本乡长者敬礼。可见"义"毕竟是外在的东西，不是由内心发出的。公都子无法反驳，只得请教孟子。孟子通过举例说明，平常的恭敬在于兄长，暂时的恭敬在于本乡长者，以此证明"义"是内在的东西。

孟子师徒认为"义"是内在的东西，孟季子认为"义"是外在的东西。"义"者"宜"也，就是该做什么，不该做什么的行为规范，开始应是外在的东西，但影响人的价值判断、行为规范后，也具有内在需求的特点，两派恐怕都有片面之嫌。

【史例解读】

晏子敬越石父

春秋时期，齐相晏婴出使晋国，路过中牟这个地方，看见一个人头戴破帽，反穿皮袄，正在路边休息。

晏子一眼就看出他是一位有修养的君子，于是就派人问他，"你叫什么名字？从哪里来的？"

那人回答道："我是齐国人，名字叫越石父。"

晏子就把他叫到跟前说："为什么来到这里？是不是家里遭到了不幸？"

越石父说："我在此卖身为奴，看到齐国的使者，想跟着你们一起回国。"

晏子问："为什么要卖身为奴？"

越石父说："由于饥寒交迫，就卖身为奴了。"

晏子问："当奴仆几年了？"

越石父回答："已经3年了。"

晏子说："可以赎身吗？"

越石父回答："可以。"

晏子便把拉车的马套解下来，用这匹马把越石父赎买下来，并与他一起坐车回国。

回到相府，晏子没跟越石父告辞就进了自己的房屋。越石父很生气，要与晏子绝交。

晏子派人传话说："我不曾与你结交，谈何绝交？你当了3年奴仆，我今天看见了才把你赎买回来，我对待你还算可以吧？你怎么可以恩将仇报？说什么绝交？"

越石父说："士人不在知己朋友面前，可以受屈辱；在知己朋友面前，可以得到舒展。所以君子不因为对人家有恩而怠慢人家，也不因为人家对自己有恩而向人家屈服。我给人家当了3年奴仆，却没有人理解我。现在您把我赎买回来，我认为您理解我了。先前您坐车，不同我打招呼。我以为您是一时疏忽了。现在您又不向我告辞就直接进入屋门，这同把我看作奴仆是一样的。既然我还是奴仆的地位，就请再把我卖到社会上去吧！"

晏子听了越石父的回话，走出来，请求和越石父见礼。晏子说："以前我只看到了客人的外表，现在理解了客人的内心。我听人说过，考察他人行为的人不助长人家的过失，体察他人实情的人不讥笑人家的言辞。我可以向您道歉，您能不抛弃我吗？我诚心改正错误的行为。"晏子命令人把厅堂打扫干净，用酒席盛情款待越石父。

越石父说："我听说过，最高的尊敬不讲究形式，用尊贵的礼节待人不会遭到拒绝。先生以礼待我，我实在不敢当。"

晏子于是把越石父奉为上宾。

六

【原文】

公都子曰："告子曰：'性无善无不善也。'或曰：'性可以为善，可以为不善。是故文、武兴①，则民好善；幽、厉兴②，则民好暴。'或曰：'有性善，有性不善。是故以尧为君而有象，以瞽瞍为父而有舜，以纣为兄之子且以为君，而有微子启、王子比干③。'今曰：'性善'，然则彼皆非与？"

孟子曰："乃若其情，则可以为善矣，乃所谓善也。若夫为不善，非才之罪也。恻隐之心，人皆有之；羞恶之心，人皆有之；恭敬之心，人皆有之；是非之心，人皆有之。恻隐之心，仁也；羞恶之心，义也；恭敬之心，礼也；是非之心，智也。仁义礼智，非由外铄我也④，我固有之也，弗思耳矣。故曰：'求则得之，舍则失之。'或相倍蓰而无算者，不能尽其才者也。《诗》曰⑤：'天生蒸民⑥，有物有则。民之秉彝，好是懿德⑦。'孔子曰：'为此诗者，其知道乎！故有物必则；民之秉彝也，故好是懿德。'"

【注释】

①文、武：即周文王、周武王。②幽、厉：即周幽王、周厉王，是周代的两个暴君。③微子启：商纣王庶兄，名启。曾屡次劝谏商纣。周灭商后，称臣于周，后被封于宋，为宋国始祖。王子比干：商纣王的叔父，因屡次劝谏商纣，被

剖心而死。④铄：消损，毁损。⑤《诗》：指《诗经·大雅·烝民》篇。⑥蒸：众。⑦秉彝：执守天的常道。秉：执。彝：常道。懿：美。

【译文】

公都子说："告子说：'人的本性没有善和不善的问题。'有人说：'人的本性可以让它善良，也可以让它不善。因此，周文王、周武王当政的时候，百姓就趋于善良；周幽王、周厉王当政的时候，百姓就趋于残暴。'又有人说：'有本性善良的，有本性不善良的。因此，有尧这样的圣人做君主，却有象这样恶劣的百姓；有瞽瞍这样的坏父亲，却有舜这样的好儿子；有商纣这样恶劣的侄儿，而且身为君主，却有微子启、王子比干这样的仁人。'如今您说'人本性善良'，那么他们说的都不对吗？"

孟子说："从人的天赋资质来看，是可以使它善良的，这就是我所说的人性善良。至于有些人做坏事，不是天赋资质的错儿。同情心，人人有；羞耻心，人人有；恭敬心，人人有；是非心，人人有。同情心即是仁，羞耻心即是义，恭敬心即是礼，是非心即是智。仁、义、礼、智，不是外人教我的，是我原本就有的，只是没深入思考过罢了。因此说：'一经探求就会得到它，一旦放弃就会失掉它。'人们之间有相差一倍、五倍甚至无数倍的，就是不能全部发挥出人的天赋资质的缘故。《诗经》说：'上天生养万民，事物都有法则。百姓把握常规，喜爱美好品德。'孔子说：'作这首诗的人，一定是个了解大道的人啊！因此，有事物便有其不变的法则；百姓执守天的常道，所以喜欢美好的品德。'"

【历代论引】

程子曰："性即理也，理则尧舜至于涂人一也。才禀于气，气有清浊，禀其清者为贤，禀其浊者为愚。学而知之，则气无清浊，皆可至于善而复性之本，汤武身之是也。孔子所言下愚不移者，则自暴自弃之人也。"

又曰："论性不论气，不备；论气不论性，不明，二之则不是。"

张子曰："形而后有气质之性，善反之则天地之性存焉。故气质之性，君子有弗性者焉。"

朱子曰："程子此说才字，与孟子本文小异。盖孟子专指其发于性者言之，故以为才无不善；程子兼指其禀于气者言之，则人之才固有昏明强弱之不同矣，张子所谓气质之性是也。二说虽殊，各有所当，然以事理考之，程子为密。盖气质所禀虽有不善，而不害性之本善；性虽本善，而不可以无省察矫揉之功，学者所当深玩也。"

【评析】

本章承前五章，继续讨论人性问题。

从孟子弟子公都子所引诸家学说来看，战国学者一般认为人性无所谓善或不善。

孟子说，从人的天性来看，可以为善，也可以为不善。可以为善，所以说"性善"；可以为不善，非天性之罪，乃社会环境使然。

孟子这一观点，似与墨家学者告子等战国学者的观点一致，似乎都认为人性无所谓善恶，环境好则善，环境坏则恶。但若仔细分析会发现，孟子的观点与战国诸家仍不同：告子等学者把人的天性比作一张白纸，认为善恶都是后天养成的东西；孟子则认为，以善为核心的仁、义、礼、智"我固有之也"，似把人的天性比作一块本有善的种子的田地，浇水施肥就会长起来，否则这种子就会死去。孰是孰非，读者自可评说。

【史例解读】

恻隐之心，人皆有之

东汉末年，华歆与王朗为友，他们两人都很有学识，德行也受到大家的称赞。

有一年，他们的家乡遭遇水灾，盗贼也趁机四处打劫。华歆和王朗只得同几个邻居一起坐了船去逃难。船上的人都到齐了，马上就要出发。这时候，远处忽然奔过来一个人，一边朝这边挥手一边请求搭船同行。华歆听了，皱起眉头想了想，对这个人说："对不起，我们的船已经满了，你还是再去另想办法吧。"王朗责备华歆说："华歆兄，恻隐之心，人皆有之，见死不救可不是君子的作为，带上他吧。"

华歆沉思片刻，答应了那人的请求。不料船走了没几天，就碰上了盗贼。盗贼们划船追过来，眼看越追越近了，王朗对华歆说："现在我们遇上盗贼，情况紧急，不如我们叫后上船的那个人下去吧，能够减轻重量。"

华歆听了回答道："开始我犹豫再三，就是怕人多了行船不便，所以才拒绝人家。可是现在既然已经答应了人家，怎么能够因为情况紧急就把人家甩掉不管呢？"

后来，在大家的共同努力下，他们最终摆脱了盗贼，安全地到达了目的地。世人都认为华歆要比王朗更高尚，更有恻隐之心。

七

【原文】

孟子曰："富岁，子弟多赖①；凶岁②，子弟多暴，非天之降才尔殊也，其所以陷溺其心者然也。今夫麰麦，播种而耰之③，其地同，树之时又同，浡然而生，至于日至之时④，皆孰矣。虽有不同，则地有肥硗⑤、雨露之养，人事之不齐也⑥。

"故凡同类者，举相似也，何独至于人而疑之？圣人与我同类者。故龙子曰：'不知足而为屦，我知其不为蒉也⑦。'屦之相似，天下之足同也。口之于味，有同耆也⑧。易牙先得我口之所耆者也⑨。如使口之于味也，其性与人殊，若犬马之与我不同类也，则天下何耆皆从易牙之于味也？至于味，天下期于易牙，是天下之口相似也。惟耳亦然。至于声，天下期于师旷⑩，是天下之耳相似也。惟目亦然。至于子都，天下莫不知其姣也⑪。不知子都之姣者，无目者也。故曰，口之于味也，有同耆焉；耳之于声也，有同听焉；目之于色也，有同美焉。至于心，独无所同然乎？心之所同然者何也？谓理也，义也。圣人先得我心之所同然耳。故理义之悦我心，犹刍豢之悦我口⑫。"

【注释】

①富岁：丰年。赖：通"懒"，懒惰。②凶岁：灾年。③麰（móu）麦：大麦。耰（yōu）：古农具，用于碎土平田。文中指播种后，覆土保护种子。④日至：指夏至和冬至。文中指夏至。⑤硗（qiāo）：坚硬多石的贫瘠土地。⑥齐：同"济"。⑦蒉（kuì）：草编的筐。⑧耆：同"嗜"。⑨易牙：春秋时齐桓公的宠臣。长于调味，善于逢迎，传说曾烹其子为羹以献齐桓公。⑩师旷：春秋时晋国盲人乐师，极善辨音。⑪子都：人名，春秋时郑国的美男子。姣（jiāo）：美丽。

⑫刍：草食动物，如牛、羊等。豢（huàn）：食动物，如狗、猪等。

【译文】

孟子说："丰年，年轻人大多懒惰；灾年，年轻人大多暴虐。不是天生资质如此不同，而是所处的环境使他们心情变得糟糕。就拿大麦来说吧，撒下种子用土盖好，如果土质相同，播种时间又相同，便会生机勃勃地长起来。到夏至的时候，都会成熟了。即使有所不同，那也是土地有肥有瘠，雨露滋养有多有少，人们劳作程度不同的缘故。"

"因此说，凡是同类的事物，都是相似的，为何单单说到人，就心生疑问了呢？圣人也是和我们同类的人。因此，龙子曾说：'不用看清脚样就去编草鞋，我知道编出来的不会是筐。'草鞋之所以相似，是由于天下人的脚都大致相同。嘴巴对于味道，有着同样的嗜好，易牙是预先摸清了这一嗜好的人。假如嘴巴对于味道的感觉，因人而异，而且就像狗、马和我们人类有着本质的不同一样，那么天下人为何都追随易牙的口味呢？说到口味，天下人都希望成为易牙，这是由于天下人的味觉都相似。耳朵也是这样。说到声音，天下人都希望成为师旷，这是由于天下人的听觉都相似。眼睛也是这样。说到子都，天下没有谁不知道他英俊。不知道子都的英俊的，是没长眼睛的人。因此说，嘴巴对于味道，有着相同的嗜好；耳朵对于声音，有着相同的听觉；眼睛对于姿色，有着相同的美感。一说到心，难道就单单没有什么相同的了吗？人心所公认的东西是什么？是理，是义。圣人先于普通人得知了我们心中共同的东西。因此说，理、义使我心情愉悦，就像牛、羊、猪、狗的肉合我的口味一样。"

【历代论引】

程子曰："在物为理，处物为义，体用之谓也。孟子言人心无不悦理义者，但圣人则先知先觉乎此耳，非有以异于人也。"

又曰："理义之悦我心，犹刍豢之悦我口，此语亲切有味。须实体察得理义之悦心，真犹刍豢之悦口，始得。"

【评析】

本章继续论述人性，孟子认为人类有共同的人性，就像大麦大体相同，人类的脚大体相同，口味大体相同，听觉大体相同，视觉大体相同一样。

· 349 ·

孟子认为，丰年，子弟大多懒惰；灾年，子弟大多暴虐，这并非人的天性这样不同，实在是环境使然。至于人性有无共同之处的问题，孟子说，人的脚长得大体差不多，口味也大体差不多，师旷觉得美妙的音乐，我们也觉得美妙，人家认为子都美，我们也认为子都美。孟子由此推定，人类应该有共同的"人心"，这便是"理"和"义"。在其他场合，孟子把它们叫作"仁、义、礼、智"。

孟子这段话，不仅论证了人类有共同的人性，实际上也承认了人性的差异，并指出这种差异乃环境使然。

【史例解读】

橘生淮南则为橘，生于淮北则为枳

齐国宰相晏子出使到楚国，楚王为了夸耀自己国家的强大，想出了一个戏弄晏子的办法，故意将一个犯人从殿堂下押过。

楚王问："此人犯了什么罪？"

押的人回答道："一个齐国人犯了偷窃罪。"

楚王就对晏子说："你们齐国人是不是都很喜欢偷东西？"

晏子回答："淮南有橘又大又甜，一移栽到淮北，就变成了枳，又酸又小，为什么呢？因为土壤不同。"

晏子的意思是好的环境才有好的臣民，以此回敬了骄傲的楚王，令楚王无话可答。

从中我们也可以看出环境对一个人的人性的影响。

八

【原文】

孟子曰："牛山之木尝美矣，以其郊于大国也①，斧斤伐之，可以为美乎？是其日夜之所息，雨露之所润，非无萌蘖之生焉②，牛羊又从而牧之，是以若彼濯濯也③。人见其濯濯也，以为未尝有材焉，此岂山之性也哉？虽存乎人者，岂无仁义之心哉？其所以放其良心者④，亦犹斧斤之于木也，旦旦而伐之⑤，可以为美乎？其日夜之所息，平旦之气⑥，其好恶与人相近也者几希，则其旦昼之所为，有梏亡之矣⑦。梏之反复，则其夜气不足以存；夜气不足以存，则其违禽兽不远矣。人见其禽兽也，而以为未尝有才焉者，是岂人之情也哉？故苟得其养，无物不长；苟失其养，无物不消。孔子曰：'操则存，舍则亡；出入无时，莫知其乡⑧。'惟心之谓与？"

【注释】

①牛山：在今山东临淄南。郊：此指生长在郊外。大国：指临淄，是当时的大城市。②萌：草木萌发。蘖（niè）：树木枝砍伐后再生的枝芽。③濯濯：光秃的样子。④放其良心：丧失其良心。⑤旦旦：天天。⑥平旦：清晨。⑦旦昼：白天。有：同"又"。梏亡：丧失，消亡。⑧乡：通"向"。

【译文】

孟子说："牛山的树木曾经是繁茂的，可是它生长在大城市的郊外，总有人拿斧子去砍伐它，还能长得繁茂吗？这些树木日夜不停地生长着，雨水露珠滋润着它们，不是没有新条、嫩芽长出来，可是人们又紧跟着在这里放牧牛羊，因此才那样光秃。人们看见那山光秃秃的，就以为它不曾生长过树木，这难道是山的本性吗？在人的身上，难道没有仁义之心吗？之所以有人失掉了他的善良之心，也像斧子对待树木一样，天天砍它，怎么能让它繁茂呢？他在日里夜里萌生的善心，他在清晨触及的清新之气，这些在他心中所引发的好恶跟一般人也有点接近。然而，到了第二天白天做出的事，就把那点与常人相同的善心给泯灭了。反反复复地泯灭，那么他夜里心中萌生的良善就不能存留在心，夜里萌生的良善不能存留在心，那么他就和禽兽相差无几了。别人看见他是个禽兽，就以为他不曾有过好的资质，这难道是人的本性吗？因此说，假如得到好的滋养，没有东西不能生长；假如丧失了好的滋养，没有东西不会消亡。孔子说：'抓住了就存在，放弃了就失去，出来进去没有确定的时间，没谁知道它的去向。'说的就是人心吧？"

【历代论引】

程子曰："心岂有出入？亦以操舍而言耳。操之道，敬以直内而已。"

朱子曰："昼之所为，既有以害其夜之所息，又不能胜其昼之所为，是以展转相害。至于夜气之生，日以寖薄，而不足以存其仁义之良心，则平旦之气亦不能清，而所好恶遂与人远矣。"

【评析】

本章承前几章继续论述人本有"仁义之心"，其所以无"仁义之心"，是因为环境使他丧失了人的本性。

孟子先打了个比方：牛山的树木本是茂盛的，因其在临淄附近，老有人用斧子去砍伐，所以树木再也长不起来。它们日夜生长，雨露滋润它们，并非没有新枝嫩芽长出来，但牛羊又接着吃它们，因此变得光秃秃的。人们看牛山光秃秃的，还误以为这山未曾有过大树，这难道是牛山的本性吗？所以孟子认为，就像牛山上的树木需要滋养一样，人类的仁义天性也需要得到滋养，如不滋养，仁义的天性就会消失，就与禽兽一样了。

孟子主张性善论，他认为，如果培养人人都有的"仁义之心"，人人都可以成为尧舜那样的圣人，因此要自觉地培养那善良的天性。孔子说这种"仁义之心"，"操则存，舍则亡；出入无时，莫知其乡"。所以关键是自我把持，自我滋养，并加以发扬光大。

九

【原文】

孟子曰："无或乎王之不智也①。虽有天下易生之物也，一日暴之②，十日寒之，未有能生者也。吾见亦罕矣，吾退而寒之者至矣，吾如有萌焉何哉！今夫弈之为数，小数也③；不专心致志，则不得也。弈秋④，通国之善弈者也。使弈秋诲二人弈，其一人专心致志，惟弈秋之为听。一人虽听之，一心以为有鸿鹄将至，思援弓缴而射之⑤，虽与之俱学，弗若之矣，为是其智弗若与？曰：非然也。"

【注释】

①或：通"惑"，疑惑。②暴（pù）：同"曝"，晾晒。③弈（yì）：围棋。数：技艺。④弈秋：古代善弈的人。⑤鸿鹄（hú）：鸟名，即天鹅。缴

（zhuó）：系于箭上的丝绳。

【译文】

孟子说："对大王的不明智，大家不必困惑。天下即使有容易生长的植物，晒它一天后，又冻它十天，没有能长得了的。我和大王相处的机会太少了，我退居家中，向他吹阴风的人就包围了他，纵使有善心萌动的情况，我又能对它怎么办呢？下棋在各种技艺当中属于很小的技艺，可是，如果不全心全意，就学不好。弈秋是全国的下棋高手。假如让弈秋教两个人学下棋，其中一个人一心一意地学，只听弈秋的讲解。另一个人虽然也听着，但一心以为也许会有大雁飞来，想着拿起弓箭去射它，虽然和前一个人一起学下棋，却不如那个人学得好。是因为他的聪明程度赶不上人家吗？当然不是这样。"

【历代论引】

范氏曰："人君之心，惟在所养。君子养之以善则智，小人养之以恶则愚。然贤人易疏，小人易亲，是以寡不能胜众，正不能胜邪。自古国家治日常少，而乱日常多，盖以此也。"

朱子曰："程子为讲官，言于上曰：'人主一日之闲，接贤士大夫之时多，亲宦官宫妾之时少；则可以涵养气质，而熏陶德性。'时不能用，识者恨之。"

【评析】

本章承前八章继续论述人性。

孟子以为，人之善良天性需要不断滋养，不能一曝十寒，否则便会使仁义礼智丧失殆尽，成为禽兽。

孟子打了两个比方：一是植物生长如果一曝十寒，就不能再生长；二是弈秋教弟子学下围棋，一个弟子专心致志地学习，自然会大有长进，另一个弟子学棋时老想着怎么打鸟，所以成绩不如别人。前一个比方讲客观原因，后一个讲主观原因，可见让"仁义之心"滋长，必须要环境好，主观上自己也要努力。

本章告诉我们，一曝十寒无助于任何事情的成功发展，相反，只有专心致志才能做好想做的事情。

【史例解读】

一日暴之，十日寒之

公元215年，皇甫谧出生于安定朝那（宁夏固原东南）一个贫苦的农舍中。他出生后即被过继给他叔父为子，将近二十岁时还没上学念书。

有一天，叔母任氏流着眼泪对他说："你已经是二十岁的人了，至今目不识丁，《孝经》上说，即使每天用三牲来奉养父母，但如果不懂修身学习，仍然是一个不孝的人。"

皇甫谧深自愧疚，次日就拜乡里著名的学者席坦为师，从此他不再与人嬉闹，变得沉默寡言，每次下田劳动都带书去，利用休息时间阅读。数年以后，他成为一个远近闻名的学者。

四十岁时，皇甫谧不幸得了风痹，半身麻木，右腿肌肉萎缩，服寒食散又药物中毒，寒冬时尚须袒露身体服食冰雪，夏天则更烦闷不堪，并伴有咳嗽、气喘、浮肿和四肢酸疼的症状，时刻处于病重之中。但是他仍然手不释卷。有朋友劝他说："你这样下去会损害健康，还是停下来休息几天吧。"

但是皇甫谧却说："为学最怕一日曝十日寒，何况人的寿命或长或短，并不取决于是否勤学。"

后来，郡守曾请皇甫谧出仕，并举荐他为孝廉，相国也征召他去做官，都被他拒绝了。他甘心一生阅读经典册籍，为后世立言，写出了著名的《黄帝三部针灸甲乙经》。

十

【原文】

孟子曰："鱼，我所欲也，熊掌，亦我所欲也，二者不可得兼，舍鱼而取熊掌者也。生亦我所欲也，义亦我所欲也，二者不可得兼，舍生而取义者也。生亦我所欲，所欲有甚于生者，故不为苟得也；死亦我所恶，所恶有甚于死者，故患有所不辟也[1]。如使人之所欲莫甚于生，则凡可以得生者，何不用也？使人之所恶莫甚于死者，则凡可以辟患者，何不为也？由是则生而有不用也，由是则可以辟患而有不为也，是故所欲有甚于生者，所恶有甚于死者，非独贤有是心也，人皆有之，贤者能勿丧耳。一箪食，一豆羹②，得之则生，弗得则死，嘑尔而与之③，行道之人弗受；蹴尔而与之④，乞人不屑也。万钟不辩礼义而受之⑤。万钟于我何加焉？为宫室之美、妻妾之奉、所识穷乏者得我与？乡为身死而不受⑥，今为宫室之美为之；乡为身死而不受，今为妻妾之奉为之；乡为身死而不受，今为所识穷乏者得我而为之，是亦不可以已乎？此之谓失其本心。"

【注释】

①辟：同"避"，逃避。②箪（dān）：盛饭的竹器。豆：古代一种盛羹汤的器皿，形似高脚盘。③嘑尔：呵斥。嘑：同"呼"。④蹴（cù）尔：踢，践踏。⑤钟：容量单位，六斛四斗为一钟。辩：同"辨"。⑥乡：通"向"，以往。

【译文】

孟子说："鱼，是我喜爱的；熊掌，也是我喜爱的，如果二者不能兼得，那么就舍弃鱼，而要熊掌。生命，是我所希望的；行义，也是我所希望的，如果二者不能兼得，那么就牺牲生命，而去取义。生命是我所希望的，如果所希望的有比生存更重要的，因此就不苟且偷生；死是我所厌恶的，如果所厌恶的东西胜过了死亡，因此就不躲避祸患。如果使人所厌恶的没有超过死亡的，那么所有能够求生的方法，有什么不用的呢？如果使人所喜爱的没有超过生命的，那么所有能够躲避祸患的方法，哪有不用的呢？从中可以生存的办法，却有人不用；从中能够躲避祸患的方法，却有人不用。因此可以看出，有比生命更让人想得到的，有比死亡更让人厌恶的。不只是贤德的人有这种心理，人人都有，只是贤德的人没有丧失它罢了。一筐饭，一碗汤，得到了就能活下来，得不到就会死，吆喝着给他，连过路的饿人都不愿接受；用脚踩后再给人，连乞丐都不屑接受。有人面对万钟的俸禄就不管是否合乎礼义，欣然接受，万钟的俸禄对我有什么益处呢？为了住房的豪华、妻妾的侍奉、所认识的穷人感激我吗？从前宁愿去死都不肯接受的，现在为了住房的豪华而接受了；从前宁愿去死都不愿接受的，现在为了妻妾的侍奉而接受了；从前宁愿去死都不肯接受的，现在为了自己认识的穷人感激我而接受了，这些不是可以不做的事吗？这就叫失掉了他的本性。"

【历代论引】

朱子曰:"欲生恶死者,虽众人利害之常情;而欲恶有甚于生死者,乃秉彝义理之良心,是以欲生而不为苟得,恶死而有所不避也。"

又曰:"万钟于我何加,言于我身无所增益也。所识穷乏者得我,谓所知识之穷乏者感我之惠也。上言人皆有羞恶之心,此言众人所以丧之。由此三者,盖理义之心虽曰固有,而物欲之蔽,亦人所易昏也。"

又曰:"此章言羞恶之心,人所固有。或能决死生于危迫之际,而不免计丰约于宴安之时,是以君子不可顷刻而不省察于斯焉。"

【评析】

本章承前九章继续论述人性。

"鱼与熊掌"的确是我们的生命历程中经常遇到的两难选择。孟子认为,人原有仁义的"本心",但常因贪欲的危害,使人丧失了这种宝贵的"本心"。意思是,希望世人不为贪欲所惑,注意培养、光大人的仁义"本心",以免堕入禽兽的深渊。

孔子的杀身成仁,孟子的舍生取义,激励了历代志士仁人为实现伟大理想,为维护国家、民族利益而奋不顾身,成为我们民族正气歌的一个强音。

【史例解读】

鱼我所欲也,熊掌亦我所欲也

东汉时的大学问家郭泰,字林宗,太原郡介休人。他家境贫寒,早年丧父,与母亲相依为命,惨淡度日。长大成人后,母亲为他在官府中谋个差事,聊以改变往日的窘迫处境。但郭泰对于学问和仕途都一样地喜爱,希望能同时得到发展。思考再三,他对母亲说:"鱼我所欲也,熊掌亦我所欲也,大丈夫必须有取有舍,我怎么能一生都干这点小事呢?"

于是郭泰便辞官远走成皋,拜当时享有美誉的饱学之士屈伯彦为师。在屈伯彦教诲下,郭泰刻苦努力,三年之后博通"三坟五典"等古代典籍。

那一年,郭泰初涉京师洛阳,经陈留名士符融的介绍,前往拜访河南尹李膺。李膺是当时声望很高的士人领袖,接见郭泰后非常欣赏郭泰的人品才学，待以师友之礼，他感慨万分地说："读书人我见多了，可是没有看到过像郭林宗这样渊博的。"以李膺当时的影响和身份，竟然如此青睐郭泰，京中众儒对他当然更是刮目相看，郭泰顿时成了震惊京都的知名人物。

后来，郭泰离开洛阳返回太原时，赶来为他送行的车辆竟达千乘之多。

十一

【原文】

孟子曰："仁，人心也；义，人路也。舍其路而弗由①，放其心而不知求②，哀哉！人有鸡犬放，则知求之；有放心，而不知求。学问之道无他，求其放心而已矣。"

【注释】

①由：经过，通过。②放：放任。

【译文】

孟子说："仁指的是人心，义指的是人走的路。放弃那正道不走，放任他的本心而不知道去寻找，可悲啊！人们有鸡狗走丢了，便知道去找回来；本心有所放任，却不知道去寻找。学问之道没有别的，就是把那放任了的本心寻求回来罢了。"

【历代论引】

程子曰："心至重，鸡犬至轻。鸡犬放则知求之，心放而不知求，岂爱其至轻而忘其至重哉？弗思而已矣。"

又曰："圣贤千言万语，只是欲人将已放之心约之，使反复入身来，自能寻向上去，下学而上达也。"

朱子曰："仁者心之德，程子所谓心如谷种，仁则其生之性，是也。然但谓之仁，则人不知其切于己，故反而名之曰人心，则可以见其为此身酬酢万变之主，而不可须臾失矣。义者行事之宜，谓之人路，则可以见其为出入往来必由之道，而不可须臾舍矣。"

【评析】

本章论述"求放心"，呼吁人们寻找失去的灵魂。

本章认为，人本有仁义的天性，却因环境的影响而使这一天性丧失了。丧失了仁义的天性却不知去寻找回来，可悲呀！学问之道没别的，就是把那丧失的善良之心找回来罢了。

孟子要人找回失去的良知，这有一定道理。但他把"学问"仅仅规定为寻找丧失的良知，已经为宋儒、明儒的所谓"心性之学"打开了大门。

十二

【原文】

孟子曰："今有无名之指，屈而不信①，非疾痛害事也，如有能信之者，同不远秦、楚之路，为指之不若人也。指不若人，则知恶之；心不若人，则不知恶，此之谓不知类也②。"

【注释】

①信（shēn）：通"伸"。②类：指轻重的差别。

【译文】

孟子说："现在有人有一个无名指弯曲着，伸展不开，不是很疼痛，也不妨碍做事。可是，如果有人能让它重新伸直，那么就是让他前往秦国、楚国去治，他也不会觉得路远，因为无名指不及别人。手指不如别人，就知道厌恶，心性赶不上别人，却不知道厌恶，这就叫不知道哪个轻、哪个重啊。"

【历代论引】

朱子曰："不知类，言其不知轻重之等也。"

【评析】

本章论人之仁义天性不可丧失，若不幸丧失，必须"医治"。若只知医治无名指屈不能伸之病，不知"医治"人心丧失天良之病，便是不知轻重。

孟子长于比喻，本章说明心灵之美远比外表之美更为重要。可见儒者的确是心灵美的呼唤者、卫道者。这类说法，已与宋明"心性之学"十分相似了。

十三

【原文】

孟子曰："拱把之桐梓①，人苟欲生之，皆知所以养之者。至于身，而不知所以养之者，岂爱身不若桐梓哉？弗思甚也。"

【注释】

①拱把：指树木尚小。桐：梧桐树。梓：一种落叶树。

【译文】

孟子说："一两把粗的桐树、梓树，假如人想要它生长起来，都知道怎么才能把它养大。说到自身，却不知道如何提升修养，难道对自己的爱还赶不上对桐树、梓树的爱吗？实在是太不愿动脑子了。"

【历代论引】

朱子曰："拱，两手所围也。把，一手所握也。桐梓，二木名。"

【评析】

本章继续论人性，谓人之"仁义之心"必须滋养。世人常知滋养小树，却不知滋养自己的心性，是多么可悲的事情啊。

【史例解读】

木犹如此，人何以堪

桓温，东晋大将，从小就抱有恢复中原、夺回丢失的北方疆土之志。一生北伐三次。

据《世说新语·言语》记载，桓温第三次北伐的时候路过金城，见到自己早年栽种的柳树已经有十围那么粗壮，不由得感慨："木犹如此，人何以堪！"抒发了壮志未酬的感慨。

十四

【原文】

孟子曰："人之于身也，兼所爱。兼所爱，则兼所养也。无尺寸之肤不爱焉，则无尺寸之肤不养也。所以考其善不善者，岂有他哉？于己取之而已矣。体有贵贱，有小大。无以小害大，无以贱害贵。养其小者为小人，养其大者为大人。今有场师，舍其梧槚，养其樲棘①，则为贱场师焉。养其一指而失其肩背，而不知也，则为狼疾人也②。饮食之人，则人贱之矣，为其养小以失大也。饮食之人无有失也，则口腹岂适为尺寸之肤哉③？"

【注释】

①场师：园艺师。梧：梧桐树。槚（jiǎ），即楸树，木理细密，是上等木料。樲（èr）：即酸枣。棘：荆棘。②狼疾：即"狼藉"，糊涂。③适：通"啻"（chì），但，只。

【译文】

孟子说："人们对于自己的身体，无所不爱。全都爱护，就全都保养。没有一尺、一寸的肌肤不爱护，那么就没有一尺、一寸的肌肤得不到保养。因此，考察他保养得好与不好，难道有别的好办法吗？只要看他重点养护的是哪些部分就可以了。身体有至关重要的部分，有微不足道的部分；有小的部分，有大的部分。不要因为小的部分而损害大的部分，不要因为微不足道的部分而损害至关重要的部分。能保养好小的部分的是小人，能保养好大的部分的是君子。假如说有这样一个园艺家，把梧桐、梓树丢在一边，而去养护酸枣、荆棘，那么他就是个不称职的园艺家。假如有人只保养他的一根手指，而失掉了肩头、后背的功能，自己却还不知道，那便是个糊涂虫。只在吃喝上下工夫的人，人们看不起他，因为他保养小的部分，而失掉了大的部分。如果讲究吃喝的那些人没丢掉思想的培养，那么他们吃喝的目的难道只为保养口、腹这些小部分的需要吗？"

【历代论引】

朱子曰："人于一身，固当兼养，然欲考其所养之善否者，惟在反之于身，以审其轻重而已矣。"

又曰："若使专养口腹，而能不失其大体，专口腹之养，躯命所关，不但为尺寸之肤而已。但养小之人，无不失其大者，故口腹虽所当养，而终不可以小害大，以贱害贵也。"

【评析】

本章仍承前几章，继续论述人要注意培养自己天生的"仁义之心"。

孟子用类比论证的方法，从浅近处讲起。他说，人对自己的身体，哪部分都爱护。但人的身体有重要的部分，有次要的部分；有小的部分，有大的部分。只知保养小的部分便是小人，注重保养大的部分便是君子。孟子还打比方说，假使一位园艺师放弃名贵的梧桐和楸树，却去培养酸枣和荆棘，他就是个很差劲的园艺师。

孟子指出，假使有人只保养他的一个手指，却丧失了肩头背脊的功能，他自己还不明白，那就是个糊涂人了。并由此推论，那些只讲吃喝而不注意培养仁义心志的人，就是这样的糊涂人。

十五

【原文】

公都子问曰："钧是人也①，或为大人，或为小人，何也？"

孟子曰："从其大体为大人，从其小体为小人②。"

曰："钧是人也，或从其大体，或从其小体，何也？"

曰："耳目之官不思，而蔽于物。物交物，则引之而已矣。心之官则思，思则得之，不思则不得也。此天之所与我者，先立乎其大者，则其小者不能夺也。此为大人而已矣。"

【注释】

①钧：通"均"，同样。②大体：指心。小体：指耳、目等感官。

【译文】

公都子问道："同样是人，有人是君子，有人是小人，这是为什么呢？"

孟子说："从心志上用工夫的，就是君子；从耳目一类的小体上用工夫的，就是小人。"

公都子又问："同样是人，有人从心志上用工夫，有人从耳目一类的小体上用工夫，这又是为什么呢？"

孟子回答说："耳朵、眼睛这类器官不会思考，所以被外物所蒙蔽。耳朵、眼睛也只不过是物，它们与外物接触，只能起到引导的作用。心的功能在于思考，思考了就会有所得，不思考就一无所获。这是上天赐予我们人类的功能。所以，先把心志这一大的方面树立起来，那么，那些次要的方面就不能侵夺它了。这样就成为君子了。"

【历代论引】

朱子曰："耳司听，目司视，各有所职而不能思，是以蔽于外物。既不能思而蔽于外物，则亦一物而已。又以外物交于此物，其引之而去不难矣。心则能思，而以思为职。凡事物之来，心得其职，则得其理，而物不能蔽；失其职，则不得其理，而物来蔽之。此三者，皆天之所以与我者，而心为大。若能有以立之，则事无不思，而耳目之欲不能夺之矣，此所以为大人也。"

范浚心箴曰："茫茫堪舆，俯仰无垠。人于其间，眇然有身。是身之微，大仓稊米，参为三才，曰惟心耳。往古来今，孰无此心？心为形役，乃兽乃禽。惟口耳目，手足动静，投闲抵隙，为厥心病。一心之微，众欲攻之，其与存者，呜呼几希！君子存诚，克念克敬，天君泰然，百体从令。"

【评析】

本章继续论述人应该着力培养"心"（即"仁义之心"）这个"大体"。

为什么要着力培养"心"呢？因为"心之官则思"，思考了就会有所得，不思考就一无所获。孟子认为，只要首先把"心"这个"大体"树立起来，那么像"耳目"这样的"小体"就不能改变人的本性了，这样就能成为君子。

否则，如果不知"从其大体"，而去"从其小体"，人就会放纵耳目口腹之欲，他的"仁义之心"就会被改变，就可能成为"小人"，甚至禽兽。

十六

【原文】

孟子曰："有天爵者，有人爵者①。仁义忠信，乐善不倦，此天爵也；公卿大夫，此人爵也。古之人修其天爵，而人爵从之。今之人修其天爵，以要人爵；即得人爵，而弃其天爵，则惑之甚者也，终亦必亡而已矣。"

【注释】

①天爵：自然爵位。人爵：社会爵位。

【译文】

孟子说："有天赐爵位，有社会爵位。仁义忠信，行善且乐此不疲，这是天赐的爵位；公卿大夫，这是社会的爵位。古时的人，修养自己的天赐爵位，社会爵位就会随之而来。现在的人修养天赐爵位，以此来追逐社会爵位，得到社会爵位以后，就丢掉了天赐爵位，那实在是太糊涂了，最终必然连社会爵位也丧失掉。"

【历代论引】

朱子曰："修天爵以要人爵，其心固已惑矣；得人爵而弃天爵，则其惑又甚焉，终必并其所得之人爵而亡之也。"

【评析】

本章承前各章，仍论修养"仁义忠信"之重要意义。

孟子认为，人本有"仁"的天性。以"仁"为核心，可以发展出许多优良的品性，所以他有时只说"仁"，有时又说"仁义"，有时说"仁义礼智"，本章又说"仁义忠信"。这些被称为"天爵"，是内在的，精神方面的，可谓精神贵族。而"人爵"则是偏于物质的、外在的爵位，即社会贵族。

他认为，如果注重把人人都有的美好的天性发扬光大，就可以做"君子"（大人），甚至可以当尧舜那样的圣人，这样的精神贵族多多益善。如果不这样做，这些善良的天性就会消失，人就会成为"小人"，最终必然连社会爵位也会丧失掉。

十七

【原文】

孟子曰："欲贵者，人之同心也。人人有贵于己者，弗思耳。人之所贵者，非良贵也。赵孟之所贵①，赵孟能贱之。《诗》云②：'既醉以酒，既饱以德③。'言饱乎仁义也，所以不愿人之膏粱之味也④；令闻广誉施于身，所以不愿人之文绣也⑤。"

【注释】

①赵孟：春秋时晋国正卿赵盾，字孟。此处指代有权势的人。②《诗》：《诗经·大雅·既醉》。③德：今人高亨认为"德"字当作"食"，古德字作"悳"，与食形近而误（说见其《诗经今注》）。④膏粱：指精美的食物。膏：指肥肉。粱：指谷类中的精细的小米。⑤令闻：好名声。文绣：绣有彩色花纹的衣服。

【译文】

孟子说："希求富贵，是人们的共同心理。每个人自身都有可宝贵的东西，只是不去想它罢了。别人给予的尊贵，不是真正的尊贵。赵孟所尊贵的，赵孟也能使他卑贱。《诗经》说：'既供奉美酒使他陶醉，又献上仁德使他满足。'说的就是已经饱尝了仁义之德，因而不羡慕人家肥肉、精米的美味；广为人知的好名声集于一身，因而不羡慕别人的锦绣衣裳。"

【历代论引】

尹氏曰："言在我者重，则外物轻。"

朱子曰："人之所贵，谓人以爵位加己而后贵也。良者，本然之善也。赵孟，晋卿也。能以爵禄与人而使之贵，则亦能夺之而使之贱矣。若良贵，则人安得而贱之哉？"

【评析】

本章仍承前面十余章，论人要修养仁义之德。

孟子认为，想尊贵，这是人们共同的心理，但人人都有甚至比人自身更尊贵的东西——仁义之德，人们却不去思考它。自尊者人尊之，自贵者人贵之。别人给的尊贵地位，并非真的尊贵。赵孟所认为的尊贵的人，同样可以让他下贱。只有仁义之德才是真正珍贵的，是别人不可剥夺的。

孟子的这些思想，对于今天文人们所提出的保持社会良心，抵抗金钱与物欲的诱惑，仍具有一定的积极意义。

【史例解读】

庄子不慕曹商之贵

宋国有个叫曹商的，被宋王派往秦国做使臣。他启程的时候，宋王送了几辆车给他做交通工具。曹商来到秦国后，对秦王百般献媚、讨好，终于博得了秦王的欢心，于是秦王又赏给了他一百辆车。

曹商带着秦王赏的一百辆车返回宋国后，见到了庄子。他掩饰不住自己的得意之色，到庄子面前炫耀说："像你这样长年居住在偏僻狭窄的小巷深处，穷困潦倒，整天就是靠辛勤编织的草鞋来维持生计，饿得面黄肌瘦。这种困窘的日子，我曹商一天也过不下去！你再看看我吧，我这次奉命出使秦国，仅凭这张三寸不烂之舌，很快就赢得了拥有万辆军车之富的秦王的赏识，一下子就赐给了我新车一百辆。这是我曹商的本事呀！"

庄子对曹商这种小人得志的狂态非常反感，他不屑一顾地回敬道："我听说秦王在生病的时候召来了许多医生，对他们当面许诺说：凡是能挑破粉刺排脓生肌的，赏车一辆，而愿意为其舐痔的，则赏车五辆。治病的部位越肮脏低下，所得的赏赐愈多。我想，你大概是用自己的舌头去舐过秦王的痔疮，而且是舐得十分尽心卖力的吧？不然，秦王怎么会给你赏这么多车呢？你这肮脏的东西,还是快点给我走远些吧!"

曹商这种用丧失尊严作为代价去换取财富的人,是不会得到人们的尊重的。

十八

【原文】

孟子曰:"仁之胜不仁也,犹水之胜火。今之为仁者,犹以一杯水,救一车薪之火也;不熄,则谓之水不胜火,此又与于不仁之甚者也①。亦终必亡而已矣。"

【注释】

①与:助,增加。

【译文】

孟子说:"仁能够战胜不仁,就像水能够战胜火。如今施行仁德的人,就像拿一杯水来救一车木柴燃起的大火,灭不了火,就说水不能战胜火,这又助长了不仁之人的嚣张气焰,最后连他们已有的那点仁德也会丧失掉。"

【历代论引】

朱子曰:"仁之能胜不仁,必然之理也。但为之不力,则无以胜不仁,而人遂以为真不能胜,是我之所为有以深助于不仁者也。"

赵氏曰:"言为仁不至,而不反诸己也。"

【评析】

本章仍论仁之意义,要求君子发扬光大"仁"。

本章乃有感而发。战国之时,天下大乱,能守古道而行仁义者少,而行霸道、奸道者多,故天下君子有哀叹仁不胜不仁者。孟子分析说,仁本可胜不仁,犹水本可胜火。但因时代变故,为仁者少,为不仁者多,所以仁不能战胜不仁,就如杯水难救车薪之火。结果,那些本来仁义的人的那点点仁,最终也将消失。

杯水车薪，自然是无济于事。长他人志气，灭自己威风，实际上是助纣为虐。所以，当不能取胜时，应自知努力不够而加强力量，最后战而胜之。

十九

【原文】

孟子曰："五谷者，种之美者也；苟为不熟，不如荑稗①。夫仁，亦在乎熟之而已矣。"

【注释】

①荑（tí）稗（bài）：即"稊稗"。荑：类似谷子的一种杂草。稗：稻田里的一种杂草。

【译文】

孟子说："五谷是庄稼中的好东西，可是如果没成熟，还不如稗子之类的野草。仁也是这样，关键在于使它成熟罢了。"

【历代论引】

尹氏曰："日新而不已则熟。"

朱子曰："五谷不熟，则反不如荑稗之熟；犹为仁而不熟，则反不如为他道之有成。是以为仁必贵乎熟，而不可徒恃其种之美，又不可以仁之难熟，而甘为他道之有成也。"

【评析】

从上章可知，当时有君子哀叹仁之不胜不仁。本章承上章，鼓励君子把仁发扬光大。

孟子以五谷喻仁，五谷长熟才有大用，同理，把仁发扬光大，仁才有力量。

二十

【原文】

孟子曰:"羿之教人射,必志于彀①;学者亦必志于彀。大匠诲人,必以规矩;学者亦必以规矩。"

【注释】

①彀(gòu):把弓拉满。

【译文】

孟子说:"羿教人射箭,一定要让人把弓拉满;学习的人也一定要努力把弓拉满。技艺高超的木工教导人,一定要遵循规矩;学习的人也一定要遵循规矩。"

【历代论引】

朱子曰:"此章言事必有法,然后可成,师舍是则无以教,弟子舍是则无以学。曲艺且然,况圣人之道乎?"

【评析】

本章并非泛泛论学习,而是继上章续谈让仁"长熟"之意。

无论小艺或大道,都有一定的方法;无论教者或学者,都必须依循法则,不能离开规矩准绳。射箭要射好,必奋力将弓拉满;有名的木匠教人学手艺,会一板一眼、一规一矩地教人。同理,想通过学习把仁发扬光大的人,也要一步一步地来,先修身、齐家,再治国、平天下。

【史例解读】

不过手熟而已

在宋朝的时候,有一个叫陈康肃的人很善于射箭,他的水平很高,自信当朝没有第二个人能超过他。因此时常感到骄傲自负。

一天，他在射箭的时候，有个卖油的老汉放下肩上的担子，站在一旁，歪着头，很有兴趣地观看。他看陈康肃发射的箭，十枝中有八九枝射中了靶子，便微微地点着头。陈康肃问他说："你也懂得射箭吗？我射箭的技术是不是很精湛？"

老汉说："也没有什么别的奥妙，只不过是手熟罢了！"

陈康肃一听很气愤，大声呵斥道："你怎么敢贬低我的本领？"

老汉说："我是从我倒油的技巧中知道这个道理的。"说罢，他拿出来一个葫芦放在地上，又摸出一枚有孔的铜钱放在葫芦嘴上，然后慢慢地用勺子舀出油来往葫芦里倒，只见油像一条细线一样从钱孔中流入葫芦里，而那枚铜钱却没有沾上一点儿油痕。

倒完，老汉直起身子说："我这点技术，也没有什么了不起的，不过就是手熟罢了。"

卷十二　告子下

【题解】

　　本篇共十六章，主要内容有以下几个方面：

　　首先，继续围绕"尊王抑霸""实行仁政"这个主题展开，坚定地高扬王道，反对霸道；抨击穷兵黩武，批评为政不仁。与之相联系的，孟子关于君子为政之道的论述，提出了君子出世任职的原则，使士人明确在哪些情况下可以出来做官。

　　其次，孟子认为既然仁义礼智等道德意识是先天固有的，是每个人都具备的，那么，沿着这条道路发展起来，人们就可以把自己造就成为有高尚的道德境界的人。因此，孟子提出了"人皆可以为尧舜"的主张。他说："子服尧之服，诵尧之言，行尧之行，是尧而已矣。"

　　第三，孟子认为仁义礼智等道德意识既然是先天固有的，是每个人都具备的，那么，人们在社会生活中就应该遵循仁、礼的原则行事，事事处处体现仁、礼的原则。譬如，"为人臣者怀仁义以事其君，是君臣、父子、兄弟去利，怀仁义以相接也，然而不王者，未之有也。"再如，从政，"好善优于天下，而况鲁国乎？夫苟好善，则四海之内皆将轻千里而来告之以善。"为政者如果能够"好善"，就会得到老百姓的拥护，就能拥有天下。三如，治水，本着禹"以四海为壑"的原则治水，就是符合仁道的。否则，"以邻为壑"，就是不仁道的。

　　第四，孟子认为真正的仁人、贤者，不管他的地位怎样低，经过苦难的磨炼，终究会被老天发现，委以重任。他说："天将降大任于斯人也，必先苦其心志，劳其筋骨，饿其体肤，空乏其身，行拂乱其所为，所以动心忍性，增益其所不能。……然后知生于忧患而死于安乐也。"舜、傅说、胶鬲、百里奚等就是在畎亩、鱼盐、市井之中，经历艰苦的磨难，而后被老天委以

"大任"的。

此外，有关于礼仪重要性的论辩，也有关于教育方法的论述，如倡导实行教育时，应区别对待，因材施教等。

一

【原文】

任人有问屋庐子曰①："礼与食孰重？"

曰："礼重。"

"色与礼孰重？"

曰："礼重。"

曰："以礼食，则饥而死；不以礼食，则得食，必与礼乎？亲迎，则不得妻；不亲迎②，则得妻，必亲迎乎？"

屋庐子不能对，明日之邹以告孟子③。

孟子曰："于答是也何有？不揣其本④而齐其末，方寸之木可使高于岑楼⑤。金重于羽者，岂谓一钩金与一舆羽之谓哉⑥？取食之重者，与礼之轻者而比之，奚翅食重⑦？取色之重者，与礼之轻者而比之，奚翅色重？往应之曰：'紾兄之臂而夺之食⑧，则得食；不紾，则不得食，则将紾之乎？逾东家墙而搂其处子⑨，则得妻；不搂，则不得妻，则将搂之乎？'"

【注释】

①任：古国名，风姓。屋庐子：孟子的弟子，名连。②亲迎：古代婚礼仪式之一，新郎亲自到女方家迎娶新娘，此指依传统礼法娶妻。不亲迎：指用违反传统礼法的方法娶妻，如掠夺婚、野合等。③邹：古国名，曹姓。周武王所封，称邾。战国时改称邹，后为楚所灭。④揣：度量。⑤岑（cén）楼：尖角高楼。⑥一钩金：带钩用金半钧，重量为三钱多。⑦翅（chì）：通"啻"，只，仅。⑧紾（zhěn）：扭转。⑨处子：未出嫁的女子，即处女。

【译文】

有个任国人问屋庐子说："礼仪和饮食哪个重要？"

屋庐子回答说："礼仪重要。"

"娶妻和礼仪哪个重要？"

屋庐子说："礼仪重要。"

任国人继续问："如果依照礼仪去谋食，就会饿死；不依礼仪去谋食，就能得到吃的，那么一定要遵守礼法吗？依亲迎礼行事，就得不到妻子；不依亲迎礼行事，就能得到妻子，那么一定要依亲迎礼吗？"

屋庐子回答不上来，第二天去邹国，把任国人的话告诉孟子。

孟子说："回答这个问题有什么难的呢？不去度量根基的高低，而只让顶端平齐，这样的话，一寸厚的小木块，若是放在高处，都可以使它高过尖角的高楼。金子比羽毛重，难道能因此说三钱多重的金子比一车羽毛都重吗？如果拿饮食的重要方面来和礼仪的次要方面对比，何止是吃的重要？拿婚姻的重要方面和礼仪的次要方面对比，何止是娶妻重要？你去跟他说：'扭住哥哥的胳膊，抢他的饭吃，就能得到吃的；不扭他的胳膊，就得不到吃的，那么就该去扭吗？跨过东邻家的院墙，搂抱未出嫁的女子，就会得到妻子；不搂抱，就得不到妻子，那么就该去搂抱吗？'"

【历代论引】

朱子曰："礼食亲迎，礼之轻者也。饥而死以灭其性，不得妻而废人伦，食色之重者也。奚翅，犹言何但。言其相去悬绝，不但有轻重之差而已。"

又曰："此章言义理事物，其轻重固有大分，然于其中，又各自有轻重之别。圣贤于此，错综斟酌，毫发不差，固不肯枉尺而直寻，亦未尝胶柱而调瑟，所以断之，一视于理之当然而已矣。"

【评析】

本章论"礼"之重要意义。

有一个任国人问孟门弟子屋庐子，礼为人设，但如不食则个体不能生存，不娶妻则种族不能生存，人之不存，礼有何用？任国人采取诡辩的方式，把食与色的问题推到极端的地步来和礼的细节相比较，提出哪个重要的问题，企图迫使屋庐子回答食、色比礼更重要。屋庐子当然不会这样回答，但由于他不知真理有相对性，落入了对方的圈套而不能够跳出来，所以就只好语塞而求助于老师了。

孟子一听就识破了对方的诡辩手段，并且生动而一针见血地指出："不揣其本而齐其末，方寸之木可使高于岑楼。"接着从金属与羽毛的比重问题过渡到分析任国人诡辩的症结所在。这实际上就是一个比较的方法问题。孟子的意思很明确，比较应该让比较的对象双方在同一水平线上，同一基准上，而不应该把一个对象推到极端来和另一个对象的细节相比较。这样比较出来的结果当然是错误而荒谬的了。所以，孟子以其人之道，还治其人之身，教给学生以诡辩对诡辩的说法，从而战胜对方。

所以，这一章内容是孟子对礼的维护和捍卫，他既肯定"礼"的重要意义，又承认其意义并非绝对，具有相对性。及至宋明儒生，将"天理"与"人欲"对立起来，以为"饿死事小，失节事大"，把"礼"的意义提高到极端的程度，就太荒谬了。

以诡辩对诡辩，以极端对极端。这是本章中孟子所采用的论辩方法。在这里，我们可以领略到孟子作为一个智者的思维方式和高超的论辩艺术。

【史例解读】

方寸之木，高于岑楼

唐中宗曾有一次召宰相苏瑰和李峤两人的儿子进见。两人的儿子都还是儿童。皇上把他们拉到面前抚摸着，并赐给他们不少东西，并且告诉两个孩子："你们现在回忆一下学过的书，认为可以对我讲的就把它说出来。"

苏瑰的儿子苏颋回答说："木从绳则正，君从谏则圣。"意思是说，人们锯木头时必须用绳墨作尺度，皇上在治理国家的时候，必须听从大臣们的忠谏才能圣明。

李峤的儿子也进上两句话："斫朝涉之胫，剖贤人之心。"

这两句话讲的是商纣王的故事。商纣王在冬天的早上看到有老人赤脚渡河，说这个老人的胫骨能耐寒，骨髓应该与普通人不同，于是命人斩断察看。大臣比干对纣王苦谏，纣王生气地说："我听说圣人的心有七窍，我倒要看看你的心是不是也有七窍。"于是就命人剖开比干胸膛，察看他的心。

皇上听了以后评价说："这两个小孩是寸木岑楼，不可同日而语。简直可以说是苏瑰有儿子，李峤没儿子。"

二

【原文】

曹交问曰①："人皆可以为尧、舜，有诸？"

孟子曰："然。"

"交闻文王十尺，汤九尺，今交九尺四寸以长，食粟而已，如何则可？"

曰："奚有于是？亦为之而已矣。有人于此，力不能胜一匹雏②，则为无力人矣；今曰举百钧，则为有力人矣。然则举乌获之任③，是亦为乌获而已矣。夫人岂以不胜为患哉？弗为耳。徐行后长者谓之弟，疾行先长者谓之不弟④。夫徐行者，岂人所不能哉？所不为也。尧、舜之道，孝弟而已矣。子服尧之服，诵尧之言⑤，行尧之行，是尧而已矣；子服桀之服，诵桀之言，行桀之行，是桀而已矣。"

曰："交得见于邹君，可以假馆，愿留而受业于门。"

曰："夫道，若大路然，岂难知哉？人病不求耳⑥。子归而求之，有余师。"

【注释】

①曹交：曹国国君的弟弟，名交。②一匹雏：一只小鸡。③乌获：人名，秦武王时的力士。文中代指力士。④弟：同"悌"。⑤诵：讲述，陈述。⑥病：毛病，缺点。

【译文】

曹交问道："人人都可以成为尧、舜，有这话吗？"

孟子说："有。"

"我听说周文王身长一丈，商汤身长九尺，现在我身长九尺四寸，只会吃饭罢了，要怎样才可以成为尧、舜呢？"

孟子说："这有什么关系呢？只要去做就可以了。假如有个人，他的力气提不起一只小鸡，那么他就是个没力气的人；假如他能举起三千斤，就是个有力气的人了。那么，举得起乌获那样的大力士所能承受的重量的，也就是乌获了。人难道该为不能胜任发愁吗？只是不去做罢了。在长者身后慢慢走，叫作悌；快步走到长者前边去，叫作不悌。慢一点走，难道是人做不到的事吗？

只是不去做罢了。尧、舜之道，就是孝和悌而已。你穿上尧的衣服，说尧说的话，做尧做的事，你就是尧了。你穿桀的衣服，说桀说的话，干桀干的事，你就是桀了。"

曹交说："我要是能见到邹国国君，就向他借个住处，愿意留下来在您门下学习。"

孟子回答说："道就像条大路，难道难以知晓吗？人的缺点在于不去寻求罢了。你回去找找，老师多着呢。"

【历代论引】

陈氏曰："孝弟者，人之良知良能，自然之性也。尧舜人伦之至，亦率是性而已。岂能加毫末于是哉？"

杨氏曰："尧舜之道大矣，而所以为之，乃在夫行止疾徐之闲，非有甚高难行之事也，百姓盖日用而不知耳。"

朱子曰："曹交事长之礼既不至，求道之心又不笃，故孟子教之以孝弟，而不容其受业。盖孔子余力学文之意，亦不屑之教诲也。"

【评析】

本章论人人皆可为尧、舜，关键是要去学去做。这是一个植根于"性善论"而鼓励人人向善，个个都可以有所作为的命题。

到底怎样学习尧、舜呢？孟子认为，其关键还是一个"不为"与"不能"的问题。也就是《梁惠王上》里面所说的"挟泰山以超北海"和"为长者折枝"的问题。只不过从与梁惠王讨论的政治问题过渡到与一般人讨论个人修养问题罢了。所以，无论是君王从政治国还是个人立身处世，都有一个"不为"与"不能"的问题摆在我们面前。认识到这一点后，就可以树立起我们每个人立志向善的信心，从自己力所能及的事情做起，不断完善自己，最终成为一个有所作为的人。

儒家哲学是实践的哲学，他们从不认为尧舜之道、孔孟之道有什么玄乎之处，而认为只要从一点一滴的小事做起，"不以善小而不为，不以恶小而为之"，就可以成为尧舜那样的大圣人。

【史例解读】

人皆可以为尧舜

春秋时晋国的国君晋灵公是个暴君。有一次，厨师送上来的熊掌炖得不够熟，他就下令把厨师杀了。当妇女们用车子拉着尸体从朝堂上走过，被赵盾、士季两位正直的大臣看到了。

他们了解情况后，非常气愤，决定进宫去劝谏晋灵公。士季先去朝见，晋灵公从他的神色中看出他是为自己杀厨师这件事而来的，便假装没有看见他。直到士季往前走了三次，来到屋檐下，晋灵公才瞟了他一眼，轻描淡写地说："我已经知道自己所犯的错误了，今后一定改正。"士季听他这样说，也就用温和的态度说："谁没有过错呢？有了过错能改正，那就最好了。人皆可以为尧舜，如果您能接受大臣正确的劝谏，就是一个好的国君。"

但是，晋灵公并非真正认识到自己的过错，其行为依然残暴。相国赵盾屡次劝谏，晋灵公不仅不听，反而十分讨厌赵盾，竟派刺客去暗杀赵盾。不料刺客宁可自杀，也不愿去杀害正直忠贞的赵盾。

晋灵公见此计不成，便改变方法，假意请赵盾进宫赴宴，准备在席间杀他。结果赵盾被卫士救出，晋灵公的阴谋又未能得逞。最后，晋灵公反而在桃园被赵盾的同族兄弟赵穿杀了。

三

【原文】

公孙丑问曰："高子曰[①]：'《小弁》[②]，小人之诗也。'"

孟子曰："何以言之？"

曰："怨。"

曰："固哉，高叟之为诗也！有人于此，越人关弓而射之[③]，则己谈笑而道之；无他，疏之也。其兄关弓而射之，则己垂涕泣而道之；无他，戚之也[④]。《小弁》之怨，亲亲也。亲亲，仁也。固矣夫，高叟之为《诗》也！"

曰："《凯风》何以不怨[⑤]？"

曰："《凯风》，亲之过小者也；《小弁》，亲之过大者也。亲之过大而不怨，是愈疏也；亲之过小而怨，是不可矶也⑥。愈疏，不孝也；不可矶，亦不孝也。孔子曰：'舜其至孝矣，五十而慕⑦。'"

【注释】

①高子：齐国人。②《小弁》：《诗经·小雅》中的诗篇。旧说是讽刺周幽王的诗，或说是周宣王名臣尹吉甫之子因遭后母谗言而作。③关：通"弯"，拉满弓，开弓。④戚：亲。⑤《凯风》：《诗经·邶风》中的诗篇。通篇是自责以安慰母亲的言词。⑥矶（jī）：激怒，触犯。⑦慕：依恋。

【译文】

公孙丑问道："高子说：《小弁》这首诗是小人写的。"

孟子说："凭什么这么说呢？"

公孙丑回答说："因为诗里含有怨恨之意。"

孟子说："高老先生讲诗实在是太机械了。假如说有这么个人，越国人开弓去射他，那么他会笑着讲述此事；没有别的原因，因为越国人和他关系很远。如果是他的哥哥开弓去射他，他会流着眼泪讲述此事，没有别的原因，因为哥哥是他的亲人。《小弁》的怨恨，正是出于对亲人的爱。热爱亲人是仁的体现。高老先生讲《诗经》实在是太机械了！"

公孙丑说："《凯风》这首诗为什么没有怨恨之意呢？"

孟子答道："《凯风》这首诗，母亲的过错不大；《小弁》这首诗，父亲的过错很大。父母的过错很大，却不怨恨，这是越发疏远他们了。父母的过错不大，却去怨恨他们，是受不得刺激。越发疏远是不孝；受不得刺激，也是不孝。孔子说：'舜大概是最孝顺的了，五十岁还依恋父母。'"

【历代论引】

赵氏曰："生之膝下，一体而分。喘息呼吸，气通于亲。当亲而疏，怨慕号天。是以小弁之怨，未足为愆也。"

朱子曰："《小弁》，《小雅》篇名。周幽王娶申后，生太子宜臼；又得褒姒，生伯服，而黜申后、废宜臼。于是宜臼之傅为作此诗，以叙其哀痛迫切之情也。"

【评析】

本章通过孟子与公孙丑讨论《诗经》，论述孝道。

公孙丑说，诗经学者高子认为《小弁》是小人之诗，因为它怨恨父母。孟子却认为，父母有大过而怨之，这是"亲亲"，而"亲亲"就是"仁"，就是"孝"。

公孙丑反问："为什么《凯风》不怨呢？"孟子说："《凯风》不怨，是由于母亲过错小；《小弁》怨，是由于父母过错大。父母过错大而不抱怨，是疏远父母的表现；父母过错小却去抱怨，是受不得刺激。疏远父母是不孝，受不得刺激也是不孝。"

孟子对诗经的评论和对孝道的论述，对今人仍有重要意义。

【史例解读】

舜其至孝

黄帝的后裔舜，其父亲又聋又瞎，性情十分暴躁，母亲则十分贤淑，舜在母亲的照料下，幼年过得相当美满。

但后来他的母亲得了重病，不久离开人世，自母亲去世后，他父亲的性情变得更暴躁。后来父亲了继室，生下弟弟象。从此父亲对舜的继母更加宠爱，而舜的继母心胸狭窄，常在父亲面前说舜的坏话，使舜常被父亲责打。

但孝顺的舜没有因此而心生埋怨，仍然对父母百般孝顺。但继母还是怕他会分去大半家业，因此常想把舜除掉，于是一次又一次设计陷害他。

虽然继母和弟弟不断陷害他，但舜从不介意。当他二十岁那年，他的孝行传遍千里，天子尧亦由地方官吏的推荐而知道舜，他非常赏识舜的为人，便把两个女儿都嫁给舜。而舜的孝行也感动了继母和弟弟，一家人和和美美地生活在一起。后来尧禅位给舜。在舜的治理下，国家兴盛，人们也都过上了幸福的生活。

四

【原文】

宋牼将之楚，孟子遇于石丘①，曰："先生将何之？"

曰："吾闻秦、楚构兵②，我将见楚王说而罢之。楚王不悦，我将见秦王说而罢之。二王我将有所遇焉。"

曰："轲也请无问其详，愿闻其指③。说之将何如？"

曰："我将言其不利也。"

曰："先生之志则大矣，先生之号则不可④。先生以利说秦、楚之王，秦、楚之王悦于利，以罢三军之师，是三军之士乐罢而悦于利也。为人臣者怀利以事其君，为人子者怀利以事其父，为人弟者怀利以事其兄，是君臣、父子、兄弟终去仁义⑤，怀利以相接，然而不亡者，未之有也。先生以仁义说秦、楚之王，秦、楚之王悦于仁义，而罢三军之师，是三军之士乐罢而悦于仁义也。为人臣者怀仁义以事其君，为人子者怀仁义以事其父，为人弟者怀仁义以事其兄，是君臣、父子、兄弟去利，怀仁义以相接也，然而不王者，未之有也。何必曰利？"

【注释】

①宋牼（kēng）：也叫宋钘（jiān）、宋荣，宋国人，战国时期著名学者，齐宣王时曾在稷下学宫游学。石丘：地名。②构兵：交战。构：交合，连接。③指：意向，大意。④大：有美意。古今大、强、高、快、长等均有美意。号：提法，说法。⑤终：尽。

【译文】

宋牼要到楚国去，孟子在石丘遇到他，孟子说："您要到哪儿去？"

宋牼回答说："我听说秦国和楚国要开战，我要去面见楚王劝说他罢兵。假如楚王不听的话，我就去面见秦王劝他罢兵。这两个国君总会有一个听我话的。"

孟子说："我不想问您详细情况，愿听听你的大意。您打算怎样去劝说他们呢？"

宋牼回答说："我打算说说交战的不利之处。"

孟子说："您的志向是很好的，然而您的提法却行不通。您用利来劝说秦王、楚王，秦王、楚王会因为有利可图而欢喜，于是终止军事行动，这样的话，军队的将士就会以休战而高兴，从而喜欢利。做臣子的，怀着利益之心去侍奉他的君主，做儿子的怀着利益之心去侍奉他的父亲，做弟弟的怀着利益之心去侍奉他的兄长，这就会导致君臣、父子、兄弟之间最终都会抛弃仁义，怀着利益之心交往，在这种情况下国家不灭亡的，还没有过。您若以仁义去劝说秦王、楚王，秦王、楚王喜欢仁义而高兴，于是撤除军队，这会使军队将士高兴休兵，进而喜欢仁义。做臣子的怀着仁义之心去侍奉他的君主，做儿子的怀着仁义之心去侍奉他的父亲，做人弟弟的怀着仁义之心去侍奉兄长，这会使君臣、父子、兄弟去除求利的念头，而怀着仁义之心交往，这样却不能统一天下，是不曾有过的。为什么一定要谈到'利'呢？"

【历代论引】

徐氏曰："能于战国扰攘之中，而以罢兵息民为说，其志可谓大矣；然以利为名，则不可也。"

朱子曰："按《庄子》书：'有宋牼者，禁攻寝兵，救世之战。上说下教，强聒不舍。'《疏》云：'齐宣王时人。'以事考之，疑即此人也。"

又曰："此章言休兵息民，为事则一，然其心有义利之殊，而其效有兴亡之异，学者所当深察而明辨之也。"

【评析】

本章与第一卷第一章一样，孟子论述了自己的义利观。只不过那一次主要是针对从政治国问题，这一次却是谈战争与和平的问题了。

在孟子看来，和平当然是很重要的，所以，他也非常支持宋牼维护和平的行为。但是，和平的前提是仁义，而不是利害关系。如果用利害关系去换得一时的和平，早晚也会失去和平，不仅会失去和平，还会失去国家，失去天下。因为基于利害关系的和平，实际上潜伏着很多不和平的因素，这就是人与人之间都以利害关系相互对待，一旦利害关系发生冲突，必然会导致争斗，失去稳定与和平。相反，如果以仁义为前提赢得和平，则会保持长久的稳定与发展，不仅不会失去和平，还会使天下人心归服，安定统一。这是因为，基于仁义的和平，使人与人之间都以仁义道德相互对待，没有根本的利害冲突。

从理论上说，孟子的学说是很有道理的，也是能够自圆其说的。但是，从历史和现实的实践来看，无论是战争还是和平，既然有军事行动发生，就不可能没有利害关系在内，也不可能有纯粹为抽象的仁义道德而战的战争和纯粹为抽象的仁义道德而罢兵停战的和平出现，在孟子所处的战国时代，尤其没有这种可能。

所以，以仁义为前提的和平，在孟子所处的时代只能是一种理想。

五

【原文】

孟子居邹，季任为任处守，以币交①，受之而不报。处于平陆，储子为相②，以币交，受之而不报。他日，由邹之任，见季子；由平陆之齐，不见储子。屋庐子喜曰："连得间矣③。"问曰："夫人之任见季子，之齐不见储子，为其为相与？"

曰："非也。《书》曰④：'享多仪⑤，仪不及物曰不享，惟不役志于享。'为其不成享也。"

屋庐子悦。或问之。屋庐子曰："季子不得之邹，储子得之平陆。"

【注释】

①季任：任国国君的弟弟。币：帛，此泛指礼物。②平陆：地名，战国时为齐地。储子：齐国相。③连：屋庐子的名。④《书》：此处引自《尚书·周书·洛诰》篇。⑤享：指将珍品、宝物奉献给天子、诸侯。多：注重，推重。

【译文】

孟子住在邹国的时候，季任留守任国，代理政事，送礼物给孟子，想交个朋友，孟子收下了礼物，但没有回谢。当孟子住在平陆的时候，储子做齐国卿相，送礼物给孟子，想交朋友，孟子也收下了礼物而没有回谢。过了些日子，孟子从邹国到任国去，拜访了季子；从平陆到齐都去，却没有拜访储子。屋庐子高兴地说："这回我可找到老师的岔子了。"于是问道："您到任国去，拜访了季子，到齐都，却没拜访储子，是因为储子只是个卿相吗？"

孟子回答说："不是这样的。《尚书》说：'享献之礼推重仪节，如果仪节没有到位，礼物再多也不算是享献，因为没有用心于此。'是因为这样不称其为享献。"

屋庐子很高兴。有人问他，屋庐子回答说："季子无法亲自到邹国去拜访先生，储子却可以亲自到平陆去拜访。"

【历代论引】

赵氏曰："季任，任君之弟。任君朝会于邻国，季任为之居守其国也。储子，齐相也。"

徐氏曰："季子为君居守，不得往他国以见孟子，则以币交而礼意已备。储子为齐相，可以至齐之境内而不来见，则虽以币交，而礼意不及其物也。"

【评析】

本章讲了个故事：任国的季任代理国政时，曾送礼物给孟子，齐国的国相储子也曾送礼物给孟子，按周礼，孟子应该上门表示谢意。但孟子却只是回访了季任，未回访储子。孟子告诉弟子，敬神也罢，待人接物也罢，礼仪最重要。回访季任，是因为季任代理国政，不能亲自拜访孟子，但礼节到了，所以孟子做了回访。储子给孟子送礼时，本来是可以亲自到平陆去拜访孟子的，但他没有去，这就是所谓仪节没有到位，所以孟子到齐都去，就没有回访储子。

六

【原文】

淳于髡曰[①]："先名实者，为人也；后名实者，自为也。夫子在三卿之中，名实未加于上下而去之[②]，仁者固如此乎？"

孟子曰："居下位，不以贤事不肖者，伯夷也；五就汤，五就桀者，伊尹也；不恶污君，不辞小官者，柳下惠也。三子者不同道，其趋一也。一者何也？曰，仁也。君子亦仁而已矣，何必同？"

· 382 ·

曰："鲁缪公之时，公仪子为政，子柳、子思为臣③，鲁之削也滋甚。若是乎，贤者之无益于国也。"

曰："虞不用百里奚而亡，秦穆公用之而霸。不用贤则亡，削何可得与？"

曰："昔者王豹处于淇，而河西善讴④；绵驹处于高唐⑤，而齐右善歌；华周、杞梁之妻善哭其夫，而变国俗⑥。有诸内，必形诸外。为其事而无其功者，髡未尝睹之也。是故无贤者也，有则髡必识之。"

曰："孔子为鲁司寇，不用，从而祭，燔肉不至，不税冕而行⑦。不知者以为为肉也，其知者以为为无礼也。乃孔子则欲以微罪行，不欲为苟去。君子之所为，众人固不识也。"

【注释】

①淳于髡（kūn）：人名。姓淳于，名髡，齐国人。②三卿：在孟子所处时代，一般指上卿、亚卿和下卿。名实未加于上下：指未建立功业，未曾兼济；上指国君，下指百姓。③公仪子：即公仪休。子柳：即泄柳，春秋时鲁国人。④王豹：齐人，擅长歌唱。河西：黄河以西，指卫地。讴：歌唱。⑤绵驹：齐人，擅长歌唱。高唐：地名，故址在今山东禹城西南。⑥华周：也叫华旋，齐国人。杞梁：春秋时期齐国大夫。⑦燔（fán）肉：祭肉。燔：通"膰"。税（tuō）冕：脱掉祭祀时戴的礼帽。税：通"脱"。冕：祭祀时戴的礼帽。

【译文】

淳于髡说："把名声功业看得很重的人，是为了济世救民；不是很看重名声功业的人，是为了独善其身。您是齐国三卿之一，有关上助君王、下救百姓的名声、功业都没有，就要离开齐国，仁者难道原本就是这样的吗？"

孟子说："身处卑贱的地位，不以自己贤能之身侍奉无德之君，这是伯夷；五次前往商汤那里，又五次前往夏桀那里的，这是伊尹；不厌恶污浊之君，不拒绝做个小官的人是柳下惠。这三个人的处世之道并不相同，但大方向是一致的。这一致的东西是什么呢？应该说就是仁。君子做到仁就可以了，为什么一定要处处相同呢？"

淳于髡说："鲁穆公的时候，公仪子执政，子柳、子思当大臣，鲁国的国土削减得更厉害了。像这样，贤德的人对国家没有什么好处。"

孟子说："虞国不任用百里奚，因而亡国，秦穆公重用百里奚，因而称霸。不任用贤人就会导致灭亡，想要勉强支撑都是做不到的。"

淳于髡说："从前王豹住在淇水边的时候，住在河西的人都善于唱歌，绵驹住在高唐，齐国西部的人都善于唱歌，华周、杞梁的妻子擅长哭夫，因而改变了国家的民俗。内里存在的东西，一定会体现在外面。做某种事，却不见功效的，我从未见过。因此说，是没有贤人；有的话，我一定会知道他。"

孟子说："孔子做鲁国司寇的时候，不被重用，跟随君主祭祀，祭肉没有送到他这，于是没顾上摘掉祭祀时戴的礼帽，就离开了。不了解孔子的人以为他是为了祭肉的缘故，了解孔子的人认为他是为了鲁君的失礼而离开的。至于孔子，他就是想要担点小罪名离开，不想随便走掉。君子所做的事，普通人本来就不能了解。"

【历代论引】

杨氏曰："伊尹之就汤，以三聘之勤也。其就桀也，汤进之也。汤岂有伐桀之意哉？其进伊尹以事之也，欲其悔过迁善而已。伊尹既就汤，则以汤之心为心矣；及其终也，人归之，天命之，不得已而伐之耳。若汤初求伊尹，即有伐桀之心，而伊尹遂相之以伐桀，是以取天下为心也。以取天下为心，岂圣人之心哉？"

尹氏曰："淳于髡未尝知仁，亦未尝识贤也，宜乎其言若是。"

朱子曰："按《史记》：'孔子为鲁司寇，摄行相事。齐人闻而惧，于是以女乐遗鲁君。季桓子与鲁君往观之，怠于政事。子路曰："夫子可以行矣。"孔子曰："鲁今且郊，如致膰于大夫，则吾犹可以止。"桓子卒受齐女乐，郊又不致膰俎于大夫，孔子遂行。孟子言以为为肉者，固不足道；以为为无礼，则亦未为深知孔子者。盖圣人于父母之国，不欲显其君相之失，又不欲为无故而苟去，故不以女乐去，而以膰肉行。其见几明决，而用意忠厚，固非众人所能识也。然则孟子之所为，岂髡之所能识哉？"

【评析】

孟子在齐国位列三卿，可谓官高爵重，但他没有干出什么功业，就准备离开齐国。与孟子同在齐国为官的淳于髡对孟子说："贤人难道是这样的吗？"他对孟子颇有意见。

孟子为自己辩解说，君子贤人只要仁就行了，具体的做法何必相同呢？当然，这样空泛的议论不可能说服淳于髡。淳于髡说，像您这样的贤人，像公仪子、子柳、子思这样的贤人，恐怕本来就无益于国家吧？当着孟子说这话，火药味已经很浓了。孟子辩解说，如果鲁国不用贤人，那就不只是削地求和的问题，恐怕要像虞国那样灭亡呢。淳于髡进一步否认孟子为贤人，让他不要以贤者自居。孟子听了，举孔子故意让自己得一个小罪名然后离开鲁国的例子，意在说明，"君子之所为，众人固不识也"。

孟子离开齐国，是因为孟子认为，他应该当齐宣王之师，而齐宣王只把他当臣。这就是孟子没有明说的原因。

【史例解读】

君子之所为，众人固不识也

宋玉是战国时楚国著名的文学家，楚襄王时期的宠臣。

有一次，楚襄王问他："先生最近有行为失检的地方吗？为什么有人对你有许多不好的议论呢？"

宋玉若无其事地回答说："哦，是的，有这回事。请大王宽恕我，听我讲个故事：最近，有位远处来的客人来到我们郢都唱歌。他开始唱的是非常通俗的《下里》和《巴人》，城里跟着他唱的有好几千人。接着，他唱起了还算通俗的《阳阿》和《薤露》，城里跟他唱的要比开始时少多了，但还有好几百人。后来他唱格调比较高难的《阳春》和《白雪》，城里能跟他唱的只有几十个人了。最后，他唱出格调高雅的商音、羽音，又杂以流利的徵音，城里跟着他唱的人只有几个了。"说到这里，宋玉对楚王说："由此可见，唱的曲子格调越是高雅，能跟着唱的也就越少。圣人有奇伟的思想和表现，所以超出常人。一般人又怎能理解我的所作所为呢？"

楚王听了，说："哦！我明白了！"

七

【原文】

孟子曰："五霸者，三王之罪人也①；今之诸侯，五霸之罪人也；今之大夫，今之诸侯之罪人也。天子适诸侯曰巡狩，诸侯朝于天子曰述职。春省耕而补不足，秋省敛而助不给②。入其疆，土地辟，田野治，养老尊贤，俊杰在位，则有庆③，庆以地。入其疆，土地荒芜，遗老失贤，掊克在位，则有让④。一不朝，则贬其爵；再不朝，则削其地；三不朝，则六师移之。是故天子讨而不伐，诸侯伐而不讨。五霸者，搂诸侯以伐诸侯者也⑤，故曰：五霸者，三王之罪人也。五霸，桓公为盛。葵丘之会，诸侯束牲载书而不歃血⑥。初命曰：'诛不孝，无易树子，无以妾为妻。'再命曰：'尊贤育才，以彰有德。'三命曰：'敬老慈幼，无忘宾旅。'四命曰：'士无世官，官事无摄，取士必得，无专杀大夫⑦。'五命曰：'无曲防，无遏籴⑧，无有封而不告。'曰：'凡我同盟之人，既盟之后，言归于好。'今之诸侯皆犯此五禁，故曰：今之诸侯，五霸之罪人也。长君之恶其罪小，逢君之恶其罪大⑨。今之大夫，皆逢君之恶，故曰：今之大夫，今之诸侯之罪人也。"

【注释】

①五霸：一般指齐桓公、晋文公、秦穆公、宋襄公、楚庄王。三王：夏禹、商汤、周文王、武王。②省：视察。敛：收聚。给：丰足。③庆：封赏。④掊（póu）克：以苛税搜刮民财，这里指搜刮民财的人。让：责难。⑤搂：聚合。⑥葵丘：今河南考城县东三十里。载书：把盟书放在牺牲上。歃（shà）血：盟誓时杀牲而饮其血以示诚信。⑦摄：代理。专：独断独行。⑧曲：无不，遍。籴（dí）：买进粮食。⑨逢君：迎合君王。

【译文】

孟子说："五霸，是三王的罪人；如今的诸侯，是五霸的罪人；如今的大夫，是诸侯的罪人。天子到诸侯那里巡视叫巡狩，诸侯到天子那里朝拜叫述职。天子巡狩，春天视察耕种的情况，弥补财力不足的百姓；秋天视察收藏的情况，赈济粮食短缺的百姓。进入诸侯的疆土，如果土地得到开辟，田野得到治理，老人得到供养，贤人得到尊敬，杰出的人得以做官，那么就有封赏，拿土地来封赏。如果进入到诸侯的疆土，发现土地得不到开垦，老人得不到供养，贤人得不到任用，聚敛之人得以做官，就有责罚。一次不朝拜，就要降低他的爵位；两次不朝拜，就要削减他的封地；三次不朝拜，就要把军队派过去。因此，天子出兵是讨而不是伐，诸侯出兵是伐而不是讨。五霸，是聚合一部分诸侯去攻打另一部分诸侯的人，因此说，五霸是三王的罪人。五霸当中，齐桓公影响最大。在葵丘盟会诸侯，捆绑好牺牲，把盟书放在牺牲身上，而没有饮血。第一条盟约说：'声讨不孝之人，不要废立太子，不要立妾为妻。'第二条盟约说：'尊重贤人，培养人才，用来表彰有德之人。'第三条盟约说：'尊重老人，爱护幼小，不要慢待宾客、旅客。'第四条盟约说：'士人的官职不可世代相传，公家职务不可兼任，选用士人一定要得当，不可擅自杀戮大夫。'第五条盟约说：'不可到处构筑堤防，不可阻止邻国来采购粮食，不可施行封赏而不告诉盟主。'说：'所有参与这次同盟的人，在订立盟约以后，恢复从前的友好关系。'如今的诸侯都触犯了这五条禁令，因此说：如今的诸侯是五霸的罪人。助长君主的恶行，是小罪；逢迎君主的恶行，罪过就大了。如今的大夫都逢迎君主的恶行，因此说：如今的大夫，是诸侯的罪人。"

【历代论引】

赵氏曰："五霸：齐桓、晋文、秦穆、宋襄、楚庄也。三王，夏禹、商汤、周文、武也。"

林氏曰："邵子有言：'治春秋者，不先治五霸之功罪，则事无统理，而不得圣人之心。春秋之间，有功者未有大于五霸，有过者亦未有大于五霸。故五霸者，功之首，罪之魁也。'孟子此章之义，其若此也与？然五霸得罪于三王，今之诸侯得罪于五霸，皆出于异世，故得以逃其罪。至于今之大夫，其得罪于今之诸侯，则同时矣；而诸侯非惟莫之罪也，乃反以为良臣而厚礼之。不以为罪而反以为功，何其谬哉！"

【评析】

三代圣王、春秋五霸均已作古，孟子本文不在评述古人，而在斥责今之罪人，特别是那些为今日诸侯的罪恶开脱罪责，即所谓"逢君之恶"的大夫。

孟子用递进论证法，层层论证：先论证五霸为三王之罪人，以其不用仁道，而用霸道；再论证今之诸侯为五霸之罪人，以其都违反了五霸在葵丘盟会时所定的"五禁"盟约；今之大夫为今日诸侯之罪人，他们或者"长君之恶"，更有甚者"逢君之恶"，为君王的罪恶提供理论依据。

八

【原文】

鲁欲使慎子为将军①。孟子曰："不教民而用之，谓之殃民②。殃民者，不容于尧、舜之世。一战胜齐，遂有南阳③，然且不可。"

慎子勃然不悦曰："此则滑厘所不识也。"

曰："吾明告子。天子之地方千里；不千里，不足以待诸侯。诸侯之地方百里；不百里，不足以守宗庙之典籍。周公之封于鲁，为方百里也；地非不足，而俭于百里④。太公之封于齐也，亦为方百里也；地非不足也，而俭于百里。今鲁方百里者五⑤，子以为有王者作，则鲁在所损乎，在所益乎？徒取诸彼以与此，然且仁者不为，况于杀人以求之乎？君子之事君也，务引其君以当道，志于仁而已。"

【注释】

①慎子：名滑厘，鲁国大臣，善于用兵。②殃：残害。③南阳：地名，即汶阳。在泰山西南，汶水之北，是春秋时期齐、鲁两国争夺的要地。④俭：少。⑤方百里者五：有五个方圆一百里的诸侯国那么大。

【译文】

鲁国要让慎子做将军。孟子说："不对百姓施行教化就让他们作战，这叫残害百姓。残害百姓的人，在尧、舜那个时代是绝对不能容许的。打一次仗，战胜齐国，于是拥有南阳，这样尚且不可以。"

慎子勃然不高兴地说："这可是我所不知道的。"

孟子说："我明白地告诉你。天子的土地，方圆千里；不够一千里的话，就不能够接待诸侯。诸侯的土地，方圆百里；不够百里的话，就不能守住祖宗传下来的礼法制度。周公被封于鲁，方圆一百里；土地不是不够，可实际上少于一百里。太公被封于齐，也是方圆一百里；土地不是不够，可实际上少于一百里。如今鲁国有五个方圆一百里的诸侯国那么大，你认为如果有圣主明王兴起的话，那么鲁国的土地会处在被减损之列，还是被增加之列呢？不用兵力，只是从那个国家拿来东西给予这个国家，仁人尚且不去做，何况用杀人的方式去求取土地呢？君子侍奉君主，应一心一意地引导君王走正路，用心于仁罢了。"

【历代论引】

朱子曰："鲁地之大，皆并吞小国而得之。有王者作，则必在所损矣。"

又曰："当道，谓事合于理，志仁，谓心在于仁。"

【评析】

鲁君想让慎子当将军，孟子却让慎子引导鲁君去走仁这条正道，不要去打仗，甚至说，即使你一战而胜强齐，于是拥有了南阳之地，尚且不可以。

推行仁政，当然有理；穷兵黩武，当然不对。但鲁有强齐为邻，多次削地求和，孟子对一个将军不断地讲仁，似有迂阔之嫌。

孟子反复讲天子之地纵横千里，诸侯百里，本章又说鲁国、齐国当初封地大多都在百里，这种说法大可怀疑。周公分封诸侯时，就是大体划个地盘而已，何至于如此精确？且分封在中原的诸侯，因土地肥沃，分封的诸侯又多，估计才稍稍把地划清楚一点。至于分封在其他地方的诸侯，因当时地广人稀，土地又多未开垦，当时只是大体划个地盘而已。孟子的"千里""百里"说，殊不可信。

九

【原文】

孟子曰："今之事君者皆曰：'我能为君辟土地充府库。'今之所谓良臣，古之所谓民贼也。君不乡道①，不志于仁，而求富之，是富桀也。'我能为君约与国②，战必克。'今之所谓良臣，古之所谓民贼也。君不乡道不志于仁，而求为之强战，是辅桀也。由今之道，无变今之俗，虽与之天下，不能一朝居也。"

【注释】

①乡：同"向"。②约与国：邀约盟国。

【译文】

孟子说："如今侍奉君主的人都说：'我能为您开辟土地充实府库。'如今所谓的好大臣，就是古代所说的祸害百姓的人。君主不向往道德，不用心于仁，你却想让他富足，这是使夏桀富足。'我能替您邀约盟国，作战一定会取胜。'如今所谓的好大臣，就是古代所说的残害百姓的人。君主不向往道德，不用心于仁，你却要替他尽力作战，这等于在辅佐夏桀。沿着今天的道路走下去，不改变今天的习俗，即使把天下交给他，他也是一天都坐不稳的。"

【历代论引】

朱子曰："约，要结也。与国，和好相与之国也。"

【评析】

本章明显紧承上章，继续申发"引其君""志于仁"之意，仍是孟子与慎子的谈话。

所谓"今之事君者"的说法，显然是富国强兵的说法，而孟子所反对的，正是这种不行仁政而穷兵黩武的做法，所以他深恶痛绝地说："今之所谓良臣，古之所谓民贼也。"在孟子所处的时代，战争与仁义道德，至少在孟子的思想上是格格不入的。正因为这样，他才一直反对靠战争、靠军事力量取胜的"霸道"，而主张靠政治、靠仁义道德吸引人、感化人的"王道"。这是仁义道德与"强兵"的冲突。

至于"富国"，讲的是"利"，追求的是"辟土地，充府库"，这与他所说的"以义治国，何必言利"正是针锋相对的观点。

由此可见，孟子之所以深恶痛绝那些自诩能够富国强兵的"今之所谓良臣"，是以"君不乡道，不志于仁"为前提的。换言之，这些人所搞的富国强兵是与孟子心目中的仁义道德相对立的。

十

【原文】

白圭曰①："吾欲二十而取一，何如？"

孟子曰："子之道，貉道也②。万室之国，一人陶，则可乎？"

曰："不可，器不足用也。"

曰："夫貉，五谷不生，惟黍生之③。无城郭、宫室、宗庙、祭祀之礼，无诸侯币帛饔飧④，无百官有司，故二十取一而足也。今居中国，去人伦，无君子⑤，如之何其可也？陶以寡，且不可以为国，况无君子乎？欲轻之于尧、舜之道者，大貉、小貉也；欲重之于尧、舜之道者，大桀、小桀也。"

【注释】

①白圭：名丹，字圭，魏惠王臣，善于筑堤防，修水利。②貉（mò）：同"貊"，古代泛指居于北方的民族。③黍：谷物名，子粒性黏。北方称之为黄米。④饔飧（yōng sūn）：熟食。饔：早餐。飧：晚餐。文中指用饮食款待客人的礼节。⑤去人伦：无君臣祭祀交际之礼。无君子：无百官有司。

【译文】

白圭说："我想把税率定为二十抽一，怎么样？"

孟子说："你的办法是貉国施行的方法。假如一个国家有上万户人家，只有一个人制作陶器，那能行吗？"

回答说："不行，陶器不够用。"

孟子说："貉这个国家，各种谷物都不生长，只产糜子。没有城墙、房屋、祖庙、祭祀的礼仪，没有国家间的交往、互赠礼物和宴享，没有各种官吏，因此二十抽一就足够了。如今在中原国家，无君臣祭祀交际之礼，无百官有司，怎么能行呢？做陶器的太少，尚且不能够治理好国家，何况没有百官有司呢？想要比尧、舜的税率还轻的，是大貉、小貉；想要比尧、舜的税率还重的，是大桀、小桀。"

【历代论引】

林氏曰："按《史记》：白圭能薄饮食，忍嗜欲，与童仆同苦乐。乐观时变，人弃我取，人取我与，以此居积致富。其为此论，盖欲以其术施之国家也。"

朱子曰："无君臣、祭祀、交际之礼，是去人伦；无百官有司，是无君子。"

【评析】

本章与下章，都是孟子与白圭的对话。

相传尧舜之时，税率为十分抽一，后为历代定制。白圭欲行仁政，想将税率定为二十抽一。殊不知，孟子从实际情况出发，奉行的是无过无不及的中庸之道，既反对税率过低，用度不够，也反对过高的税率，过度的剥削。

孟子认为，白圭的办法是北方小国貊国的办法。像貊国这样落后的小国，国家用度很少，税率可以低一些。但在华夏文化区的中国，国家的开销就很大，二十抽一的税率就低了。孟子主张还是用尧舜之道，一般按十分抽一来征税。如果国家小用度少，税率可再低一些，但不能再提高税率了，否则就是夏桀那样的暴君了。

【史例解读】

三十取一

文景之治，千百年来被人们所称道。

文景之治最重要的国策就是休养生息。汉文帝即位以后，十分重视农业生产，他多次下诏劝课农桑，按户口比例设置三老、孝悌、力田若干员，经常给予他们赏赐，以鼓励农民发展生产。

同时汉文帝还注意减轻人民负担，文帝二年（公元前178年）和十二年，曾两次"除田租税之半"，即租率减为三十税一，十三年还全部免去田租。自此以后，三十税一遂成为汉代定制。

十一

【原文】

白圭曰："丹之治水也愈于禹。"

孟子曰："子过矣。禹之治水，水之道也，是故禹以四海为壑。今吾子以邻国为壑①。水逆行，谓之洚水②，洚水者，洪水也，仁人之所恶也。吾子过矣。"

【注释】

①壑：本指沟壑。文中指承受水患的地方。②水逆行：指下流壅塞，水倒流。洚（jiàng）水：大水泛滥。

【译文】

白圭说："我治理水患比大禹强。"

孟子说："你错了。夏禹治理水患，是顺应水的本性而行，因此夏禹是使水流入四海。如今你治理水患是使水流到邻国那里去。水流逆向行进叫作洚水。洚水，就是洪水，是仁人最厌恶的。你错了。"

【历代论引】

赵氏曰："当时诸侯有小水，白圭为之筑堤，壅而注之他国。"

朱子曰："水逆行者，下流壅塞，故水逆流，今乃壅水以害人，则与洪水之灾无异矣。"

【评析】

本章承上章继续写孟子与白圭的对话。

白圭说："我治水比大禹强。"

孟子说："你错了。大禹治水，顺应水往下流的本性，以四海为沟壑，为天下治水。你治水却以邻国为沟壑，让邻国成为水乡泽国，损人利己，是仁者厌恶的行为。"

把灾祸转嫁给别人，却自鸣得意，白圭的沾沾自喜，很自然地遭到孟子的批评。

【史例解读】

以邻为壑

嘉靖、隆庆年间（公元1522年—公元1572年），荆江流域发生洪水，宰相张居正是湖北江陵人。张居正为了保护在湖北安陆的"显陵"以及他自己家乡江陵的安全，采取以邻为壑的政策，在荆江北岸筑起黄檀长堤，北岸的堤又高又厚，南岸的堤又低又薄，于是南岸就被洪水先后冲开四个口子，松滋、太平、藕池、调弦四个口子冲开了，洪水淹到了湖南和洞庭湖。长江水沙多由荆南排入洞庭湖区，在湖底淤高而来水有增无减的情况下，洪水期湖面水域不断扩展，西洞庭湖与南洞庭湖也逐渐形成。

而荆江北岸堵了以后，已有几千年历史的云梦泽基本消失，很多湖泊就变成土地了。可是北岸的人没有高兴太久，大洪水来了以后，南岸虽然当年受到损失，但是土地却淤肥了，第二年高产丰收，当地人比起江北岸的人，生活也开始殷实起来。

后来，江岸北一带的人就开始埋怨张居正，堵了北岸之后，这好处反而给了江湖岸的人了。

十二

【原文】

孟子曰："君子不亮，恶乎执①？"

【注释】

①亮：同"谅"，诚信。执：秉持。

【译文】

孟子说："君子不讲信用，拿什么待人处世呢？"

【历代论引】

朱子曰:"恶乎执,言凡事苟且,无所执持也。"

【评析】

本章论诚信为立身之本。

孟子一方面说:"君子不亮,恶乎执?"另一方面却又说:"大人者,言不必信,行不必果,惟义所在。"(《离娄下》)

这种自相矛盾,其实正是坚守原则与适时变通的对立统一。一句话,要大信,不要小信;要在原则问题上讲信用,不要拘泥固守于小节上的一成不变。

十三

【原文】

鲁欲使乐正子为政。孟子曰:"吾闻之,喜而不寐。"

公孙丑曰:"乐正子强乎?"

曰:"否。"

"有知虑乎?"

曰:"否。"

"多闻识乎?"

曰:"否。"

"然则奚为喜而不寐?"

曰:"其为人也好善①。"

"好善足乎?"

曰:"好善优于天下②,而况鲁国乎?夫苟好善,则四海之内,皆将轻千里而来告之以善③。夫苟不好善,则人将曰:'訑訑④,予既已知之矣。'訑訑之声音颜色,距人于千里之外⑤,士止于千里之外,则谗谄面谀之人至矣。与谗谄面谀人之人居,国欲治,可得乎?"

【注释】

①好善：好纳善言。②优于天下：治天下而能应付自如。③轻千里：以千里之远为易行。轻：易。④訑訑（yí）：傲慢自满的样子。⑤距：同"拒"。

【译文】

鲁国将要让乐正子执政。孟子说："我听说这件事，高兴得睡不着觉。"

公孙丑说："乐正子刚强吗？"

孟子回答说，"没有。"

"那他有智慧和谋略吗？"

孟子回答说："不。"

"他见识很多吗？"

孟子回答说："不。"

"既然这样，那您为什么高兴得睡不着呀？"

孟子回答说："他这个人喜欢吸纳善言。"

"喜欢吸纳善言就够了吗？"

孟子回答说："喜欢吸纳善言，治理天下都能应付自如，何况是治理鲁国呢？一旦执政者喜欢吸纳善言，那么全天下的人都会不远千里地来把善言告诉他。一旦执政者不喜欢吸纳善言，人们就会学着他的样子说：'嗯、嗯，我都已经知道了。'嗯嗯的声音脸色就能把人拒绝在千里之外。士人在千里以外止步，那么喜欢进谗言和当面阿谀奉承的人就会到来。同喜欢进谗言和当面阿谀奉承的人在一起相处，想要把国家治理好，办得到吗？"

【历代论引】

朱子曰："君子小人，迭为消长。直谅多闻之士远，则谗谄面谀之人至，理势然也。此章言为政，不在于用一己之长，而贵于有以来天下之善。"

【评析】

本章论为政者应广纳善言。

在孟子看来，治理好一个国家并不单靠执政者个人的能力、智慧和学识，而应当广泛听取和采纳别人的意见，集思广益。这样，就会吸引天下的有识之士，治理国家与君子为伍，就会治理好天下好。相反，如果自以为是，不纳善言，必与小人为伍，不仅天下不可治，连诸侯国都不可治。

【史例解读】

拒人于千里之外

戊戌变法的主要人物梁启超是举人出身。有一年春节，梁启超到广州投刺，拜见两广总督张之洞。当时，张之洞正兴办新式书院，开展洋务运动。梁启超锐意改良，想力挽清王朝颓势，对张之洞寄予极大的期望。张之洞见投刺落款为"愚弟梁启超顿首"，很不高兴，于是出联斥难。联文是：披一品衣，抱九仙骨，狂生无礼称愚弟。

这上联狂傲无礼，且拒人于千里之外。梁启超气度不凡，坦然对了下联，请来人回送给张之洞。联文是：行千里路，读万卷书，侠士有志傲王侯。

对答不卑不亢，有理有据，文字高雅。张之洞一看，马上出衙迎接。后来，张之洞调任湖广总督，名气更大，傲气也更盛。梁启超到江夏拜访他。张之洞又出一联：四水江第一，四时夏第二，先生居江夏，谁是第一，谁是第二？

才思敏捷的梁启超，略加思索，巧妙地答出下联：三教儒在先，三才人在后，小子本儒人，何敢在先，何敢在后。

张之洞吟诵再三，不禁叹息道："此书生真乃天下奇才也！"

十四

【原文】

陈子曰[①]："古之君子何如则仕？"

孟子曰："所就三，所去三。迎之致敬以有礼，言将行其言也，则就之；礼貌未衰，言弗行也，则去之。其次，虽未行其言也，迎之致敬以有礼，则就之；礼貌衰，则去之。其下，朝不食，夕不食，饥饿不能出门户，君闻之曰：'吾大者不能行其道，又不能从其言也，使饥饿于我土地，吾耻之。'周之[②]，亦可受也，免死而已矣。"

【注释】

①陈子：指陈臻，孟门弟子。②周：周济。

【译文】

陈子问："古代的君子要怎样才去做官？"

孟子说："前去就职的情况有三种，自动离职的情况有三种。毕恭毕敬地以礼相迎，对他所说的话，打算去施行，便去就职；礼貌虽然没有衰减，但他所说的话，不能够得以施行，便离开。其次，虽然没有将他的言论付诸实践，但毕恭毕敬地以礼相迎，那么便就职；礼貌衰减，就离开。最后，从早到晚都吃不上饭，饿得走不出屋门，君主知道了，说：'我从大的方面说不能推行他的主张，又不能听从他的进言，使他在我的国土上饿肚子，我为此感到羞耻。'于是周济他，若能这样，也可以接受，只为免于一死罢了。"

【历代论引】

朱子曰："所谓见行可之仕，若孔子于季桓子是也。受女乐而不朝，则去之矣。"

又曰："所谓际可之仕，若孔子于卫灵公是也。故与公游于囿，公仰视蜚鴈而后去之。"

又曰："所谓公养之仕也。君之于民，固有周之之义，况此又有悔过之言，所以可受。然未至于饥饿不能出门户，则犹不受也。其曰免死而已，则其所受亦有节矣。"

【评析】

本章答弟子陈臻问，论君子出仕之道。

孟子把君子出仕的情况分为三等，最上等的是君主礼遇，又言听计从；其次是仅给礼遇，但不纳君子的善言；最下等的是不仅不纳善言，甚至连起码的礼遇都没有，去做官，不过是混碗饭吃，免于饿死而已。

上等的，是以君子为师。这是中国古代知识分子最理想的出仕模式，除了伊尹、管仲、诸葛亮等极少数人外，鲜有人能够做到。

十五

【原文】

孟子曰："舜发于畎亩之中，傅说举于版筑之间，胶鬲举于鱼盐之中①，管夷吾举于士，孙叔敖举于海，百里奚举于市②。故天将降大任于是人也，必先苦其心志，劳其筋骨，饿其体肤，空乏其身，行拂乱其所为③，所以动心忍性，曾益其所不能④。人恒过，然后能改；困于心，衡于虑，而后作；征于色⑤，发于声，而后喻。入则无法家拂士⑥，出则无敌国外患者，国恒亡。然后知生于忧患而死于安乐也。"

【注释】

①傅说（yuè）：殷相。曾帮助武丁获得殷商中兴。版筑：古代的筑墙方法。用两板相夹，以泥土置其中，用杵夯实。胶鬲：殷周时人，原为纣王臣子，后为周武王所重用。②管夷吾：即管仲，春秋时期齐国人。曾帮助齐桓公成就帝业。士：掌管刑狱的官。孙叔敖：人名，春秋时期楚国令尹。百里奚：春秋时秦穆公的贤相。原为虞国大夫，后得到秦穆公重用，最终帮助秦穆公成就了霸业。③拂（fú）：逆，违背。④曾：通"增"。⑤征：表露，显露。⑥拂（bì）士：能够直谏矫正君主过失的人。拂：通"弼"。

【译文】

孟子说："舜兴起于田野之中，傅说从筑墙的工作中得到选用，胶鬲从鱼盐的工作中得到选用，管夷吾从狱官手里获释而得到选用，孙叔敖从海边被选用，百里奚从市场当中被选用。因此说，天打算把重要任务落实到某个人身上时，一定会先使他的心意苦恼，使他的筋骨劳累，使他的所作所为都受到干扰而不能如意，用这种方式去触动他的心灵，坚韧他的性格，增加他的才能。人经常犯错误，然后才能改正；心中困苦，思虑阻塞，然后才能有所奋发；体现在神情上，生发在言语中，然后才能被人明白。在国内没有遵守法度的大臣和足以辅弼的士人，国外没有与之抗衡的国家和外在的忧患，国家经常会灭亡。这样以后才知道忧虑祸患可以使人生存，安逸享乐会致人死亡。"

【历代论引】

朱子曰："动心忍性，谓竦动其心，坚忍其性也。然所谓性，亦指气禀食色而言耳。程子曰：'若要熟，也须从这里过。'"

又曰："中人之性，常必有过，然后能改。盖不能谨于平日，故必事势穷蹙，以至困于心，横于虑，然后能奋发而兴起；不能烛于几微，故必事理暴着，以至验于人之色，发于人之声，然后能警悟而通晓也。"

尹氏曰："言困穷拂郁，能坚人之志，而熟人之仁，以安乐失之者多矣。"

【评析】

本章论生于忧患而死于安乐。

孟子在列举了前贤的例子以后总结说，老天爷要将重大任务降落到一个人身上，一定会先想办法让他有能力承担重任。什么办法？就是苦恼他的心志，劳累他的筋骨，饿他的肚子，穷困他的身子，他做事总被搅乱，用以触动他的心灵，坚韧他的性情，提升他的能力。

孟子认为，一个人，往往在逆境中、挫折中容易奋起。他说，一个人，常犯错误，才能改正；心意困苦，思虑横塞，才能发奋而有所作为；表现在脸上，吐发在言谈中，别人才会了解。人是这样，国家何尝不是这样？如果一个国家没有执法的大臣和辅弼的贤士，国外没有敌国外患，这样的国家常会灭亡。

本章言简意赅，说理透辟，后人常引以为座右铭，激励无数志士仁人在逆境中奋起。这是对生命痛苦的认同以及对艰苦奋斗而获得胜利的精神的弘扬。

【史例解读】

生于忧患，死于安乐

公元前210年，刘邦领兵向西直驱关中，进入咸阳。众将领都争先恐后地奔往秦朝贮藏金帛财物的府库，瓜分财宝，唯独萧何入宫取秦朝丞相府的地理图册、文书、户籍簿等档案收藏起来，刘邦借此全面了解了天下的山川要塞、户口的多少及财力、物力强弱的地方的分布。

刘邦看到秦王朝的宫室、帷帐，名种狗马、贵重宝器和宫女数以千计，便想留下来在皇宫中居住。樊哙劝谏说："您是想拥有天下，还是只想做一个富翁啊？这些奢侈华丽之物，都是招致秦朝覆灭的东西，您要它们有什么用呀！望您尽快返回灞上，不要滞留在宫里。"

但是乐不思蜀的刘邦一点也听不进去。樊哙于是告诉了张良，张良对刘邦说："秦朝因为不施行仁政，所以您才能够来到这里，而为天下人铲除残民之贼。您应如同丧服在身，把抚慰人民作为根本。现在您刚刚进入秦的都城，就要安享其乐，恐怕就要像前人所说的'生于忧患，死于安乐'了。况且忠言逆耳利于行，良药苦口利于病，望您能听取樊哙的劝告！"

刘邦听了以后，这才恋恋不舍地率军返回灞上。

天降大任于是人也

战国时，伍子胥父子被楚王猜疑，父子二人一起遇害，伍子胥只得逃往国外。他先奔宋国，后走郑国，几经辗转，也没有找到栖身之所。最后，伍子胥只好投奔吴国。他逃出郑国后，白天躲藏，晚上赶路，终于进入了吴国境内。但是正所谓天将降大任于是人也，必先使他经历一番磨难。伍子胥虽然进入吴国，却没有人识得这位潦倒的英雄。伍子胥只得双膝跪地，鼓起肚子吹箎，乞讨些剩菜剩饭糊口。

伍子胥似乎注定要成为把楚国逼到亡国边缘的人。不久，吴国将军公子光得知伍子胥来到了吴国，认为伍子胥是堪为吴用的"楚才"。但他故意推迟与伍子胥的会晤，以观察这只勇猛高傲的鹰在压力面前的表现，他把伍子胥引见给吴王僚，伍子胥迫不及待地煽动吴王伐楚，不料遭到当头棒喝。

于是伍子胥转而投靠公子光，他觉察到公子光胸怀篡位的野心，就处心积虑收买一名叫专诸的刺客献给公子光，然后隐居山野开荒种田，等待时机。公子光终于登上了王位，伍子胥也终于得以出山。在此后的九年中，伍子胥同孙武一起策划了四次对楚国的战争，最后一次还攻占了郢都，几乎灭了楚这个超级大国。

十六

【原文】

孟子曰:"教亦多术矣①,予不屑之教诲也者②,是亦教诲之而已矣。"

【注释】

①术:方法。②不屑:不值得,表示轻视。

【译文】

孟子说:"教育的方法也有很多种呢,我认为不值得去教诲就不教诲他,这对他也是一种教诲呀。"

【历代论引】

尹氏曰:"言或抑或扬,或与或不与,各因其材而笃之,无非教也。"
朱子曰:"不以其人为洁而拒绝之,所谓不屑之教诲也。其人若能感此,退自修省,则是亦我教诲之也。"

【评析】

本章论不教之教。弟子求教,而孟子不屑于教诲,这对弟子的刺激必然很大,很可能激发弟子发奋努力。

"不屑之教"的奥妙在于,我之所以不屑于教诲他,是让他羞愧而奋发向上。因此,不屑于教诲只是不从正面讲道理而已,而是从反面激发他的自尊心。这是教育心理学的实际运用。

主帅调兵遣将,有所谓激将法,亦与不教之教相似。

卷十三　尽心上

【题解】

　　本篇共四十六章。内容涉及自身修养、仁政的实行、民本思想、君子之道等多个方面，中心内容在于阐述"尽心""知性""知天"的思想。孟子开宗明义地提出："尽其心者，知其性也。"要做到尽心、知性、知天，就必须存心、养性、事天。存心、养性、事天是为了做到尽心、知性、知天，两者在本质上是一致的。孟子认为心、性、天是三位一体的，三者是一个完整的统一体。这是本篇的纲领性命题，也是孟子哲学思想体系的基石。

　　孟子在论述尽心、知性、知天或存心、养性、事天的途径时说："万物皆备于我矣。反身而诚，乐莫大焉。强恕而行，求仁莫近焉。"这就是说，到达尽心、知性、知天的途径有两条：一条是内在的自我反省的功夫，一条是外在的践履仁义的功夫。两者是互为表里、相辅为用的。

　　本篇前三章主要论及自身修养与"立命"的关系，提出"尽心""知性""知天"的思想。第四章至第七章进一步论述加强自身修养的重要性，以及羞耻感在道德修养中所起的作用。第八章至第十一章主要论述士人的品格，指出士人应以行道为己任，不为富贵、地位所诱惑。第十二章至十四章主要论述统治者应如何实行仁政。其间，力主王道，肯定圣人的教化作用，以及"善教"在社会生活中的作用。第十五章至第二十一章主要论及实行仁义的现实可能性及方法，指出"仁""义"是与生俱来的良知、良能，人们只要不断提高修养，就能拥有它。第二十二章至二十五章主要论述圣人之道，叙述它所涵盖的内容、指出圣人与常人的不同以及追求圣人之道的方式。第二十六章至第三十六章进一步论述修身问题，指出本性不应被外物所影响，修养身心应善始善终。第四十章至四十六章论述君子之道，包括教育之道，如提倡因材施教，告诫学者要诚心诚意等，包括处事之道，如坚守原则，与道共进退，亲疏有别，分清轻重缓急等。

一

【原文】

孟子曰："尽其心者，知其性也。知其性，则知天矣。存其心，养其性，所以事天也。夭寿不贰①，修身以俟之，所以立命也。"

【注释】

①贰：怀疑。

【译文】

孟子说："充分发挥人的善良的本心，就是知晓了人的本性。知晓人的本性，就知晓天命了。保持人的本心，养护人的本性，这是侍奉上天的办法。生命的长短不必去疑虑，修养好自身，等待着天命就是了，这就是用以安身立命的方法。"

【历代论引】

程子曰："心也、性也、天也，一理也。自理而言谓之天，自禀受而言谓之性，自存诸人而言谓之心。"

张子曰："由太虚，有天之名；由气化，有道之名；合虚与气，有性之名；合性与知觉，有心之名。"

朱子曰："尽心知性而知天，所以造其理也；存心养性以事天，所以履其事也。不知其理，固不能履其事；然徒造其理而不履其事，则亦无以有诸己矣。知天而不以夭寿贰其心，智之尽也；事天而能修身以俟死，仁之至也。智有不尽，固不知所以为仁；然智而不仁，则亦将流荡不法，而不足以为智矣。"

【评析】

本章论述修身养性以安身立命。

孟子认为，人生来就具有善良的本性，尽了我们善良的本心，就是知道了"仁"的本性。知道了"仁"的本性，也就知道天命了。他主张保存我们善良的本心，培养我们"仁"的天性，这就是对待天命的办法。短命也好，长寿也罢，我们都不要三心二意，而要修身养性以等待天命，这就是我们安身立命的方法。

孟子不主张消极等待命运的安排，而强调以个体的道德自律来"立命"，从而极大地突出了个体的人格价值及其所肩负的道德责任和历史使命。

【史例解读】

尽人事，安天命

朱元璋的军师刘伯温这样自勉："岂能尽如人意，但求无愧我心。"就是"尽人事，安天命"的意思。

刘伯温，名刘基，字伯温，自幼聪明。在家庭的熏陶下，他从小就好学深思，喜欢读书，对儒家经典、诸子百家之书都非常熟悉。刘伯温14岁时入处州郡学读《春秋》，17岁师从处州名士郑复初学习宋明理学，同时积极准备科举考试。天生的禀赋和后天的努力，使年轻的刘伯温很快在当地脱颖而出，成为江浙一带的大才子、大名士，开始受到世人的瞩目。他的老师郑复初就曾对刘伯温祖父说："他日这个孩子必定会光大你家门楣，振兴刘氏家族！"西蜀名士赵天泽在品评江左人物时，将刘伯温列为第一，将他与诸葛孔明相比，说刘伯温他日一定会成为济时大器。

刘伯温果然是人中之杰。他于元统元年（公元1339年）考取进士，后进入仕途。元末天下大乱，他追随明太祖朱元璋，帮助其统一了天下。

二

【原文】

孟子曰："莫非命也，顺受其正，是故知命者不立乎岩墙之下①。尽其道而死者，正命也；桎梏死者②，非正命也。"

【注释】

①岩墙：高而危的墙。②桎梏（zhì gù）：古代束缚犯人的刑具。这里比喻因犯法而被处死。

【译文】

孟子说："没有什么不是命运决定的，但顺应规律去行事，就会得到正常的命运。因此，知晓天命的人不会站在有倒塌危险的高大墙壁下。尽力行道而死的人，所承受的是正常的命运；犯法而被处死的人，所承受的不是正常的命运。"

【历代论引】

朱子曰："人物之生，吉凶祸福，皆天所命。然惟莫之致而至者，乃为正命，故君子修身以俟之，所以顺受乎此也。"

【评析】

本章论天命。

孟子认为，人的寿夭顺逆贵贱穷达，没有不是命运决定的。但孟子的立足点是在"顺受其正"上，顺理而行，顺应命运，也就承受正常的命运。有些规律不可抗拒，故儒家主张尽人事而听天命。

看来，孟子认为，天命虽不可违，但仍可以用自己的努力去尽人事，去干预，去选择。

三

【原文】

孟子曰："求则得之，舍则失之，是求有益于得也，求在我者也。求之有道，得之有命，是求无益于得也，求在外者也。"

【译文】

孟子说："有些东西寻求就能得到，不寻求就会失去，这是有益于收获的寻求，因为所寻求的存在于我自身。寻求有一定的方法，能否得到却取决于命运，这是无益于收获的寻求，因为所寻求的存在于我自身以外。"

【历代论引】

赵氏曰："言为仁由己，富贵在天，如不可求，从吾所好。"

【评析】

本章秉承孔子为仁由己、富贵在天的思想，实际上仍论天命。

人生在世，当然人人都会有追求，孟子把这些追求的东西一分为二：有些东西，你追求它，便会得到它，舍弃它，就会失去它，这就是不断追求有助于获得它，追求的对象在我们自己身上，如仁义礼智；有些东西，虽然你"求之有道"，但得到得不到却由天命来决定，这就是追求而无益于获得的情况，因为追求的对象在我们身外，如功名利禄。

所以，凡事要顺其自然，追求本身具有的良知，不刻意追逐功名利禄，用一种平静的心态对待世事。

四

【原文】

孟子曰："万物皆备于我矣。反身而诚，乐莫大焉。强恕而行，求仁莫近焉。"

【译文】

孟子说："天地万物的根本原理都存在于我的本心之中了。反省自身，发现自己是诚实的，这是最大的快乐。勉励自己依从推己及人的恕道行事，这是最近的求仁之路了。"

【历代论引】

朱子曰："此言理之本然也。大则君臣父子，小则事物细微，其当然之理，无一不具于性分之内也。"

又曰："反身而诚则仁矣,其有未诚,则是犹有私意之隔,而理未纯也。故当凡事勉强,推己及人,庶几心公理得而仁不远也。此章言万物之理具于吾身,体之而实,则道在我而乐有余;行之以恕,则私不容而仁可得。"

【评析】

本章实际上论仁。

孔子说:"仁者,爱人。"这是积极的说法。又说:"己所不欲,勿施于人。"这是消极的说法,也就是"恕",可见"恕"也是"仁"。

孟子的"诚恕"的观点,与孔子的"仁恕"的观点是相通的。孟子认为,天地万物的根本原理都存在于我的本心之中,也就是良知。所谓凭良心行事,便能胸怀坦荡,无所牵挂。

五

【原文】

孟子曰:"行之而不著焉①,习矣而不察焉,终身由之而不知其道者,众也。"

【注释】

①著:彻底明白。

【译文】

孟子说:"做了却不知道为什么要这样做,习以为常却不知其所以然。终生都顺着这条道走,却不知道这是条什么道,在人群中,这种人占多数。"

【历代论引】

朱子曰:"言方行之而不能明其所当然,既习矣而犹不识其所以然,所以终身由之而不知其道者多也。"

【评析】

本章讲人要活明白，要有终身之志。

但是芸芸众生却常常是老这么做而不明白为什么这么做，习惯了而不知其所以然，终身都走这条路而不知这是条什么路，这样的人，就是活得稀里糊涂的普通人。

在黑格尔哲学中，这样的人是处于"自在"状态的人，尚没有达到"自为"的程度。所谓"自在"状态，就是缺乏"自觉"的主体意识，不能自己认识自己。所谓"自为"，就是具有独立的主体意识，凡事都要问个"为什么"，做一件事，知道自己为什么要做，在生活中不断反省，认识自己。

孟子一生，坎坎坷坷，曲曲折折，但他始终为了一个目标，就是施行仁政，可称得上是一个"自为"的人。

六

【原文】

孟子曰："人不可以无耻，无耻之耻，无耻矣。"

【译文】

孟子说："人不可以没有羞耻之心，对无耻感到羞耻，就没有耻辱了。"

【历代论引】

赵氏曰："人能耻己之无所耻，是能改行从善之人，终身无复有耻辱之累矣。"

【评析】

人有羞耻之心，知道哪些事该干，哪些事不该干，这就是智。人无廉耻，百事可为，他就不仅没有智，也不会有礼、有义、有仁，那么他就与禽兽无异了。所以孟子讲，人不可以没有羞耻之心，懂得耻辱，有自尊心，就可以免于耻辱了。这是一个人进步的起点。

七

【原文】

孟子曰："耻之于人大矣，为机变之巧者①，无所用耻焉。不耻不若人，何若人有？"

【注释】

①机变：巧诈。

【译文】

孟子说："羞耻之心对于人来说是很重要的，行巧诈之事的人，没有地方用得着羞耻之心。不把赶不上别人看作羞耻，怎么能赶上别人呢？"

【历代论引】

程子曰："耻其不能而为之可也，耻其不能而掩藏之不可也。"

朱子曰："耻者，吾所固有羞恶之心也。存之则进于圣贤，失之则入于禽兽，故所系为甚大。"

【评析】

本章仍论人当有羞耻之心。

孟子这段话并非空泛的议论，而是有感而发。春秋时代，国与国，人与人，说话还算数，就是打仗，也是先排好阵势，然后才开打。战国时代，一切都变了，说话不算数，一切都耍奸诈、讲权谋。所以孟子说，那些专干奸诈之事的人，那是没什么地方用得着羞耻之心的。

八

【原文】

孟子曰："古之贤王好善而忘势，古之贤士何独不然？乐其道而忘人之势。

故王公不致敬尽礼，则不得亟见之①。见且由不得亟②，而况得而臣之乎？"

【注释】

①亟（jí）见：犹言想见就见。亟：急。②由：同"犹"。

【译文】

孟子说："古代的贤明君主喜欢善行，就忘记了自身的权势，古代的贤明士人又何尝不是如此？他们喜欢行道却忘记了别人的权势。因此王公贵族不对他恭敬尽礼，就不能够想见就见。多见一面尚且不行，何况要把他当臣下呢？"

【历代论引】

朱子曰："言君当屈己以下贤，士不枉道而求利。二者势若相反，而实则相成，盖亦各尽其道而已。"

【评析】

孟子离开齐国，辞去三卿之位时曾经说过，真正的贤士应是不召之臣，他们是君主的师傅，有能力致君于尧舜之上。君主要用这样的贤士，必须礼遇有加，他们才可能出仕。孟子认为，他自己就是这样的贤士。齐宣王不能这样待他，所以他辞官回到邹国老家。

乐道忘势，是弘扬读书人的气节和骨气。孟子认为，古代的贤王好纳善言而忘记自己的权势，古代的贤士又何尝不是以善言为重而以权势为轻？那些贤士，乐于走自己的仁道而忘记了别人的权势，所以王公不对他恭敬尽礼，就不想见他，见他尚且不可以，何况还要他作臣下呢？

这段话，大概是针对当时为求闻达而不择手段的士人们说的。

九

【原文】

孟子谓宋勾践曰①："子好游乎？吾语子游②。人知之，亦嚣嚣③；人不知，亦嚣嚣。"曰："何如斯可以嚣嚣矣？"

曰："尊德乐义，则可以嚣嚣矣。故士穷不失义，达不离道。穷不失义，故士得己焉[4]；达不离道，故民不失望焉。古之人，得志，泽加于民；不得志，修身见于世。穷则独善其身，达则兼善天下。"

【注释】

①宋勾践：姓宋，名勾践，孟子同时代人。②游：游说。③嚣嚣（áo）：自得无欲的样子。④得己：自得其乐。

【译文】

孟子对宋勾践说："你喜欢游说君主吗？我和你说说游说的事。别人了解你的用意，你要自得其乐；别人不了解你的用意，你也要自得其乐。"

宋勾践问道："怎么做才能够自得其乐呢？"

孟子回答说："尊崇德，喜欢义，就能够自得其乐了。因此，士人困窘时，不会失去义；得意时，不会背离道。困窘时不失去义，所以士就能够自得呀；有地位的时候不背离道，因此百姓不会对他感到失望。古时的人，得志时施恩泽于百姓；不得志时，修养自身显现于世间。困窘时便独善其身，得志时便兼善天下。"

【历代论引】

朱子曰："得己，言不失己也。民不失望，言人素望其兴道致治，而今果如所望也。"

又曰："此章言内重而外轻，则无往而不善。"

【评析】

宋勾践大概是那种喜欢凭三寸不烂之舌，游说诸侯，以求闻达的士人。孟子对他说，贤士应该是这样的态度，别人了解我们，因此礼遇我们，重用我们，我们自得其乐；别人不了解我们，因此不能礼遇我们，重用我们，我们也自得其乐。

孟子认为，士人只要崇尚仁，喜爱义，就可以自得其乐了。所以，士人穷困潦倒时而不失义，春风得意时而不失道。真正的贤士，应该是失意时独善己身，得意时兼善天下。

几千年来，中国的大多数读书人正是这么做的。

【史例解读】

穷则独善其身，达则兼济天下

汉朝时，黄霸为河南太守。当时的官吏都很严酷，唯独黄霸为政崇尚宽和。黄霸刻苦好学，精通诗书文法和音乐，后来官至丞相长史。他由于为人正直，和当时研究《尚书》的著名学者夏侯胜一起被人陷害而打入死牢。

在狱中，黄霸拜夏侯胜为师，学习《尚书》。夏侯胜说："我们随时会被杀头，讲《尚书》还有什么用？"黄霸郑重地说："圣贤教导我们，穷则独善其身，达则兼济天下，如果今天没有被杀头，我就要抓紧这宝贵的时间提高自己的修养，而且还要多学一点东西。"

夏侯胜被黄霸这种争取时间修身养德的精神深深感动了，于是他们在狱中开始了长达三年的学习。三年后，关东四十九个郡同时发生地震，山崩地裂，城墙房屋倒塌，死了六千多人。宣帝在赈灾的同时宣布大赦，夏侯胜与黄霸获释，还分别被任命为谏大夫给事中（皇帝亲近谏官、内廷秘书）和扬州刺史（扬州地区的监察官）。

经过这一场牢狱之灾，黄霸不仅个人的修养得到提高，而且成了精通《尚书》的著名学者。

+

【原文】

孟子曰："待文王而后兴者①，凡民也。若夫豪杰之士，虽无文王犹兴。"

【注释】

①兴：感动奋发。

【译文】

孟子说："等待周文王那样的贤王出来才奋发的，是普通的百姓。至于那些杰出的人才，即使没有周文王，也能够奋发。"

【历代论引】

朱子曰："盖降衷秉彝，人所同得，惟上智之资无物欲之蔽，为能无待于教，而自能感发以有为也。"

【评析】

战国之时，有无周文王呢？在孟子看来，没有。至于杰出人物，即使没有文王，也能奋发。孟子就是这样的杰出人物。

孟子常讲，"穷则独善其身，达则兼善天下"，但他又常讲，无论是"穷"，还是"达"，都要"兼善天下"。人有终身之志，也有一日一时一事之志。两种说法，并不矛盾。

十一

【原文】

孟子曰："附之以韩、魏之家①，如其自视欿然②，则过人远矣。"

【注释】

①附：增加。韩、魏：春秋时晋国的上卿韩氏和魏氏。②欿（kǎn）然：不自满的样子。

【译文】

孟子说："拿春秋时晋国韩、魏两家大臣的财富来增强他，如果他不因此而自满，那么这种人就大大超出常人。"

【历代论引】

尹氏曰："言有过人之识，则不以富贵为事。"

【评析】

常人之病，在得志则得意忘形，失意则一蹶不振。所谓得志、失意，自与权势、财富的得失密切相关。

而孟子认为，假使有这样的人，即使把韩家、魏家的财富拿来给他，他也并不自满，这样的人，就远远超过一般的人。

孟子自认为是应了"五百之期"来到世间拯救天下的人，是"富贵不能淫，威武不能屈，贫贱不能移"的"大丈夫"，以他这样的胸怀和眼光来品评人物，自然别有一番滋味。

十二

【原文】

孟子曰："以佚道使民①，虽劳不怨。以生道杀民，虽死不怨杀者。"

【注释】

①佚：安逸。

【译文】

孟子说："本着让百姓安逸的原则去役使百姓，百姓虽然劳苦，但不会怨恨。本着让百姓生存的原则去杀人，被杀的人虽死，但不会怨恨杀他的人。"

【历代论引】

程子曰："以佚道使民，谓本欲佚之也，播谷乘屋之类是也。以生道杀民，谓本欲生之也，除害去恶之类是也。盖不得已而为其所当为，则虽咈民之欲而民不怨，其不然者反是。"

【评析】

人之天性，一在"生"，即活下去；二在"佚"，即安逸，活得好。为政之道，即在满足老百姓这两大需求。若不得已而役使百姓，则应以让百姓生活更安逸为目的，如大禹治水，即属此类；若不得已而要打仗，则应以让百姓活下去为目的，如武王伐纣，即属此类。劳役也罢，战争也罢，对尧、舜、禹、汤、文、武来说，都是不得已的选择，都是为了百姓，所以百姓并不怨恨他们。

本章实际上从另一个角度论述了仁。

十三

【原文】

孟子曰："霸者之民，驩虞如也，王者之民，皞皞如也①。杀之而不怨，利之而不庸②，民日迁善而不知为之者。夫君子所过者化③，所存者神，上下与天地同流，岂曰小补之哉？"

【注释】

①驩（huān）虞：即"欢娱"，欢乐。皞皞（hào）：同"浩浩"，广大自得之貌。②庸：酬功。③君子：此处的君子指圣人。

【译文】

孟子说："霸主的功业显著，百姓很快乐；圣王的功德浩荡，百姓怡然自得。他们即使被杀，也不会怨恨谁，得到恩惠，也不会酬谢谁，百姓一天天向善，却不知是谁使他们这样的。圣人所经过的地方，百姓会受到感化，圣人停留之处，会产生神奇的效果，在上与天、在下与地共同运转，难得只是小小的补益吗？"

【历代论引】

程子曰："驩虞，有所造为而然，岂能久也？耕田凿井，帝力何有于我？如天之自然，乃王者之政。"

杨氏曰："所以致人驩虞，必有违道干誉之事；若王者则如天，亦不令人喜，亦不令人怒。"

丰氏曰："因民之所恶而去之，非有心于杀之也，何怨之有？因民之所利而利之，非有心于利之也，何庸之有？辅其性之自然，使自得之，故民日迁善而不知谁之所为也。"

朱子曰："此则王道之所以为大，而学者所当尽心也。"

【评析】

本章盛赞"君子"的功业。他们经过之处，人们就受到感化。他们停留居住之处，其作用更加神奇。他们能与天地同时运转，其对天下的功业，难道只是小小的补益吗？

十四

【原文】

孟子曰："仁言不如仁声之入人深也①，善政不如善教之得民也。善政民畏之，善教民爱之。善政得民财，善教得民心。"

【注释】

①仁声：即仁闻，仁德的声誉。

【译文】

孟子说："仁德的言语赶不上仁德的声誉深入人心，良好的政治赶不上良好的教化深入民心。良好的政治，百姓畏惧它，良好的教化，百姓热爱它。良好的政治可以得到百姓的财富，良好的教化可以得到百姓的心。"

【历代论引】

程子曰："仁言，谓以仁厚之言加于民。仁声，谓仁闻，谓有仁之实而为众所称道者也。此尤见仁德之昭著，故其感人尤深也。"

朱子曰："得民财者，百姓足而君无不足也；得民心者，不遗其亲，不后其君也。"

【评析】

本章论为政者当用仁德之实感化百姓。

孟子讲了四个概念：仁言与仁声，善政与善教。他认为，仁德之言固可教化百姓，但若为政者自己有仁德之实，而不仅仅用言语教育别人，老百姓才会真心向往仁德。良好的政治会使百姓按时交税，故国家可以得民财，但若用良好的教育感化百姓，就会得到老百姓的衷心拥护。那么，什么样的教育才是最好的教育呢？是仁声，即为政者由仁德之实而获得的仁德声誉。

儒家重教育德治，德治治心，治心心服。以儒者的眼光来看，心服才是真服。因此，儒家认为德治才是根本所在。

十五

【原文】

孟子曰："人之所不学而能者，其良能也；所不虑而知者，其良知也。孩提之童，无不知爱其亲者；及其长也，无不知敬其兄也。亲亲，仁也；敬长，义也；无他，达之天下也。"

【译文】

孟子说："人不用学习就能做到的，那是良能；不用思考就能知道的，那是良知。两三岁的小孩没有不知道爱他父母的，等到他长大以后，没有不知道尊敬兄长的。亲爱父母就是仁，尊敬兄长就是义，这没有别的原因，这是由于仁义可以通行天下。"

【历代论引】

程子曰："良知良能，皆无所由；乃出于天，不系于人。"

朱子曰："亲亲敬长，虽一人之私，然达之天下无不同者，所以为仁义也。"

【评析】

本章论性善。

孟子认为，人有不学而能的"良能"，不虑而知的"良知"，也有与生俱来的"仁义"，他讲的"良能""良知"，应指人的本能，他用这样的办法来论证"仁义"与本能一样，都是人类的天良。

应该说，儒者主张人性向善，主张仁爱礼让，也是很有吸引力的。至于孟子所说的良能、良知是否存在，那就只有各人扪心自问，体察自身，从而作出各自的回答了。

十六

【原文】

孟子曰："舜之居深山之中，与木石居，与鹿豕游，其所以异于深山之野人者几希。及其闻一善言，见一善行，若决江河，沛然莫之能御也。"

【译文】

孟子说："舜居住在深山的时候，和树木、石头共处，和鹿、猪打交道，他和深山里的普通人不同的地方很少。等到他听到一句善良的言语，见到一次善良的行为，便受到触动，像打开缺口的江河，气势充沛，没有谁能阻挡得了。"

【历代论引】

朱子曰："盖圣人之心，至虚至明，浑然之中，万理毕具。一有感触，则其应甚速，而无所不通，非孟子造道之深，不能形容至此也。"

【评析】

本章仍论性善，认为人禽之别在于人性善。

舜是原始时代末期的人，其生存状况虽无法与后世相比，但也不至于像野人一样生活。孟子的描述，只不过是为说明"仁"是人的天赋以及"仁"的威力罢了。

十七

【原文】

孟子曰:"无为其所不为,无欲其所不欲,如此而已矣。"

【译文】

孟子说:"不要做自己不该做的事,不向往不该向往的东西,这样就可以了。"

【历代论引】

李氏曰:"有所不为不欲,人皆有是心也。至于私意一萌,而不能以礼义制之,则为所不为、欲所不欲者多矣。能反是心,则所谓扩充其羞恶之心者,而义不可胜用矣,故曰如此而已矣。"

【评析】

不要做自己不该做的事,不向往不该向往的东西,人生一世,如此而已,然而做起来却并不容易。

非所困而困焉,名必辱;非所据而据焉,身必危。愿君此心平静如流水,放眼高空看过云,享受人生,有何不可?

十八

【原文】

孟子曰:"人之有德、慧、术、知者,恒存乎疢疾①。独孤臣孽子,其操心也危②,其虑患也深,故达③。"

【注释】

①疢(chèn)疾:疾病,这里可理解为灾难。②孽子:即庶子。古代一夫多妻,不是嫡妻所生的孩子,称为庶子。危:不安。③达:通达。

【译文】

孟子说:"人之所以能够拥有德行、智慧、技艺、知识,常常是由于灾患的缘故。只有那些孤立无援的大臣、地位卑贱的庶子,他们操心劳神总是不得安宁,忧虑灾患更深,所以通达事理。"

【历代论引】

朱子曰:"孤臣,远臣;孽子,庶子,皆不得于君亲,而常有疢疾者也。达,谓达于事理,即所谓德慧术知也。"

【评析】

本章与上卷第五章意思相近,论人之德识才学往往来自忧患,亦为"生于忧患,死于安乐"之意。

十九

【原文】

孟子曰:"有事君人者,事是君则为容悦者也;有安社稷臣者,以安社稷为悦者也;有天民者,达可行于天下而后行之者也;有大人者,正己而物正者也。"

【译文】

孟子说:"有侍奉君主的人,把侍奉某个君主当作快乐;有安定国家的臣子,把安定国家当作快乐;有天民,就是那些先使大道通行于天下,然后再去实行的人;有大人,就是那些使自身端正,外物便随之端正的人。"

【历代论引】

张子曰:"必功覆斯民然后出,如伊吕之徒。"

朱子曰:"此章言人品不同,略有四等。容悦佞臣不足言。安社稷则忠矣,然犹一国之士也。天民则非一国之士矣,然犹有意也。无意无必,惟其所在而物无不化，惟圣者能之。"

【评析】

本章讲了四种人：一是侍奉君主而讨君主欢心的人，这样的人实际上只是为了自己的荣华富贵；二是以安定国家为高兴的人，他们是社稷之臣；三是"天民"，他们是只要道可行天下，便去推行的人，他们应该是那些虽不在位，但心存仁道，以"兼善天下"为己任的圣人；四是"大人"，他们是那些已经在位的圣人，他们治理天下，总是通过修身养性开始，通过正己来正人，从而达到治国平天下的目的。

孟子一生，大概应该算"天民"，与孔子一样。他们都曾多次说过这类话："天不欲平治天下，如欲平治天下，当今之世，舍我其谁！"

【史例解读】

正己而物正

诸葛亮自贬三级的故事发生在诸葛亮的第一次北伐之后。

建兴五年（公元227年）三月，诸葛亮给后主上《出师表》，然后率军至汉中，准备北伐中原。他先在汉中练兵约一年，然后北伐。魏南安（治甘肃陇西）、天水、安定（治甘肃济川）三郡当即降蜀。魏明帝亲赴长安督战，以曹真督关右诸军，采用以防守为主的战略。蜀军先扬言要由斜谷道攻取县，并使赵云、邓芝率一军据箕谷（今陕西褒城西北）为疑军，诸葛亮率主力西攻祁山。参军马谡领一军为先锋，驻街亭。马谡指挥不当，大败，丢失街亭。蜀军失去前进的据点，只好退回汉中。为了严肃军纪，诸葛亮挥泪斩了马谡，并上书自贬三级，以右将军身份行丞相之职。

诸葛亮赏罚公允，还可以从他死后廖立和李严的大哭之中看出来，因为他们知道孔明死后就没有人识得他们的才能了，李严为此大哭病死。

黄权对诸葛亮也十分佩服景仰，当他听到丞相诸葛亮去世的消息后，不胜悲痛，即和南阳同乡一起，在诸葛亮躬耕过的卧龙岗修建了一座诸葛庵，按时节进行祭祀活动。

诸葛亮鞠躬尽瘁死而后已，成为后世的楷模。他廉洁自守，赏罚严明，对蜀汉政权的建立、巩固和发展起到了重要作用。

二十

【原文】

孟子曰："君子有三乐，而王天下不与存焉。父母俱存，兄弟无故①，一乐也。仰不愧于天，俯不怍于人②，二乐也。得天下英才而教育之，三乐也。君子有三乐，而王天下不与存焉③。"

【注释】

①故：变故，如灾难、祸患、死亡、疾病等。②怍（zuò）：惭愧。③王天下不与存：再次强调"王天下"之事不在"三乐"之中，因为这不是一个等量级的问题。

【译文】

孟子说："君子有三种乐事，但用仁德统一天下并不在其中。父母都健在，兄弟没有灾祸，这是第一件乐事；抬头无愧于天，低头无愧于人，这是第二件乐事；得到天下的优秀人才而去教育他们，这是第三件乐事。君子有这三件乐事，而称王于天下并不在其中。"

【历代论引】

程子曰："人能克己，则仰不愧，俯不怍，心广体胖，其乐可知，有息则馁矣。"

林氏曰："此三乐者，一系于天，一系于人。其可以自致者，惟不愧怍而已，学者可不勉哉？"

朱子曰："尽得一世明睿之才，而以所乐乎己者教而养之，则斯道之传得之者众，而天下后世将无不被其泽矣。圣人之心所愿欲者，莫大于此，今既得之，其乐为何如哉？

【评析】

君子三乐，乐在平淡。父母健在，兄弟无故，得尽孝悌，故乐；天无私

卷十三 尽心上

·423·

覆，地无私载，天地至公，而君子以仁义礼智安身立命，以兼善天下为终身目标，无愧于天地之公，故乐；得天下英才而教之，使仁德教化得以广播，故亦乐。

但君子的最高境界，是推行仁道，德服天下，这才是至乐。"三乐"虽乐，不如至乐也。

【史例解读】

仰不愧于天，俯不怍于人

西汉时，勃海高城人鲍宣的妻子桓氏，字少君。

鲍宣曾经跟随少君的父亲学习，少君的父亲欣赏他刻苦好学，就把女儿许配给了他。少君出嫁时的嫁妆非常丰厚，鲍宣心里不高兴，就对妻子说："你生在富贵人家，习惯穿着漂亮的衣服。我非常贫穷，但是仰不愧于天，俯不怍于人。如果和你结婚，只怕你会不习惯，并且我也无法满足你的需求。"

妻子说："我父亲因为你品德高尚、俭朴简约，所以让我来侍奉你，既然做了你的妻子，我什么事情都听你的。"

鲍宣笑着说："你真能这样，就符合我的心意了。"

少君将那些贵族服装全都送回娘家，穿上了平民的朴素衣裳，与鲍宣一起拉着小车，回到鲍宣的家乡。她拜完婆母，就提着水瓮出去打水，修习为妇之道，乡里的人都称赞她。后来，鲍宣成为才德兼优的一代名儒，在汉哀帝时被征召为谏议大夫。但是少君仍然像以前一样俭朴，没有任何铺张浪费的行为。

二十一

【原文】

孟子曰："广土众民，君子欲之，所乐不存焉。中天下而立，定四海之民，君子乐之，所性不存焉。君子所性，虽大行不加焉①，虽穷居不损焉，分定故也。君子所性，仁、义、礼、智根于心，其生色也睟然②，见于面，盎于背，施于四体③，四体不言而喻。"

【注释】

①大行：指理想通行于天下。②睟（suì）然：温润的样子。③盎（àng）：显现。施：推及，扩展。

【译文】

孟子说："拥有广大的土地，众多的人民，是君子所希望得到的，但他们的乐趣并不在此。居于天下的中央，安抚天下的百姓，君子以此为乐，但他们的本性不在于此。君子的本性，即使他的主张通行于天下，也并不因此而增加，即使困窘隐居，也不会因此而减损，因为他的本分已确定。君子的本性，仁、义、礼、智已根植于内心，生发出来的神色是温润和顺的，流露在脸上，充盈在肩背，推及到肢体，肢体的动作不必言说，就能使人明了。"

【历代论引】

程子曰："睟面盎背，皆积盛致然。四体不言而喻，惟有德者能之。"

朱子曰："地辟民聚，泽可远施，故君子欲之，然未足以为乐也。"

又曰："此章言君子固欲其道之大行，然其所得于天者，则不以是而有所加损也。"

【评析】

本章论君子的本性在于仁义礼智。

孟子认为，拥有"广土众民"，虽然也是君子所希望的，但其乐趣并不在这里。居天下之中，而把先进文化推广到四海，实现仁德理想，君子虽然以此为乐，但其本性并不在这里。

那么，君子的本性是什么呢？是仁义礼智。这种本性，本是每一个人都有的，孟子称之为"四端"，即四种好的开端。君子一生都致力于把它们发扬光大，而常人没这么做。这种本性，君子得意时它们不会增加，失意时也不会减少。由于它们早已植根于君子的心中，他们一举一动，即使不说什么，人家也都知道，他们就是仁义的君子。

所以，对于真正的君子来说，穷达都是身外事，只有仁义礼智根植于心、清和润泽显于外才是本性所在。

【史例解读】

不言而喻

宋代王随，字章惠，上京赶考时，由于家境十分贫寒，只能到处游学。

当他游学到翼城时，却为欠了饭店的饭钱，被抓进了县衙里。当时恰巧遇到一位姓石的县吏，看他可怜，帮他还了饭钱，又把他带到家中住下，县吏夫人对他也是十分照顾。

有一天，石县吏的儿子石务均喝醉了酒，跑到王随的住处，命令他跳舞，舞步稍微不合节拍，就用鞭子抽他。王随忍无可忍，愤而离开了石府。第二年，王随金榜题名中了进士，过了些年，又担任了河北转运使。石务均听说王随来河北做官，害怕得到处躲避。后来，石务均由于小事被人诬告，被关进了狱中。

他父亲气急后病亡，他的母亲只得去向王随诉说冤情，请求援救。

这时王随已做了御史中丞，他了解了一下情况后，并没有派人重新审理案子，而是派人送了几锭银子到翼城县中，请县令帮助安葬石务均之父。其中的意思已经不言而喻，石务均很快就安然无恙地出狱了。

二十二

【原文】

孟子曰："伯夷辟纣①，居北海之滨，闻文王作，兴曰：'盍归乎来，吾闻西伯善养老者②。'太公辟纣③，居东海之滨，闻文王作，兴曰：'盍归乎来，吾闻西伯善养老者。'天下有善养老，则仁人以为己归矣④。五亩之宅，树墙下以桑，匹妇蚕之，则老者足以衣帛矣。五母鸡，二母彘，无失其时，老者足以无失肉矣。百亩之田，匹夫耕之，八口之家足以无饥矣。所谓西伯善养老者，制其田里，教之树、畜，导其妻子，使养其老。五十非帛不暖，七十非肉不饱。不暖不饱，谓之冻馁。文王之民，无冻馁之老者，此之谓也。"

【注释】

①伯夷：人名，殷商时孤竹君之子。辟：逃避，躲避。②西伯：即周文王。

③太公：姜太公吕尚。④己归：自己的归依、依靠。

【译文】

孟子说："伯夷躲避商纣王，居住在北海边上，听说周文王兴起，说：'何不归附西伯呢？我听说他善于奉养老人。'姜太公躲避商纣王，住在东海边上，听说周文王兴起，说：'何不归附西伯呢？我听说他善于奉养老人。'天下有善于奉养老人的，仁人便把他作为自己的归宿。五亩的住宅，在墙下种上桑树，妇女靠它养蚕，老年人就能穿上丝绵做成的衣服了。五只母鸡，两头母猪，不错过繁殖期，老年人就能吃上肉了。百亩农田，男人去耕种，八口人的家庭就能吃饱了。所说的西伯善于奉养老人，就是指他制定了土地制度，教育百姓种植桑田，畜养牲畜，引导百姓的妻子儿女奉养老人。五十岁的人，没有丝绵穿就不觉得暖和，七十岁的人，没有肉吃就不觉得饱。穿不暖，吃不饱，就叫挨冻受饿。周文王的百姓没有挨冻受饿的老人，说的就是这个意思。"

【历代论引】

赵氏曰："善养老者，教导之使可以养其老耳，非家赐而人益之也。"

【评析】

本章盛赞周文王仁义，善于养老。

原始社会有弃杀老人的野蛮习俗，至文明社会方被革除。先秦诸子特别强调养老、孝顺，恐怕有矫枉过正之意。

二十三

【原文】

孟子曰："易其田畴①，薄其税敛，民可使富也。食之以时②，用之以礼，财不可胜用也。民非水火不生活③，昏暮叩人之门户求水火，无弗与者，至足矣。圣人治天下，使有菽粟如水火。菽粟如水火，而民焉有不仁者乎？"

【注释】

①易：治理。田畴：田地。②食之以时：按时节食用。③生活：生存。

【译文】

孟子说："治理好田地，减轻税收，就可以使百姓富裕。按照时令安排饮食，按照礼的规定去消费，财物就会用之不竭。百姓没有水和火便无法生存，黄昏夜晚敲开别人家的门要水、火，没有不给的，因为水、火极其充足。圣人治理天下，应使粮食如同水、火那样多。粮食如果像水、火那样充足，百姓哪里会不讲仁爱呢？"

【历代论引】

朱子曰："教民节俭，则财用足也。"

又曰："水火，民之所急，宜其爱之而反不爱者，多故也。"

尹氏曰："言礼义生于富足，民无常产，则无常心矣。"

【评析】

本章可视作孟子的仁政理想图：让人民生活富足，天下归仁。与孔子的"先富后教"，以及孟子自己的"有恒产者有恒心"的思想是相通的。

二十四

【原文】

孟子曰："孔子登东山而小鲁①，登泰山而小天下，故观于海者难为水，游于圣人之门者难为言。观水有术，必观其澜②。日月有明，容光必照焉③。流水之为物也，不盈科不行④；君子之志于道也，不成章不达⑤。"

【注释】

①东山：即蒙山，在今山东蒙阴南。②澜：大波浪。③容光：有空隙即能纳光，指幽暗的间隙。④科：同"窠"，坎，坑。⑤成章：古称乐曲终结为一章。此指事物达到一定阶段或程度。

【译文】

孟子说:"孔子登上东山,就觉得鲁国变小了;登上了泰山,就觉得天下变小了。因此见过大海的人,难以对别的水感兴趣;在圣人门下游学的人,难以对别的言论感兴趣。观赏水有方法,一定要观赏它的大波浪。太阳月亮都有光辉,幽暗的缝隙都能照得到。流水这种东西,不把小的坑洼灌满,就不会继续向前流动。君子有志于追求大道,不达到一定的程度不能通达。"

【历代论引】

朱子曰:"所处益高,则其视下益小;所见既大,则其小者不足观也。难为水,难为言,犹仁不可为众之意。"

又曰:"此章言圣人之道大而有本,学之者必以其渐,乃能至也。"

【评析】

本章用登泰山而小天下的比喻,启示我们登高方能望远,厚积才能薄发。鼓励君子努力学道,打好基础,高屋建瓴,循序渐进,必有所成。

【史例解读】

远交近攻成霸业

战国后期,秦国日益强盛。秦昭王时期开始图谋消灭六国,统一中国。当然秦朝凭借一国之力,毕竟不敌六国之众,要消灭六国,确立正确的战略思想显得尤为关键。

公元前270年,有人建议秦昭王派兵攻打齐国。这时从魏国逃亡到秦国的范雎向秦昭王献计说:"秦国土地广大,兵马众多,统一天下,应该是不用费多大气力的。但是您的主帅和大王您,都有失策的地方。"秦王感到范雎说得有理,就请范雎指出他的过错。范雎说:"您越过韩国、魏国去攻打齐国,这就是失策。齐昭王舍近求远攻打楚国,结果一寸土地也没有得到。不是不想得到土地,而是形势不允许他得到。诸侯国见齐国因为攻打楚国,战线拉得很长,部队累得疲惫不堪,就联兵攻齐,使齐国几乎灭亡。齐国攻打楚国,实质是养肥了韩国和魏国。所以大王您应该采取远交近攻的战略,得一寸土地就是一寸，得一尺土地就是一尺。大王一定要抓住韩国和魏国，因为此二国是天下的枢纽，是物产最丰富的地方。再用您的威信去影响楚国和赵国。楚国和赵国归附后，齐国就一定会害怕，韩国和魏国就会成为秦国的俘虏。"秦王听后，连连点头。

公元前286年，秦国用范雎远交近攻的办法攻打魏国，取得初步胜利。此计谋为秦始皇统一中国奠定了良好的基础。

后来秦始皇继续奉行远交近攻方法，即远交齐、楚，近攻韩、魏、赵。秦国刚开始以韩、魏为主攻方向，先断六国合纵之脊梁，使得各国孤立无援，然后以中原为腹地，展开攻势，攻破赵、燕，统一北方，后征服南方楚国，最后一举灭齐。经过十多年的努力，终于统一了中国。

二十五

【原文】

孟子曰："鸡鸣而起，孳孳为善者①，舜之徒也；鸡鸣而起，孳孳为利者，跖之徒也②。欲知舜与跖之分，无他，利与善之间也③。"

【注释】

①孳孳（zī）：不懈怠的样子。②跖（zhí）：人名，春秋时期郑国的大盗。③间（jiàn）：不同。

【译文】

孟子说："鸡一叫就起来，孜孜不倦地做善事的，是舜一类的人；鸡一叫就起来，努力追求利益的，是跖一类的人。想要知道舜和跖的分别，没有别的，只是求利和求善的不同罢了。"

【历代论引】

程子曰："言闲者，谓相去不远，所争毫末耳。善与利，公私而已矣。才出于善，便以利言也。"

杨氏曰："舜跖之相去远矣，而其分，乃在利善之间而已，是岂可以不谨？然讲之不熟，见之不明，未有不以利为义者，又学者所当深察也。"

或问："鸡鸣而起，若未接物，如何为善？"程子曰："只主于敬，便是为善。"

【评析】

同样都是辛苦忙碌，动机不同，出发点不同，便有凡圣之别。所以，孔子说："君子喻于义，小人喻于利。"

所谓"义"，应兼指仁义礼智，也就是孟子这里讲的"善"。孟子更进一步，将"利"与"盗跖"联系在一起，这就有些过分了。

正确的义利观，应是义利兼得，先义后利，而不是把义利对立起来。

【史例解读】

故观于海者难为水

"故观于海者难为水"一句后来成为"曾经沧海难为水"。

汉昭帝才二十一岁就得病死去了，没有孩子。霍光把汉武帝的一个孙子刘贺立为皇帝。可是刘贺即位才二十七天，就把皇宫闹得乌烟瘴气。霍光和大臣们一商量，联手把刘贺废了，另立汉武帝的曾孙刘询，就是汉宣帝。

这位刘询是霍光从民间找到的，本名病已，字次卿。汉武帝晚年，太子刘据与其子史皇孙，都因巫蛊之祸而死，当时刘询出世仅数月就被关押于郡邸狱中。后遇大赦，虽然得以恢复皇族身份，但流落于民间。后来，他娶了许平君做结发妻子，过了一年，生下了长子刘奭。

宣帝即位以后，众公卿都认为霍光之女是最佳的皇后人选，只差没有集体上书。这时候，皇帝却下了一道莫名其妙的诏书，要寻找贫微之时的一把旧剑。群臣也是揣摩旨意的好手，明白皇帝是"曾经沧海难为水"，于是一个个请立许氏为皇后。

可是霍光的老婆一心想让自己的女儿做皇后，就诱迫当时皇宫中的女医生淳于衍趁许后分娩后服药时进行谋害。淳于衍暗中将捣好的中药带进宫中，偷偷掺和在许后要吃的药丸内，毒死了许后。刘询和许平君的爱情最终仍因为权力阴谋而以悲剧结束。

二十六

【原文】

孟子曰:"杨子取为我①,拔一毛而利天下,不为也。墨子兼爱,摩顶放踵利天下②,为之。子莫执中③。执中为近之。执中无权,犹执一也。所恶执一者,为其贼道也,举一而废百也。"

【注释】

①杨子:即杨朱,战国时期魏国人。其学说重在爱己,不为外物所累。②摩顶放踵:从头顶到脚跟都磨伤,极言墨家为救天下而辛苦奔忙之状。③子莫:鲁国的贤人。执中:犹言折中。

【译文】

孟子说:"杨子主张一切为自己,如果拔下一根汗毛能够有利于天下,他都不肯做。墨子主张兼爱,就是磨光头顶、走破脚跟,只要对天下人有利,他就去做。子莫主张中道而行。主张中道便差不多了。但是坚持中道缺乏变通,就是执着于一点。厌恶执着于一点的人,是因为它损害人道,抓住一点就不管其他了。"

【历代论引】

程子曰:"中字最难识,须是默识心通。且试言一厅,则中央为中;一家,则厅非中而堂为中;一国,则堂非中而国之中为中,推此类可见矣。"

又曰:"中不可执也,识得则事事物物皆有自然之中,不待安排,安排着则不中矣。"

朱子曰:"为我害仁,兼爱害义,执中者害于时中,皆举一而废百者也。此章言道之所贵者中,中之所贵者权。"

【评析】

杨子主张"为我",孟子不赞成;墨家讲"兼爱",孟子认为这是无父无君,因为这等于把父和君等同于天下一般的人;大概子莫两家都不赞成,主张中道，主张合理的利己、利人，而孟子也不赞成。原因是子莫"执中无权，犹执一也"，不知通权达变，其实不是"执中"，仍是"执一"。

所以在孟子看来，子莫死板地坚持"执中"，与杨子的"为我"，墨家的"兼爱"一样，都是"执一"之道，是"举一而废百"，因其对真正的中庸之道有所损害，故称其为"贼道"。

【史例解读】

一毛不拔

五代时期，后唐皇帝李存勖的皇后刘玉娘原本是个歌女，因长得漂亮又工于心计，慢慢做了晋王夫人，不久成为庄宗的皇后。

当时，中原连年大旱，那些血战数十年的沙陀将士，没有粮食，父母妻儿不得不到郊外挖掘草根充饥，往往就在挖掘草根时，倒地饿死。可是李存勖夫妇却毫不在意，游猎享乐如故，好像根本不知道他们之所以能坐在王位宝座上，完全是靠将士的效忠。宰相们察觉到事态严重，建议暂时借用皇宫里堆积如山的金银绸缎，发给将士养家救急，等国库充足时，再如数归还。

皇后刘玉娘对这个建议大发雷霆，她派人把两个银盆和三位皇子送到朝堂之上，告诉宰相们："宫里只剩下这点东西，请你卖掉用作军饷吧。"

宰相们没料到皇后这么一毛不拔，自然也不敢把银盆和皇子带走卖掉。

两年后，大将李嗣源在邺都发动兵变。李存勖亲自出征，可是将士们在行军途中纷纷向叛军投降。李存勖沿途不断下马跟将士们握手拍肩，声言即行颁发赏赐。但有的将士直截了当地回答说："父母妻儿都已饿死，纵有什么赏赐，也不能救回他们的生命，我们也并不感激。"

最后，李存勖被乱军所杀。刘玉娘收拾好她的金银财宝，率领七百人的骑兵卫队逃到太原，最后被新皇帝李嗣源逮住，被赐自戕。

二十七

【原文】

孟子曰："饥者甘食，渴者甘饮，是未得饮食之正也，饥渴害之也。岂惟口腹有饥渴之害？人心亦皆有害。人能无以饥渴之害为心害，则不及人不为忧矣。"

【译文】

孟子说："饥饿的人觉得任何食物都好吃，干渴的人觉得任何饮料都甘美，他不知道饮料、食物的正常味道，是因为受了饥渴的损害。难道只有嘴巴肚皮受到饥渴的损害吗？人心也都会受到这类伤害。假如一个人能够不把饥渴的损害变成对心的损害，那么即使发现自己有不及他人的地方，又有什么值得忧虑的呢。"

【历代论引】

朱子曰："口腹为饥渴所害，故于饮食不暇择，而失其正味；人心为贫贱所害，故于富贵不暇择，而失其正理。"

又曰："人能不以贫贱之故而动其心，则过人远矣。"

【评析】

本章以饥不择食、渴不择饮因而常常受到损害为比喻，说明人心也会因饥渴而被不正确的学说所损害。估计本章也是针对杨子、墨子之类来说的。

孟子认为，一个人要对于各种思想有所认识，有所鉴别，有选择地吸收其中的养分。这样，即使发现自己有不及他人的地方，那也是很容易迎头赶上的，又有什么值得忧虑的呢。

二十八

【原文】

孟子曰："柳下惠不以三公易其介①。"

【注释】

①三公：周代指太师、太傅、太保，此处指有高官厚禄者。介：耿介，有操守。

【译文】

孟子说:"柳下惠不因为做高官而改变他的操守。"

【历代论引】

朱子曰:"此章言柳下惠和而不流,与孔子论夷齐不念旧恶意正相类,皆圣贤微显阐幽之意也。"

【评析】

本章称赞柳下惠的操守,有"富贵不能淫"之意。

二十九

【原文】

孟子曰:"有为者辟若掘井①,掘井九轫而不及泉②,犹为弃井也。"

【注释】

①辟:通"譬"。②轫（rèn）:通"仞",古代长度单位,具体长度说法不一,通常认为一仞为七尺或八尺。

【译文】

孟子说:"做事情好比挖井,挖得很深还见不到泉水,仍是一口废井。"

【历代论引】

吕侍讲曰:"仁不如尧,孝不如舜,学不如孔子,终未入于圣人之域,终未至于天道,未免为半涂而废、自弃前功也。"

【评析】

孟子运用巧妙的比喻,本意在于说明办事治学需有恒心,要有始有终,不可半途而废。

三十

【原文】

孟子曰:"尧、舜,性之也;汤、武,身之也;五霸,假之也。久假而不归,恶知其非有也①?"

【注释】

①恶(wū):如何。

【译文】

孟子说:"尧、舜施行仁义,是本性使然;汤、武施行仁义,是身体力行;五霸施行仁义,是假借名义。然而,长时间假借不还,怎么能知道他不是真的拥有了仁义呢?"

【历代论引】

尹氏曰:"性之者,与道一也;身之者,履之也,及其成功则一也。五霸则假之而已,是以功烈如彼其卑也。"

【评析】

本章论行仁义。

孟子认为,尧舜行仁义,是出乎他们仁义的本性;商汤和周武王行仁义,是因为他们自己亲身体验到了仁义;而春秋五霸齐桓晋文之类用仁义,不过是假借仁义之名而行谋取霸权之实罢了。因此孟子多次批评五霸,认为他们是三王的罪人。但他同时又指出,五霸行仁义,虽是假借先王仁义之名,但因其久借不还,怎么会知道他们有没有弄假成真而真的拥有仁义了呢?

孟子对五霸的评价比较复杂,可参见卷十二第七章。

三十一

【原文】

公孙丑曰:"伊尹曰①:'予不狎于不顺',放太甲于桐②,民大悦。太甲贤,又反之,民大悦。贤者之为人臣也,其君不贤,则固可放与?"

孟子曰:"有伊尹之志,则可;无伊尹之志,则篡也。"

【注释】

①伊尹:人名,商汤之臣,曾助商汤讨伐夏桀。②狎(xiá):亲近。放太甲于桐:事见卷九第六章。

【译文】

公孙丑说:"伊尹说:'我不亲近违背礼义道德的人',因而把太甲放逐到桐邑,百姓十分高兴。太甲变贤明了,又让他返回来做君主,百姓十分高兴。贤人做臣子,如果他的君主不贤德,本来就可以放逐的吗?"

孟子说:"如果有伊尹那样的心志便可;没有伊尹那样的心志,就是篡位了。"

【历代论引】

朱子曰:"伊尹之志,公天下以为心而无一毫之私者也。"

【评析】

伊尹放逐太甲,本意不在篡位,故孟子曰可。否则不可,如后世王莽、曹丕废汉帝,意在篡位。当然,这都是以天下为帝王私家产业的说法。若以天下为天下人之天下,则另当别论。

三十二

【原文】

公孙丑曰："《诗》曰：'不素餐兮①。'君子之不耕而食，何也？"

孟子曰："君子居是国也，其君用之，则安富尊荣；其子弟从之，则孝悌忠信。'不素餐兮'，孰大于是？"

【注释】

①《诗》：诗句见《诗经·魏风·伐檀》。

【译文】

公孙丑说："《诗经》说：'不白吃饭啊。'君子不耕种却可得食，这是为什么？"

孟子说："君子居住在一个国家，国君任用他，这个国家便会安宁、富足、尊贵、荣耀；少年子弟追随他，便会孝顺父母，敬爱兄长，忠实守信。'不白吃饭啊'，还有比这更大的贡献吗？"

【历代论引】

朱子曰："素，空也。无功而食禄，谓之素餐，此与告陈相、彭更之意同。"

【评析】

《伐檀》本讽刺"君子"不耕而食，但孟子却认为，君子为官，使国家能够"安富尊荣"，使子弟能够"孝悌忠信"，大有益于国，的确"不素餐"。

孔子曾说"君子谋道不谋食"（《论语·卫灵公》），孟子多次肯定社会分工和商品交换，本章亦是如此。

三十三

【原文】

王子垫问曰①："士何事？"

孟子曰："尚志。"

曰："何谓尚志？"

曰："仁义而已矣。杀一无罪，非仁也；非其有而取之，非义也。居恶在？仁是也；路恶在？义是也。居仁由义，大人之事备矣。"

【注释】

①王子垫（diàn）：齐王之子，名垫。

【译文】

王子垫问道："士应该做什么呢？"

孟子说："士要使自己的志向高尚。"

王子垫问："使志向高尚是什么意思？"

孟子说："行仁义就是了。杀死一个没罪的人就是不仁；不是自己的东西却强行拿来就是不义。居所在哪里？仁就是；道路在哪里？义就是。居住于仁，行走由义，大人所做的事就齐备了。"

【历代论引】

朱子曰："尚，高尚也。志者，心之所之也。士既未得行公、卿、大夫之道，又不当为农、工、商、贾之业，则高尚其志而已。"

又曰："非仁非义之事，虽小不为；而所居所由，无不在于仁义，此士所以尚其志也。"

【评析】

本章论儒士之事，在于使自己志行高尚，实行仁义。

儒门之士，不事稼穑，徒鼓唇舌，王子垫问孟子"士何事"，本含反感之意。而孟子认真答曰"尚志"，认为儒士之职责，在于使自己的志行高尚，在于推行仁义，并不以王子垫的反感为意。

"士尚志"言简意赅地概括了对士人的要求，"尚志"一词也成为儒学的一个重要概念。

三十四

【原文】

孟子曰："仲子①，不义与之齐国而弗受，人皆信之，是舍箪食豆羹之义也②。人莫大焉亡亲戚、君臣、上下③。以其小者信其大者，奚可哉？"

【注释】

①仲子：即陈仲子，孟门弟子。详见卷六第十章。②箪（dān）：盛饭的竹器。③焉：犹"于"。亡：无。

【译文】

孟子说："陈仲子，假如不合道义地把齐国交给他，他是不会接受的，别人都相信他这点，但这只是舍弃一筐饭、一碗汤的义。人的罪过没有比不讲父兄君臣尊卑关系更大的了。因为他在小事上的节义，而去相信他在大事上的节义，怎么行呢？"

【历代论引】

朱子曰："言仲子设若非义而与之齐国，必不肯受。齐人皆信其贤，然此但小廉耳。其辟兄离母，不食君禄，无人道之大伦，罪莫大焉。岂可以小廉信其大节，而遂以为贤哉？"

【评析】

在卷六第十章里，孟子批评过陈仲子病态的廉与义，本章照样批评他的义只是舍弃一筐饭、一碗汤的义。孟子认定的真义、大义是什么？是亲亲和尊尊。而陈仲子避兄离母，又耻其兄为齐国大臣，所以孟子认为他是没有亲戚、君臣、上下，他的那点廉洁只是小节操，不是大节操。

三十五

【原文】

桃应问曰①："舜为天子，皋陶为士，瞽瞍杀人②，则如之何？"

孟子曰："执之而已矣。"

"然则舜不禁与？"

曰："夫舜恶得而禁之？夫有所受之也。"

"然则舜如之何？"

曰："舜视弃天下犹弃敝蹝也③。窃负而逃，遵海滨而处，终身䜣然④，乐而忘天下。"

【注释】

①桃应：孟子弟子。②士：法官。皋陶：传说为舜的大臣，掌管刑狱之事。瞽瞍（gǔ sǒu），此指舜的父亲。③蹝（xǐ）：通"屣"，没有后跟的鞋子，一说草鞋。④䜣（xīn）：同"欣"，快乐。

【译文】

桃应问道："舜做天子，皋陶当法官，如果瞽瞍杀了人，那该怎么办呢？"

孟子说："把他抓起来就是了。"

"那么舜不去制止吗？"

孟子回答说："舜怎么能去制止呢？皋陶抓人是有依据的。"

"那么舜该怎么办？"

孟子回答说："舜把抛弃天子的位置看得如同丢弃破鞋。他会偷偷地背上父亲逃跑，在海边住下来，一生都高高兴兴的，快乐得忘掉了天下。"

【历代论引】

朱子曰："此章言为士者，但知有法，而不知天子父之为尊；为子者，但知有父，而不知天下之为大。盖其所以为心者，莫非天理之极，人伦之至。学者察此而有得焉，则不待较计论量，而天下无难处之事矣。"

【评析】

弟子桃应问孟子，假使舜父瞽瞍杀了人，怎么办？孟子说，抓起来而已。弟子问，舜帝不禁止吗？孟子说，皋陶抓瞽瞍是有所依据的呀，怎么能禁止呢？弟子又问，那么舜怎么办？孟子说，如果他父亲真被抓了，舜会丢掉天子之位，像扔破鞋一样，偷偷把他父亲背着逃走，到遥远的海边住下来，终身快乐，忘记当天子的事。

这是典型的道德两难问题。在孟子看来，的确只有这样做才能做到公孝两全：一方面，在天子之位上，舜只能发令让司法官逮捕父亲；另一方面，作为儿子，铤而走险救出父亲，不以失去天子之位而遗憾。

当然，这些都是假设。但从中仍可看出，孟子认为，孝是最最重要的，比法制、公理、天下都重要。

【史例解读】

如弃敝屣

清顺治帝福临是清人入关后的第一位皇帝。他是皇太极的第九子，生于崇德三年（公元1638年），崇德八年（公元1643年）八月二日在沈阳即位，改元顺治，在位十八年。

顺治即位后，由叔父多尔衮辅政。顺治七年，多尔衮出塞打猎，死于塞外。十四岁的福临提前亲政。顺治帝天资聪颖，读书勤奋，他吸收先进的汉文化，审时度势，对成法祖制有所更张，且不顾满洲亲贵大臣的反对，倚重汉官。为了使新兴的统治基业长治久安，他以明之兴亡为借鉴，警惕宦官朋党为祸，重视整饬吏治，推行与民生息。但他少年气盛，刚愎自用，急躁易怒。

宫中有位董鄂妃是南中汉人，顺治帝见她身材窈窕，秀外慧中，对她格外宠幸，封她为贵妃，可惜红颜薄命，董鄂妃一病不起。可怜一朵鲜花，竟与流水同逝。顺治十分悲痛，辍朝五日，追封其为皇后，谥号"孝献庄和至德宣仁端敬皇后"。

传说顺治帝遭此打击，继而看破红尘，把抛弃天下看得如同丢弃破草鞋一样，遂于次年正月脱离尘世，遁入山西五台山，削发为僧。

三十六

【原文】

孟子自范之齐，望见齐王之子①，喟然叹曰："居移气②，养移体，大哉居乎！夫非尽人之子与？"

孟子曰："王子宫室、车马、衣服多与人同，而王子若彼者，其居使之然也；况居天下之广居者乎③？鲁君之宋，呼于垤泽之门④。守者曰：'此非吾君也，何其声之似我君也？'此无他，居相似也。"

【注释】

①范：古地名，在今山东莘县境内。齐王之子：指齐宣王，尚在为其父守孝。②居：此指环境。③广居：指"仁"。④垤（dié）泽之门：宋国都邑东南门。

【译文】

孟子从范邑到齐国都城，远远地看见齐王的儿子，长叹一声说："居住环境改变气质，所得奉养改变体质，居住环境真是太重要了。他不同样都是人的儿子吗，为什么显得那么特别？"

孟子说："王子的住所、车马和衣服大多和别人相同，而王子却那样与众不同，就是因为他所居住的环境使他这样的。何况居住在'仁'这个天下最宽广住所中的人呢？鲁国的国君到宋国去，在宋国的东南城门下喊话。守城人说：'这个人不是我们的国君，为什么他的声音和我们国君这样相似呢？'这没有别的原因，是由于居住环境相似罢了。"

【历代论引】

朱子曰："人之居处，所系甚大，王子亦人子耳，特以所居不同，故所养不同而其气体有异也。"

尹氏曰："睟然见于面，盎于背，居天下之广居者然也。"

【评析】

齐威王新丧，宣王尚在守孝，年近七十的孟子听说宣王那里或可推行仁政,就长途跋涉来到齐国。他见王子气质不错,便感叹说,环境改变人的气质,修养改变人的体态,环境真重要啊!为什么他就如此温润清和呢?孟子说,王子的住所、车马、衣服等大多与别人相同,而王子能那样,是因为他的环境使他那样,这就叫作"居移气"。何况以"仁"为"居所"的人呢,他们岂不更有仁者之风吗?

孟子的本意,当然不是要讨论一般的教育问题,而是在思考如何营造一个"仁"的大环境,从而使天下归仁的重大问题。由此可知,孟子为什么说"得天下英才而教育之"为人生一大乐事了。

三十七

【原文】

孟子曰:"食而弗爱,豕交之也;爱而不敬,兽畜之也。恭敬者,币之未将者也[1]。恭敬而无实,君子不可虚拘[2]。"

【注释】

[1]币:古代以束帛为祭祀或馈赠的礼物,叫作"币"。后来称其他聘享的礼物,如车、马、玉等也叫"币"。将:送。[2]拘:留。

【译文】

孟子说:"只给吃的而不爱护,等于在养猪;爱护却不敬重,等于在畜养牲畜。恭敬之心,应该是在进出礼物之前就有的。只有表面的恭敬,而并非实心实意,君子便不可以被虚假的礼节所束缚。"

【历代论引】

程子曰:"恭敬虽因威仪币帛而后发见,然币之未将时,已有此恭敬之心,非因币帛而后有也。"

【评析】

本章论君主养士重在有"恭敬"的真心实意。

《孟子》一书，相邻诸章常有内在逻辑联系。本卷三十六至三十九这四章，似皆作于威王新丧，宣王守孝，孟子新到齐国时，或许本章是孟子对宣王说的话。

孟子说，君主养士只是养活他而不爱他，等于养猪；只爱他而不敬他，等于养牲口。恭敬的心，是要在送礼之前就有的。但如果只是表面恭敬而并无真心实意，那么君子就不会被这种虚假的恭敬所留住，他就会离你而去了。

另外，"食而弗爱，豕交之也；爱而不敬，兽畜之也"，这两句话，对于我们在奉养老人时具有特别的警醒作用。

三十八

【原文】

孟子曰："形色，天性也。惟圣人然后可以践形①。"

【注释】

①践形：体现上天赋予人的品质。践：同"善"，完善之意。

【译文】

孟子说："人的身体容貌是与生俱来的。只有圣人才能够通过修养自身而无愧于这一天赋。"

【历代论引】

程子曰："此言圣人尽得人道而能充其形也。盖人得天地之正气而生，与万物不同。既为人，须尽得人理，然后称其名。众人有之而不知，贤人践之而未尽，能充其形，惟圣人也。"

杨氏曰："天生烝民，有物有则。物者，形色也。则者，性也。各尽其则，则可以践形矣。"

朱子曰："人之有形有色，无不各有自然之理，所谓天性也。践，如践言之践。盖众人有是形，而不能尽其理，故无以践其形；惟圣人有是形，而又能尽其理，然后可以践其形而无歉也。"

【评析】

孟子认为，人的身体容貌是天生的，但可通过后天的修养而使之趋于完善，使人的气质更美好。只有圣人能做到这一点，因为圣人是用仁义礼智来陶冶自己的，久而久之，这种仁义礼智就像他们的天赋，会自然而然流露出来，那他们就更美了。

本章可与本卷二十一章合读。

三十九

【原文】

齐宣王欲短丧①。公孙丑曰："为期之丧②，犹愈于已乎？"

孟子曰："是犹或紾其兄之臂，子谓之姑徐徐云尔，亦教之孝悌而已矣③。"

王子有其母死者，其傅为之请数月之丧④。公孙丑曰："若此者何如也？"

曰："是欲终之而不可得也。虽加一日愈于已，谓夫莫之禁而不为者也。"

【注释】

①丧：孔子认为，子为父母、臣为君主守丧三年，为天下之通例。胡适先生曾考证，这可能只是东部今山东一带的习俗。②期（jī）：丧服制度，期服的简称，指服丧一年。③亦：只是。④"王子有其母"两句：按照古代丧礼规定，王子母亲死后，因父亲尚在，不能为母服三年丧，甚至无服。母亲下葬前，只穿麻衣，下葬后脱掉。

【译文】

齐宣王想要缩短服丧时间。公孙丑说："父母去世的话，服一年丧，不是比不服丧好吗？"

孟子说："这就像有人扭他哥哥的胳膊，你对他说姑且慢慢地拧，这不是个办法，只是教导他孝敬父母兄长罢了。"

有个死了生母的王子，他的师傅替他请求守几个月的丧。公孙丑说："像这种情况该怎么办？"

孟子说："这个王子是想服完三年丧却无法做到。即使多服一天也比不服好，是对那些没人禁止他服丧，而他自己不愿服丧的人说的。"

【历代论引】

朱子曰："此章言三年通丧，天经地义，不容私意有所短长。示之至情，则不肖者有以企而及之矣。"

【评析】

齐威王死了，按习惯法，王子应守孝三年，但王子认为，三年时间太长，想缩短一点。估计王子已经守了一年丧了，所以孟子弟子公孙丑认为是可以的，为父王守一年丧总比完全不守丧强吧？孟子不同意弟子的意见，他说，要儿子守孝三年，只是教导他们孝悌罢了，你怎么能这么讲呢？

有个王子的生母死了，他的师傅为他请求只守丧几个月算了。公孙丑问老师，像这事怎么办？孟子说，这是因为王子想守完丧又办不到，所以才请求只守几个月。当然，即使只多守丧一日也比不守丧好。上次我讲的扭胳膊那些话，是对那些没人不让他守丧他却不守丧的人说的。

看来，孟子也觉得三年之丧的确太长了。

四十

【原文】

孟子曰："君子之所以教者五：有如时雨化之者，有成德者，有达财者①，有答问者，有私淑艾者②。此五者，君子之所以教也。"

【注释】

①财：同"材"。②私淑艾（yì）：私下拾取。文中指私下里学习。淑：通"叔"，拾取，获益。艾：通"刈"，收获。

【译文】

孟子说："君子实施教化的方式有五种：有像及时雨一样滋润万物的，有帮助成就德行的，有培养才干的，有解答疑问的，有以学识风范感化他人使之成为私淑弟子的。这五种就是君子所用来施行教化的方法。"

【历代论引】

朱子曰:"圣贤施教,各因其材,小以成小,大以成大,无弃人也。"

【评析】

本章总结君子之教育方式有五:有像及时雨化育万物的,有成全弟子品德的,有培养弟子才能的,有回答弟子疑问的,有以学识风范感化他人使之成为私淑弟子的。

春秋战国,私学大盛,诸子百家,无不开门授徒,以自家之学说教育子弟。孟子的话,便是对诸子百家教育方式的总结。可以看出,这些不同的教育方式,包括德育、智育等各个方面,是根据学生们本身的不同情况,因材施教而总结出来的经验。

【史例解读】

春风化雨

南北朝时,清河太守苏琼为官两袖清风,而且很善于教化乡民。一次,郡中有一位告老还乡的尚书赵颖给他送来几个西瓜,并说这是自己园中产的。苏琼拒之再三,也不能拒绝赵颖,只好勉强收下西瓜。苏琼把赵颖送出门外,回到房中马上叫家人将西瓜装入竹篮,悬于屋梁之上。

乡民们听说太守收下了赵颖的西瓜,便纷纷携带时鲜瓜果前来。苏琼遂叫家人从梁上摘下竹篮,拿给他们看。只见篮里西瓜原封未动,有的甚至已经腐烂。送礼者面面相觑,羞愧难当,悄悄离去。

当地有一个叫普明的人为了争财产,与自己的弟弟长年累月地打官司,而且还各自请来证人为自己证明。最后,他们的官司打到了苏琼那里。苏太守就把普明兄弟俩召请过来,并且劝他们说:"天下最难得到的就是兄弟啊!而容易得到的则是田地。假使得到了田地而失去了兄弟,你们的心会觉得怎样呢?"

苏太守说着,眼中流下了泪水。这像春风化雨般的一席话,使在场的所有人都深为感动，有些人甚至被太守的真诚感动得流下了眼泪。普明兄弟俩则互相叩头认错，彼此退让，再也不为争财产打官司了。

四十一

【原文】

公孙丑曰："道则高矣，美矣，宜若登天然①，似不可及也。何不使彼为可几及而日孳孳也？"

孟子曰："大匠不为拙工改废绳墨，羿不为拙射变其彀率②。君子引而不发，跃如也。中道而立，能者从之。"

【注释】

①宜：大概。②羿：古代传说中的人物，善射。彀（gòu）率：弓弩张开的程度。

【译文】

公孙丑说："道的确是很高、很美，就像登天一样，似乎是不可企及的。为何不让道变成有希望达到的东西，从而让人们每天都努力追求呢？"

孟子说："高明的木匠不会为手艺拙劣的木工改变或废弃规矩，羿不会为技艺拙劣的射手而改变他拉弓的标准。君子教导别人正如射手拉满弓，但却不把箭射出去，只做出跃跃欲试的样子。他站在正确的道路上，有才能的人就会追随他。"

【历代论引】

朱子曰："此章言道有定体，教有成法；卑不可抗，高不可贬；语不能显，默不能藏。"

【评析】

本章亦论教育。包含相互联系的两层意思：

第一层，真理不能降格以求，不能因为追求真理的困难或目标高远而降低目标或标准。从教育的角度来说也是一样，高明的老师不能因为懒惰愚笨的学生而改变或放弃准则。这就是"大匠不为拙工改废绳墨，羿不为拙射变其彀率"。

第二层，"君子引而不发，跃如也"。善于引导的老师总是给学生留有消化理解的余地，重在传授方法，以身作则，激发学生的学习主动积极性，这就是"引而不发，跃如也"。把弓拉满，但却并不把箭放出去，而只是做出要放的样子，启发学生理解，激发他们跃跃欲试的愿望。所以，孟子又把这种做法归结到"中道而立"的落脚点上。所谓"中道"，也就是无过无不及，做得恰到好处的中庸之道。如此一来，孟子便很巧妙地把教育与学习的问题与儒学所标榜的最高道德标准——中庸联系在一起了。

做到了这一步，则老师教起来轻松，学生学起来愉快。

【史例解读】

引而不发

南北朝时期，梁国的刘坦任长沙太守，主管湘州地方的行政事务。当时正赶上王僧粲阴谋反叛，湖南的一些郡县都起来响应王僧粲。前镇军钟玄绍潜伏在长沙做内应，准备在王僧粲打来时起事。

一天，此事被太守刘坦侦察得知，但他引而不发，和往常一样理政判讼，谈笑如常。到了夜间，刘坦故意打开城门，钟玄绍惊疑有变，不敢贸然行动。

第二天早晨，刘坦借故把钟玄绍叫来议事，并有意拖延谈话时间，同时派人到钟家去搜查。钟玄绍不知是计，应邀前来。在与刘坦谈兴正浓时，搜查的士兵已成功查获了钟玄绍和王僧粲来往的全部信件。

刘坦拿到了这些书信，马上下令把钟玄绍捆绑起来进行审讯。

在铁证面前，钟玄绍只得低头认罪。刘坦当场就把钟玄绍处斩了，并把钟与王僧粲往来的书信给烧了，以稳定军心。长沙局势也因此安定了。

四十二

【原文】

孟子曰:"天下有道,以道殉身①;天下无道,以身殉道。未闻以道殉乎人者也。"

【注释】

①以道殉身:指终身行道。

【译文】

孟子说:"天下政治清明,就终身行道;天下统治黑暗,就为道献身。还没听说过牺牲道来迎合人的。"

【历代论引】

朱子曰:"殉,如殉葬之殉,以死随物之名也。身出则道在必行,道屈则身在必退,以死相从而不离也。"

【评析】

天下清明,君子就会得志,君子出仕,那么"道"就会得到实施。天下黑暗,君子归隐,就会以身守"道",甚至不惜为"道"而死,杀身成仁。

当然,从更深层次的意思来理解,"无道则隐""邦无道则可卷而怀之"和"穷则独善其身"也可以说得上是"以身殉道"的表现,因为这样做是为了"道"而舍弃了自身的所谓"前程",只不过没有舍弃生命罢了。

四十三

【原文】

公都子曰:"滕更之在门也①,若在所礼而不答,何也?"

孟子曰:"挟贵而问,挟贤而问,挟长而问,挟有勋劳而问,挟故而问，皆所不答也。滕更有二焉。"

【注释】

①滕更：滕国君主的弟弟，孟子弟子。

【译文】

公都子说："滕更在您的门下时，似乎应属于您以礼相待的人，可您却不解答他的问题，这是为什么呢？"

孟子说："依仗自己地位高贵来发问，依仗自己贤能来发问，依仗自己年纪大来发问，依仗自己有功劳来发问，依仗自己有老交情来发问，都属于我不回答的范畴。滕更占了其中的两条。"

【历代论引】

赵氏曰："二，谓挟贵、挟贤也。"

尹氏曰："有所挟，则受道之心不专，所以不答也。"

【评析】

孟子教学生，诲人不倦，却并非有问必答。有五种情况，孟子不答弟子问：一是仗着地位高而问，二是仗着自己贤能而问，三是仗着自己年长而问，四是仗着自己有功劳而问，五是仗着自己是孟子的老朋友而问。

滕更在孟子门下时，似乎也在孟子以礼相待之列，但他发问请教时，孟子却不回答。至于滕更到底是倚仗的哪两种？孟子点到为止，并没有明说。朱熹《集注》引赵氏说："二，谓挟贵，挟贤也。"而上述五种情况，有一点是相同的：不是虚心地向老师请教，对老师不够尊敬。

孟子认为，求教于老师门下，目的是为了学习知识，切磋学问，教学相长，因此，也不能掺杂贵、贤、长、勋劳、故旧等外在的因素，一旦掺杂了这些因素，就会如朱熹《集注》引尹氏所说："有所挟，则受道之心不专，所以不答也。"所谓不专，也就是指心不诚，求学心不诚，怎么能有所收获呢？所以孟子不予回答。而这种不予回答，又是不是"予不屑之教诲也者，是亦教诲之而已矣"呢？（《告子下》）

说起来，孟子的意思也很简单，就是要求我们虚心求教，不要自以为是。

四十四

【原文】

孟子曰:"于不可已而已者,无所不已①。于所厚者薄,无所不薄也。其进锐者②,其退速。"

【注释】

①已:停止。②锐:疾速。

【译文】

孟子说:"对于不该停止的事却停止了,那么就没什么不可以停止的了。对于本应厚待的人而薄待,那么没有谁不可薄待了。前进得太猛的人,后退得也就快。"

【历代论引】

朱子曰:"三者之弊,理势必然,虽过不及之不同,然卒同归于废弛。"

【评析】

这段话似乎没头没脑,不着边际,实际上是孟子在评论某种人。

孟子在这里一共说了三种情况,不过,前两种情况的性质是一样的,用孔子的术语来说,都是"不及"的问题。后一种则是说的"太过"的问题,前进太猛做得过了头,其结果是退起来也会快得很,结果还是达不到目的。这就应了孔子的话:"欲速则不达。"(《论语·子路》)或者叫作"过犹不及"。(《论语·先进》)可见,孟子在这里依然是师承孔子的意思,分别说到"不及"与"过"的弊病。

【史例解读】

进锐者,其退速

春秋时,赵襄子派遣大将新稚穆子攻打翟国。新稚穆子一天之内就连战连捷，占领了老人和中人两座城池，于是就派人向赵襄子汇报战果。当时，赵襄子正在吃饭，听到报告后却面有忧色。左右的人问："一天占领两座城，这是人人都应该为之高兴的大喜事，您却为何发愁呢？"

赵襄子说："所谓'进锐者，其退速'。暴风骤雨，过不了一会儿就得停；日到正午，很快就会偏西。现在，我们并没有为翟国老百姓做什么有益之事，却一天占领他们两座城池，这难道不是快要灭亡的征兆吗？"

孔子听到这话以后，十分感慨地说："赵国看来要昌盛了！对国家的事，总是从坏处着想，这是昌盛的开始；而每天悠哉游哉，认为万事大吉了，这才是衰败的征兆。

一时的胜利，并不困难，难的是永远立于不败之地，有头脑的领导者总是能够事先考虑事情将会出现什么不利因素，所以他们所取得的成就能够延续到后世。齐、荆、吴、越四国都曾经打过胜仗，但很快都灭亡了，不都是不能认识到'进锐退速'这一点吗？

四十五

【原文】

孟子曰："君子之于物也，爱之而弗仁；于民也，仁之而弗亲。亲亲而仁民，仁民而爱物。"

【译文】

孟子说："君子对于万物，爱护它，但不必以仁德之心对它；对于百姓，施仁给他而不必亲爱他。君子热爱亲人，进而施仁德于百姓；施仁德于百姓，进而爱惜万物。"

【历代论引】

程子曰："仁，推己及人，如老吾老以及人之老，于民则可，于物则不可。统而言之则皆仁，分而言之则有序。"

杨氏曰："其分不同，故所施不能无差等，所谓理一而分殊者也。"

尹氏曰："何以有是差等？一本故也，无伪也。"

【评析】

这段话很短,却十分清晰地反映了儒家的仁政思想:

首先要"亲亲",即亲近自己的亲人;然后是"仁民",即仁爱百姓。"亲亲"加"仁民",就是孟子讲的"老吾老,以及人之老;幼吾幼,以及人之幼";最后是"爱物",即爱惜万物,爱护一切生灵。

这就是孟子讲的"仁"。

四十六

【原文】

孟子曰:"知者无不知也,当务之为急;仁者无不爱也,急亲贤之为务。尧、舜之知而不遍物,急先务也;尧、舜之仁不遍爱人,急亲贤也。不能三年之丧,而缌、小功之察①;放饭流歠,而问无齿决②,是之谓不知务。"

【注释】

①缌(sī):麻布之细疏者,文中指缌麻,是丧服五服中最轻的一种,也称"缌衰",服期为三个月。小功:古代丧服名,五服之一,用较粗的熟布制成,服期为五个月。②放饭:大口吃饭。流歠(chuò):大口喝汤。歠:饮。齿决:用牙齿啃断东西。

【译文】

孟子说:"智者没有什么不知道的,但急于知道当前该做的紧要事情;仁者没有什么不爱惜的,但急于先爱亲人和贤人。尧、舜的智慧不能遍知所有的事物,是因为他急于去做眼前的大事,尧、舜的仁德不能遍爱所有的人,是因为他急于去爱亲人和贤人。不能够施行三年的丧礼,却仔细地讲求缌麻三月、小功五月的丧礼;在尊长面前进餐,大口吃饭,大口喝汤,却讲求不用牙齿咬断干肉,这就叫不识大体。"

【历代论引】

丰氏曰:"智不急于先务,虽遍知人之所知、遍能人之所能,徒弊精神，而无益于天下之治矣。仁不急于亲贤，虽有仁民爱物之心，小人在位，无由下达，聪明日蔽于上，而恶政日加于下，此孟子所谓不知务也。"

朱子曰："知者固无不知，然常以所当务者为急，则事无不治，而其为知也大矣；仁者固无不爱，然常急于亲贤，则恩无不洽，而其为仁也博矣。"

又曰："此章言君子之于道，识其全体，则心不狭；知所先后，则事有序。"

【评析】

本章论为政者当知要务。

孟子用类比论证法。他说："智者没有什么不知晓，但是当前的要务才是急于解决的；仁者没有人不该爱，但天下人那么多，所以要以先爱亲人和贤人为要务。"

同理，为政者应知当务之急。俗话说："丢了西瓜拣芝麻。"抓住了小的却失去了大的，抓住了次要的却失去了主要的，因小失大，舍本逐末，这就叫作"不知务"。凡事总有轻重缓急，因此，要抓住当前急切应办的事先做。

【史例解读】

当务之急

宋朝仁宗时的宰相吕夷简，是一个很会掌握分寸的人。

有一次，仁宗病了很长时间，没有上朝理政。这一天，他的病情稍有好转，想召见主持政务的大臣们。于是来到便殿，命人去召中枢省和枢密院文武两大臣进宫。

吕夷简得到旨意宣召以后，过了一会儿才起身入宫，枢密大臣催他快点走，而吕夷简却像平时一样，在宫门外下了轿，不紧不慢地踱着方步进来。宋仁宗见他们磨蹭了半天才到，非常不满意地说："我病了这么长时间，今天刚刚有所起色，非常想见见你们，你们为什么姗姗来迟？"

吕夷简从容地禀奏皇上："陛下患病，不能亲理朝政，朝廷上下都很担忧。当务之急并不是见到皇上，而是安定人心。今天忽然召见大臣，我们再慌慌张张跑进宫，人们会误认为出了什么大事，引起不必要的恐慌。"宋仁宗听后频频点头，认为他考虑周全，办事得体。

卷十四　尽心下

【题解】

本篇共三十八章。主要内容有以下几个方面：

首先，围绕"尽心""知性""知天"的思想作了进一步的阐释和发挥。孟子认为"尽心""知性"须从两个方面入手。从消极方面说，就是克制自己的欲望。孟子认为"养心莫善于寡欲"，欲望越少就越能保持心性的纯洁。这是养心的一种方法。从积极方面说，就是发扬"恻隐之心""羞恶之心"，使之成为仁义的思想和行为。孟子说："人皆有所不忍，达之于其所忍，仁也。人皆有所不为，达之于其所为，义也。"把"恻隐之心""羞恶之心"扩充起来，就成了仁、义的思想和行为。一方面反求诸己，一方面尽性乐善，日积月累，就能逐步地达到"圣""神"的境界。达到了"圣""神"的境地，就是"知天"，就成了"圣人"，就进入了"天人合一"的境界。

其次，阐述了"仁者无敌"的思想，进而指出，仁人、"圣人"必将在社会生活中发挥重要的作用。孟子说："仁也者，人也。合而言之，道也。""仁人无敌于天下。""国君好仁，天下无敌焉。"在孟子看来，仁人、"圣人"是社会的中流砥柱；有了仁人、"圣人"，就有了仁政；有了仁人、"圣人"施行仁政，社会就会安宁，国家就会繁荣昌盛。同时，孟子谴责春秋时期的不义之战，批判了穷兵黩武的不仁行为。

第三，从仁政的思想出发，孟子进一步地提出了重民的主张，他说："民为贵，社稷次之，君为轻。"得到了老百姓的拥护，才能够成为天子，诸侯如果不能行仁政，也可以换掉他。孟子还说："诸侯之宝三：土地、人民、政事。宝珠玉者，殃必及身。"有了土地和人民，再施之以仁政，就可以无敌于天下。孟子的这一主张是他的仁政思想发展的必然结果。

第四，关于君子修身之道，孟子指出君子应以大道为立身之本，严于律己，减少欲望，确保修养目的的纯正性。对于追求大道的态度，指出对大道应不断讲求、不可间断，鼓励人们勇于追求大道，不管天意如何，都当孜孜以求，告诫人们不可使大道失坠。

一

【原文】

孟子曰："不仁哉，梁惠王也！仁者以其所爱及其所不爱，不仁者以其所不爱及其所爱。"

公孙丑问曰："何谓也？"

"梁惠王以土地之故，糜烂其民而战之①，大败；将复之，恐不能胜，故驱其所爱子弟以殉之，是之谓以其所不爱及其所爱也。"

【注释】

①糜烂：牺牲。

【译文】

孟子说："梁惠王实在是不仁德啊！仁者把施与他所爱的人的仁德推及到他所不爱的人身上，不仁者把加给他所不爱的人的祸害推及到他所爱的人身上。"

公孙丑说："这话是什么意思？"

"梁惠王因为土地的缘故，不惜牺牲百姓的血肉之躯去作战，遭到惨重的失败。想要收复失地，唯恐不能战胜敌人，因此又驱使他所喜爱的子弟去作战送死，这就是把加给不爱的人的祸害推及到所爱的人的身上。"

【历代论引】

朱子曰："亲亲而仁民，仁民而爱物，所谓以其所爱及其所不爱也。"

又曰："此承前篇之末三章之意，言仁人之恩，自内及外；不仁之祸，由疏逮亲。"

【评析】

本章批评梁惠王不仁。

儒家讲"仁"。孔子曾说:"仁者,人也。"又说:"仁者,爱人。"就是说,天地之间没什么比"仁"更重要的。孟子讲"仁",主要是讲以仁爱之心推己及人,也就是先爱自己的亲人,进而推广到爱乡亲,爱国人,爱天下人。

在本章中,孟子说,仁爱的人把他对亲人的爱推及到不爱的人即一般的人身上去,而不仁的人却把对别人的恨推及到亲爱者的身上去。孟子这段话,看似抽象,却是有感而发。在孟子看来,梁惠王为了扩张国土,驱使老百姓去打仗,驱使他喜爱的子弟去作战,就是把对别人的恨推及到亲爱者身上去。

孟子并非一概反对战争,但对梁惠王为了满足自己的私欲而让百姓、子弟去作战送死的做法,坚决反对。

【史例解读】

己所不欲,勿施于人

"己所不欲,勿施于人"是孔子提出来的。仲弓问孔子,怎么样才算是仁呢?孔子答道:"出门无论同什么人交往,都要像接见贵宾一样恭敬;处理百姓的事情,要像对待国家大祭一样认真。己所不欲,勿施于人。做大官、做小官都要做好分内工作,使人没有怨恨。"

子贡问孔子:"什么是可以奉行一辈子的话呢?"孔子说:"这就是宽恕啊。己所不欲,勿施于人。"

后来这句话成为儒家的信条。当然,这对每个人来说也是适用的。

二

【原文】

孟子曰:"春秋无义战。彼善于此,则有之矣。征者,上伐下也。敌国不相征也。"

【译文】

孟子说:"春秋时代没有正义的战争。那一方比这一方好点,那是有的。'征'的意思是上级讨伐下级,同等级别的国家是不互相征讨的。"

【历代论引】

朱子曰:"春秋每书诸侯战伐之事,必加讥贬,以着其擅兴之罪,无有以为合于义而许之者。但就中彼善于此者则有之,如召陵之师之类是也。"

又曰:"征,所以正人也。诸侯有罪,则天子讨而正之,此春秋所以无义战也。"

【评析】

本章批评春秋时代没有正义战争,这既表达了孟子的历史观,也表达了其政治观。孟子认为,国君之间,有的好一点,那是有的。但并不能因为你比人家好一点,你就可以征伐人家。因为按照周礼,"礼乐征伐自天子出",同等级的国家之间,是不可以互相征伐的。

今人评价战争是否"义",关键是看它是侵略战争还是反侵略战争。这样的标准当然比孟子的标准先进。因此,以今天的观点来看,似乎不能一概认为"春秋无义战",而要根据具体情况作具体的分析。

三

【原文】

孟子曰:"尽信《书》,则不如无《书》①。吾于《武成》,取二三策而已矣②。仁人无敌于天下,以至仁伐至不仁,而何其血之流杵也③?"

【注释】

①《书》:指《尚书》。②《武成》:《尚书·周书》篇名,叙述了周武王伐纣之事。今存《武成》是伪古文。策:编成的竹简。③杵:舂杵,舂米用的棒槌。一说形状像杵的兵器。

【译文】

孟子说:"完全相信书本,则不如没有书本。我对于《武成》篇,不过取二三片竹简就是了。仁德的人是天下无敌的。极仁德的人去征伐极不仁德的人,怎么能够说血流得很多以至于使杵漂起来了呢?"

【历代论引】

程子曰:"载事之辞,容有重称而过其实者,学者当识其义而已;苟执于辞,则时或有害于义,不如无书之愈也。"

又曰:"取其奉天伐暴之意,反政施仁之法而已。"

【评析】

《尚书·武成》,大概是写周武王伐商纣王的故事。据学者研究,《武成》早在东汉初期即已亡佚,今日的《武成》是伪古文。

大概孟子看到的《武成》写周武王伐商纣王时,极言杀人之多,有"流血漂杵"之类的话,孟子便从情理上推定,这话有问题。周武王是至仁之人,商纣王是至不仁之人,"仁者无敌于天下,以至仁伐至不仁",怎么会死这么多人呢?因此他说,与其尽信《尚书》,还不如没有《尚书》。比方他读《武成》,只取用其中二三根竹简说的话,别的一概不信。

据史家考证,武王伐纣时,尽管联合了许多诸侯,武王一方的力量仍是很小的。纣王之所以被打败,主要是因为他的军队倒戈。这大概是孟子"仁者无敌"的依据。

孟子看书,并不尽信书,而是通过自己的分析研究再作出判断,这种敢于疑书、敢于挑战"权威"的精神,是应该大力提倡的。

【史例解读】

尽信书不如无书

明代著名医药学家李时珍,字东璧,号濒湖山人。出生于蕲州(今湖北蕲春)一个世代行医的家庭,父亲李言闻是当地一位名医。李时珍从小就跟随父亲到病人家看病、上山采集药草,对医学产生了浓厚的兴趣。

二十二岁时，在一次乡试失败后，他便决意放弃功名仕途，继承祖辈的事业。李时珍在行医过程中发现历代的药物学著作存在不少缺点，不但分类杂乱、内容错误，而且还漏载了许多药物，需要重新整理和补充。他决心在宋代唐慎微编的《证类本草》的基础上，编著一部新的完善的药物学著作。为此，李时珍参阅了大量古代医书，家藏的书读完了，就利用行医的机会向本乡豪门大户借。后来，李时珍进了武昌楚王府和北京太医院，更是遍读医书，简直成了"书迷"。

但李时珍深知尽信书不如无书的道理，除了读书以外，他还走访了河南、江西、江苏、安徽等地。每到一处都虚心地向药农和劳动人民请教，采集药物标本，收集民间验方。很多人都热情地帮助他，有的人甚至把祖传秘方也交给了他。就这样，他得到了很多书本上所没有的知识，还收集了很多药物标本和民间验方。

经过近三十年的辛勤耕耘，李时珍终于完成了一部在世界科学史上规模空前的医药学与博物学巨著——《本草纲目》。

四

【原文】

孟子曰："有人曰：'我善为陈①，我善为战。'大罪也。国君好仁，天下无敌焉。南面而征，北夷怨；东面而征，西夷怨，曰：'奚为后我？'武王之伐殷也，革车三百两，虎贲三千人②。王曰：'无畏！宁尔也，非敌百姓也。'若崩厥角稽首③。征之为言正也，各欲正己也，焉用战？"

【注释】

①陈：同"阵"。②革车：兵车。两：同"辆"。虎贲（bēn）：勇士。③若崩厥角稽首："厥角稽首若崩"之倒文。厥角：这里指以额触地。厥：同"蹶"，顿。角：额角。稽（qǐ）首：古时的跪拜礼，叩头于地。

【译文】

孟子说："有人说：'我善于布阵，我善于作战。'这是大罪过。国君喜好仁，就会天下无敌。商汤向南方征讨，北方的民族就会埋怨，向东方去征讨，西方的民族就会埋怨，说：'为什么不先来我们这？'周武王讨伐殷商的时候，战车三百辆，勇士三千人。武王对殷商的百姓说：'不要害怕！我是来让你们得到安宁的，不是和你们为敌的。'殷商的百姓都把额角触地叩头，发出的声响如同山陵崩塌。'征'的意思是'正'，如果各个国家都端正自身，哪里用得着作战呢？"

【历代论引】

朱子曰："民为暴君所虐，皆欲仁者来正己之国也。"

【评析】

本章仍论仁者无敌。

孟子认为，国君好仁，则本国人民无不富足，无不用命。敌国之君不好仁，则国敝民贫，且盼仁君相救，如禾苗之盼春雨。孟子认为，仁君应该先正己，然后正天下，何必要用战争呢？孟子这段议论，是针对有人说"我会布阵打仗"的话来说的。

孟子"仁者无敌"的观点，有一定的道理。但他实际上有一个先决条件，就是"仁者"必须是"至仁"，"不仁者"必须是"至不仁"。但在实际生活中，能满足这种条件的恐怕不多。即使是"至不仁"的国君，其军队和百姓未必都会倒戈。既然作战，当然要讲战略战术。孟子以为"至不仁"者只是一个孤家寡人，派一小队人马把他抓来就行了，不必讲战略战术，这也是非常天真的想法。

"仁者无敌"虽有一定道理，但孟子将其极端化，就显得有些幼稚了。

五

【原文】

孟子曰："梓匠轮舆能与人规矩①，不能使人巧。"

【注释】

①梓匠：木工。梓人造器具，匠人造房子。轮舆：车匠。轮人制车轮，舆人制车厢。

【译文】

孟子说："木匠和车匠能够把圆规、曲尺的使用方法传授给别人，却不一定能使人技艺高超。"

【历代论引】

尹氏曰："规矩，法度可告者也。巧则在其人，虽大匠亦末如之何也已。盖下学可以言传，上达必由心悟，庄周所论斲轮之意盖如此。"

【评析】

木工手艺要用师傅带徒弟的方法来传授，但师傅只能把规矩告诉徒弟，真正高明的巧慧则需要自己去体会。

庄子把孟子讲的"规矩"叫作"技"，把孟子讲的"巧"叫作"道"，认为"道"是在"技"的基础上对客观事物规律更高层次的把握。两位思想家虽然说法不同，但讲的道理却是一样的：学问的初步境界可由老师传授，进一步的高深境界，则须依靠自己的钻研领悟。所谓"师傅领进门，修行靠个人"。

六

【原文】

孟子曰："舜之饭糗茹草也①，若将终身焉。及其为天子也，被袗衣②，鼓琴，二女果③，若固有之。"

【注释】

①糗（qiǔ）：干粮。茹：吃。②袗（zhěn）衣：绣有文采的华贵衣服，指天子所穿的盛服。③二女：尧的两个女儿娥皇、女英。果（wǒ）：同"婐"，女侍。

【译文】

孟子说:"当舜啃干粮吃野菜的时候,好像一生就将这样度过;等他做了天子后,穿着有纹饰的华贵衣服,弹着琴,尧的两个女儿服侍着,又好像原本就拥有了这一切。"

【历代论引】

朱子曰:"言圣人之心,不以贫贱而有慕于外,不以富贵而有动于中,随遇而安,无预于己,所性分定故也。"

【评析】

本章说像舜这样的至仁之人,贫贱至极也是仁者,富贵至极也是仁者,亦有"大丈夫""贫贱不能移,富贵不能淫"之意。

七

【原文】

孟子曰:"吾今而后知杀人亲之重也。杀人之父,人亦杀其父;杀人之兄,人亦杀其兄。然则非自杀之也,一间耳①。"

【注释】

①一间:指相距很近。间:隔。

【译文】

孟子说:"我从今以后才知道杀死别人亲人的严重性:杀死别人的父亲,别人也会杀死他的父亲;杀死别人的哥哥,别人也会杀死他的哥哥。那么,虽然父亲和哥哥不是自己杀死的,但也相差无几了。"

【历代论引】

范氏曰:"知此则爱敬人之亲,人亦爱敬其亲矣。"

朱子曰:"言吾今而后知者,必有所为而感发也。一间者,我往彼来,闲一人耳，其实与自害其亲无异也。"

【评析】

按中国古代习俗，无故杀人父兄，人家可以报仇杀你之父兄。因此，自己的父兄好像不是自己杀的，其实也跟自己杀的差不多了。

八

【原文】

孟子曰："古之为关也，将以御暴；今之为关也，将以为暴。"

【译文】

孟子说："古时候设立关卡，是打算用来抵御强暴的；如今设立关卡，却是打算施行强暴的。"

【历代论引】

范氏曰："古之耕者什一，后世或收大半之税，此以赋敛为暴也。文王之囿，与民同之；齐宣王之囿，为阱国中，此以园囿为暴也。后世为暴，不止于关，若使孟子用于诸侯，必行文王之政，凡此之类，皆不终日而改也。"

【评析】

在重要的路口，在人们必经之处，设立关卡，本是为了防御强盗。但到战国之时，为政者常利用这些关卡强行征税，搜刮民财，这等于是为政者自己当了强盗。孟子虽然多次讲"关市稽（盘查）而不征"，但大概不管用，所以才说出这样气愤的话。

九

【原文】

孟子曰:"身不行道,不行于妻子;使人不以道,不能行于妻子。"

【译文】

孟子说:"本人不践行大道,大道在妻子、儿女身上都行不通,更不要说对别人了。使唤别人不遵道而行,那么连妻子、儿女都使唤不了,更不要说使唤别人了。"

【历代论引】

朱子曰:"身不行道者,以行言之。不行者,道不行也。使人不以道者,以事言之。不能行者,令不行也。"

【评析】

孔子曾说:"其身正,不令而行;其身不正,虽令不从。"这是针对为政者讲的。

孟子也有同感。他说,你为政者自己不依道而行,那么连你的妻和子都不会去实行道,何况别人?如果为政者使唤别人不依道而行,那么别说使唤别人,就连你的妻和子都使唤不了。

孔子和孟子的感叹和议论,分别针对春秋时代和战国时代的情况而发,但是,难道只有那个时代才有这类情况吗?其实不然,不管什么时代,为政者只有以身作则,率先垂范,才能把事情办好。

十

【原文】

孟子曰:"周于利者,凶年不能杀[①];周于德者,邪世不能乱。"

【注释】

①周：充足。杀：窘困。

【译文】

孟子说："财富充足的人，荒年不能让他窘困；德行深厚的人，乱世也不能让他迷惑。"

【历代论引】

朱子曰："周，足也，言积之厚则用有余。"

【评析】

本章实论"义利"。

财富充足的人，即使遭遇荒年，也不会被饿死；仁德充足的人，即使遭遇乱世，也不会迷失本性。到了乱世，天下大乱，仁德不充足的人，不仁不义的人，就有可能趁火打劫，发国难财，做出许多伤天害理的事来。

本章论为君之道应该信仁贤，讲礼义，政治清明。

十一

【原文】

孟子曰："好名之人能让千乘之国。苟非其人，箪食、豆羹见于色。"

【译文】

孟子说："喜好名声的人，能够谦让拥有千辆兵车的国家。如果他本不是能够轻视富贵之人，即使让出一筐饭、一碗汤，他都会流露出不悦的神情。"

【历代论引】

朱子曰："好名之人，矫情干誉，是以能让千乘之国；然若本非能轻富贵之人，则于得失之小者，反不觉其真情之发见矣。盖观人不于其所勉，而于其所忽，然后可以见其所安之实也。"

【评析】

千乘之国，大国也，将其君位让给别人，有矫情干誉之嫌。如果他本不是能够轻视富贵之人，即使让出一筐饭、一碗汤，出让者的不情不愿也会表现在脸上。如果他不是能够轻视富贵的人，往往会在小的得失上流露真情。所以，"观人不于其所勉，而于其所忽"。

当然，把君位让给别人，并非完全是假设。孟子多次讲到孤竹国的伯夷、叔齐，二人就都不愿做国君；吴王太伯为让君王之位，跑到了江南的吴国；孟子所处的时代，燕王姬哙也把君位让给了国相。

十二

【原文】

孟子曰："不信仁贤，则国空虚；无礼义，则上下乱；无政事①，则财用不足。"

【注释】

①政事：清明的政治。政：正。

【译文】

孟子说："不信任仁德贤能之人，（就没有贤能之人为国家效力），那么国家就会空虚；不讲礼义，那么上下级的关系就会混乱；不推行清明的政治，那么国家的财源用度就会入不敷出。"

【历代论引】

尹氏曰："三者以仁贤为本。无仁贤，则礼义政事，处之皆不以其道矣。"

【评析】

本章论为君之道应该信仁贤，讲礼义，政治清明。

十三

【原文】

孟子曰:"不仁而得国者,有之矣;不仁而得天下者,未之有也。"

【译文】

孟子说:"不施行仁德却能得到一个国家的,有这样的事;不施行仁德,却能得到天下,这样的事不曾有过。"

【历代论引】

邹氏曰:"自秦以来,不仁而得天下者有矣;然皆一再传而失之,犹不得也。所谓得天下者,必如三代而后可。"

【评析】

本章论仁之重要意义。

孟子这段话,是对过去历史经验的总结。尧、舜、禹、汤、文、武,都是仁者,故有天下。各个诸侯国的开国君主,往往也是仁者,其后因子孙或仁或不仁,故有不仁而得国者。但孟子的总结有缺陷。大禹之子孙夏桀、商汤之子孙商纣、周文王之子孙周幽王,何尝没有得过天下?

好的社会制度才能确保"仁者"管理国家,并把"不仁者"赶下台。过分夸大仁的力量,未必是明智之举。

十四

【原文】

孟子曰:"民为贵,社稷次之①,君为轻。是故得乎丘民而为天子②,得乎天子为诸侯,得乎诸侯为大夫。诸侯危社稷,则变置。牺牲既成,粢盛既絜,祭祀以时,然而旱干水溢,则变置社稷。"

【注释】

①社稷：此处指本义，土神、谷神。有时引申为国家。②丘民：众民。丘：众。③牺牲：供祭祀用的纯色牲畜。粢盛（zī chéng）：盛在祭器中的黍稷等。

【译文】

孟子说："老百姓最重要，土神、谷神次之，君主为轻。因此得到老百姓的拥护，就可以做天子，得到天子的赏识就可以做诸侯，得到诸侯的赏识就可以做大夫。如果诸侯危害国家，那么就改立诸侯。牺牲已经肥壮，祭品已经洁净，祭祀也按时进行，然而依旧会发生旱灾水灾，那么就要改立土神、谷神。"

【历代论引】

朱子曰："盖国以民为本，社稷亦为民而立，而君之尊，又系于二者之存亡，故其轻重如此。"

又曰："祭祀不失礼，而土谷之神不能为民御灾捍患，则毁其坛壝而更置之，亦年不顺成，八蜡不通之意，是社稷虽重于君而轻于民也。"

【评析】

本章论"民贵君轻"。

孟子认为，得到人民的拥护才能做天子，得到天子的欢心才能做诸侯，得到诸侯的欢心才能当大夫。这就是说，没有老百姓的拥护和认可，就谈不上什么天子、诸侯、大夫。这是从正面论证"民贵君轻"。

如果诸侯危害国家，那就另立诸侯。孟子多次讲，诸侯不行仁政，又不纳谏，那么异姓大夫就可以离开他，同姓大夫就可以把他废了，另立诸侯。他曾明白地对齐宣王说，诸侯要是不对国家尽心尽力，就可以把他废了。诸侯可以废，大夫当然也可以废。天子怎么样？根据孟子盛赞周武王伐商纣王的思路来看，天子也是可以废的。至于社稷之神，其职责是保佑人民。如果老百姓恭敬地祭祀它，它却仍让老百姓遭受水灾旱灾，那就应废了它，另立社稷神。这是从反面论证"民贵君轻"。

两千多年前，孟子有如此进步的思想，是非常了不起的！

卷十四 尽心下

·471·

[史例解读]

民为贵，社稷次之，君为轻

战国时，赵惠文王去世以后，赵太后一面抚养年幼的赵孝成王，一面通过各种外交活动联合其他诸侯抗击秦国的侵略，是一位了不起的人物。有一次，齐国使臣到邯郸拜会赵太后。赵太后问使者："贵国的年成如何？百姓平安吧？齐王的玉体可好？"

齐使不高兴地回答："下臣奉命出使贵国，专程拜会太后。太后未问齐王如何，却先问年成和百姓，这不是把贵贱的次序弄颠倒了吗？"

太后说："不然，如果没有好年成，怎么能有百姓？要是没有百姓，怎么会有君王？"

这一番话所反映出的"民为贵，社稷次之，君为轻"的思想，说明赵太后是一个很有政治远见的女性。不仅如此，赵太后还对齐国国内的情况了如指掌。赵太后问道："贵国有个钟离子帮助无粮的人吃饱，帮助无衣的人穿暖。这是帮助国君抚养百姓，为什么到现在还不委任他官职呢？叶阳子爱护鳏寡孤独，扶贫济穷，为什么他还在家呢？孝女婴儿子为了奉养双亲，矢志不嫁，也不戴玉环耳坠。这种孝道出于真情，为什么到现在还没有表彰她呢？"

赵太后的一番话使齐国使臣大为惊叹，再次拜伏在地表示敬意。

十五

【原文】

孟子曰："圣人，百世之师也，伯夷、柳下惠是也。故闻伯夷之风者，顽夫廉①，懦夫有立志；闻柳下惠之风者，薄夫敦，鄙夫宽②。奋乎百世之上，百世之下，闻者莫不兴起也。非圣人而能若是乎？而况于亲炙之者乎③？"

【注释】

①顽：贪婪。②鄙：质朴，鄙陋。③亲炙：直接受到熏陶。炙：熏烤。

【译文】

孟子说:"圣人是百代后人的老师,伯夷、柳下惠就是这样的人。因此听到伯夷的节操的,贪婪的人也会变得清廉,懦弱的人也会有自立的志向;听到柳下惠的节操的,鄙陋浅薄的人也会变得敦厚,气量狭小的人也会变得大度。他们在百代以前奋发,百代以后,听到他们的事情的人,没有不为之振作的。不是圣人能像这样有感召力吗?——更何况曾经亲自接受过圣人熏陶的人呢?"

【历代论引】

朱子曰:"兴起,感动奋发也。亲炙,亲近而熏炙之也。"

【评析】

本章盛赞圣人为百代之师。

孟子说,伯夷、柳下惠虽然在百代之前奋发而为,但在百代之后,闻其风者莫不感动奋发。相隔百代,闻其风操尚且如此,何况亲自接受圣人熏陶的人呢?所以说,圣人是具有高风亮节的人,是人们心中的偶像,是百代之师。

孟子如此盛赞过的圣人,离他最近的是孔子,也比他早一百年了。揣摩孟子之意,有无以圣人自许,预见自己将为百代之师的意思呢?恐怕是有的。而且孟子的自许得到了当时的人和后人的认可,他的预见也是对的。

十六

【原文】

孟子曰:"仁也者,人也。合而言之,道也。"

【译文】

孟子说:"'仁'的意思就是'人'。'仁'和'人'的意思合起来说,就是'道'。"

【历代论引】

程子曰："中庸所谓率性之谓道是也。"

朱子曰："仁者，人之所以为人之理也。然仁，理也；人，物也。以仁之理，合于人之身而言之，乃所谓道者也。"

【评析】

"仁"，不仅读音与"人"相同，而且孔子解释"仁"时曾说："仁者，人也。"，就是尊重人，关爱人。所谓"合而言之，道也"，讲的是人与人的关系。所谓"道"，就是"仁道"，今日叫"人道"。

孟子有时用训诂学的方法解释哲理，如他用"生"来解释"性"（本性）。本章也是这样。

十七

【原文】

孟子曰："孔子之去鲁，曰：'迟迟吾行也。'去父母国之道也。去齐，接淅而行[1]，去他国之道也。"

【注释】

[1]接淅：把正在淘洗的大米滤干，比喻行色匆忙。淅：淘米。

【译文】

孟子说："孔子离开鲁国的时候，说：'我们慢慢地走吧'，这是离开祖国的态度。离开齐国的时候，把淘完的米捞出来，来不及把它做熟就出发了——这是离开别国的态度。"

【历代论引】

朱子曰："重出。"

【评析】

孔子是鲁国人，鲁国是其父国之邦，当然有种依依不舍之情。所以当他离开鲁国时，他说，我们慢慢走吧，这是离开父国之邦时的态度。

孔子曾到齐国去谋求发展，对齐国没有什么依恋之情。所以离开齐国时，尽管已经在淘米做饭了，他滤干米，带上就走，这是离开别国的态度。

孔子离开鲁国的故事，卷十第一章也讲过，可见孟子印象很深。

十八

【原文】

孟子曰："君子之厄于陈、蔡之间①，无上下之交也。"

【注释】

①君子：指孔子。厄（è）：受困。

【译文】

孟子说："孔子被围困在陈国、蔡国之间，是因为和两个国家的君臣都没有交往的缘故。"

【历代论引】

朱子曰："君子，孔子也。厄，与阨同，君臣皆恶，无所与交也。"

【评析】

孔子准备到楚国去做官的时候，陈国、蔡国的大夫怕孔子将来诛罚他们的罪恶，于是把孔子和随行的弟子们围困起来，这就是孔子"厄于陈蔡"的故事。孟子认为，孔子之所以被围困在陈、蔡，是由于他与陈、蔡两国的君臣都没有交往的缘故。

十九

【原文】

貉稽曰①："稽大不理于口②。"

孟子曰："无伤也。士憎兹多口。《诗》云：'忧心悄悄，愠于群小③。'孔子也。'肆不殄厥愠，亦不殒厥问④。'文王也。"

【注释】

①貉（mò）稽：人名。姓貉，名稽。②理：和顺。③"忧心"两句：见《诗经·邶风·柏舟》。悄悄：忧愁的样子。愠：恼怒。④"肆不殄"句：见《诗经·大雅·绵》。肆：故，既然。殄（tiǎn），灭尽。厥：代词，其。问：通"闻"，声誉。

【译文】

貉稽说："我的口碑很差。"

孟子说："没有关系。士人厌恶这种多嘴多舌。《诗经》说过：'愁思重重压在心，小人视我眼中钉。'孔子是这样的人。'不能消灭别人的怨恨，也不要失去自己的声誉。'文王是这样的人。"

【历代论引】

赵氏曰："貉姓，稽名，为众口所讪。"

又曰："为士者，益多为众口所讪。"

尹氏曰："言人顾自处如何，尽其在我者而已。"

【评析】

貉稽被群小攻击，非常苦恼，于是请教孟子。众口铄金，他怎么不烦恼呢？

孟子劝他说，没关系，士人便厌恶这些小人七嘴八舌地议论人，他引用《诗经》中的诗句说，像孔子那样伟大的圣人也曾被群小攻击议论，像周文王那样伟大的圣人也招致小人的怨恨，但这有什么关系呢，他们不照样是圣人吗？

二十

【原文】

孟子曰:"贤者以其昭昭,使人昭昭①;今以其昏昏,使人昭昭。"

【注释】

①昭昭:明白。

【译文】

孟子说:"贤明的人以自己的清楚明白,使他人清楚明白;如今的人却以自己的模模糊糊,想使他人清楚明白。"

【历代论引】

尹氏曰:"大学之道,在自昭明德,而施于天下国家,其有不顺者寡矣。"

【评析】

我们今天说:"教育者先受教育。"或者说:"要给学生一碗水,自己得有一桶水。"都是"以其昭昭,使人昭昭"的意思。

春秋战国时代,诸子百家无不开门授徒,恐怕难免会有"以其昏昏,使人昭昭"者,所以孟子才有这段议论。

【史例解读】

以其昏昏,使人昭昭

唐天宝二年(公元743年),参加科举铨选的生员数以万计。时任宰相的李林甫此次任用来遥、苗晋卿等趋炎附势的小人主管吏部选事。李林甫本身嫉贤妒能,睚眦必报,整日不琢磨事,专琢磨人,自然也就不学无术,言谈陋鄙,却硬要亲自典选,别人判完的卷子,他连批语也看不懂。主考官严回判语用"棣杜"二字来形容考生的见解独树一帜,称其成绩突出,李林甫不认得

"棣"字，问吏部侍郎韦陟："此云'杖杜'何也？"

正在一边观看的韦陟等人心知是李林甫念错了字，啼笑皆非，不知如何回答，表情上又不能显露出来。

李林甫和他的那批小人自是同类，自己昏昏，焉能使人昭昭？经过典选，入选者六十四人，其中新贵御史中丞张倚的儿子张奭，在考试中手里拿着纸笔，冥思苦想了一整天也没有写出一个字，居然被选为第一名。

二十一

【原文】

孟子谓高子曰："山径之蹊间，介然用之而成路①；为间不用②，则茅塞之矣。今茅塞子之心矣。"

【注释】

①径：同"陉"，山坡。蹊：小路。介然：用心专一的样子。②为间：隔段儿时间。

【译文】

孟子对高子说："山坡上的小路很窄，专心致志地去走，然后便变成了路；如果隔了段时间不去走，就会被茅草塞住。现在茅草堵塞你的心了。"

【历代论引】

朱子曰："言理义之心，不可少有间断也。"

【评析】

孟子的弟子高子，曾经努力学习过，后来大概没有继续学习。孟子教导他要继续学习。但孟子没有直截了当地说他，而是用了个比喻。

孟子说，山坡上有条刚走出来的小路，如果接着用心去走，就会成为真正的路。但一旦停下不再走了，那小路就会重新长满茅草，被茅草堵塞。孟子最后对弟子说，如今那"茅草"又堵了你的心了！"茅塞顿开"作为一个成语，其语源正出于此。

先秦诸子讲抽象的道理，往往用类比的方法，很形象，很生动，也易于理解和接受。

【史例解读】

茅塞顿开

赵匡胤做了皇帝后，怕大臣们重权在握有可能生变，于是把石守信、王审琦、高怀德等几位手握兵权的大将请到宫中饮酒。酒酣之时，赵匡胤见时机已到，便让侍立四周的人都退下，对他们说："我没有你们的鼎力相助，也当不了皇帝。可是做天子也太艰难了，还不如做节度使快乐。这一年来，我就没有一夜睡过安稳觉。"

石守信等人不知就里，忙问为什么。赵匡胤便接着说："这还不明白？皇帝这个位子，谁不眼红呀？试问在座诸位，有谁不愿意做天子？"

石守信等人听了，立即惶恐不安地向赵匡胤叩头说："陛下为什么说出这样的话来？现在天命已定，谁还敢怀有野心，想做天子？"赵匡胤摇摇头说："对你们几位我还信不过吗？但你们虽然没有野心，你们手下的人难道不想贪图富贵吗？你们难道忘记了我是怎样当上皇帝的吗？"石守信等人吓得连连磕头说："请陛下指引一条出路。"

赵匡胤便说："你们不如把兵权交出来，到地方上去做个闲官，多买些良田美宅，给子孙留点家业，再多置些歌妓舞女，日夜宴饮，快快活活度个晚年。我再与你们结成儿女亲家，这样一来，臣君相安，两无猜忌，该是多好的事啊！"

赵匡胤的这一番话使得石守信等人茅塞顿开，他们第二天便主动请辞，交出了自己的兵权。

二十二

【原文】

高子曰："禹之声，尚文王之声①。"

孟子曰："何以言之？"

曰："以追蠡②。"

曰："是奚足哉？城门之轨，两马之力与？"

【注释】

①尚：通"上"，超过。②追（duī）蠡（lí）：钟纽要断的样子。追：钟纽。蠡：欲断的样子。

【译文】

高子说："大禹的音乐要胜过文王的音乐。"

孟子说："为什么这样说呢？"

高子回答说："因为大禹传下来的乐钟，钟纽都快断了。"

孟子说："这怎能足以说明问题呢？城门下面的车辙，难道只是两匹马的力量造成的吗？是因为天长日久车马经过造成的呀。"

【历代论引】

丰氏曰："言禹之乐，过于文王之乐。"

朱子曰："此章文义本不可晓，旧说相承如此，而丰氏差明白，故今存之，亦未知其是否也。"

【评析】

本章记录了一个小故事。

孟子的弟子高子看到大禹铸的铜钟和周文王铸的铜钟，他见大禹之钟的钟纽快断了，便以为那一定是大禹之钟声音更高，把钟纽震坏了。

孟子说，这怎么能足以证明呢？城门下的车迹那样深，难道只是几匹马的力量吗？意思是说，那是天长日久无数车马碾出来的。同理，大禹之钟，其钟钮快断了，那也是因为日子太久了，不断磨损的缘故。

二十三

【原文】

　　齐饥。陈臻曰："国人皆以夫子将复为发棠①，殆不可复。"

　　孟子曰："是为冯妇也②。晋人有冯妇者，善搏虎，卒为善士。则之野，有众逐虎。虎负嵎，莫之敢撄③。望见冯妇，趋而迎之。冯妇攘臂下车。众皆悦之，其为士者笑之。"

【注释】

　　①发：打开。文中指打开粮仓赈济百姓。棠：地名，在今山东即墨。②冯妇：人名。姓冯，名妇。后以冯妇喻重操旧业的人。③嵎（yú）：山势曲折险峻的地方。撄（yīng）：接近，触犯。

【译文】

　　齐国发生饥荒。陈臻说："国中的百姓都以为您会再次劝说齐王打开棠邑的粮仓来赈济灾民，恐怕不能再这样做了吧。"

　　孟子说："再这样做就成了冯妇了。晋国有个叫冯妇的人，擅长和老虎搏斗，后来成了一个善人。有一次，他到野外去，有很多人在追赶一只老虎。老虎背依山险，没有人敢接近它。他们望见冯妇来了，就赶紧快步上前迎接他。冯妇捋袖伸臂跳下车来，大家见了都很高兴，可是那些士人却在讥笑他。"

【历代论引】

　　朱子曰："先时齐国尝饥，孟子劝王发棠邑之仓，以振贫穷。至此又饥，陈臻问言齐人望孟子复劝王发棠，而又自言恐其不可也。"

　　又曰："疑此时齐王已不能用孟子，而孟子亦将去矣，故其言如此。"

【评析】

　　冯妇善于打虎，最终臻于妙境，武士们都向他学习，后来成了一个善人。有一次，众人围住了一只老虎，都不敢上前，这时冯妇来了。他卷起袖子下了车，准备去打。众人都欢喜，士人们却讥笑他。为什么讥笑他呢？讥笑他重操旧业，又干起了打虎的勾当，而把自己做善士的追求放弃了。所以，"再作冯妇"作为一个成语，是指人应该明己，见机守义，不应因环境改变而轻易放弃自己的追求与原则。简言之，就是不应重操旧业。

　　孟子说这段话的时候，大概是齐王已不愿意用他，不愿意听他的话了，而孟子自己也知道这个情况，已准备离开齐国了，所以不再逗英雄，不再劝齐王了。

【史例解读】

再作冯妇

　　柳敬亭，本姓曹，名逢春，明神宗万历十五年（公元1587年）生于泰州曹家庄。他十五岁时犯法，被列为拘捕对象，被迫离家出逃。由于他爱听人讲故事，就学起了说书，以此谋生。大约十八岁那年，他流浪到江南，以敬亭山为名，并指路旁柳树为姓，从此开始说唱艺术生涯。左良玉渡江南下时，安徽提督杜宏域介绍柳敬亭给左良玉。左良玉惋惜与柳敬亭相见太晚，决定让柳敬亭参与重要军务。军中官员也不敢以说书人的身份来看待柳敬亭了。

　　柳敬亭曾奉命到南京，当时南明朝中群臣都敬畏左良玉，听说他派人来，上下没有不以恭敬之礼接待他的，宰相以下的官吏都让柳敬亭坐在向南的尊位上，称呼他柳将军，柳敬亭也没有什么不安的表现。那些街市上往日和柳敬亭很亲近，互称你我的市民，在路边私下说："这人是过去和我们一起说书的，如今他竟这样飞黄腾达了！"

　　不久，南明朝廷覆灭，左良玉也死了。柳敬亭的资财差不多花光，又像昔日一样贫困，于是又开始走上街头，再作冯妇。此后他走遍大江南北说书，且善交各地文化名流，因而在民间赞柳的诗词极多，孔尚任还把他写进了《桃花扇》。

二十四

【原文】

孟子曰："口之于味也，目之于色也，耳之于声也，鼻之于臭也，四肢之于安佚也①，性也。有命焉，君子不谓性也。仁之于父子也，义之于君臣也，礼之于宾主也，知之于贤者也，圣人之于天道也，命也。有性焉，君子不谓命也。"

【注释】

①臭（xiù）：各种气味。文中特指芳香的气味。安佚：安逸，舒适。

【译文】

孟子说："口对于美味，眼对于美色，耳对于好听的声音，鼻对于芬芳的气味，手足四肢对于安逸，这些爱好都是天性。但能否得到，要由命来决定，君子不把它们看成是天性所致。仁对于父子，义对于君臣，礼对于宾主，智慧对于贤人，圣人对于天道，能否实现，有命的作用，但也有天性的作用，君子不把它们看作是命运的范畴。"

【历代论引】

程子曰："五者之欲，性也。然有分，不能皆如其愿，则是命也。不可谓我性之所有，而求必得之也。"

又曰："仁义礼智天道，在人则赋于命者，所禀有厚薄清浊，然而性善可学而尽，故不谓之命也。"

【评析】

口欲美味，目欲美色，耳欲美声，鼻欲香气，四肢欲安逸，这些都是人的天性。但能否得到，却是由命运来决定的，所以君子不认为得到它们是必然的。

父子之于仁，君臣之于义，宾主之于礼，贤者之于智，圣人之于天道，这些也都是人们天然的需求。但能否实现这样的理想，而使天下归仁，那也是由命运决定的，所以君子也不认为实现它们是必然的。君子不谈论命运，只是顺其自然，努力去做罢了。

孟子一生都在为实现仁政理想奋斗，但命运之神似乎并不关照他。所以到了晚年，他说了这样一番无可奈何的话。

二十五

【原文】

浩生不害问曰①："乐正子何人也？"

孟子曰："善人也，信人也。"

"何谓善？何谓信？"

曰："可欲之谓善，有诸己之谓信，充实之谓美，充实而有光辉之谓大，大而化之之谓圣，圣而不可知之之谓神。乐正子，二之中，四之下也。"

【注释】

①浩生不害：姓浩生，名不害。齐国人。

【译文】

浩生不害问道："乐正子是什么样的人？"

孟子说："是善人，是个诚信的人。"

"什么叫作善？什么叫作信？"

孟子回答说："值得人喜欢叫作善，善为自身所拥有叫作信，使之充盈实在叫作美，不但充盈实在而且能够光彩夺目地表现出来叫作大，大而又能化育万物叫作圣，圣达到不可测度的境界叫作神。乐正子是处在'善'与'信'两者之中，但还没达到'美''大''圣''神'四者的要求。"

【历代论引】

张子曰："志仁无恶之谓善，诚善于身之谓信。"

又曰："大可为也，化不可为也，在熟之而已矣。"

程子曰："圣不可知，谓圣之至妙，人所不能测。非圣人之上，又有一等神人也。"

又曰："士之所难者，在有诸己而已。能有诸己，则居之安，资之深，而美且大可以驯致矣。徒知可欲之善，而若存若亡而已，则能不受变于俗者鲜矣。"

尹氏曰："自可欲之善，至于圣而不可知之神，上下一理。扩充之至于神，则不可得而名矣。"

【评析】

本章品评人物。

孟子认为，像乐正子那样的人，是善人，是诚信的人。乐正子出使齐国时去看孟子。孟子问他为什么过了几天才来看自己，乐正子就老老实实地说，因为找馆驿。虽然挨了孟子的批评，但还是实话实说。孟子说他是诚信的人，恐怕是事实。鲁国有小人不让鲁平公去看望孟子，乐正子知道孟子是个圣人，劝鲁平公去看望孟子。说乐正子是个善人，大概也是事实。

但孟子对乐正子的评价，是很有分寸的。他认为，乐正子介于"善"于"信"二者之间，但处在"美""大""圣""神"四者之下。

孟子对"美""大""圣""神"四种人的品评，比较玄，因为对人的感觉，有时是很难用言语形容的。

【史例解读】

大而化之

三国时期，东吴的张昭跟从孙策南征北讨。孙策把政治、军事都交付给他全权处理，他不负所托，政绩斐然，名闻南北。结果经常有北方地区的士大夫写信给他，表达仰慕之意。张昭接到这些信后，又喜又忧。喜的是政绩受到肯定，忧的是不知该不该把这些信的内容告诉孙策。

如果告诉了孙策，有功高震主的疑虑；不告诉，又怕有人误以为信里头有什么不可告人的秘密。正在张昭进退不安、左右为难的时候，孙策知道了这件事。

孙策找到张昭，给他讲了管仲和齐桓公的故事："以前齐桓公用管仲，把事情都交给了管仲，称管仲为仲父。左右请示一件事，桓公说：去问仲父；左右再请示一件事，桓公又说：去问仲父。左右就发起牢骚来，说：一则仲父，二则仲父，当国君真是这么容易吗？桓公说：我未得仲父以前，为君确是很难，既得仲父以后，为君怎么会不易呢？现在，北方人都说张昭能干，张昭既然是我用的，这就等于说我能干，能用张昭了。"

随后，他哈哈一笑，大而化之地说："子布（张昭字子布）贤能，我信任他，统一天下的功业不就在我身上了吗？"

二十六

【原文】

孟子曰："逃墨必归于杨，逃杨必归于儒。归，斯受之而已矣。今之与杨、墨辩者，如追放豚①，既入其苙，又从而招之②。"

【注释】

①放：放任，走失。②苙（lì）：养牲畜的栅栏。招：羁绊。

【译文】

孟子说："避开墨子学派的，一定会归入杨朱学派；避开杨朱学派的，一定会归入儒家学派。回归了，就接纳他罢了。如今和杨朱、墨翟学派辩论的人，就像追赶走丢了的猪，已经回到猪圈了，还要跟着把它的脚拴好。"

【历代论引】

朱子曰："墨氏务外而不情，杨氏太简而近实，故其反正之渐，大略如此。归斯受之者，悯其陷溺之久，而取其悔悟之新也。"

又曰："此章见圣贤之于异端，距之甚严，而于其来归，待之甚恕。距之严，故人知彼说之为邪；待之恕，故人知此道之可反，仁之至，义之尽也。"

【评析】

墨家主张"兼爱""非攻"，杨朱主张"为我"，儒家主张"仁义"，三家都是显学。天下学子，离开墨家的必归于杨子一派，离开杨朱的必归于儒学一派。这些人既已回归儒学，就接纳他们。

但是，儒家学派中大概有人仍然不放过当初曾信奉过墨学、杨学后来归依儒学的那些人，所以孟子发了这番议论，批评这种现象。他打比方说，好比把走失的猪赶回到猪圈里，却还要用绳索羁绊它，怕它再跑了，这很不好。

二十七

【原文】

孟子曰："有布缕之征，粟米之征，力役之征①。君子用其一，缓其二。用其二而民有莩②，用其三而父子离。"

【注释】

①力役之征：通过征劳役的方式征税。②莩（piǎo）：饿死的人。

【译文】

孟子说："有征收布帛的税，有征收粮食的税，有征收人力的税。君子只采用其中的一种，对于另外两种，暂不使用。如果同时征收两种税，百姓就会有饿死的；如果同时征收三种税，那么父子就会离散。"

【历代论引】

尹氏曰："言民为邦本，取之无度，则其国危矣。"

朱子曰："征赋之法，岁有常数，然布缕取之于夏，粟米取之于秋，力役取之于冬，当各以其时；若并取之，则民力有所不堪矣。今两税三限之法，亦此意也。"

【评析】

本章论为政者当减轻赋税。

孟子多次讲过减轻赋税的问题，甚至说超过了十分抽一的税率，那就是夏桀的暴政。

二十八

【原文】

孟子曰："诸侯之宝三：土地、人民、政事①。宝珠玉者，殃必及身。"

【注释】

①政事：指仁政。

【译文】

孟子说："诸侯的宝物有三种：土地、百姓和仁政。把珍珠、美玉当作宝物的，灾祸一定会降临到他身上。"

【历代论引】

尹氏曰："言宝得其宝者安，宝失其宝者危。"

【评析】

本章论国君当行仁政。

当政者玩物丧志，以至丧政、失国的历史依据不胜枚举，其中最典型的是"假道伐虢"的故事。春秋时，晋国想吞并南边的虢国，但是在晋国和虢国之间还隔着一个虞国。晋国派人带了宝马和美玉去向虞国借路，虞国的国君一见宝物爱不释手，答应了借路要求。结果，晋国灭了虢国，军队在返回的路上又轻易地灭了虞国，贪图宝物的虞公做了晋国的俘虏。

开明的统治者所珍视的，应是国力的强大，民生的福祉。玩物丧志，必无好下场。

二十九

【原文】

盆成括仕于齐①，孟子曰："死矣，盆成括！"

盆成括见杀，门人问曰："夫子何以知其将见杀？"

曰："其为人也小有才，未闻君子之大道也，则足以杀其躯而已矣。"

【注释】

①盆成括：姓盆成，名括。曾为孟子弟子，后去齐国做官。

【译文】

盆成括在齐国做官，孟子说："盆成括要死了。"

盆成括被杀，学生问道："您怎么知道他会被杀？"

孟子回答说："盆成括这个人有点小才智，但还不知道做君子的大道理，这就足以招致杀身之祸了。"

【历代论引】

徐氏曰："君子道其常而已。括有死之道焉，设使幸而获免，孟子之言犹信也。"

【评析】

小有才气者常爱露头角，又不知仕途险恶，故盆成括被杀。"闻君子之大道"者，才能远祸全身。

以意度之，盆成括当死于齐宣王之手。宣王尚在守父丧时，孟子已年近七旬，仍然去到齐国，盼望有所作为。但从本卷二十三章来看，孟子连劝宣王开仓赈灾都不敢再开口了，可见宣王之残暴。盆成括是初生牛犊，终进虎口；孟子老于世故，知道远祸全身，此其"大道"。

君子应力戒小聪明而修炼大家风度，宰相肚里能撑船，也就是行"君子之大道"。

三十

【原文】

孟子之滕，馆于上宫①。有业屦于牖上②，馆人求之勿得。或问之曰：

"若是乎从者之廋也③？"

曰："子以是为窃屦来与？"

曰："殆非也。夫子之设科也④，往者不追，来者不拒。苟以是心至，斯受之而已矣。"

【注释】

①馆：住馆舍。上宫：别宫名。②业屦：指尚未编织好的草鞋。屦：草鞋。③廋（sōu）：隐藏。④设科：开设课程，犹言开门授徒。

【译文】

孟子到滕国去，住在上宫。有一双没编好的草鞋放在窗台上不见了，旅馆里的人到处找，但没找到。有人问孟子说："这么说是您的随从把草鞋藏起来了吧？"

孟子回答说："你以为他们是为偷草鞋来的吗？"

那人回答说："大概不是。但是，您开设科目，招收学生，走了的不追问，来到的不拒绝，只要怀着求学的心来，就接受他，难免道德水平不一样。"

【历代论引】

朱子曰："廋，匿也。言子之从者，乃匿人之物如此乎？孟子答之，而或人自悟其失，因言此从者固不为窃屦而来，但夫子设置科条以待学者，苟以向道之心而来，则受之耳，虽夫子亦不能保其往也。门人取其言，有合于圣贤之指，故记之。"

【评析】

孟子到滕国去，住在上宫。这时上宫里发生了一件事：有一双放在窗户上尚未编织好的草鞋不见了。有人对孟子说："是跟随您的人把它藏起来了吧？"意思是说，是您的门徒偷了吧？

孟子不高兴，反问道："你以为他们是为偷草鞋来的吗？"

对方回答说："大概不是的。但您老人家开门授徒，学生走了您不追问，来了您不拒绝。如果有人带着想偷东西的想法来，您不知道，也就接受了。"这就是说，人家还是怀疑是孟子的门徒偷了。

《孟子》里为什么保留这一章呢？不是为了说明孟子的门徒中有小偷，而是为了说明孟子对学生的态度："往者不追，来者不拒。"

【史例解读】

来者不拒

公元189年，董卓到洛阳任相国，为了笼络人心，打算用高官厚禄收买官员。他听说在讨伐黄巾的战斗中初露锋芒的曹操很有谋略，就把曹操提升为骁骑校尉。但是年轻有为的曹操看出董卓倒行逆施，不得人心，迟早要垮台，所以不愿意在董卓手下当差，于是他冒险从洛阳逃出，到陈留（今河南陈留县）去找他父亲。

曹操一走，董卓立即四处捉拿曹操。在中牟县，曹操被捉。经过努力，曹操终于又逃了出来，回到陈留。曹操的父亲在陈留有不少财产。曹操回到陈留，得到父亲的同意，立即招兵买马，准备讨伐董卓。族弟曹仁、夏侯惇、夏侯渊等人立即来投，堂弟曹洪带着一千人来投奔，不久又有李典和乐进二将前来报效。当地有个财主叫卫兹，也拿出很多钱和粮食来帮助曹操。

曹操对前来投效的人来者不拒，迅速聚集了五千多人马。他一面操练兵马，一面派人探听各处动静。不久，羽翼渐丰的曹操发出檄文，约齐十四路诸侯共同讨伐董卓。

三十一

【原文】

孟子曰："人皆有所不忍，达之于其所忍，仁也；人皆有所不为，达之于其所为，义也。人能充无欲害人之心，而仁不可胜用也；人能充无穿窬之心①，而义不可胜用也；人能充无受尔汝之实②，无所往而不为义也。士未可以言而言，是以言餂之也③；可以言而不言，是以不言餂之也，是皆穿窬之类也。"

【注释】

①穿窬：穿洞越墙，偷窃之意。②无受尔汝之实：指不愿受别人的轻贱，就要先有不受轻贱的言语行为。"尔""汝"是古代汉语中表示轻蔑感情色彩的人称代词。③餂（tiǎn）：取。

【译文】

孟子说："人人都有不忍心做的事，把这种心推及到他所忍心做的事上，就是仁。人人都有不愿做的事，推及到他想做的事上，就是义。人如果能够把不想害人的心扩展开，那么仁就会用之不竭了；人如果能够把不挖洞、跳墙的心扩展开，那么，义就会用之不竭了；人如果能够把不受人轻蔑的心理扩展开，无论到哪里，行为都符合义。士人不该说话的时候说话，这是用言语来套取人；该说话的时候不说话，这是用沉默来套取人，这些都是挖洞、跳墙之类的行径。"

【历代论引】

朱子曰："恻隐羞恶之心，人皆有之，故莫不有所不忍不为，此仁义之端也。然以气质之偏、物欲之蔽，则于他事或有不能者。但推所能，达之于所不能，则无非仁义矣。"

又曰："能推所不忍，以达于所忍，则能满其无欲害人之心，而无不仁矣；能推其所不为，以达于所为，则能满其无穿窬之心，而无不义矣。"

又曰："然其事隐微，人所易忽，故特举以见例。明必推无穿窬之心，以达于此而悉去之，然后为能充其无穿窬之心也。"

【评析】

本章论人应扩充仁义。

孟子说，人人都有不忍心做的事，把它扩充到以前忍心做的事上，就是仁；人人都有不想干的事，把它扩充到以前想干的事上，就是义。

这几句话很抽象，不太好理解。于是孟子换了个说法。他说，如果人人都把不害人的心扩充起来，那么仁就用不完了；人人都把不偷窃之类的心扩充起来，那么义就用不完了；人人都把尊重别人、尊重自己的习惯扩充起来，那么就到处都是义了。

这些话还是很抽象，于是孟子举了个例子：好比士人不该说话的时候说话，这是用言语来套取人；该说话的时候不说话，这是用沉默来套取人，这些都是挖洞、跳墙之类的行径，都是不义的。

孟子多次讲，人人都有仁义的本性，把仁义扩展开去，便足以保有四海，是有一定道理的。本章也是这个意思。

三十二

【原文】

孟子曰："言近而指远者①，善言也；守约而施博者②，善道也。君子之言也，不下带而道存焉③；君子之守，修其身而天下平。人病舍其田而芸人之田④，所求于人者重，而所以自任者轻。"

【注释】

①指：意旨，意向。②施：恩惠。③不下带：古代注视人，目光不可低于对方的腰带。文中比喻注意眼前常见之事。带：腰带。④芸：同"耘"。

【译文】

孟子说："言语浅近但意旨深远的，是'善言'；操持简约而恩泽博大的，是'善道'。君子的言谈，讲的都是眼前的事，然而道却蕴含其中；君子的操守，从修养自身开始，进而使天下太平。人们的毛病在于舍弃自己的田地，而去耕耘别人的田地，要求他人的太多，而对自己的要求却很少。"

【历代论引】

朱子曰："古人视不下于带，则带之上，乃目前常见至近之处也。举目前之近事，而至理存焉，所以为言近而指远也。"

【评析】

这段话很抽象，其要旨是讲君子的修养。

孟子指出，言语浅近而意旨深远的，是善言；操持简约而恩泽博大的，是善道。君子的言谈，讲的都是眼前的事，然而道却蕴含其中；君子的操守，从修身养性开始（守约），却可以平定天下（施博）。孟子之意，是强调君子要先修身养性，从自己做起，从眼前的事做起，从小事做起。

而有的人自家的田荒了，却认为人家的田没种好，帮人家耕耘田地。这就叫要求别人很严，而对自己很放松，这就是孟子诊断出的有些人的毛病。所以，正常的人应该先种自己的田，求实务本，然后才推己及人，正己而后正人，"修其身而天下平"。

三十三

【原文】

孟子曰："尧、舜，性者也；汤、武，反之也。动容周旋中礼者，盛德之至也。哭死而哀，非为生者也。经德不回，非以干禄也①；言语必信，非以正行也。君子行法②，以俟命而已矣。"

【注释】

①经德不回：遵循道德而行，不致违礼。回：同"违"。干禄：求官。禄：官吏的俸禄。②行法：依法而行。

【译文】

孟子说："尧、舜的仁德是天性；商汤和周武王的仁德是经过修身而恢复到天性。举止仪容无不合于礼，这是德行深厚到了极点。哭死者而悲哀，不是为了给活人看的；依据道德而行，不去违礼，不是为了谋求官职。言语一定要真实，不是为了让人知道行为端正。君子按法度做事，去等待命运的安排罢了。"

【历代论引】

程子曰："性之反之，古未有此语，盖自孟子发之。"

又曰："动容周旋中礼者，盛德之至。行法以俟命者，'朝闻道夕死可矣'之意也。"

吕氏曰："无意而安行，性者也，有意利行，而至于无意，复性者也。尧舜不失其性，汤武善反其性，及其成功则一也。"

又曰："法由此立，命由此出，圣人也；行法以俟命，君子也。圣人性之，君子所以复其性也。"

【评析】

本章与卷十三第三十章一样，认为尧、舜是天生的仁德之人，商汤和周武王是通过后天的修养而返归于仁德的圣人。四位圣人最伟大的东西是什么呢？是仁，不是礼，礼的核心是仁。

孟子说，圣人的动作、容貌、一举手一投足之所以都合乎礼，那是因为他们的仁德达到了极致。他们依德而行，不违礼法，并不是为求得爵禄。他们说话一定信实，不是为让人家说他行为端正。四位圣人都是至仁之人，都很幸运地成了天子，因此得以把仁推广到四海。

而孟子也是至仁之人，现已垂垂老矣，恐怕命运不会关照他了，所以他自我宽慰说："唉，君子按法度做事，至于结果如何，就只有等待命运的安排了。"

三十四

【原文】

孟子曰："说大人则藐之，勿视其巍巍然。堂高数仞，榱题数尺①，我得志，弗为也；食前方丈②，侍妾数百人，我得志，弗为也；般乐饮酒③，驱骋田猎，后车千乘，我得志，弗为也。在彼者，皆我所不为也；在我者，皆古之制也。吾何畏彼哉？"

【注释】

①堂高：据前人研究，经传当中称"堂高"，一般均指堂阶而言。榱（cuī）题：亦作"榱提"，屋檐的椽子头，今通称出檐。②食前方丈：极言饮食的丰盛。美酒佳肴摆满眼前一丈见方的所在。③般（pán）乐：大作乐，尽情作乐。般：大。

【译文】

孟子说:"游说诸侯,就得藐视他,不要在意他高高在上的样子。殿基几丈高,屋檐的椽子有几尺长,我得志的话,不会这样做。满桌的美味佳肴,侍奉的姬妾有几百人,我得志的话,不会这样做。尽情饮酒作乐,驰骋射猎,随从的车辆有上千辆,我得志的话,不会这样做。他所做的,都是我所不做的;我所做的,都是符合古代制度的,我为什么要害怕他呢?"

【历代论引】

赵氏曰:"大人,当时尊贵者也。藐,轻之也。巍巍,富贵高显之貌。藐焉而不畏之,则志意舒展,言语得尽也。"

杨氏曰:"孟子此章,以己之长,方人之短,犹有此等气象,在孔子则无此矣。"

【评析】

在本卷第三十三章中,孟子实际上把自己比作尧、舜、汤、武一类人,感叹自己命运不好,未能如愿。在本章中,孟子毫不掩饰他对当代诸侯的藐视,而且多次说,如果他做诸侯会如何如何。

孟子为什么会这样说呢?其思想武器就在于"在彼者,皆我所不为也",更何况还有"富贵不能淫,贫贱不能移,威武不能屈"的浩然之气呢。由此可见,孟子之所以认为自己是圣人,之所以不把诸侯放在眼里,是因为他知道自己是仁德之人,而诸侯们不是。他坚信,以仁治天下,必使天下大治,这也是"仁者无敌"的意思。

三十五

【原文】

孟子曰:"养心莫善于寡欲。其为人也寡欲,虽有不存焉者,寡矣;其为人也多欲,虽有存焉者[1],寡矣。"

【注释】

①不存、存：文中指善性的缺失或保留。

【译文】

孟子说："修养心性没有比减少欲望更好的办法。他的为人如果欲望少，即使善性有所缺失，也不会失去很多；他的为人如果欲望很多，那么即使善性有所保存，保留的也不会很多。"

【历代论引】

程子曰："所欲不必沉溺，只有所向便是欲。"

【评析】

本章论人之修养要清心寡欲。

孟子认为，人生来就有仁义之心，如善于修身养性，少一些对爵禄美色之类的欲望，纵使仁义之心有所减少，那也一定损失得很少。如果一个人有很多的贪欲，纵使他的仁义之心还有所保留，那也一定不多了。所以修养心性的最好办法就是减少欲望，寡欲清心。

三十六

【原文】

曾晳嗜羊枣，而曾子不忍食羊枣①。公孙丑问曰："脍炙与羊枣孰美②？"

孟子曰："脍炙哉！"

公孙丑曰："然则曾子何为食脍炙而不食羊枣？"

曰："脍炙所同也，羊枣所独也。讳名不讳姓③，姓所同也，名所独也。"

【注释】

①羊枣：果名。初生色黄，熟则黑，似羊屎。②脍炙：即脍和炙，都是佳肴。肉细切曰脍，烹炒曰炙。③讳：指对君主或尊长辈的名字避开而不直接称呼。

【译文】

曾皙喜欢吃羊枣，曾子因此便不忍心吃羊枣。公孙丑问道："炒肉和羊枣比，哪个更好吃？"

孟子说："炒肉好吃呀！"

公孙丑说："既然这样，那么曾子为什么吃炒肉而不吃羊枣？"

孟子回答说："炒肉是人们的共同爱好，吃羊枣却是曾皙的独特喜好。就像避讳，只避名，不避姓，因为姓是大家所共有的，名却是一个人所独有的。"

【历代论引】

朱子曰："羊枣，实小黑而圆，又谓之羊矢枣。曾子以父嗜之，父殁之后，食必思亲，故不忍食也。"

【评析】

曾皙、曾参（曾子）父子，都是孔子的学生。父亲曾皙喜欢吃羊枣，儿子曾参也爱吃羊枣，但不忍吃。

孟子弟子问，曾子为什么吃炒肉而不吃羊枣呢？意思是说，他做儿子的，这不是不孝吗？孟子说，炒肉是大家都爱吃的，而羊枣却是个别人爱吃的，所以曾子特意满足他父亲的嗜好。好比父母的名讳是要避的，而姓却不避讳，因为姓是大家相同的，而名却是独有的。意思是说，曾子不忍吃羊枣，说明他是孝顺父亲的。

绝大多数情况下，孟子说理都很浅近。因为他总是拿生活中的小事来作类比，使人很容易理解。

【史例解读】

脍炙人口

西晋作家左思，小时候读书、学琴都学不好，说话还有点结巴。他父亲左雍认为他不够聪明，有一次，当着他的面对朋友说："这孩子比起我小时候来，差得远了！"左思觉得很惭愧，因此发奋读书，果然写出了很多辞藻华丽的文章。

左思不好交友，喜欢静居，写文章不求快，但非常认真。后来因为妹妹左芬被选入宫，他被任为著作郎，迁居京城洛阳。左思开始计划写《三都赋》（三都，指魏、蜀、吴三国的都城）。他整天苦心构思，在书房外面的走廊庭院里，甚至厕所里，都挂着纸笔。每得佳句立刻记录下来。这样努力写了十年，才把这篇《三都赋》写成。

另外一个作家陆机，当时也在洛阳，他本来也有计划要写《三都赋》，听说左思已经在写了，心中暗自讥笑。他曾写信给他的弟弟陆云道："这儿有个不知天高地厚的人，居然想写《三都赋》，看他写出后有谁要看，让它做废纸去盖盖酒瓮吧！"不料左思的这篇杰作非常脍炙人口，很快流传开来，京城里的文士书生以及官家富户的子弟们，纷纷抢先抄录。洛阳的纸价，顿时上涨了很多。

陆机读了也不禁叹服，认为《三都赋》有这样一篇已经足够，于是取消了他原来的写作计划。

三十七

【原文】

万章问曰："孔子在陈，曰①：'盍归乎来？吾党之士狂简②，进取不忘其初。'孔子在陈，何思鲁之狂士？"

孟子曰："孔子'不得中道而与之，必也狂狷乎③！狂者进取，狷者有所不为也。'孔子岂不欲中道哉？不可必得，故思其次也。"

"敢问何如斯可谓狂矣？"

曰："如琴张、曾晳、牧皮者④，孔子之所谓狂矣。"

"何以谓之狂也？"

曰："其志嘐嘐然⑤，曰：'古之人！古之人！'夷考其行⑥，而不掩焉者也。狂者又不可得，欲得不屑不絜之士而与之，是狷也，是又其次也。孔子曰：'过我门而不入我室，我不憾焉者，其惟乡原乎⑦！乡原，德之贼也。'"

曰："何如斯可谓之乡原矣？"

曰："何以是嘐嘐也？言不顾行，行不顾言，则曰：'古之人，古之人。行何为踽踽凉凉⑧？生斯世也，为斯世也，善斯可矣。'阉然媚于世也者⑨，是乡原也。"

万章曰："一乡皆称原人焉⑩，无所往而不为原人，孔子以为德之贼，何哉？"

曰："非之无举也，刺之无刺也，同乎流俗，合乎污世，居之似忠信，行之似廉洁，众皆悦之，自以为是，而不可与入尧、舜之道，故曰'德之贼'也。孔子曰：恶似而非者：恶莠⑪，恐其乱苗也；恶佞，恐其乱义也；恶利口，恐其乱信也；恶郑声，恐其乱乐也；恶紫，恐其乱朱也⑫；恶乡原，恐其乱德也。君子反经而已矣⑬。经正，则庶民兴；庶民兴，斯无邪慝矣。"

【注释】

①孔子在陈，曰：此处所引，亦见于《论语·公冶长》，字句稍异。②党：乡里。③中道：无过无不及，中庸之道。狂：不受拘束，放荡。狷：拘谨有所不为。④琴张、曾晳、牧皮：均为孔门之中的狂放弟子。⑤嘐嘐（xiāo）：志大言大，言行不一。⑥夷：疑为语首助词，无义。⑦乡原（yuàn）：外有谨愿之名，实与流俗合污的伪善者。原：也作"愿"。⑧踽踽（jǔ）：孤独的样子。凉凉：冷冷清清的样子。⑨阉然：曲意迎人的样子。⑩原（yuàn）人：又作"愿人"，诚实的人。⑪莠（yǒu）：草名，似稷而无实。又名狗尾草。⑫朱：大红色，属正色。⑬反经：回归正道。反：同"返"。经：常道，正道。

【译文】

万章问道："孔子在陈国时说：'为何不回去啊！我乡里的晚辈们志大、狂放，积极进取，不忘当初的志向。'孔子在陈国，为什么思念鲁国那些狂放之人呢？"

孟子回答说："孔子说过，'找不到不偏不倚、合于道义的人相结交，那就只能找狂放者和狷介者了。狂放的人勇于进取，狷介的人有所不为'。孔子难道不想与合于道义的人交友吗？不一定能得到，所以只能想次一点的了。"

"请问怎样才可以算是狂放人呢？"

孟子回答说："像琴张、曾晳、牧皮这样的人，就是孔子所说的狂放人了。"

"为什么说他们是狂放的人呢？"

孟子回答说："他们志向远大，口气也大，总是说：'古时的人，古时的人。'可是考察他们的行为，却不能与所说的话相符。狂放的人如果又得不到的话，就想得到不屑去做有辱自身之事的人来交友，这种人就是狷介之人，这又次了一等。孔子说：'路过我的家门却不进到屋里，我不对此感到遗憾的，恐怕只有乡里的好好先生吧。乡里的好好先生，是德行的损害者。'"

"怎样的人才算是乡里的好好先生呢？"

孟子回答说："这种人批评狂放之士说：'为什么要志存高远，口吐狂言呢？言语不顾及行为，行为不顾及言语，就只说古时的人，古时的人'。又批评狷介之士说，'处事为什么要特立独行呢？生在这个世上，就要迎合这个世道，让别人都说个好就是了'。曲意逢迎，谄媚世人的就是好好先生。"

万章说："全乡的人都称他是老好人，到哪儿都被视为老好人，孔子却认为他是德行的损害者，这是为什么呢？"

孟子回答说："这种人，想指责他却列举不出缺点，想责骂他却找不到由头，他只是同流合污，平时似乎忠诚老实，处事似乎方正、廉洁，大家都喜欢他，自己以为做得正确，却与尧、舜之道格格不入，所以说是'德行的损害者'。孔子说：厌恶那种外表相似实质不同的东西；厌恶狗尾草，怕它会混淆了禾苗；厌恶歪才，怕它会混淆了仁义；厌恶夸夸其谈，怕它会混淆了诚信；厌恶郑国的音乐，怕它会混淆了雅乐；厌恶紫色，怕它会混淆了朱红色；厌恶乡里的老好人，怕他会混淆了德行。君子只是让一切都回归正道罢了。走正道，百姓就会奋发振作，百姓奋发振作了，也就没有了邪恶。"

【历代论引】

程子曰："曾皙言志，而夫子与之。盖与圣人之志同，便是尧舜气象也，特行有不掩焉耳，此所谓狂也。"

尹氏曰："君子取夫狂狷者，盖以狂者志大而可与进道，狷者有所不为，而可与有为也。所恶于乡原，而欲痛绝之者，为其似是而非，惑人之深也。绝之之术无他焉，亦曰反经而已矣。"

朱子曰："有所不为者，知耻自好，不为不善之人也。孔子岂不欲中道以下，孟子言也。"

又曰："人既生于此世，则但当为此世之人，使当世之人皆以为善则可矣，此乡原之志也。阉，如奄人之奄，闭藏之意也。媚，求悦于人也。孟子言此深自闭藏，以求亲媚于世，是乡原之行也。"

【评析】

本章共有五问五答，前三问三答评"狂士"（兼带"狷士"），后两问两答批"乡愿"。

孔子、孟子，都想得到真正的贤士来培养教育，"得天下英才而教育之"，但有些弟子就比较次一等，如"狂士"，其特点是，志气大，口气更大，但如果考察他们的行为，却不与言语相合。还有比"狂士"次一等的"狷士"，其特点是不屑于做"不洁"的事。

孔子最讨厌的人是"乡愿"，也就是欺世盗名的好好先生，称他们是偷道德的贼。"乡愿"的特点是，乍一看似乎没什么毛病，他们同流合污，貌似忠信廉洁，众人也都喜欢他，他也自以为正确，却不可以入于尧舜之大道。孔子之所以特别厌恶"乡愿"，是怕他们把真正的仁道搞乱了。

我们知道，无论是狂者、狷者还是好好先生，都不是孟子提出来的，而是孔子分别在《论语》的《公冶长》《子路》《阳货》等篇提出来的。不过，通过本章内容，我们可以比较真切地看到孟子师生是如何"祖述仲尼之音"而加以发挥的，所以本章不仅具有在内容方面把狂者、狷者和好好先生这几种人集中在一起加以比较，以帮助我们更为深刻地认识和理解的作用，而且也具有儒家学说史的重要资料价值，值得引起我们的重视。

三十八

【原文】

孟子曰："由尧、舜至于汤，五百有余岁；若禹、皋陶，则见而知之；若汤，则闻而知之。由汤至于文王，五百有余岁，若伊尹、莱朱[1]，则见而知之；若文王，则闻而知之。由文王至于孔子，五百有余岁，若太公望、散宜生[2]，则见而知之；若孔子，则闻而知之。由孔子而来，至于今，百有余岁，去圣人之世，若此其未远也，近圣人之居，若此其甚也，然而无有乎尔，则亦无有乎尔。"

【注释】

①莱朱：又名仲虺（huī），商汤时的贤臣。②散宜生：周文王时的贤臣，后曾帮助周武王灭商。

【译文】

孟子说："从尧、舜到商汤，有五百多年，像禹、皋陶，是亲眼目睹而知道尧、舜之道的；至于商汤，则是听到传闻而知道的。从商汤到周文王，有五百多年，像伊尹、莱朱，是亲眼目睹而知道的；至于文王，则是听到传闻而知道的。从周文王到孔子，又有五百多年，像太公望、散宜生，便是亲眼目睹而知道的；至于孔子，则是听到传闻而知道的。从孔子以来到现在，有一百多年，距离圣人生活的时代不是很远，距离圣人的家乡如此接近，却没有继承圣人之道的，那也就不会有继承人了。"

【历代论引】

赵氏曰："五百岁而圣人出，天道之常；然亦有迟速，不能正五百年，故言有余也。"

林氏曰："孟子言孔子至今时未远，邹鲁相去又近，然而已无有见而知之者矣；则五百余岁之后，又岂复有闻而知之者乎？"

朱子曰："此言，虽若不敢自谓已得其传，而忧后世遂失其传，然乃所以自见其有不得辞者，而又以见夫天理民彝不可泯灭，百世之下，必将有神会而心得之者耳。故于篇终，历序群圣之统，而终之以此，所以明其传之有在，而又以俟后圣于无穷也，其指深哉！"

【评析】

武王伐纣后，统治天下几百年的商民族成了亡国之民。商人说，从尧舜到我商人圣祖汤，过了五百年。从汤王到商族灭亡，又过了五百年。我们相信，再过五百年，我们商人中必定会出现圣王贤臣，我们商民必定会东山再起。这个预言，叫作"五百年必有王者兴，其间必有命世者"。

又过了五百年，出了孔子。商民认为，孔子应了这个"五百之期"。孔子一生，虽偶然做了几回小官，却没有可能当王。加上商亡几百年了，商人复辟的意愿也不强烈了。但"五百之期"的预言对孔子一生的激励作用仍然是无比巨大的。孔子虽为匹夫，但一生都以尧舜禹汤文武等圣人自许，并做了许多在当时本该由天子做的事，如整理《诗经》《春秋》等。孔子被历代帝王尊崇，被尊为"素王"，应该与"五百之期"的预言有些关系。当然，孔子并没有成为商民复辟的工具，他从包括周族圣王文王、武王和周公在内的历代圣贤那里学到了仁道，"祖述尧舜，宪章文武"，并因此创立了以仁为核心的儒学，深深地影响了孟子，影响了中国乃至世界几千年的历史。

　　孟子也很熟悉"五百之期"的预言，他想，既然伟大的孔子没有真正应"五百之期"，当今之世，能当此伟大预言，推行仁政，拯救天下的，除了我孟轲还会有谁呢？但这样的话，他不便明说，所以只得反复感叹：我们离圣人孔子的时代如此之近，离孔子的家乡又是如此之近，但竟然没有继承者，竟然没有继承者！他并不是感叹自己没有继承孔子的仁道，而是感叹自己垂垂老矣，一生已经要完了，竟然没有应这个"五百之期"。

　　孟子师徒把本章作为全书的最后一章，是"卒章显志"，是给《孟子》这本书，也是给孟子这个人的一生作总结、点题。

中华传统文化核心读本书目

【处世经典】

《论语全集》
享有"半部《论语》治天下"美誉的儒家圣典
传世悠久的中国人修身养性安身立命的智慧箴言

《大学全集》
阐述诚意正心修身的儒家道德名篇
构建齐家治国平天下体系的重要典籍

《中庸全集》
倡导诚敬忠恕之道修养心性的平民哲学
讲求至仁至善经世致用的儒家经典

《孟子全集》
论理雄辩气势充沛的语录体哲学巨著
深刻影响中华民族精神与性格的儒家经典

《礼记精粹》
首倡中庸之道与修齐治平的儒家经典
研究中国古代社会情况、典章制度的必读之书

《道德经全集》
中国历史上最伟大的哲学名著,被誉为"万经之王"
影响中国思想文化史数千年的道家经典

中华传统文化核心读本书目

【典藏书目】

《菜根谭全集》
旷古稀世的中国人修身养性的奇珍宝训
集儒释道三家智慧安顿身心的处世哲学

《曾国藩家书精粹》
风靡华夏近两百年的教子圣典
影响数代国人身心的处世之道

《挺经全集》
曾国藩生前的一部"压案之作"
总结为人为官成功秘诀的处世哲学

《孝经全集》
倡导以"孝"立身治国的伦理名篇
世人奉为准则的中华孝文化经典

【成功谋略】

《孙子兵法全集》
中国现存最早的兵书,享有"兵学圣典"之誉
浓缩大战略、大智慧,是全球公认的成功宝典

《三十六计全集》
历代军事家政治家企业家潜心研读之作
中华智圣的谋略经典,风靡全球的制胜宝鉴

中华传统文化核心读本书目

《鬼谷子全集》
风靡华夏两千多年的谋略学巨著
成大事谋大略者必读的旷世奇书

《韩非子精粹》
法术势相结合的先秦法家集大成之作
蕴涵君主道德修养与政治策略的帝王宝典

《管子精粹》
融合先秦时期诸家思想的恢弘之作
解密政治家齐家治国平天下的大经大法

《贞观政要全集》
彰显大唐盛世政通人和的政论性史书
阐述治国安民知人善任的管理学经典

《尚书全集》
中国现存最早的政治文献汇编类史书
帝王将相视为经时济世的哲学经典

《周易全集》
八八六十四卦，上测天下测地中测人事
睥睨三千余年，被后世尊为"群经之首"

中华传统文化核心读本书目

《素书全集》
阐发修身处世治国统军之法的神秘谋略奇书
以道家为宗集儒法兵思想于一体的智慧圣典

《智囊精粹》
比通鉴有生活，比通鉴有血肉，堪称平民版通鉴
修身可借鉴，齐家可借鉴，古今智慧尽收此囊中

【文史精华】

《左传全集》
中国现存的第一部叙事详细的编年体史书
在"春秋三传"中影响最大，被誉为"文史双巨著"

《史记·本纪精粹》
中国第一部贯通古今、网罗百代的纪传体通史
享有"史家之绝唱，无韵之离骚"赞誉的史学典范

《庄子全集》
道家圣典，兼具思想性与启发性的哲学宝库
汪洋恣肆的传世奇书，中国寓言文学的鼻祖

《容斋随笔精粹》
宋代最具学术价值的三大笔记体著作之一
历史学家公认的研究宋代历史必读之书

中华传统文化核心读本书目

《世说新语精粹》
记言则玄远冷隽，记行则高简瑰奇
名士的教科书，志人小说的代表作

《古文观止精粹》
囊括古文精华，代表我国古代散文的最高水准
与《唐诗三百首》并称中国传统文学通俗读物之双璧

《诗经全集》
中国第一部具有浓郁现实主义风格的诗歌总集
被称为"纯文学之祖"，开启中国数千年来文学之先河

《山海经全集》
内容怪诞包罗万象，位列上古三大奇书之首
山怪水怪物怪，实为先秦神话地理开山之作

《黄帝内经精粹》
中国现存最早、地位最高的中医理论巨著
讲求天人合一、辨证论治的"医之始祖"

《百喻经全集》
古印度原生民间故事之中国本土化版本
大乘法中少数平民化大众化的佛教经典